单霁翔局长考察南水北调北京段文物保护情况

国务院调水办、国家发改委、国家文物局等部门负责人视察南水北调丁家洼遗址发掘工作

孔繁峙局长在南正遗址接受新闻媒体采访

宋大川所长检查工地

南水北调中线一期工程文物保护项目
北京市考古发掘报告
第1号

北京文物与考古系列丛书

北京段考古发掘报告集

北京市文物研究所
编著

科学出版社
北京

内 容 简 介

本书是南水北调中线一期工程北京段考古发掘报告的第1号。发掘地点主要位于北京市房山区。包括北京市文物研究所于2005年11月至2006年9月，对工程范围内10处遗址或墓葬区的发掘成果。共发现墓葬100座，古代窑址6处，时代有春秋战国、西汉、北魏、唐、辽金、明清。其中丁家洼遗址是迄今为止北京地区发现最大一处春秋时期的遗址，为研究燕文化的分布地域提供了新资料。岩上墓葬区发现战国、西汉、东汉、北魏和明清时期的墓葬，时代跨度大，为研究北京这一时期的葬俗文化提供了丰富的考古学资料。

本书适合从事文物、考古研究的学者及相关院校师生阅读与参考。

图书在版编目(CIP)数据

北京段考古发掘报告集／北京市文物研究所编著．—北京：科学出版社，2008

（南水北调中线一期工程文物保护项目）

ISBN 978-7-03-021446-1

Ⅰ．北…　Ⅱ．北…　Ⅲ．文物－考古－发掘报告－北京市　Ⅳ．K872.1

中国版本图书馆CIP数据核字（2008）第038024号

责任编辑：宋小军／责任校对：刘亚琦

责任印制：赵德静／封面设计：陈　敬

科学出版社 出版

北京东黄城根北街16号

邮政编码：100717

http://www.sciencep.com

中国科学院印刷厂 印刷

科学出版社发行　各地新华书店经销

*

2008年4月第　一　版　　开本：889×1194　1/16

2008年4月第一次印刷　　印张：16 3/4　插页：37

印数：1—1 600　　字数：455 000

定价：180.00元

（如有印装质量问题，我社负责调换〈科印〉）

Reports on the Cultural Relics Conservation
in the South-to-North Water Diversion Project
Beijing Vol.1

Collections of Reports on the Archaeological Excavation in the Beijing Section

Edited by
Cultural Relics Institute of Beijing

Science Press
Beijing

北京文物与考古系列丛书编委会

前　言

为做好南水北调中线一期工程北京段的文物保护工作，根据《中华人民共和国文物保护法》和《北京市文物保护管理条例》的有关规定，北京市文物局委托北京市文物研究所成立南水北调考古工作队，负责实施北京段的文物保护工作。

2002年以来，北京市文物研究所组织人员对管线经过之地进行了初步调查和试探，并在此基础上制定《文物保护规划》。2005年7月，正式成立了南水北调考古工作队。为确保文物勘探工作质量，尽最大可能地保护地下文物的安全，考古工作队严格按照《南水北调中线京石段应急供水工程（北京段）拆迁占地平面图》所提供的工程宽度，对南水北调中线一期工程北京段拒马河至大宁水库之间，管线所经过之地（无固定附着物）进行了全面的文物勘探，文物勘探工作至2005年月11月底结束，完成勘探面积272万平方米。

为规范南水北调工程的文物保护工作，我们制定了《南水北调考古工作队队内管理制度》、《工地管理制度》、《文物安全应急预案》等制度。依据《田野考古工作规程》制定了：《探方发掘记录要点》、《灰坑发掘记录要点》、《窑址发掘记录要点》、《墓葬发掘记录要点》等技术规范，确保了南水北调工程北京段文物保护工作的科学性和规范性。

2005年11月下旬，考古工作陆续展开。2006年3月初，考古发掘工作全面展开。在拆迁和征地工作尚未完成的情况下，克服重重困难和阻力，争取文物考古发掘工作先行。我们本着“重点发掘、重点保护”和“既有利于文物保护、又有利于基本建设”的原则，对文物勘探发现的12处文物遗迹点进行了合并确认，对11处进行了考古发掘保护。即岩上墓葬区、南正遗址墓葬区、坟庄和六间房遗址墓葬区（北正遗址、六间房墓葬区）、皇后台遗址区（天开遗址）、顺承郡王家族墓葬区（西周各庄窑址、周口遗址、辛庄墓葬区、新街墓葬区）、丁家洼遗址、前后朱各庄遗址区、果各庄遗址区，发掘面积16360平方米（原《规划》发掘面积9900平方米）。其中南正遗址墓葬区是全面勘探过程中新增加的1处面积最大、遗存最丰富、出土文物最多的文物埋藏区。2006年9月1日，北京市文物局组织专家和主管单位对北京段文物保护工程现场进行了验收。

南水北调中线一期工程北京段文物保护发掘区位于房山区。房山区位于北京西南，北邻门头沟，东北与丰台区相邻，南部与河北涿州市相接，地理位置非常重要。北倚太行山，南面为华北平原，为南北通道，山前开阔，交通便利，历来为北方各民族的交汇之地，为古代兵家必争之地。发掘区从西南拒马河东岸进行，由西南向东北进入，过大石河达永定河大宁水库，本次发现遗迹主要在房山区的山前岗台地（遗址）和冲积洪积平原（墓葬）。遗址地区岩性以灰岩、砂砾岩、页岩、砾岩、沙泥岩为主，海拔高度在90米以下，相对高度为20～50米，地表以褐色黏土为主。墓葬地区岩性为河流携带的洪积物，海拔高30米左右，相当于二阶台地，地表有1～2米的黄土。

南水北调文物保护工程（北京段）丁家洼遗址、岩上墓葬区、南正遗址、前后朱各庄遗址区、坟庄和六间房墓葬区等，时代贯穿春秋中晚期、战国、两汉、魏晋、唐、辽金、明、清。

公元前11世纪，武王灭商，封召公奭于燕，封黄帝之后于蓟。周初燕国都城为今琉璃河董家林村。后燕灭蓟迁都于蓟，丁家洼遗址所反映的文化内涵应是燕灭蓟后燕文化的反映。房山有县级行政设置始于战国燕，此后2000多年，建置多有变化。战国时期燕国都城迁于河北易县燕下都，南正遗址出土的动物纹饰瓦当，是典型的战国时期的燕国遗物，说明拒马河以北当时在燕国的地位还很重要。进入西汉，房山大部分地方归涿郡，经东汉、三国、晋，战乱频繁。隋唐时属幽州，此后战乱更甚，直到金建都北京为止。北京地区从东汉到辽，墓葬被盗犹盛于河北、河南、山西等地。这一现象，也能反映出本地当时的乱象。因战乱人口增减多有反复，战时减人，战后政府从外地迁人。明初，从内蒙古、山西等地迁入人口充实北平各县史有记载。经明清两代，社会安定，人口俱增，从六间房、新街等墓葬区随葬品可以反映出这一史实。

北京段的南水北调中线工程中线一期文物保护项目，分为北京市考古发掘报告第1号和第2号。《北京段考古发掘报告集》为第1号，内容包括：岩上墓葬区、北正遗址、六间房墓葬区、天开遗址、西周各庄窑址、周口窑址、辛庄墓葬区、新街墓葬区、丁家洼遗址、前后朱各庄遗址区。果各庄遗址区仅发现清代残砖窑和灰坑各1个，在此不再交代。南正遗址墓葬区将发表于《房山南正遗址考古发掘报告》（北京市考古发掘报告第2号）。《报告》中遗址或墓葬区命名依具体发掘地点为准，但岩上墓葬区和前后朱各庄基本依据《规划》中的名称命名，特此说明。

南水北调中线一期工程文物保护工作期间，国务院南水北调办公室、国家发改委、水利部和国家文物局的领导两次视察指导工作。国家文物局考古处的全体工作人员，放弃休息日，前往岩上墓葬发掘现场调研和指导工作。北京段南水北调文物保护工作始终得到了北京市南水北调工程建设委员会办公室和北京市文物局的大力支持。文物保护工作期间，遇到征地拆迁、资金不到位等重重困难，北京市南水北调工程建设委员会办公室的刘小音和北京市文物局的王有泉、刘保山等，为文物保护工作积极协调。上级部门的关心和支持，使我们的工作在艰难之中不断推进，并最终提前完成了文物保护工作。北京段南水北调文物保护工程前期文物调查阶段，我所所长助理王鑫，基建考古室的朱志刚、周宇、李华、刘保山、王燕玲、刘风亮、韩鸿业等做了大量工作。

在此，对我们工作做出支持者深表谢意。

目　　录

岩上墓葬区考古发掘报告

绪　　论

（一）墓葬区周边地理位置与历史沿革

房山区位于北京市西南部，面积2019平方公里。其东、北临近本市的丰台、大兴区和门头沟区，西、南分别与河北省涿州市、涞水县相接壤。位于东经115°25′～116°15′，北纬39°30′～39°55′。房山区西北部为山地和丘陵，占全区面积的三分之二。各大小山峰统称西山，走向以东北—西南向为主，属太行山东北部之支脉。

流经本区的大水系主要有两条：一是永定河，南北走向，贯穿本区的东部；另一是拒马河，古称伦水、涞水，又叫拒马水，东南流向，经过本区的南部。

房山区是北京市地下文物埋藏最丰富的区县之一，有多处重要且著名的古代遗存。以岩上墓葬区所在的长沟镇为基点，其东北约25公里是琉璃河西周遗址，遗址最初发现于20世纪40年代，由城址（董家林村）、居住址、墓葬组成，为西周初年姬燕的始封国所在地，出土的克盉、克罍及西周甲骨刻辞尤为著名。其西南约20公里是镇江营与塔照遗址，其年代从新石器时代晚期延续至战国时期。长沟镇内东北部现存一座战国至西汉时期的古城址，城墙的西、北两面在地表仍有残存。此座古城址处于北京通往涿郡、易州的交通要冲，为历代兵家必争之地。长沟镇西南的南尚乐也有一处战国至汉代的古城址。这两座城址内外均发现大量的战国至汉代陶片、五铢钱等。可见，岩上墓葬区所在的长沟镇东、西、北面存在的古代遗址较为密集，年代从新石器时期一直延续至汉代，未曾间断。

房山区有大量的古代遗迹，与其历史地位是密切相关的。据《史记》卷三十四《燕召公世家》记载："周武王之灭纣封召公于北燕"，为燕国，其封地就在今琉璃河镇一带。东周时期，地属燕国的上谷郡。西汉时属于涿郡下辖的西乡县（其故城即在今长沟镇东部）、良乡县（县治在今窦店村西）。王莽时期改西乡县名为移风县。西晋时属于范阳国、范阳郡。北魏隶于燕郡。唐朝时属于幽州，武则天周圣历元年（公元698年）改名为固节县，唐中宗神龙元年（公元705年）又复名为良乡县。辽代隶属幽都府、析津府，金代隶属大兴府。金代定都中都后，由于在大房山建筑皇家陵寝，又设置了万宁县，随后改名为奉先县，隶属于涿州。大房山亦名大防山、大防岭，元代时即依此改名为房山县①，隶大都路。房山县在明、清时期都隶属于顺天府。

岩上墓葬区所在的长沟镇南正村，位于房山区南部（图一）。南正村因姓而得名，于唐代正式形成。清代时，为房山县长沟镇下辖十三囤之一②。其地处大房山南麓的山前平原，地势西北高，东南低。有北泉水河自西北至东南、南泉水河下游自西南而东北流经长沟镇，相汇注入拒马河。

（二）墓葬区调查、发掘经过及发掘区环境

2002～2003年由北京市文物研究所和房山区文化委员会、文物管理所联合组织考古工作人员对输水管线所经过的地方开展了全面调查和小范围勘探，初步了解和确定了该遗址的地点和性质。并于2004年9月，试掘了其中的一座砖室墓③（报告中的M57）。2005年8～9月，考古工作人员对岩上遗址进行钻探，明确了墓葬的空间分布范围和大致年代。

2006年5～9月，北京市文物研究所组成的南水北调考古队对岩上墓葬区进行了正式发掘。

岩上墓葬区是南水北调中线一期工程北京段十一处考古发掘区中的一处，勘探和发掘领队为张治强。其他参加工作的主要人员有：北京市文物研究所孙勐、郭京宁、张智勇、马绍山；房山区文物管理所陈亚洲、赵金波、范希辉等；技工金俊波、李青娥、马兰英、张绪武、吕亚怀、郭安林、朱文军、邱军强、马萍娟、巴维道、买志宣。南京大学考古系研究生张义中、北京市文物研究所王殿平同志对墓葬区进行了高空摄影。在全部考古发掘的过程中，得到了北京市文物局、北京市南水北调办公室、房山区文化委员会、文物管理所等部门和单位的大力支持和协助。

岩上墓葬区处在一东高西低的缓坡上。墓葬区的北面近邻一条修筑于20世纪50年代末的水渠——“三八渠”；东面为一高地，种果树及农作物，南面是一块平地，种农作物；西面是低地，也种植农作物。修建“三八渠”破坏了墓葬区的北部。

发掘区内墓葬空间分布比较密集，发掘时采用象限布方法。

共布10米×10米探方30个，分别为T0104、T0105、T0106、T0107、T0205、T0206、T0207、T0301、T0302、T0303、T0306、T0307、T0401、T0402、T0403、T0406、T0407、T0502、T0503、T0506、T0507、T0508、T0606、T0607、T0608、T0708、T0709、T0809、T1007、T1008。并于T0301南部、T0104西部、T0207东北部、T0606东南部进行了扩方。根据发掘区内的地势特点和墓葬分布位置，布5米×10米探方1个T0609、6米×10米探方1个T0408、4米×10米探方1个T0308，还在T0107西部布7米×7米探方1个，未编号（图二）。

---

① （清）周家楣、缪荃孙等编纂：《光绪顺天府志》，北京古籍出版社，2001年。
② （清）周家楣、缪荃孙等编纂：《光绪顺天府志》，北京古籍出版社，2001年。
③ 韩鸿业、刘风亮：《南水北调考古工作阶段成果》，《北京文博》2005年1期。

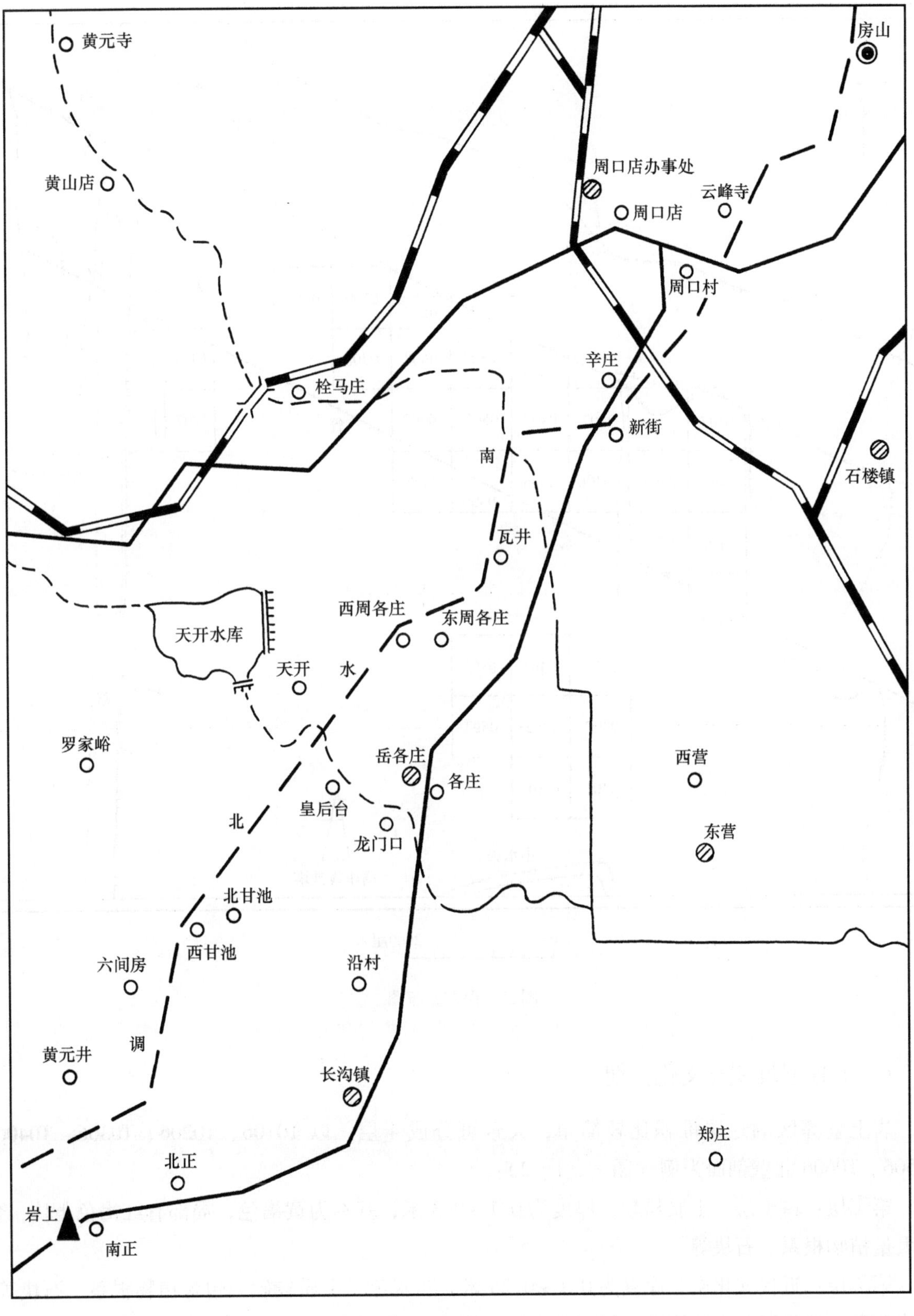

黄元寺
黄山店
周口店办事处
房山
云峰寺
周口店
周口村
辛庄
栓马庄
新街
南
石楼镇
瓦井
西周各庄
东周各庄
天开水库
天开
水
罗家峪
岳各庄
各庄
西营
皇后台
北
龙门口
东营
北甘池
西甘池
六间房
沿村
黄元井
调
长沟镇
郑庄
北正
岩上
南正

图一　遗址位置示意图

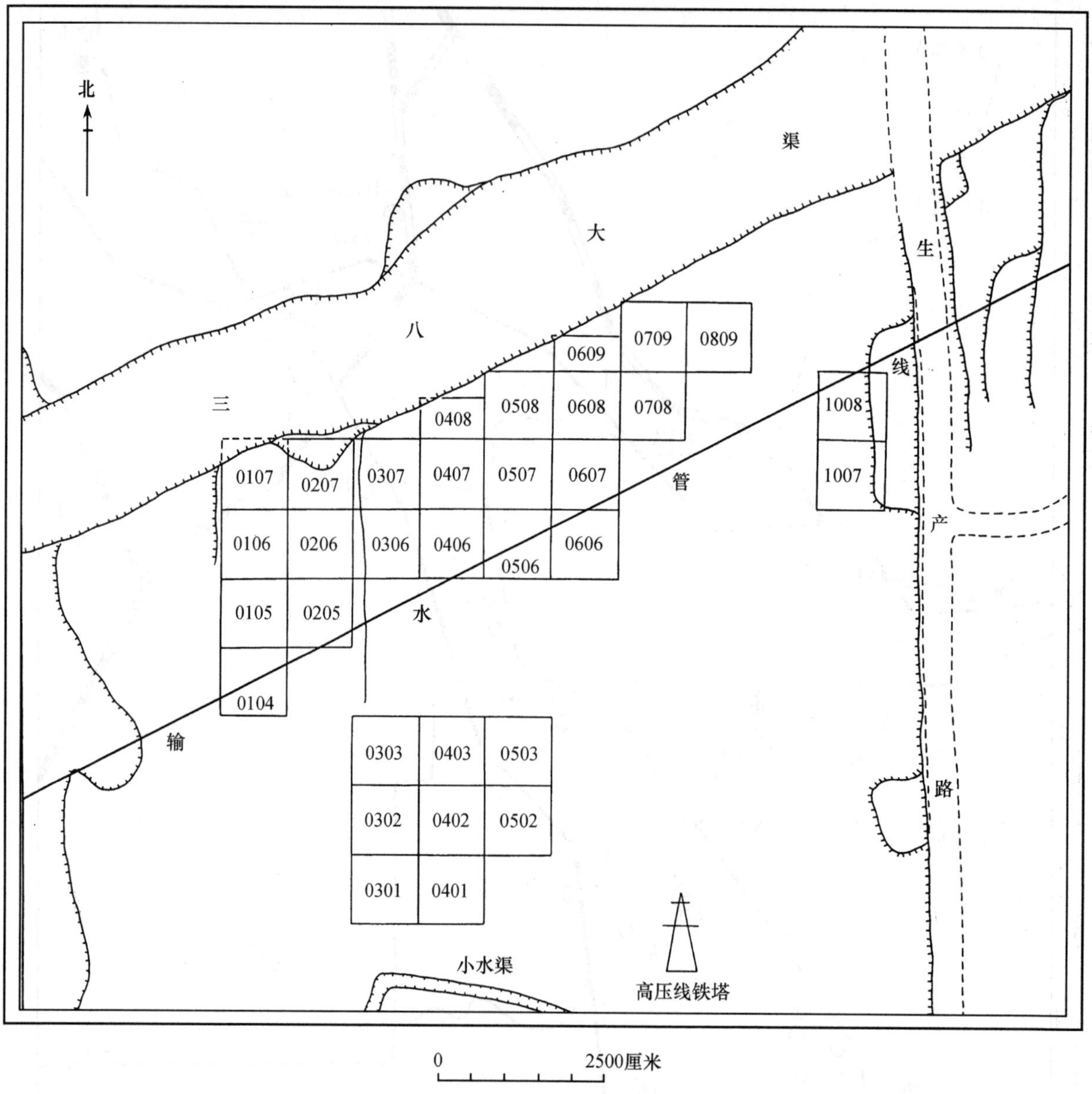

图二　探方分布图

（三）地层堆积与文化分期

岩上墓葬区的地层堆积比较简单，大致可分成4层，以T0106、T0206、T0306、T0406、T0506、T0606北壁剖面为例（图三，1、2）：

第①层：耕土层，土质松软，厚度为0.1～0.3米，基本为黄褐色，局部有红褐色土块，含有大量植物根系、石块等。

第②层：近代文化层，厚度为0.1～0.25米，灰褐色，土质较硬，包含植物根系、石块等。清代墓葬一般均开口于此层下。极少数东汉时期的墓葬也开口于此层下。

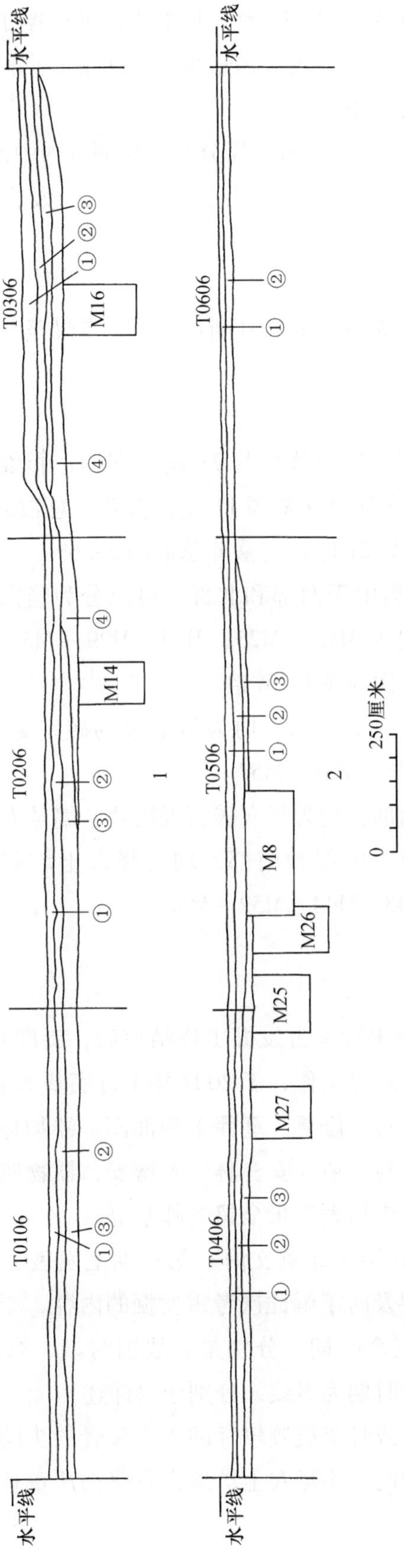

图三 典型地层剖面图

1. T0106、T0206、T0306 探方西壁剖面图 2. T0406、T0506、T0606 探方西壁剖面图

第③层：明以前文化层，厚度为0～0.35米，其中西部堆积厚于东部，遗址区最西部则没有此层。黄褐色，土质较硬且黏性较大，包含物较少，有明清时期的青花瓷片等。战国、东汉和北魏时期的墓葬大多数开口于此层下。

第④层：战国文化层，厚度为0～0.4米，仅分布于墓葬区内中部偏西，红褐色，土质较硬且黏性大，土内夹杂大量红黏土块，出土少量夹云母陶片。少数战国时期的土圹墓开口于此层下。

第④层下为生土层。

由地层的堆积情况将墓葬区分为三个大的时期：战国、东汉至北魏、清代。

（四）墓葬概述

岩上墓葬区发掘各类型、不同时期的墓葬共71座（图四；彩版一，1）；其中战国时期墓葬37座，占墓葬总数的52.1%；东汉时期墓葬11座，占墓葬总数的15.5%；北魏时期墓葬2座，占墓葬总数的2.8%；清代墓葬21座，占墓葬总数的29.6%。

战国时期墓葬共有37座，多集中于西部和北部，可以分为竖穴土圹墓和瓮棺葬两类。其中，竖穴土圹墓23座，编号依次为M12～M23、M25、M29～M32、M37、M41、M42、M47、M49、M50；瓮棺葬14座，编号依次为W1～W14。

东汉时期墓葬共11座，多集中于北部，均为带墓道的砖室墓，编号依次为M28、M33、M34、M38～M40、M45、M46、M48、M51、M57。

北魏时期墓葬有2座，位于南部，均为竖穴砖石混构墓，编号为M1、M2。

清代墓葬共有21座，多集中于中部和南部，均为竖穴土圹墓，编号依次为M3～M11、M24、M26、M27、M35、M36、M43、M44、M52～M56。

（五）资料整理与报告编写

2006年9月初，岩上墓葬区的田野考古发掘工作结束后，旋即开始对出土器物进行清洗、修复、文字记录梳理、照片资料整理等工作，于2007年1月底基本结束。

出土器物由邱军强、张济发拼对、修复。墓葬平剖面图、器物标本图由张济发、程浩、翟建峰、张绪武摘绘。铜器除锈安喜林，拓片安喜林、赵博安，器物照相韩宜林，图片排版张绪武、张柱良。人骨的性别和年龄由吉林大学张全超老师鉴定。

资料的整理过程中，曾于2006年《北京文博》第三期上发表了《岩上墓葬区考古发掘取得重大收获》的简报，以便学术界及时了解此次考古发掘的内容。

岩上墓葬区的墓葬可划分为三个时期，分别是：战国时期、东汉至北魏时期、清代。因此，在介绍墓葬资料时，以此三个时期为界线，分别予以详述。

墓葬方向的确定，凡有人骨架或骨架痕迹较好的以人头骨的头向为标准；无人骨架的则以墓道、墓门的方位为标准。墓葬中的一些竖穴土圹墓人骨腐朽严重且无法分辨的，则只能表明大体方向。

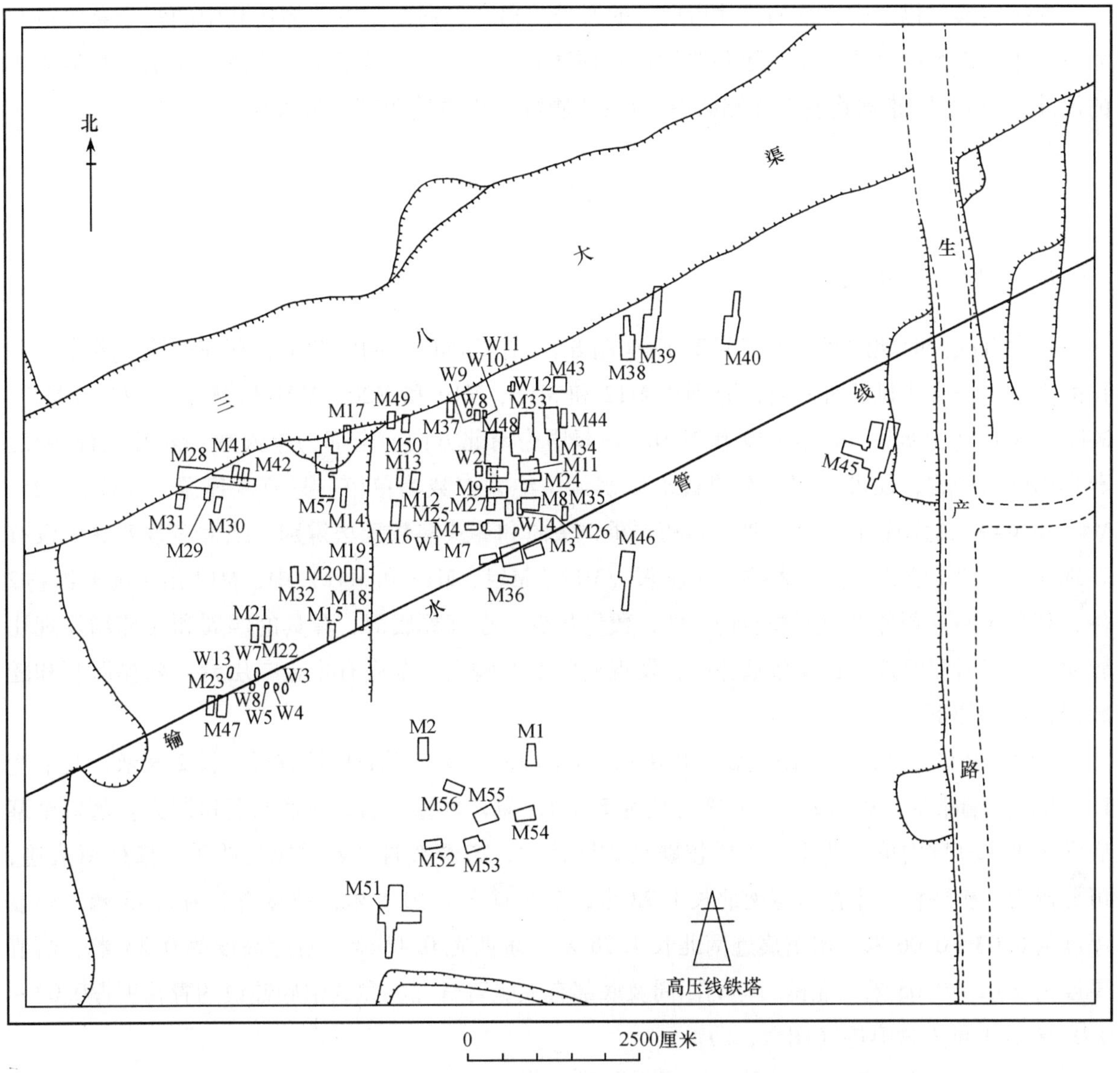

图四 墓葬分布总平面图

报告中随葬器物的编号，大部分沿用发掘时的编号。在室内资料整理中，修复了部分器物，因此对墓葬内的随葬器物进行了增补。器物编号原则上一座墓葬有一套号，一件器物给一个号，一组器物配合使用的，则是一组一号，其中的每个部件另有一个亚号，如M28内出土的陶灶，编号为M28∶1，由灶体、小陶釜等组成，则分别为其编一亚号，灶体为M28∶1-1，小陶釜为M28∶1-2、M28∶1-3等。铜钱的编号是在挑选出的典型标本中进行的；钱币出自同一座墓葬中，只给一个编号，虽然出土位置不同，则不再分别编号；钱币的标本再设立一个亚号。无法复原的器物残片、无法构成成组器物的分件器物的编号，在可以判明其器物类型或其类型较为特殊的情况下，作为一件统计，并进行编号；在无法判明器物类型的情况下，也进行编号，但不算在随葬器物总数之中。

在砖室墓的描述中，墓的尺寸指现有的通长、通宽、通高。单独描述其中的每个墓室的尺寸时，指其内侧的尺寸。在对随葬器物进行描述时，“通高”是指从器物底部至盖、耳等总体的尺寸；“口径”指器物唇部外侧的最大径；“腹部”取器物腹部的最大径。

一、战国时期墓葬

（一）竖穴土圹墓

共发掘战国时期的竖穴土圹墓23座（图五）。在墓葬的空间位置上，存在两座墓葬东西并排的现象，非常明显的有六组，分别为M12和M13、M19和M20、M21和M22、M23和M47、M41和M42（图版一，1）、M49和M50。墓葬均为南北方向。全部为单人葬，未发现合葬墓。葬具均腐朽严重，仅可依据残存痕迹加以辨认。绝大多数为单棺，只有4座墓（M12、M25、M47和M49）的葬具有椁。人骨也腐朽严重，头向和葬式多数无法辨别。绝大多数墓葬中没有发现随葬器物。在发现随葬器物的4座墓（M12、M14、M19和M41）中，M12出土随葬器物2件，其余3座墓葬各出土随葬器物1件，数量甚少。在墓葬底部、葬具的四周和底部均发现比较明显的青膏泥痕迹。在少数墓葬中，发现墓壁上有脚窝、墓底有生土二层台。墓葬形制和随葬器物详述如下。

M12　开口于③层下，距地表深0.8米。方向12°。墓圹平面呈长方形，长2.8米，北端宽1.3米，南端略窄，宽1.2米，长宽之比为2.3∶1。墓圹四壁垂直，墓底与墓口同大。墓口至墓底深3米。墓坑内填五花土，土质较硬且黏性较大，未经夯打。葬具腐朽严重，依残留痕迹，可分辨为一棺一椁。木椁痕迹南北长1.92米，东西宽0.7～0.8米，残存高度为0.45米，椁痕厚度为0.03～0.06米。木棺痕迹南北长1.78米，东西宽0.48米，残存高度为0.35米。棺痕厚度为0.02～0.05米，在棺、椁的四周及底部有大量青膏泥，尤其棺底铺设的青膏泥厚0.02～0.03米。未见人骨痕迹（图六，1）。

随葬品共2件，均为夹云母红陶鬲，发现于墓圹内北部正中，出土时2件红陶鬲已破损，距地表深3.6～3.7米。

陶鬲　2件。标本M12∶1和M12∶2，形制和大小基本相同。夹云母红陶。敛口，折沿，方唇。短束颈，深腹，呈筒状，腹壁略弧。平底，略内凹。底附三个扁圆状柱足，略外撇。腹壁上饰细绳纹，底部有交错的细绳纹。手制而成。M12∶1，通高24.4厘米，口径13厘米，最大底径12.8厘米（图七，3；图版七，1）。M12∶2，通高24.2厘米，口径12.4厘米，最大底径13.2厘米（图七，4；图版七，2）。

M13　开口于③层下，距地表深0.8米。方向为10°。墓圹平面呈长方形，长2.26米，北宽0.8米，南宽0.65米，长宽之比为2.8∶1。墓坑四壁垂直，墓底与墓口同大。墓口至墓底深2.2米。墓坑内填五花土，土质较硬且黏性较大，未经夯打。葬具腐朽严重，依其残留痕迹，可分辨出为一具木棺。木棺痕迹南北长1.8米，东西宽0.44～0.54米，残存高度为0.1米，棺

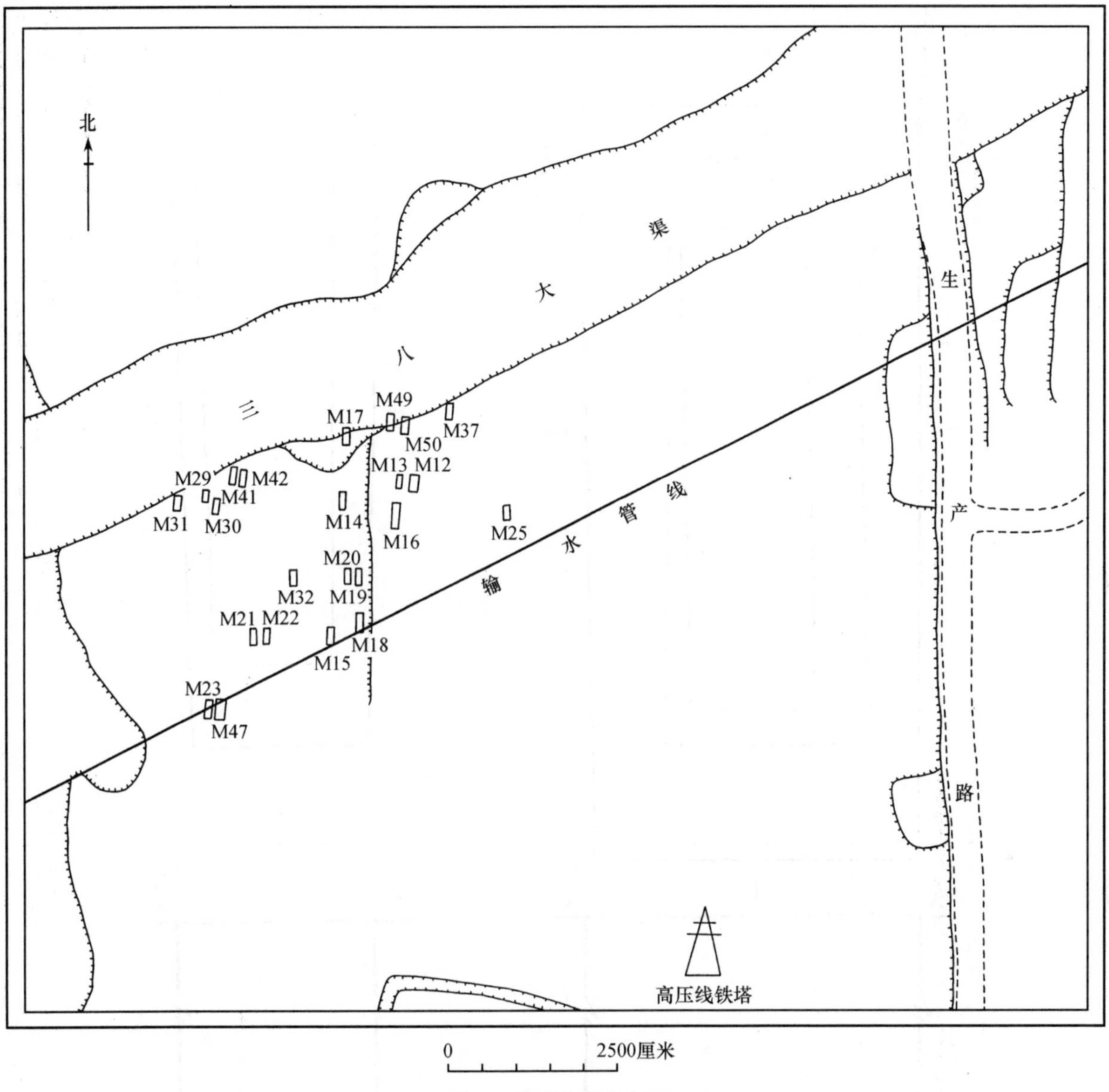

图五　战国墓葬分布图

痕厚度为0.02～0.04米。在木棺四周及其底部发现大量青膏泥，尤其是棺底的青膏泥厚度可达0.05米。未见人骨痕迹（图六，2）。

该墓内未发现随葬器物。

M14　开口于④层下，距地表深0.75米。方向188°。墓圹平面呈长方形，长2.4米，北宽0.8米，南宽0.84米，长宽之比为3∶1。墓坑四壁垂直，墓底与墓口同大。墓口距墓底深1.4米。墓坑内填五花土，土质较硬且黏性较大，未经夯打。葬具腐朽严重，依其残存痕迹，可分辨出为一具木棺。木棺痕迹南北长1.72米，东西宽0.54～0.58米，残存高度为0.1米。棺痕厚度为0.02～0.04米。在木棺四周及底部均发现青膏泥痕迹，棺底部的青膏泥厚约0.02米。未发现人骨痕迹（图八，1）。

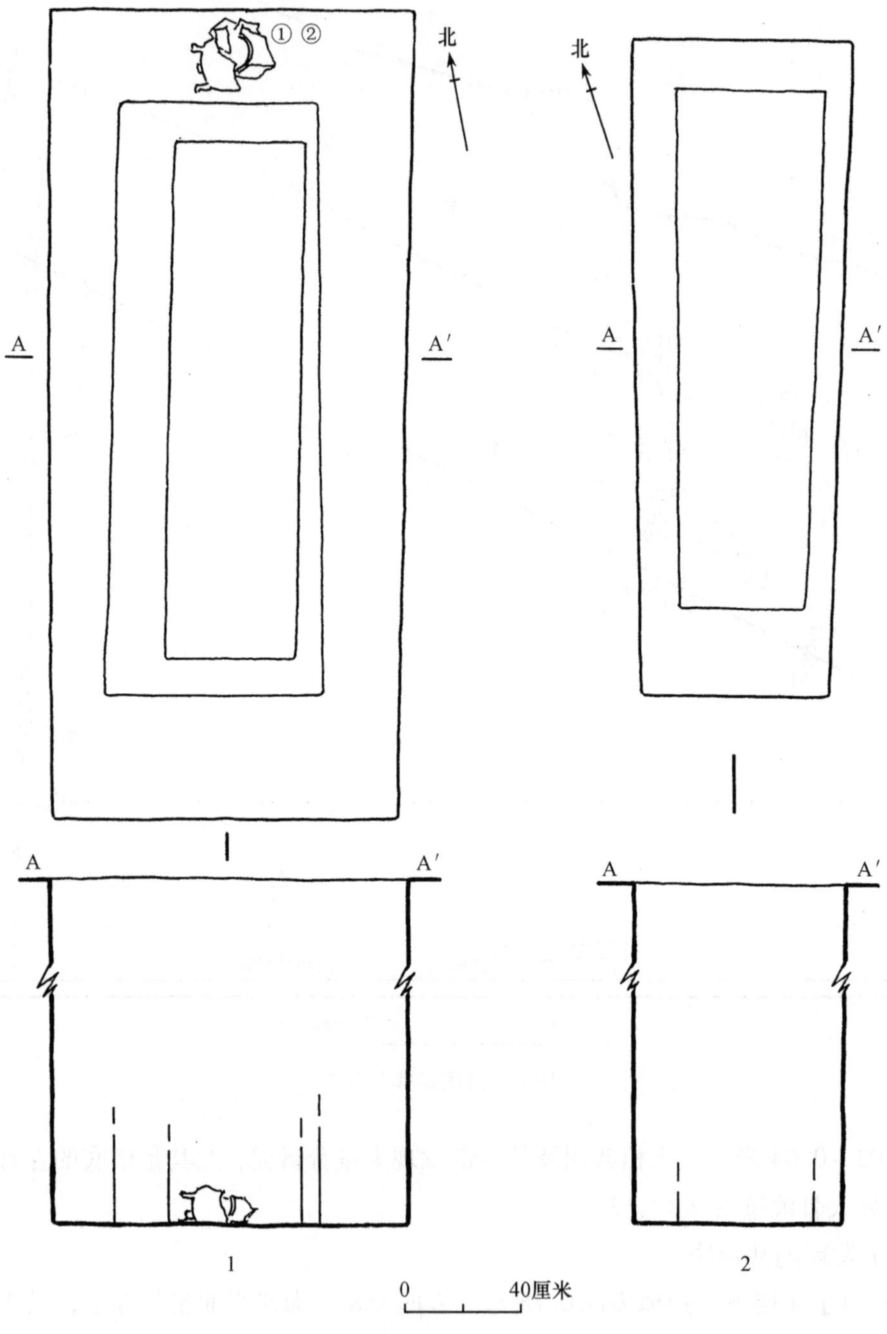

图六　M12、M13平、剖面图

1. M12平、剖面图（①②陶鬲）　2. M13平、剖面图

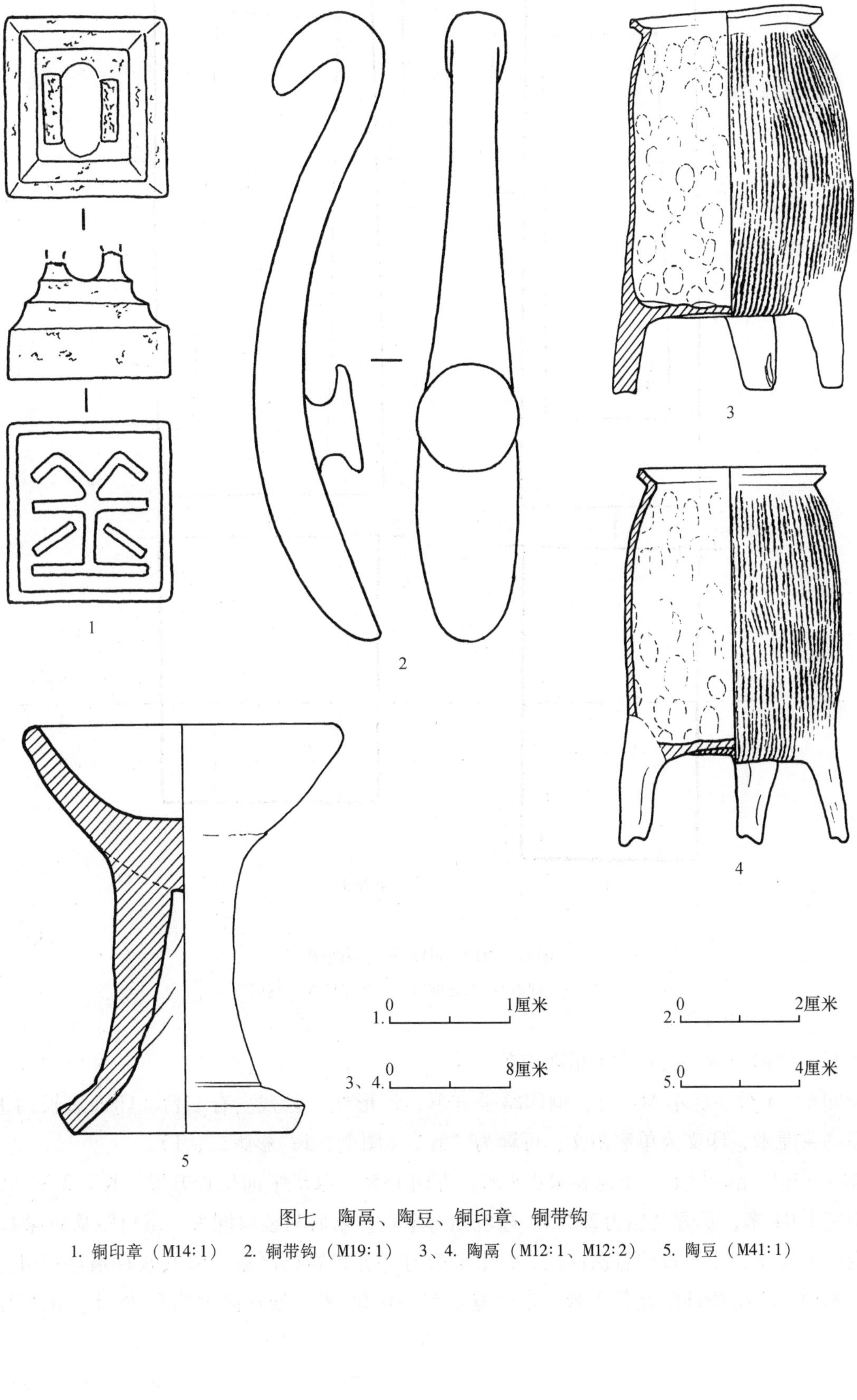

图七 陶鬲、陶豆、铜印章、铜带钩

1. 铜印章（M14∶1） 2. 铜带钩（M19∶1） 3、4. 陶鬲（M12∶1、M12∶2） 5. 陶豆（M41∶1）

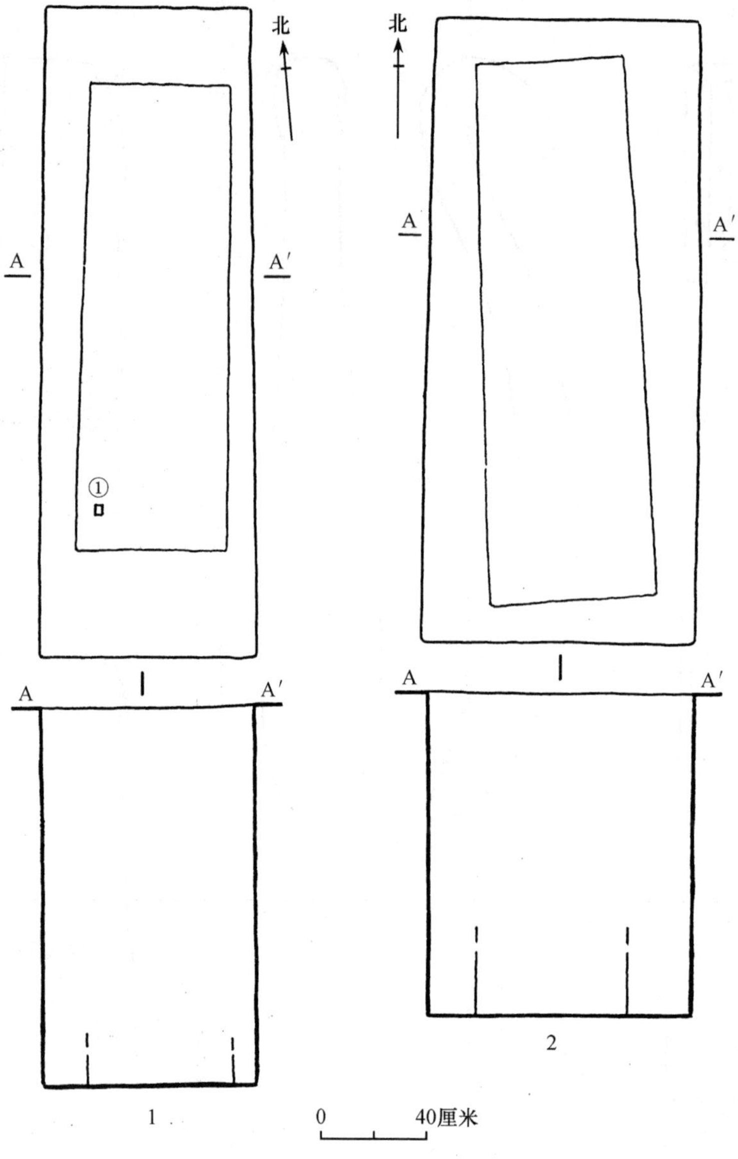

图八　M14、M15平、剖面图

1. M14平、剖面图（①铜印章）　2. M15平、剖面图

随葬1件铜印章，放置在木棺西南角。

铜印章　1件。标本M14∶1，铜印略呈方形，坛形纽，已残。有二台。印面边长约1.3厘米，厚约4厘米，印文为单字阳文，可释为“丘”（图七，1；彩版二，1）。

M15　开口于③层下，距地表深0.8米。方向185°。墓圹平面呈长方形，长2.3米，北宽1米，南宽1.04米，长宽之比为2.3∶1。墓坑四壁垂直，墓底与墓口同大。墓口距墓底深1.2米。墓坑内填五花土，土质较硬且黏性较大，未经夯打。葬具腐朽严重，依其残存痕迹，可分辨出为一具木棺。木棺痕迹南北长2米，东西宽0.55～0.65米，残存高度为0.26米。棺痕厚度为

0. 01 ~ 0. 03 米。在木棺四周及底部均发现有青膏泥痕迹。未发现人骨痕迹（图八，2）。

该墓内未发现随葬器物。

M16　开口于③层下，距地表深 0. 9 米。方向 10°。墓圹平面为长方形，长 2. 4 米，东西宽 1 ~ 1. 15 米，长宽之比为 2. 4∶1。墓坑四壁垂直，墓底与墓口同大。墓口距墓底深 1. 6 米。墓坑内填五花土，土质较硬且黏性较大，未经夯打。葬具腐朽严重，依其残存痕迹，可分辨出为一具木棺。木棺痕迹南北长 1. 8 米，东西宽 0. 42 ~ 0. 44 米，残存高度为 0. 1 米。在木棺四周及底部均发现有青膏泥痕迹。未发现人骨痕迹（图九，1）。

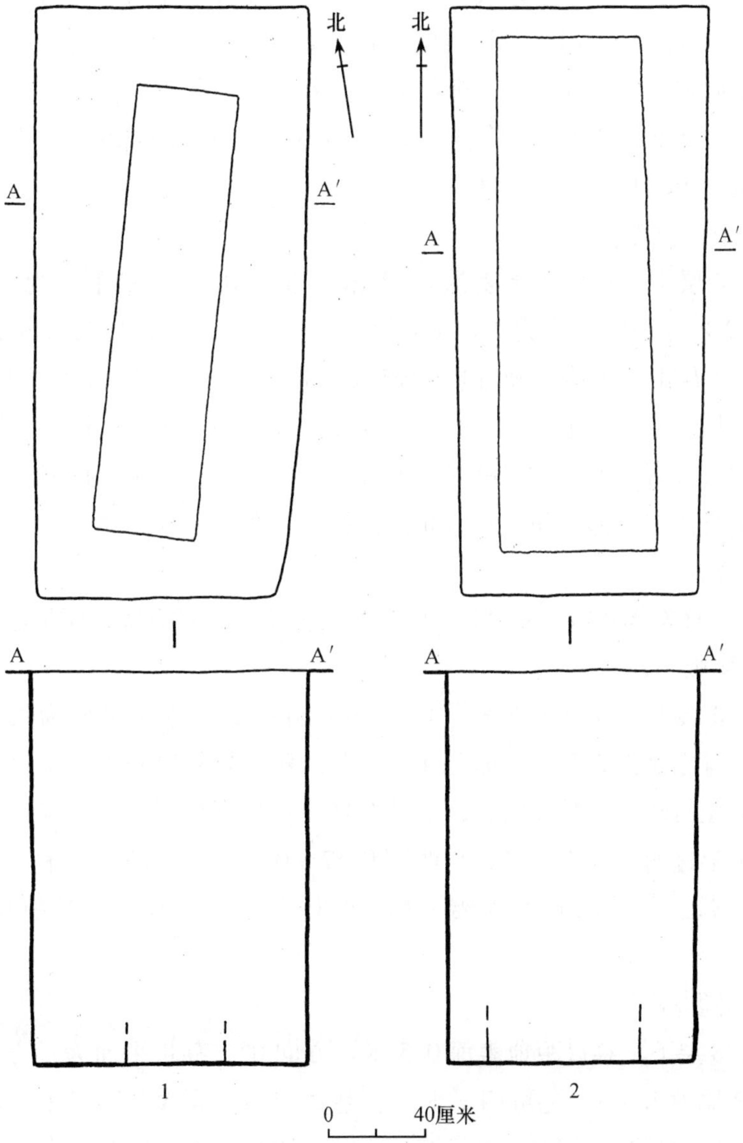

图九　M16、M18 平、剖面图

1. M16 平、剖面图　2. M18 平、剖面图

该墓内未发现随葬器物。

M17　开口于③层下，墓口距地表深0.8米。方向10°。墓圹平面为长方形，长2.36米，宽1.02米，长宽之比为2.4∶1。墓坑四壁垂直，墓底与墓口同大。墓口距墓底深1.72米。墓坑内填五花土，土质较硬且黏性较大，未经夯打。葬具腐朽严重，依其残存痕迹，可分辨出为一具木棺。木棺痕迹南北长1.75米，东西宽0.45～0.56米。在木棺四周及底部均发现有青膏泥痕迹。未发现人骨痕迹（图一〇，2）。

该墓内未发现随葬器物。

M18　开口于③层下，墓口距地表深0.5米。方向180°。墓圹平面为长方形，长2.4米，宽1～1.1米，长宽之比为2.4∶1。墓坑四壁垂直，墓底与墓口同大。墓口距墓底深1.6米。墓坑内填五花土，土质较硬且黏性较大，未经夯打。葬具腐朽严重，依其残存痕迹，可分辨出为一具木棺。木棺痕迹南北长2.1米，东西宽0.6～0.65米，残高0.15米。在木棺四周及底部均发现有青膏泥痕迹。未发现人骨痕迹（图九，2）。

该墓内未发现随葬器物。

M19　开口于③层下，墓口距地表深0.45米。方向10°。墓圹平面为长方形，长2.4米，东西宽0.84～0.92米，长宽之比为2.8∶1。墓坑四壁垂直，墓底与墓口同大。墓口距墓底深1.8米。墓坑内填五花土，土质较硬且黏性较大，未经夯打。葬具腐朽严重，依其残存痕迹，可分辨出为一具木棺。木棺痕迹南北长1.87米，东西宽0.44～0.48米，残高0.06米。在木棺四周及底部均发现有青膏泥痕迹。木棺内有人骨架一具，腐朽严重。依残存痕迹，可大致分辨出头骨和肢骨，头骨位于北部，葬式应为仰身直肢葬（图一一，1）。

随葬1件铜带钩。

铜带钩　1件。标本M19∶1，呈“S”形，蛇头形钩首，背有圆柱帽形纽，素面。通长10.1厘米（图七，2；彩版二，3）。

M20　开口于③层下，墓口距地表深0.68米。方向8°。墓圹平面为长方形，长2.26米，东西宽0.9米，长宽之比为2.5∶1。墓坑四壁垂直，墓底与墓口同大。墓口距墓底深1.24米。墓坑内填五花土，土质较硬且黏性较大，未经夯打。葬具腐朽严重，依其残存痕迹，可分辨出为一具木棺。木棺痕迹南北长1.9米，东西宽0.57～0.6米，残高0.1米。在木棺四周及底部均发现有青膏泥痕迹。木棺内有人骨架一具，腐朽严重，只残留肢骨痕迹。葬式不详（图一一，2）。

该墓内未发现随葬器物。

M21　开口于③层下，墓口距地表深0.5米。方向0°。墓圹平面为长方形，长2.4米，东西宽1米，长宽之比为2.4∶1。墓坑四壁垂直，墓底与墓口同大。墓口距墓底深2.5米。墓坑内填五花土，土质较硬且黏性较大，未经夯打。葬具腐朽严重，依其残存痕迹，可分辨出为一具木棺。木棺痕迹南北长1.9米，东西宽0.6米，残高0.5米。在木棺四周及底部均发现有青膏泥痕迹。木棺内有人骨架一具，腐朽严重，只残留肢骨痕迹。葬式不详（图一二，1）。

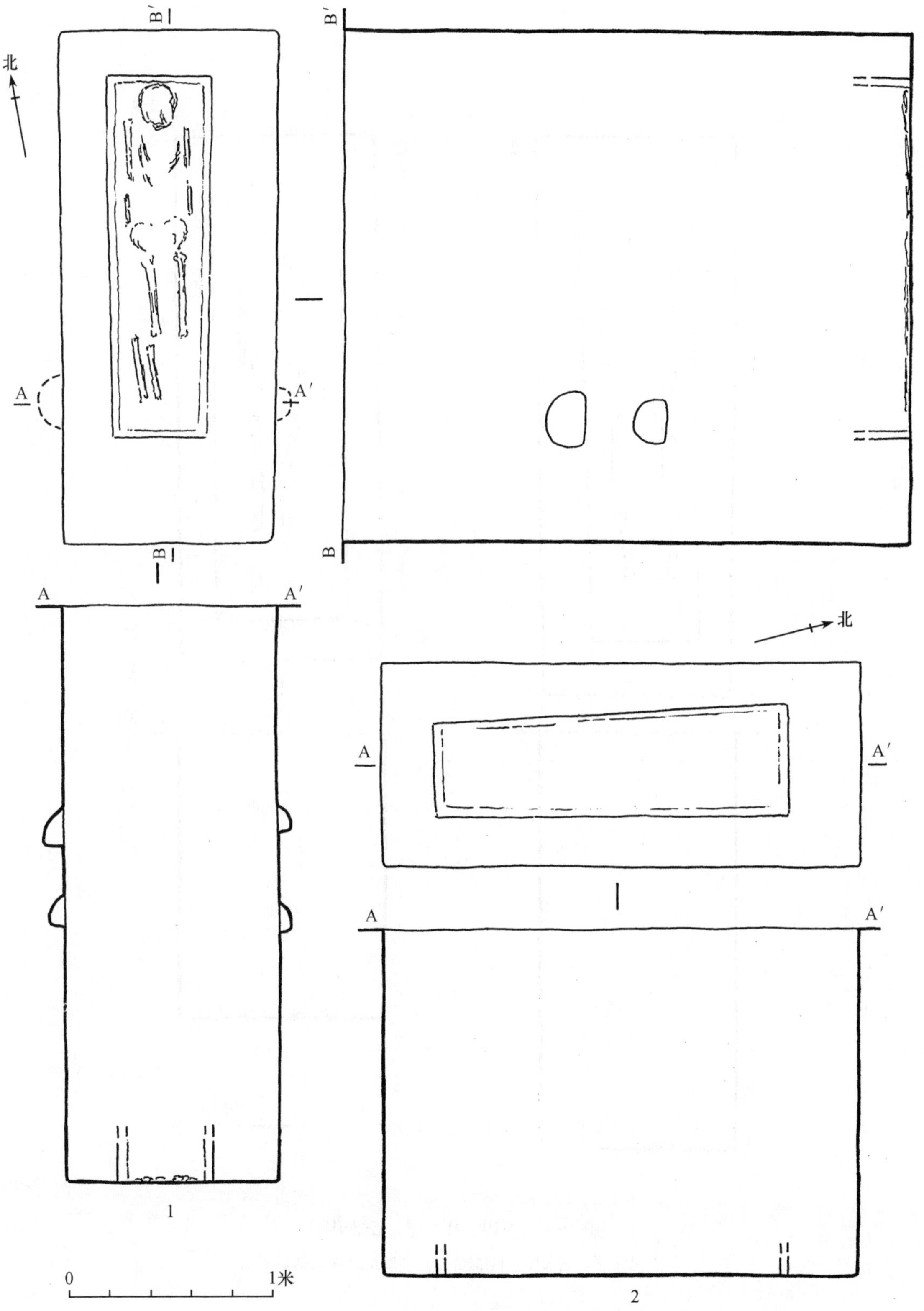

图一〇　M17、M22 平、剖面图

1. M22 平、剖面图　2. M17 平、剖面图

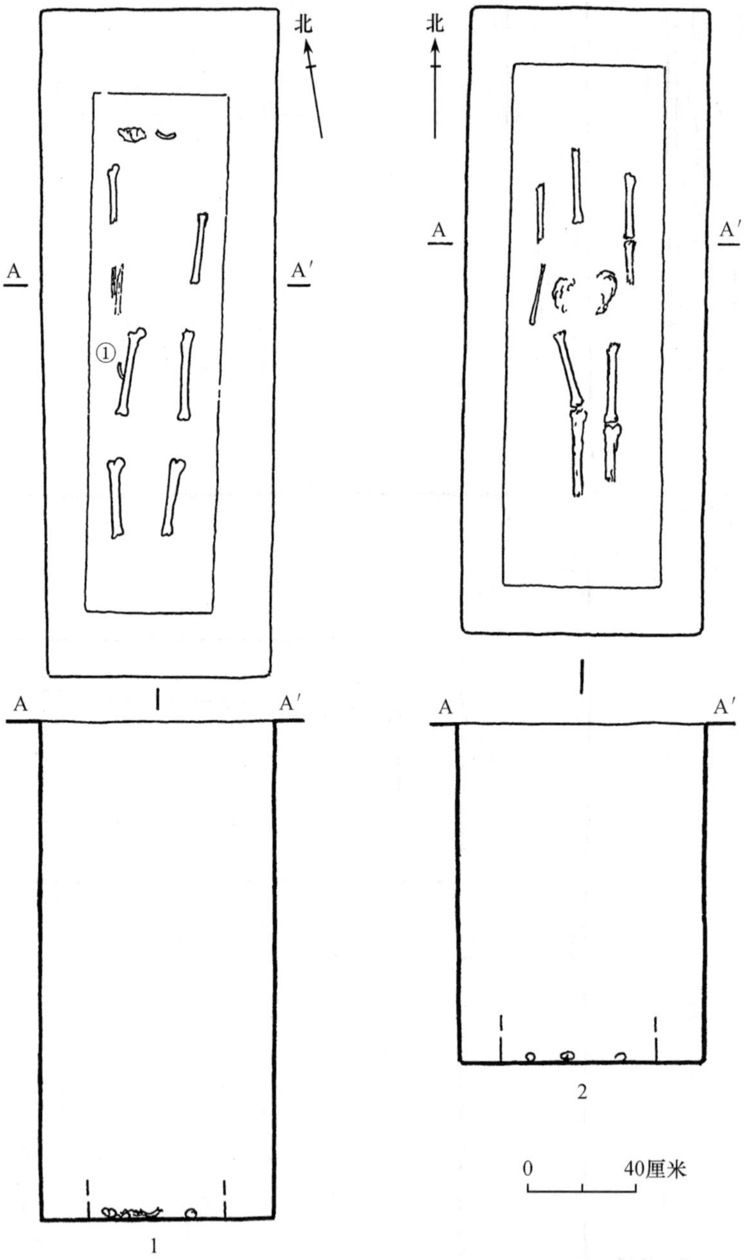

图一一　M19、M20平、剖面图

1. M19平、剖面图（①铜带钩）　2. M20平、剖面图

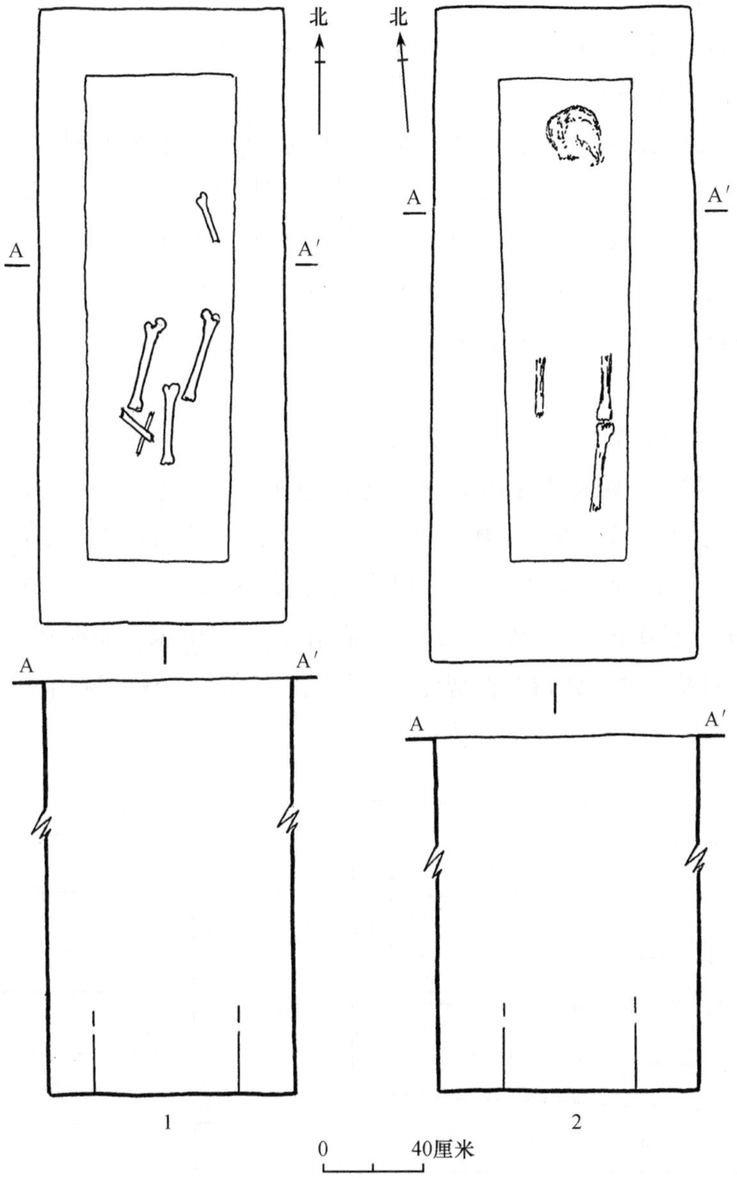

图一二　M21、M23平、剖面图
1. M21平、剖面图　2. M23平、剖面图

该墓内未发现随葬器物。

M22　开口于④层下，距地表深0.7米。方向10°。墓圹平面呈长方形，长2.5米，宽1.08米，长宽之比为2.5∶1。墓坑四壁垂直，墓底与墓口同大。墓口距墓底深2.8米。墓坑南端两侧的内壁上各有2个近似半圆的脚窝，其中西壁的上脚窝距墓口1米、下脚窝距墓口1.5米，东壁上脚窝的位置基本与西壁相对应。墓坑内填五花土，土质较硬且黏性较大，未经夯打。葬具腐朽严重，依其残存痕迹，可分辨出为一具木棺。木棺痕迹南北长1.75米，东西宽0.46～

0.52 米，残高 0.22 米。在木棺四周及底部均发现有青膏泥痕迹。木棺内有人骨架一具，腐朽严重，依其残存痕迹，可分辨出头骨位于北部。葬式不详（图一〇，1）。

该墓内未发现随葬器物。

M23　开口于③层下，墓口距地表深 0.9 米。方向 8°。墓圹平面呈长方形，长 2.54 米，宽 1.1 米，长宽之比为 2.3∶1。墓坑四壁垂直，墓底与墓口同大。墓口距墓底深 2.3 米。墓坑内填五花土，土质较硬且黏性较大，未经夯打。葬具腐朽严重，依其残存痕迹，可分辨出为一具木棺。木棺痕迹南北长 1.87 米，东西宽 0.48～0.54 米，残存高度为 0.3 米。在木棺四周及底部均发现有青膏泥痕迹。人骨腐朽严重，依其残存痕迹，可分辨出头骨位于北部。葬式不详（图一二，2）。

该墓内未发现随葬器物。

M25　开口于③层下，距地表深 0.47 米。方向为 0°。墓圹平面呈长方形，南北长 2.55 米，东西宽 1.31 米，长宽之比为 1.9∶1。墓圹四壁垂直，墓底与墓口同大。墓口距墓底深 1.24 米。墓坑内填五花土，土质较硬，未经夯打。葬具已朽，仅保留有棺、椁痕迹。椁痕南北长 2.26 米，东西宽 1.02 米，厚 0.08 米，高度不详。棺痕南北长 1.91 米，东西宽 0.5 米，厚 0.06 米，高度不详。棺椁之间及四周，残留有青膏泥。人骨已朽，仅有少量残存痕迹，头向和葬式不详（图一三，1）。

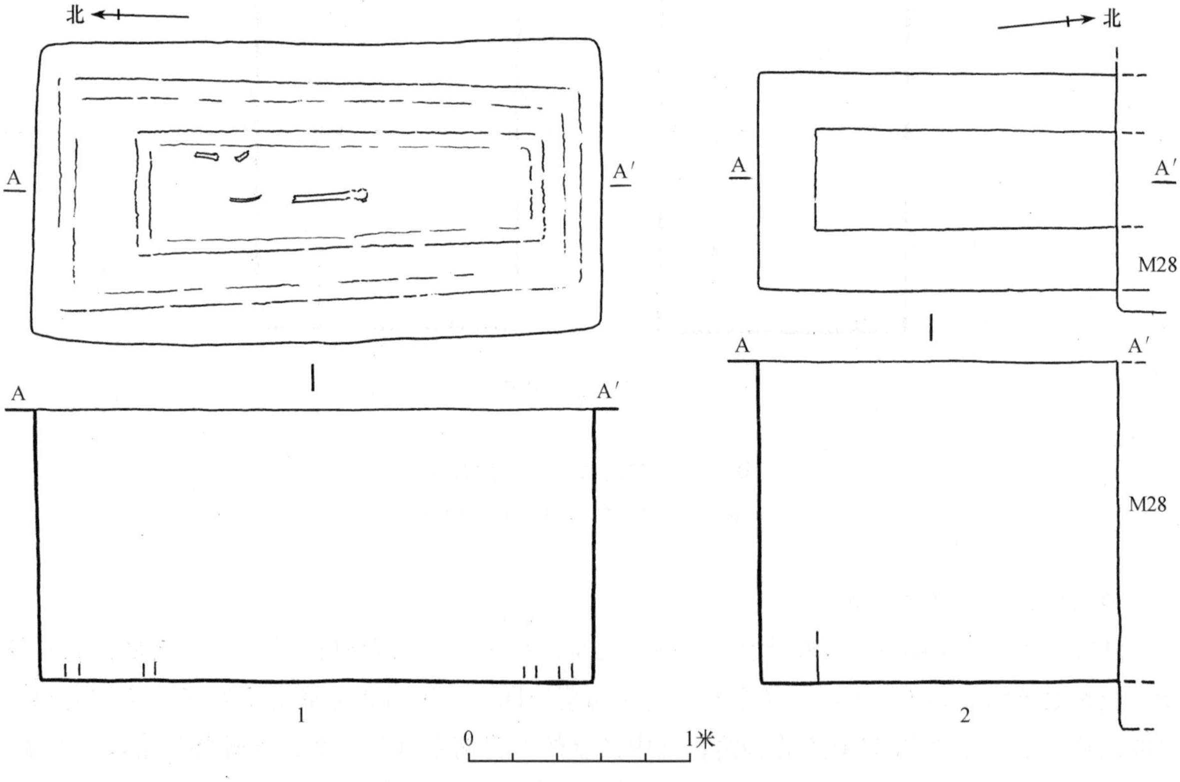

图一三　M25、M29 平、剖面图

1. M25 平、剖面图　2. M29 平、剖面图

未见任何随葬器物。

M29　开口于③层下，墓口距地表深0.64米。方向6°。墓圹的北部被M28墓室的东南角所打破。墓圹平面呈长方形，残长2.2米，宽1米，长宽之比为2.2∶1。墓圹四壁垂直，墓底与墓口同大。墓口距墓底深1.44米。墓坑内填五花土，土质较硬且黏性较大，未经夯打。葬具腐朽严重，依其残存痕迹，可分辨出为一具木棺。木棺痕迹南北长1.76米，东西宽0.42～0.46米。在木棺四周及底部均发现有青膏泥痕迹。未发现人骨痕迹（图一三，2）。

未见任何随葬器物。

M30　开口于③层下，距地表深0.36米。方向10°。墓圹平面呈长方形，长2.1米，宽0.82～0.89米，长宽之比为2.4∶1。墓圹四壁垂直，墓底与墓口同大。墓口距墓底深1.2米。墓坑内填五花土，土质较硬且黏性较大，未经夯打。葬具腐朽严重，依其残存痕迹，可分辨出为一具木棺。木棺痕迹南北长1.76米，东西宽0.48～0.56米。在木棺四周及底部均发现有青膏泥痕迹。人骨腐朽严重，葬式不详（图一四，1）。

未见任何随葬器物。

M31　开口于③层下，距地表深0.66米。方向8°。墓圹平面呈长方形，长2.52米，宽1～1.2米，长宽之比为2.1∶1。墓圹四壁斜直，墓底小于墓口。墓底南北长2.4米，东西宽0.82～1米，墓口距墓底深1.92米。墓坑内填五花土，土质较硬且黏性较大，未经夯打。葬具腐朽严

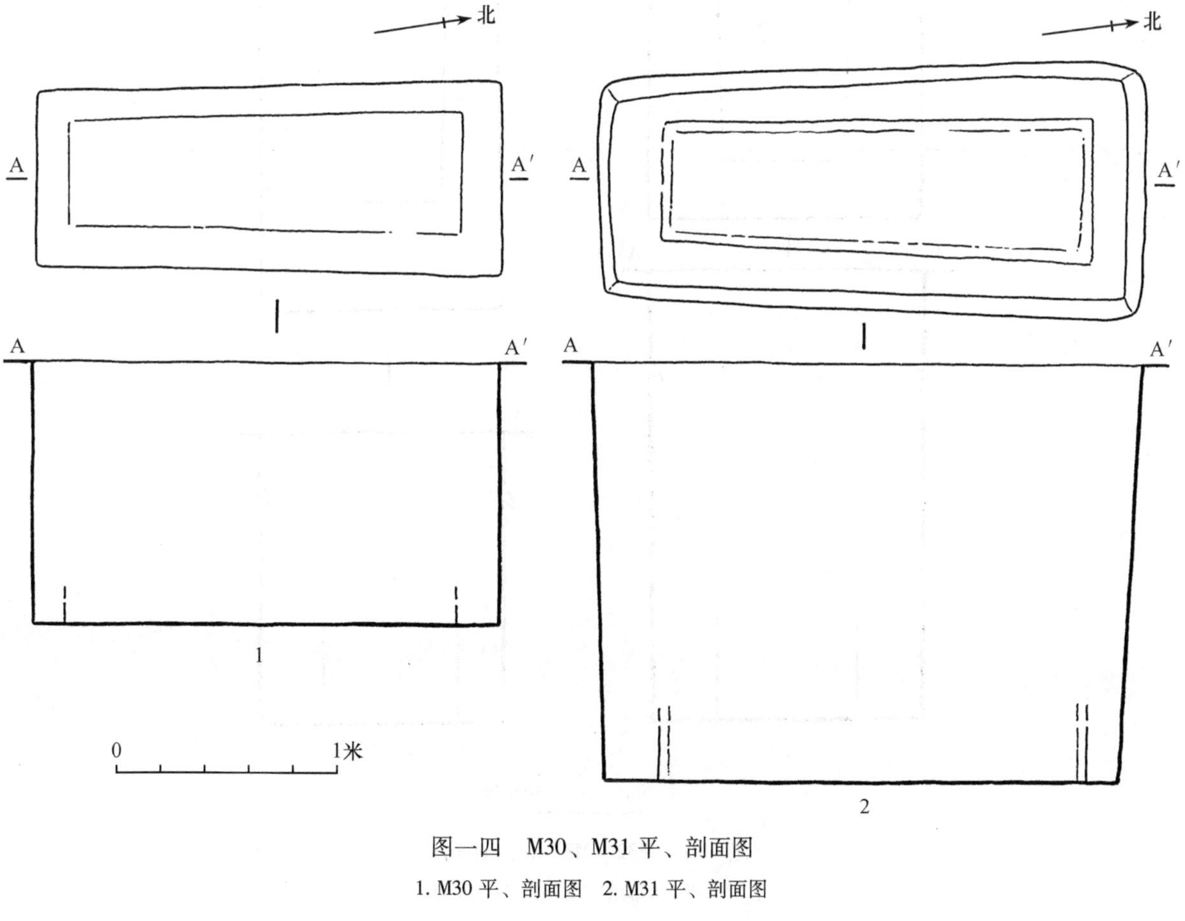

图一四　M30、M31平、剖面图

1. M30平、剖面图　2. M31平、剖面图

重，依其残存痕迹，可分辨出为一具木棺。木棺痕迹南北长1.98米，东西宽0.56～0.66米，残高0.26米。在木棺四周及底部均发现有青膏泥痕迹。人骨腐朽严重，葬式不详（图一四，2）。

未见任何随葬器物。

M32　开口于③层下，距地表深0.7米。方向8°。墓圹平面呈长方形，长2.15米，宽1米，长宽之比为2.2∶1。墓圹四壁垂直，墓底与墓口同大。墓口距墓底深2.55米。墓坑内填五花土，土质较硬且黏性较大，未经夯打。葬具腐朽严重，依其残存痕迹，可分辨出为一具木棺。木棺痕迹南北长1.78米，东西宽0.47～0.58米，残高0.32米。在木棺四周及底部均发现有青膏泥痕迹。人骨腐朽严重，葬式不详（图一五，1）。

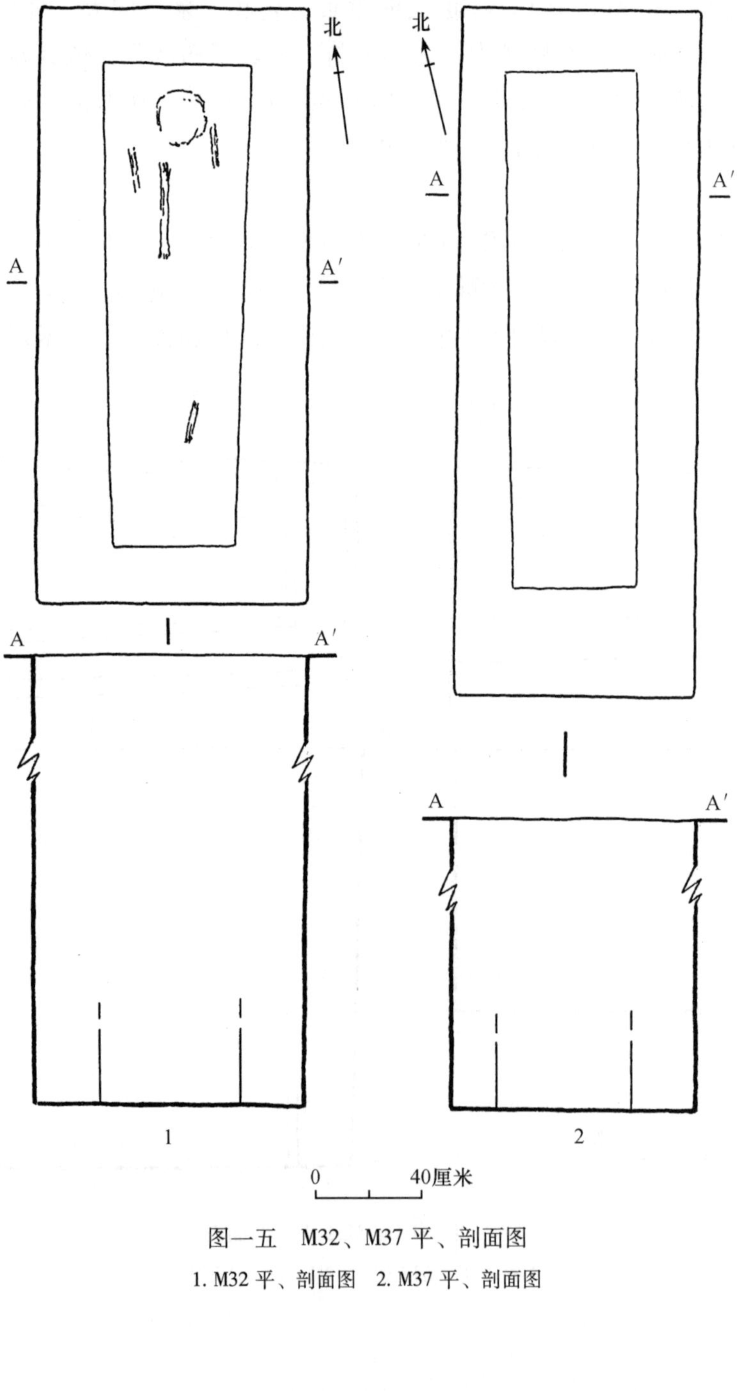

图一五　M32、M37平、剖面图

1. M32平、剖面图　2. M37平、剖面图未见任何随葬器物。

M37　开口于③层下，距地表深0.6米。方向19°。墓圹平面呈长方形，长2.5米，宽0.9米，长宽之比为2.8∶1。墓圹四壁垂直，墓底与墓口同大。墓口距墓底深1.94米。墓坑内填五花土，土质较硬且黏性较大，未经夯打。葬具腐朽严重，依其残存痕迹，可分辨出为一具木棺。木棺痕迹南北长1.88米，东西宽0.46～0.5米，残高0.26米。在木棺四周及底部均发现有青膏泥痕迹。人骨腐朽严重，葬式不详（图一五，2）。

未见任何随葬器物。

M41　开口于③层下，距地表深0.7米。方向5°。墓圹平面呈长方形，其南端被M28的墓道所打破，南北残长1.8米，东西宽0.8米，长宽之比为2.3∶1。墓圹四壁垂直，墓口距墓底深1.34米。墓底有生土二层台，台高0.18米，宽0.14～0.26米。墓坑内填五花土，土质较硬且黏性较大，稍经夯打。葬具腐朽严重，依其残存痕迹，可分辨出为一具木棺。木棺痕迹南北残长1.56米，东西宽0.44米，残高0.18米。在木棺四周及底部均发现有青膏泥痕迹。人骨腐朽严重，葬式不详（图一六，1）。

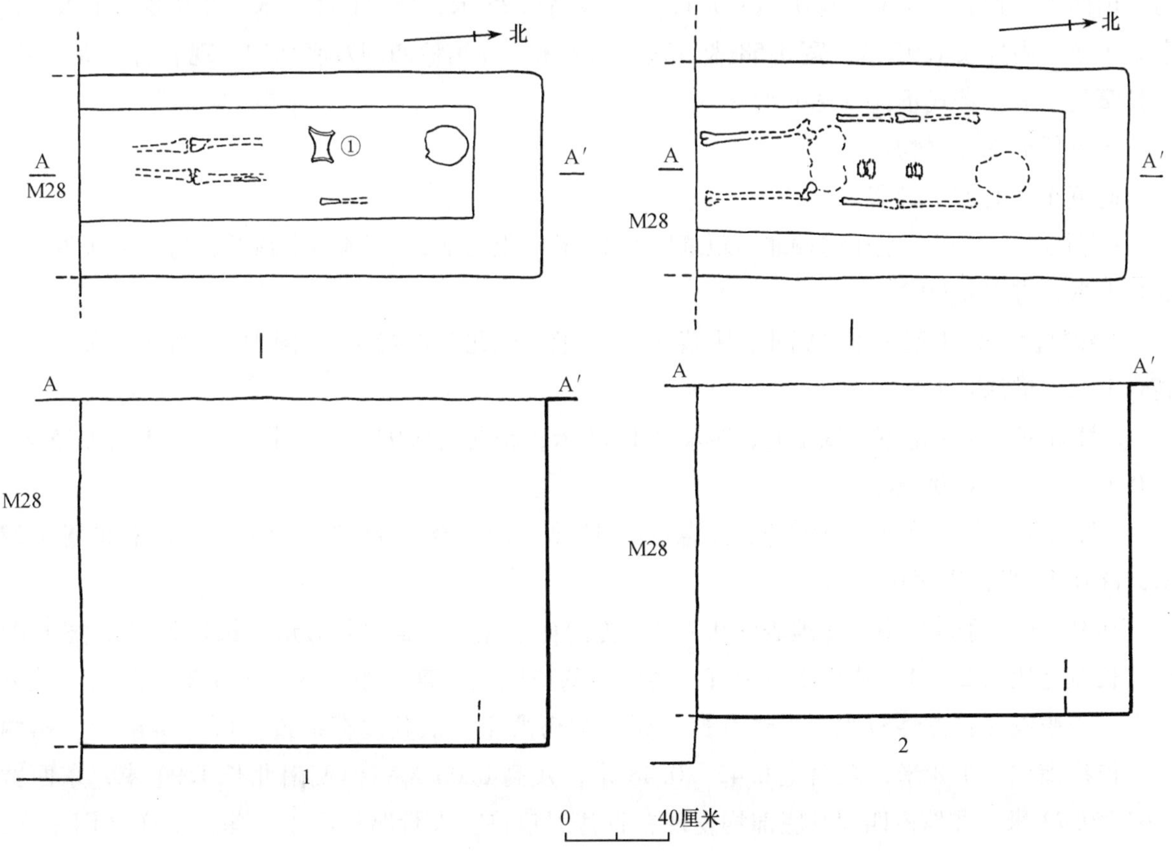

图一六　M41、M42平、剖面图

1. M41平、剖面图（①陶豆）　2. M42平、剖面图随葬品 1 件，为夹云母灰陶豆。位于墓底中部偏西。

陶豆　1 件。标本 M41∶1，夹云母灰陶。豆盘呈钵形，侈口，豆柄为亚腰形，较短。覆盘座。通高 13.1 厘米，口径 10.7 厘米，底径 8.2 厘米（图七，5；图版七，3）。

M42　开口于③层下，距地表深 0.7 米。方向 7°。墓圹平面呈长方形，其南端被 M28 的墓道所打破，南北残长 1.72 米，东西宽 0.83 米，长宽之比为 2.1∶1。墓圹四壁垂直，墓口距墓底深 1.3 米。墓底有生土二层台，台高 0.22 米，宽 0.15 ~ 0.26 米。墓坑内填五花土，土质较硬且黏性较大，稍经夯打。葬具腐朽严重，依其残存痕迹，可分辨出为一具木棺。木棺痕迹南北残长 1.47 米，宽 0.48 ~ 0.5 米，残高 0.2 米。在木棺四周及底部均发现有青膏泥痕迹。人骨腐朽严重，葬式不详（图一六，2）。

未见任何随葬器物。

M47　开口于③层下，距地表深 0.85 米。方向 0°。墓圹平面呈长方形，长 2.84 米，宽 1.53 ~ 1.56 米，长宽之比为 1.8∶1。墓圹四壁垂直，墓底与墓口同大。墓口距墓底深 2.8 米。墓坑内填五花土，土质较硬且黏性较大，未经夯打。葬具腐朽严重，依其残存痕迹，可分辨出为一棺两椁。棺长 1.8 米，宽 0.37 ~ 0.42 米，残高 0.25 米；外椁长 2.2 米，宽 0.84 ~ 1 米，残高 0.4 米。内椁长 1.95 米，宽 0.58 米，残高 0.4 米。在棺椁四周及底部均发现有青膏泥痕迹。人骨腐朽严重，葬式不详（图一七）。

未见任何随葬器物。

此墓东壁有四个脚窝。

1 号脚窝　位于墓室东壁偏北，距墓底 1.45 米，距北壁 0.82 米，半圆形，南北宽 0.24 米，高 0.1 米，进深 0.09 米。

2 号脚窝　位于墓室东壁偏北，距墓底 1.78 米，距北壁 0.42 米，半圆形，南北宽 0.15 米，高 0.1 米，进深 0.1 米。

3 号脚窝　位于墓室东壁偏北，距墓底 1.93 米，距北壁 0.93 米，半圆形，南北宽 0.15 米，高 0.1 米，进深 0.08 米。

4 号脚窝　位于墓室东壁北边，距墓底 2.33 米，距北壁 0.47 米，近半圆形，南北宽 0.22 米，高 0.13 米，进深 0.09 米。

M49　开口于③层下，距地表深 0.7 米。方向 0°。墓圹平面呈长方形，长 2.25 米，宽 1.02 米，长宽之比为 2.2∶1。墓圹四壁垂直，墓底与墓口同大。墓口距墓底深 1.8 米。墓坑内填五花土，土质较硬且黏性较大，未经夯打。葬具腐朽严重，依其残存痕迹，可分辨出为一棺两椁。棺痕南北长 1.8 米，东西宽 0.42 ~ 0.48 米，残高 0.06 米；椁痕南北长 1.94 米，东西宽 0.63 ~ 0.73 米。在棺椁四周及底部均发现有青膏泥痕迹。人骨腐朽严重，葬式不详（图一八，1）。

未见任何随葬器物。

M50　开口于③层下，距地表深 0.7 米。方向 0°。墓圹平面呈长方形，长 2.26 米，宽 0.92 ~

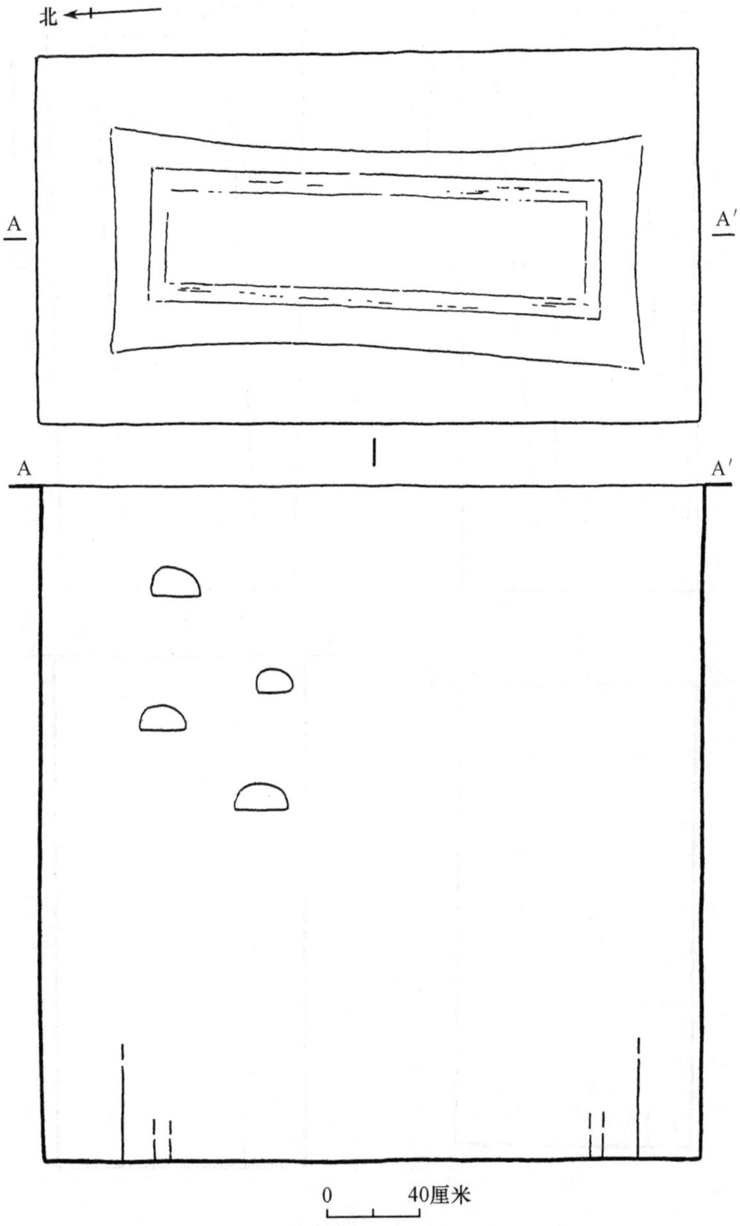

图一七 M47 平、剖面图

1.02 米，长宽之比为 2.2∶1。墓圹四壁垂直，墓底与墓口同大。墓口距墓底深 2 米。墓坑内填五花土，土质较硬且黏性较大，未经夯打。葬具腐朽严重，依其残存痕迹，可分辨出为一棺，木棺痕迹南北长 1.9 米，宽 0.52 ~0.54 米。在棺椁四周及底部均发现有青膏泥痕迹。人骨腐朽严重，葬式不详（图一八，2）。

未见任何随葬器物。

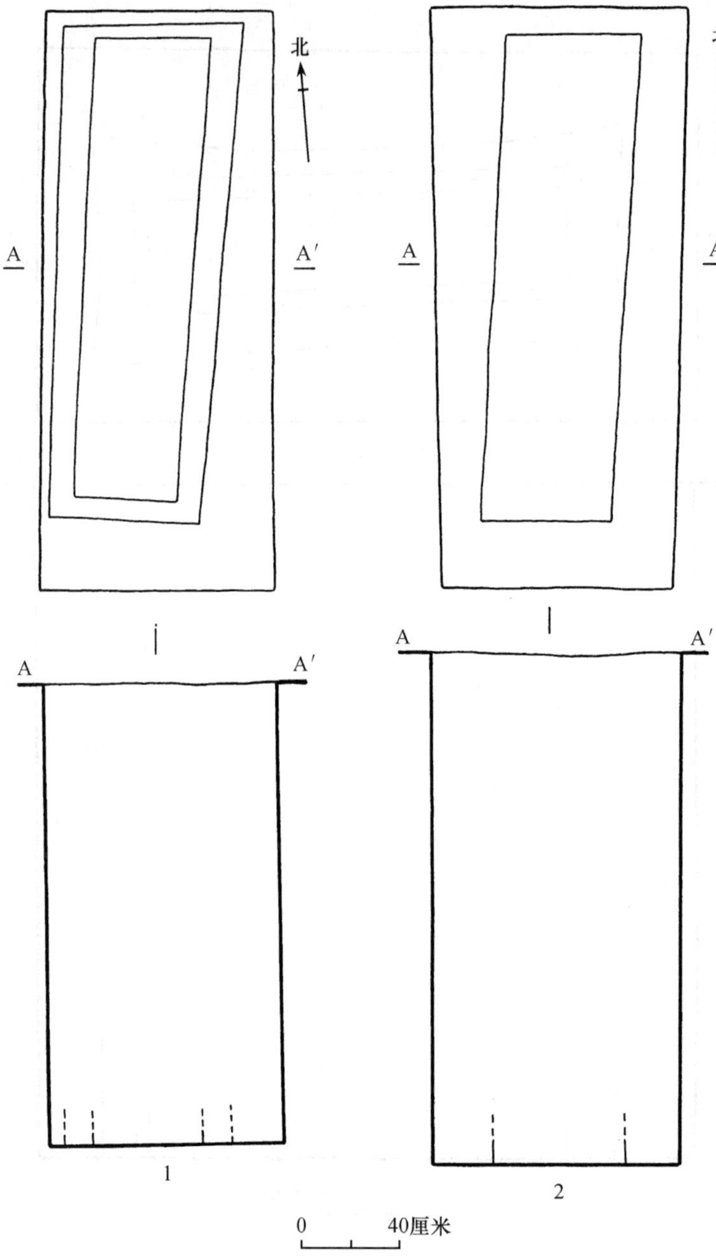

图一八　M49、M50平、剖面图
1. M49平、剖面图　2. M50平、剖面图

（二）瓮棺葬

共发掘瓮棺葬14座（图一九）。从瓮棺的空间位置而言，W3～W7（图版一，2）、W13为东西向并排的一组，W8～W12为东西向紧邻的一组，这两组瓮棺分布比较集中。

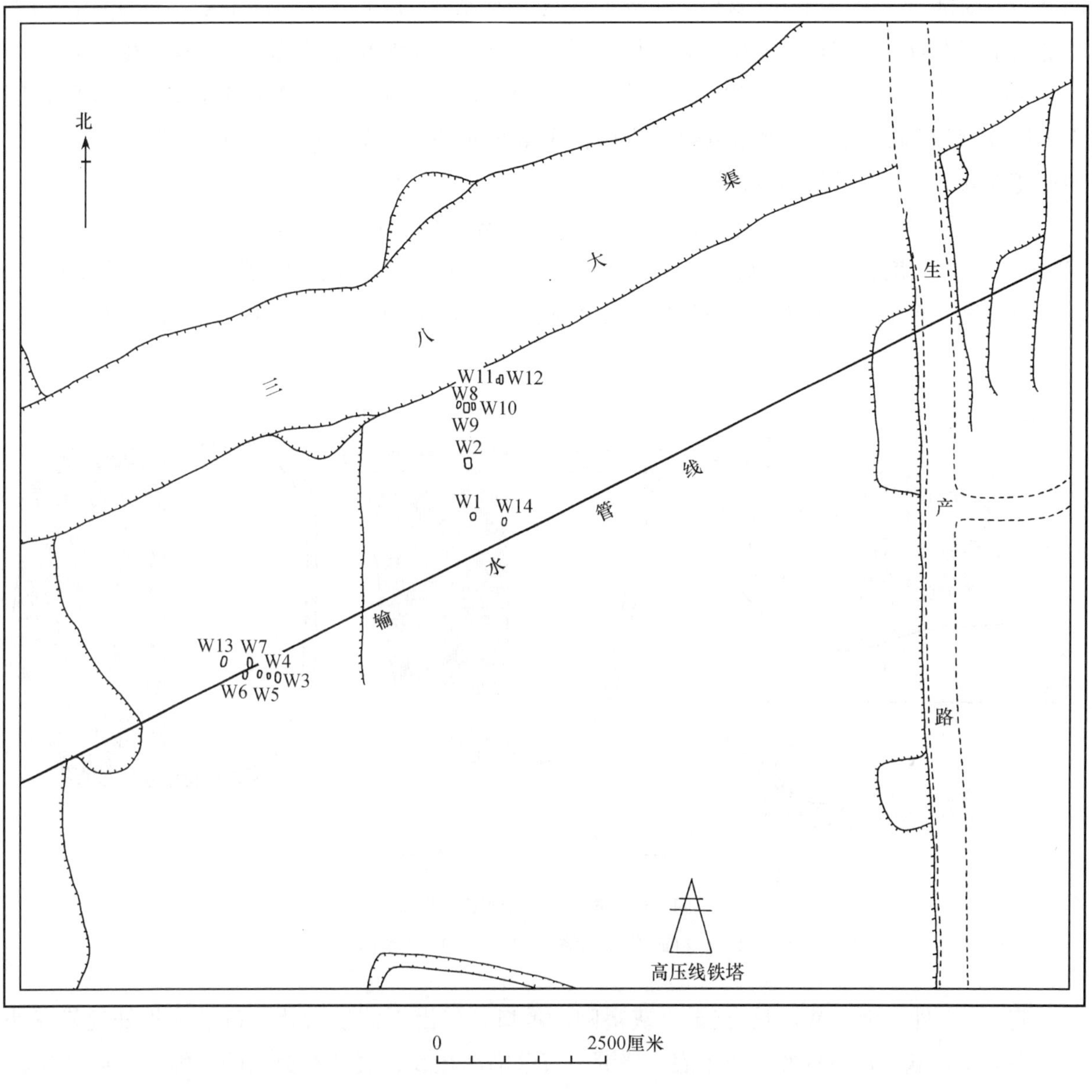

图一九　瓮棺墓葬分布图

瓮棺葬均为南北方向。竖穴土坑，大小依瓮棺而定，形状不甚规整。葬具一般由2件或3件陶器组成，包括夹云母红陶釜、灰陶釜、灰陶瓮等，纹饰以绳纹为主。埋葬时陶器的口沿部南北相对或相套接。在其中的5座瓮棺内发现了残存的人骨痕迹和少量牙齿。

根据葬具的陶器组合的不同，瓮棺葬可分为两个类型。第Ⅰ类：葬具由红陶釜与灰陶瓮构成，有7座，分别为W1～W3、W6、W9、W13、W14；第Ⅱ类：葬具由2件或3件红陶釜构成，有7座，分别为W4、W5、W7、W8、W10～W12。

共出土陶质葬具33件（包括无法复原的陶器），其中陶釜26件，陶瓮7件。完整的陶釜共21件、陶瓮2件，无法修复的陶釜共5件、陶瓮5件。陶釜的残缺部分均为下腹部及底部，陶瓮的残缺部分均为口沿部。这些瓮棺葬的葬具，绝大多数应是日常实用的器物，在陶釜的上腹部内壁留有较为明显的与其他器物共同使用后的磨痕，此外部分陶釜的底部残留有烟炱。

W1　开口于③层下，打破生土，距地表深0.55米。方向175°。墓圹的东壁被一座清代竖穴土坑墓M7打破。墓圹平面呈近似长方形，西壁略向外凸。墓口南北长0.7～0.87米，东西残存宽度0.35～0.45米；墓口距墓底深0.25米。墓圹内填土为五花土，土质较硬。

葬具由两件陶器组成，一件为夹云母红陶釜（W1∶1），位于北部；一件是夹云母灰陶瓮（W1∶2），位于南部，已残。灰陶瓮口沿已残缺，其颈部套在红陶釜内。两者平置于土坑中部。葬具总长度0.6米，宽0.17～0.35米，北窄南宽，残高0.24米。未发现人骨痕迹（图二〇，1）。

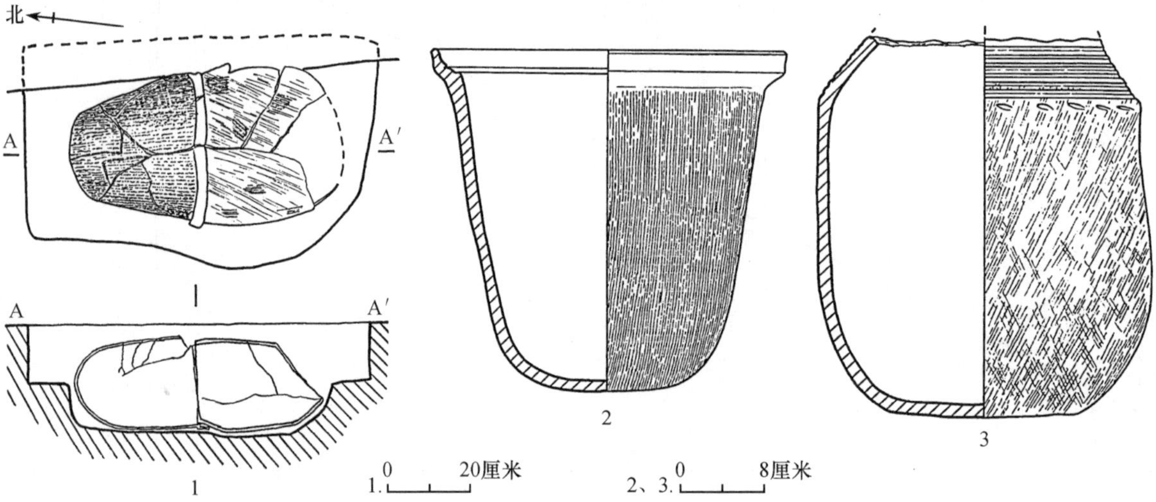

图二〇　W1平、剖面图及葬具

1. W1平、剖面图　2. 陶釜（W1∶1）　3. 陶瓮（W1∶2）

陶釜　1件。标本W1∶1，夹云母灰褐陶。敞口，口沿下凹呈盘状，口沿内折处起榫状小棱。深腹呈筒状，向下内收，小平底，略圜。腹壁饰细绳纹，底部有交错的细绳纹。通高32.4厘米，口径33.7～34.2厘米，底径7.2厘米（图二〇，2；图版八，1）。

陶瓮　1件。标本W1∶2，夹云母灰陶。口部已残缺。斜肩，深腹呈筒状，略鼓，下腹内收，平底。腹部以交错细绳纹为主体纹饰，腹上部有一周戳印的篦点纹。轮制而成，肩部留有明显的轮旋纹。残高36厘米，残存肩部直径22.4厘米，底径18厘米（图二〇，3；图版七，4）。

W2　开口于③层下，打破生土，距地表深0.56米，方向185°。墓圹平面呈长方形，南北长1.45米，东西宽1.02米；墓口距墓底深0.64米。墓圹内填五花土，土质较硬。

葬具由两件陶器组成。一件为夹云母红陶釜（W2∶2），位于北部；一件是夹云母灰陶瓮（W2∶1），位于南部。两件陶器的口部相对，平置于土圹之中。在灰陶瓮内北部发现几枚人牙齿（图二一，1）。

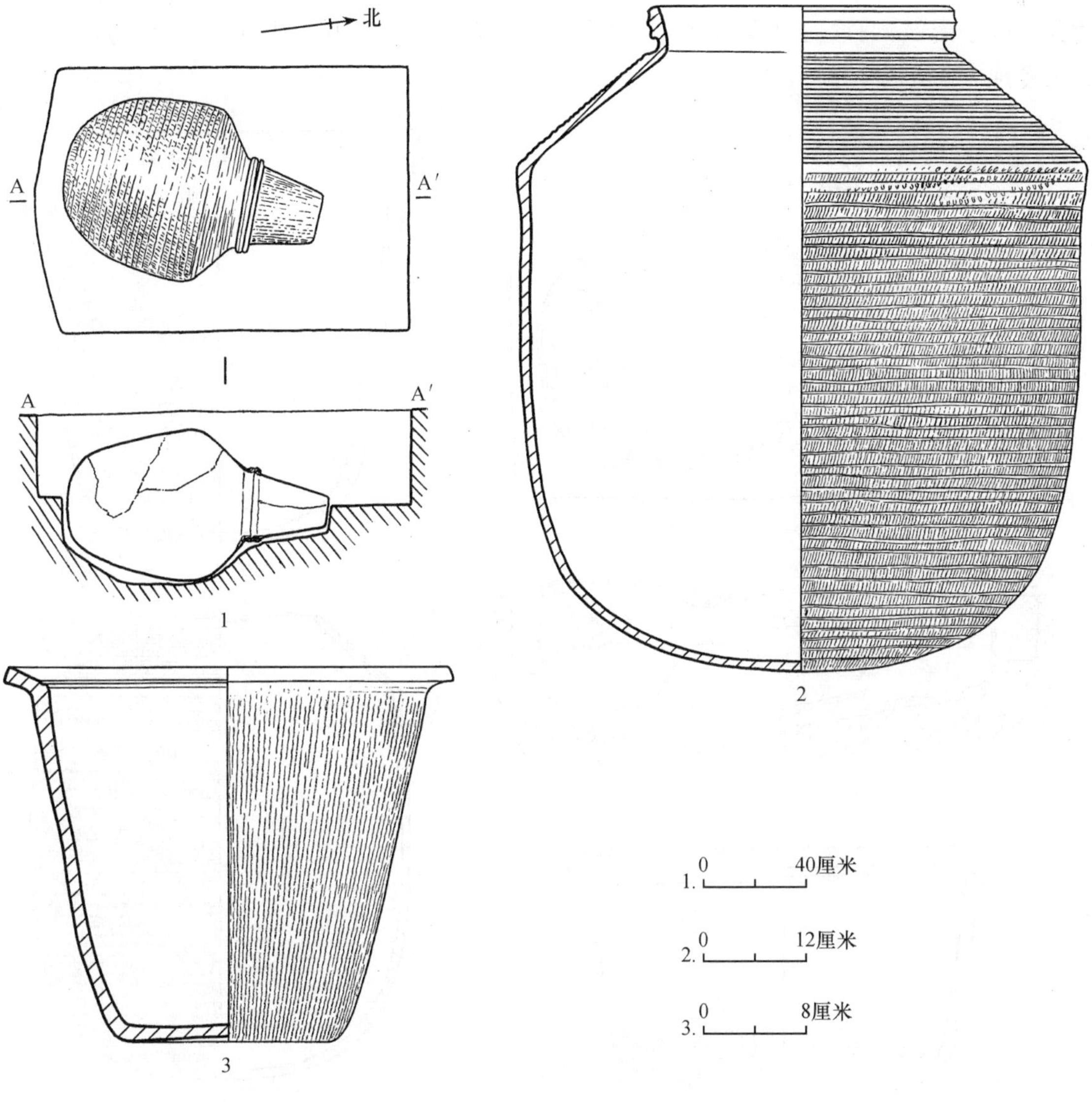

图二一　W2 平、剖面图及葬具

1. W2 平、剖面图　2. 陶瓮（W2∶1）　3. 陶釜（W2∶2）

陶瓮　1 件。标本 W2∶1，夹云母灰陶，敞口，双唇，短束颈，斜肩，深腹，上腹直壁，下腹内收。圜底。腹壁以弦断绳纹为主体纹饰，在腹上部有两周戳印的篦点纹。轮制而成，肩部留有紧密的轮旋纹。通高 75 厘米，口径 36.2 厘米（图二一，2）。

陶釜　1 件。标本 W2∶2，夹云母灰褐陶，敞口，沿面斜直，斜方唇。深腹，腹壁斜直，平底，略内凹。腹壁饰细绳纹，底部有交错的细绳纹。通高 28.1 厘米，口径 35.2 厘米，底径 16.4 厘米（图二一，3；图版八，2）。

W3　开口于③层下，打破生土，距地表深 0.8 米。方向 185°。墓圹平面呈近似长方形，南北长 1.04 米，东西宽 0.5 ~ 0.6 米；墓口距墓底深 0.3 米。墓圹内填五花土，土质较硬。

葬具由三件陶器组成，两件为夹云母红陶釜（W3∶1 和 W3∶2），位于北部；一件是夹云母灰陶瓮，位于南部。平置于土圹之中。葬具总长 0.87 米，宽 0.16～0.46 米，残高 0.18～0.32 米。未发现人骨痕迹（图二二，1）。

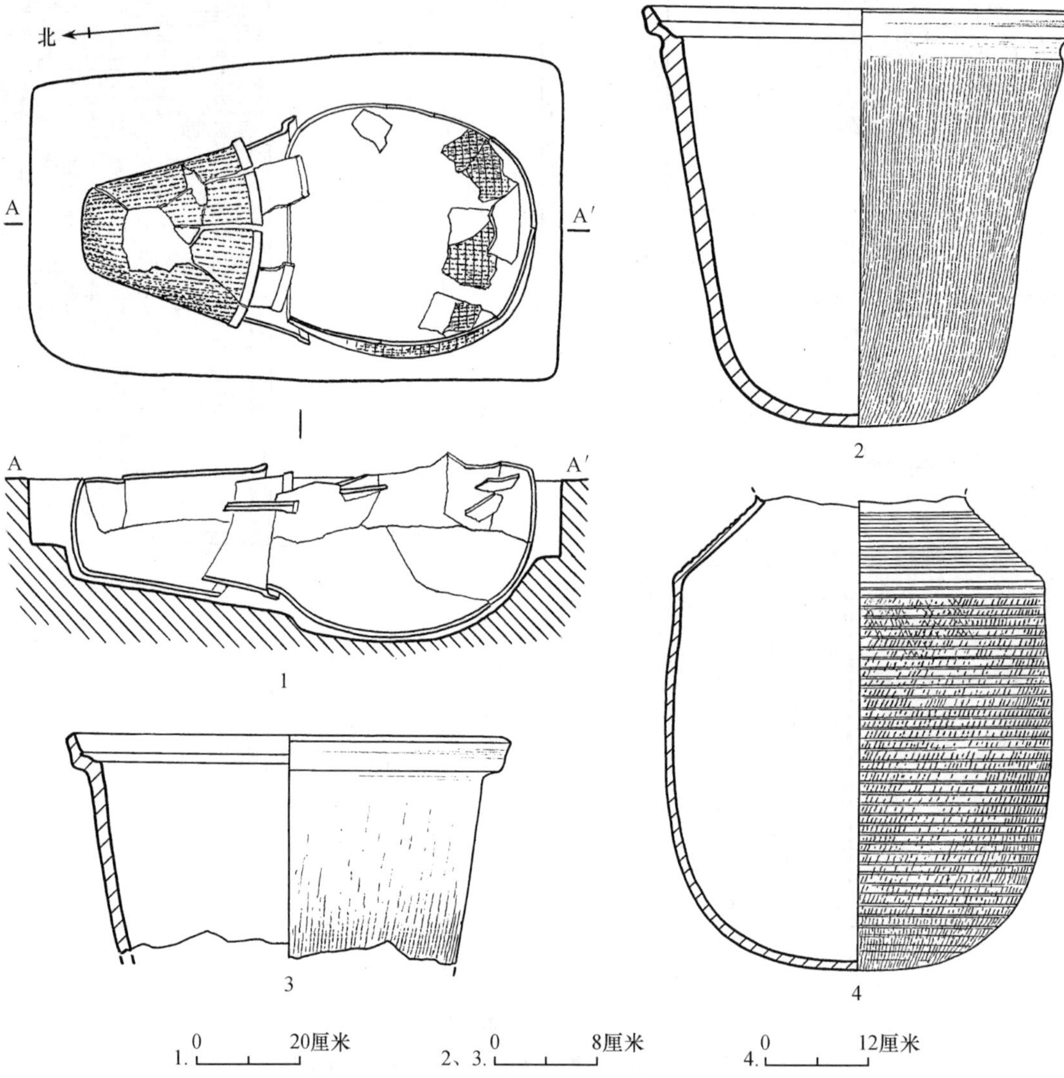

图二二　W3 平、剖面图及葬具

1. W3 平、剖面图　2、3. 陶釜（W3∶1、W3∶2）　4. 陶瓮（W3∶3）

陶釜　2 件。标本 W3∶1，夹云母灰褐陶。敞口，口沿下凹呈盘状，口沿内折处起榫状小棱。深腹呈筒状，斜直下部内收。小平底，略圜。腹壁饰细绳纹，底部有交错的细绳纹。通高 31.5 厘米，口径 33.6～34.4 厘米，底径 9.8 厘米（图二二，2；图版八，3）。标本 W3∶2，夹云母灰陶，敞口，口沿下凹呈盘状，口沿内折处起榫状小棱。下腹部及底部已残缺。上腹壁斜直。上腹壁饰细绳纹。残高 16.4 厘米，口径 35 厘米，残下腹径 26.4 厘米（图二二，3）。

陶瓮　1件。标本W3∶3，夹云母灰陶，口沿部残缺。斜肩。深腹呈筒状，直壁微鼓，下部内收。圜底，腹壁饰弦断绳纹。轮制而成，肩部留有紧密的轮旋纹。残高53.3厘米，残存肩部直径24.6厘米（图二二，4）。

W4　开口于③层下，打破生土，距地表深0.8米。方向185°。墓圹平面呈近似长方形，南北长0.95米，东西宽0.2～0.6米；墓口距墓底深0.22米。墓圹内填五花土，土质较硬。

葬具由三件夹云母陶釜组成，其中一件位于北部（W4∶1），另两件相套接位于南部（W4∶2和W4∶3），平置于土圹之中。葬具总长为0.75米，宽0.12～0.35米。未发现人骨痕迹（图二三，1）。

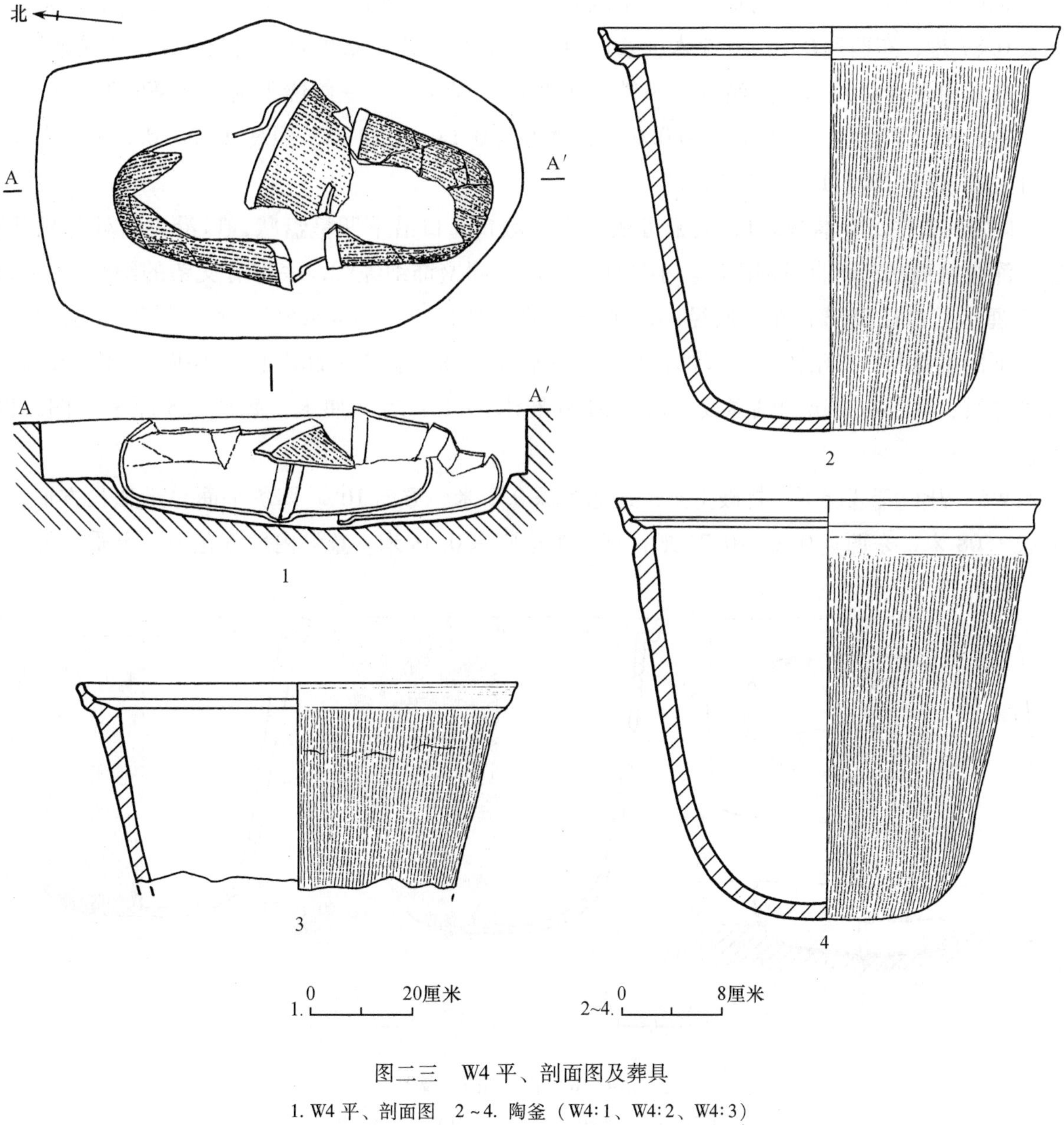

图二三　W4平、剖面图及葬具

1. W4平、剖面图　2～4. 陶釜（W4∶1、W4∶2、W4∶3）

陶釜　3件。标本W4:1，夹云母红陶。敞口，口沿下凹呈盘状，口沿内折处起榫状小棱。深腹，呈筒状，斜直下部内收。平底，略圜。腹壁饰细绳纹，底部有交错的细绳纹。通高30.6厘米，口径36.6厘米，底径10.2厘米（图二三，2）。标本W4:2，夹云母红陶。敞口，口沿下凹呈盘状，口沿内折处起榫状小棱。下腹部及底部已残缺。上腹壁斜直。上腹壁饰细绳纹。残高14.1~14.8厘米，口径34.6厘米，残下腹径34.6厘米（图二三，3）。标本W4:3，夹云母灰褐陶，敞口，口沿下凹呈盘状，口沿内折处起榫状小棱。深腹呈筒状，斜直下部内收。小平底，略圜。腹壁饰细绳纹，底部有交错的细绳纹。通高31.8厘米，口径34厘米，底径11.2厘米（图二三，4）。

W5　开口于③层下，打破生土，距地表深0.8米。方向190°。墓圹平面呈近似长方形，南北长0.87米，东西宽0.45~0.5米；墓口距墓底深0.21米。墓圹内填五花土，土质较硬。

葬具由两件夹云母陶釜组成，一件位于北部（W5:1），一件位于南部（W5:2），口部相对，平置于土圹之中。葬具总长为0.6米，宽度为0.18~0.32米，残高0.13~0.2米。未发现人骨痕迹（图二四，1；图版二，1）。

陶釜　2件。标本W5:1，夹云母灰褐陶，敞口，口沿下凹呈盘状，口沿内折处起榫状小棱。深腹呈筒状，斜直下部内收。小平底，略圜。腹壁饰细绳纹，底部有交错的细绳纹。通高33.2厘米，口径35.3厘米，底径11.8厘米（图二四，2）。标本W5:2，夹云母灰褐陶，敞口，口沿下凹呈盘状，口沿内折处起榫状小棱。深腹呈筒状，斜直下部内收。小平底，略圜。腹壁饰细绳纹，底部有交错的细绳纹。通高31.6厘米，口径35.4厘米，底径8.8厘米（图二四，3）。

W6　开口于③层下，打破生土，距地表深0.8米。方向10°。墓圹平面呈近似长方形，南北长1.08米，东西宽0.35~0.75米，墓口距墓底深0.38米。墓圹内填五花土，土质较硬。

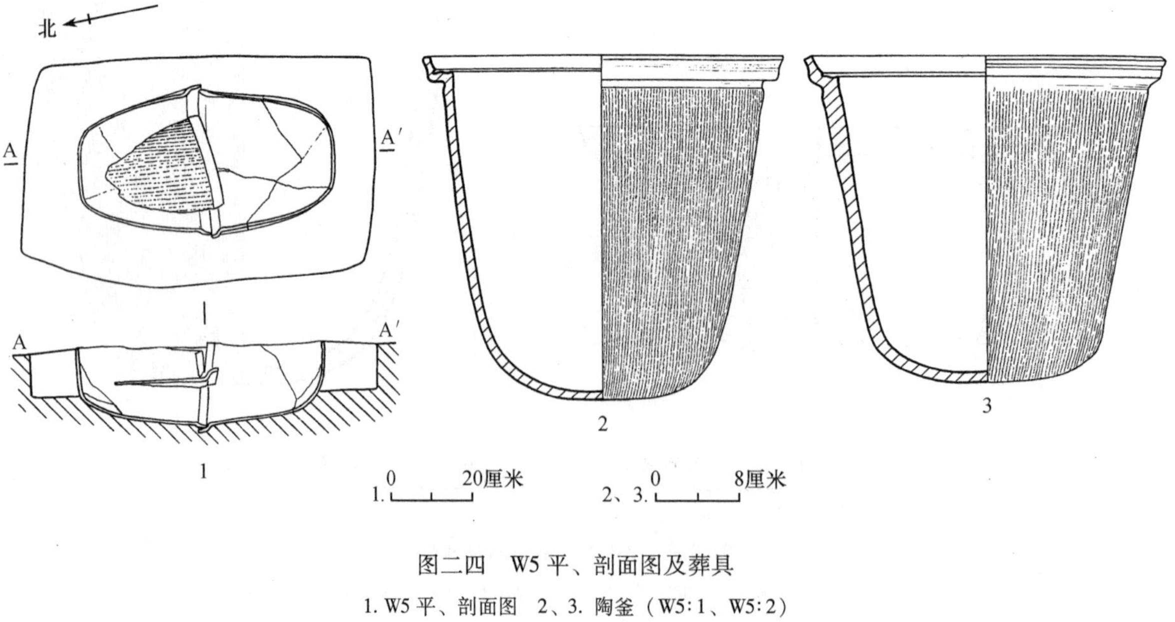

图二四　W5平、剖面图及葬具

1. W5平、剖面图　2、3. 陶釜（W5:1、W5:2）

葬具由两件陶器组成，一件为夹云母灰陶瓮（W6:1），位于北部；一件是夹云母红陶釜（W6:2），位于南部。口部相对，平置于土圹之中。未发现人骨痕迹。葬具总长度为0.87米，宽0.15~0.5米（图二五，1；图版二，2）。

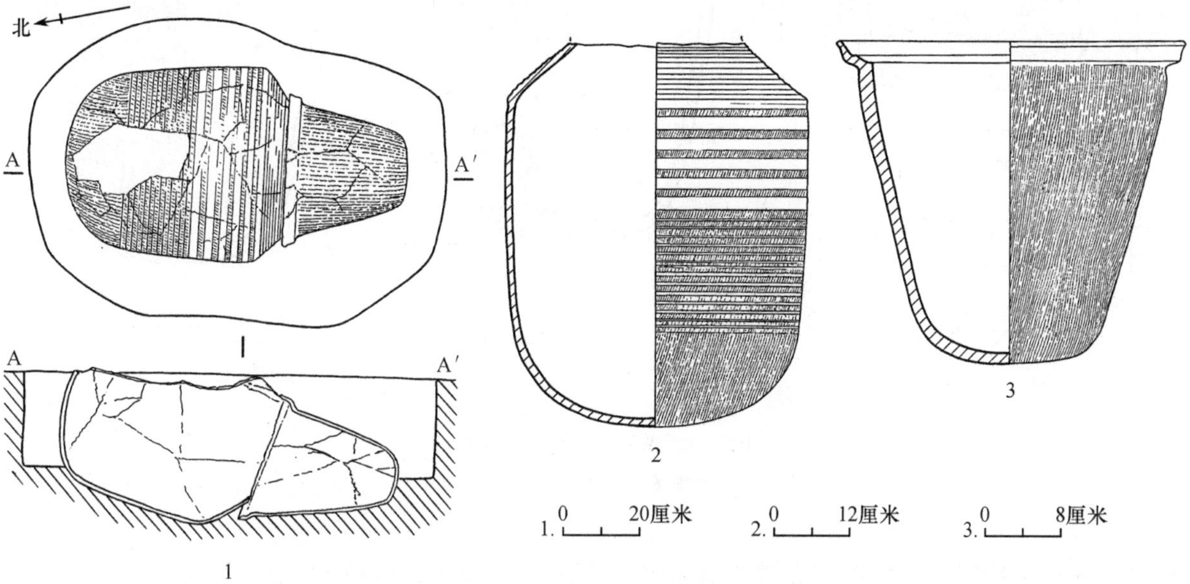

图二五 W6平、剖面图及葬具

1. W6平、剖面图 2. 陶瓮（W6:1） 3. 陶釜（W6:2）

陶瓮 1件。标本W6:1，夹云母灰褐陶，口部已残缺。肩部斜直。深腹呈筒状，直壁，下部内收，圜底。上腹壁饰五组以上下凹弦纹为界栏的绳纹，中腹壁饰弦断绳纹，下腹壁饰绳纹。轮制而成，肩部留有紧密的轮旋纹。残高58.3厘米，残肩部直径27.6厘米（图二五，2）。

陶釜 1件。标本W6:2，夹云母红陶，敞口，口沿下凹呈盘状。深腹呈筒状，斜直，下部内收。小平底，略圜。腹壁饰细绳纹。通高32.6厘米，口径36.8厘米，底径8.4厘米（图二五，3）。

W7 开口于③层下，打破生土，距地表深0.8米。方向180°。墓圹平面呈近似长方形，南北长0.92米，东西宽0.5~0.63米；墓口距墓底深0.39米。墓圹内填五花土，土质较硬。

葬具由两件夹云母红陶釜组成，一件位于北部（W7:1），一件位于南部（W7:2），口部相对，平置于土圹之中。在北部红陶釜中发现少量人骨残存痕迹。葬具总长度为0.62米，宽0.15~0.4米（图二六，1；图版二，3）。

陶釜 2件。标本W7:1，夹云母灰褐陶，敞口，口沿下凹呈盘状。口沿内折处起榫状小棱。深腹呈筒状，斜直微弧，下部内收。小平底，略圜。腹壁饰细绳纹，底部有交错的细绳纹。通高33厘米，口径34.4厘米，底径8.8厘米（图二六，2）。标本W7:2，夹云母红陶，敞口，口沿下凹呈盘状。口沿内折处起榫状小棱。深腹呈筒状，斜直微弧，下部内收。小平底，

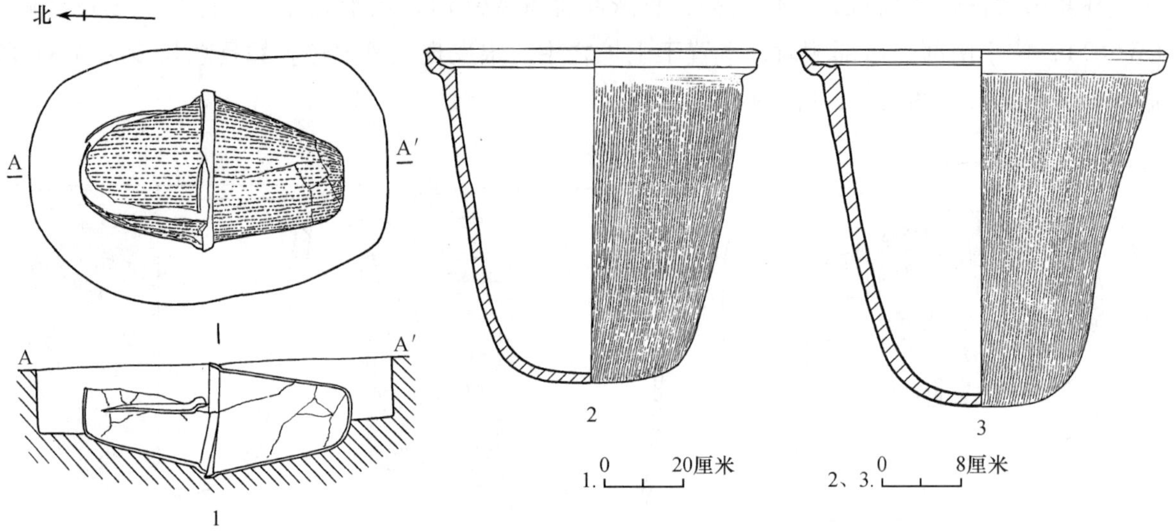

图二六　W7 平、剖面图及葬具
1. W7 平、剖面图　2、3. 陶釜（W7∶1、W7∶2）

略圜。腹壁饰细绳纹，底部有交错的细绳纹。通高 35.2 厘米，口径 37.2～37.5 厘米，底径 6.4 厘米（图二六，3）。

W8　开口于③层下，打破生土，距地表深 0.61～0.65 米。方向 190°。墓圹平面呈近似长方形，南北长 0.95 米，东西宽 0.6～0.7 米，墓口距墓底深 0.15 米。墓圹内填五花土，土质较硬。

葬具由三件夹云母红陶釜组成，其中两件相套接位于北部（W8∶1 和 W8∶2），另一件位于南部（W8∶3），平置于土圹之中。位于北部的两件红陶釜底部相交的地方有一夹云母灰陶豆盘，无豆柄。紧靠豆盘南部有少量人骨痕迹。葬具总长度为 0.72 米，宽 0.17～0.39 米（图二七，1；图版二，4）。

陶釜　3 件。标本 W8∶1，夹云母红陶，敞口，口沿下凹呈盘状。口沿内折处起榫状小棱。深腹呈筒状，斜直，下腹内收。小平底，略圜。腹壁饰细绳纹，底部有交错的细绳纹。通高 31 厘米，口径 33.8 厘米，底径 8.9 厘米（图二七，2）。标本 W8∶2，夹云母红陶，敞口，口沿下凹呈盘状。口沿内折处起榫状小棱。下腹及底部已残缺，上腹壁斜直。上腹壁饰细绳纹。残高 26.4 厘米，口径 34 厘米，残腹下口径 21.8 厘米（图二七，3）。标本 W8∶3，夹云母灰褐陶，敞口，口沿下凹呈盘状。口沿内折处起榫状小棱。深腹呈筒状，斜直，下腹内收。小平底，略圜。腹壁饰细绳纹，底部有交错的细绳纹。通高 31.6 厘米，口径 33.5～34 厘米，底径 8.6 厘米（图二七，4）。

陶豆盘　1 件。标本 W8∶4，夹云母灰陶，钵形盘，敛口，无柄。口径 10.8 厘米，残高 4.1 厘米（图二七，5）。

W9　开口于③层下，打破生土，距地表深 0.6 米。方向 5°。墓圹平面呈近似长方形，南北长 1.42 米，东西宽 0.65～0.72 米，墓口距墓底深 0.22 米。墓圹内填五花土，土质较硬。

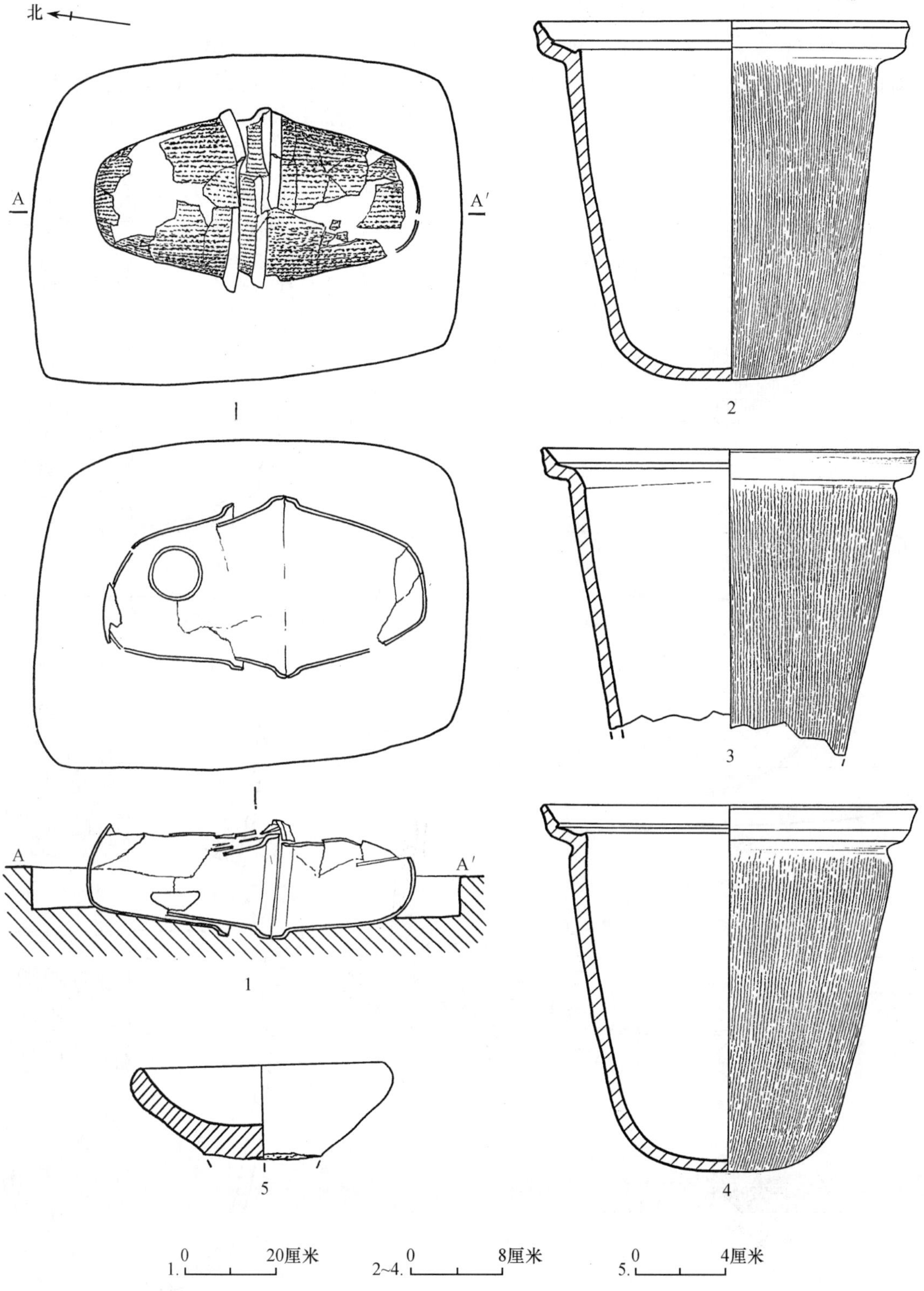

图二七　W8 平、剖面图及葬具

1. W8 平、剖面图　2～4. 陶釜（W8:1、W8:2、W8:3）　5. 陶豆盘（W8:4）

葬具有三件陶器组成，一件为夹云母灰陶瓮（W9:1），位于北部；另两件是夹云母红陶釜（W9:2和W9:3），位于南部，陶釜的腹部、底部相套接，与陶瓮口部错位衔接，平置于土圹之中。在陶瓮内发现人骨痕迹。葬具总长度为0.98米，宽0.16~0.51米（图二八，1；图版二，5）。

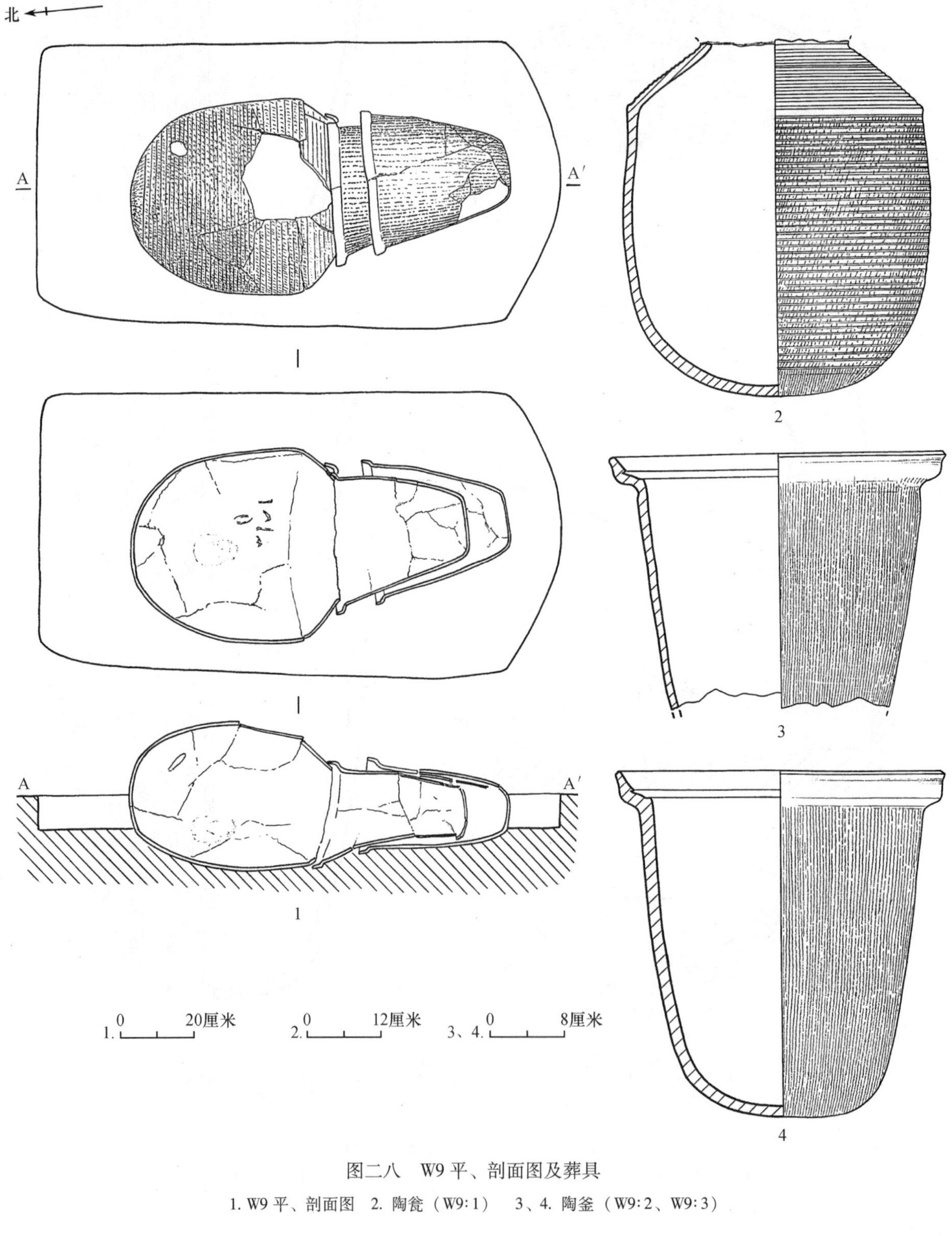

图二八　W9平、剖面图及葬具

1. W9平、剖面图　2. 陶瓮（W9:1）　3、4. 陶釜（W9:2、W9:3）

陶瓮　1件。标本W9∶1，夹云母灰陶，口部已残缺。肩部斜直。深腹，呈筒状，略外鼓，下部内收，圜底。腹壁饰弦断绳纹。轮制而成，肩部留有紧密的轮旋纹。残高56.7厘米，残肩上口径23.8厘米（图二八，2）。

陶釜　2件。标本W9∶2，夹云母红陶，敞口，口沿下凹呈盘状。口沿内折处起榫状小棱。下腹及底部已残缺，上腹壁斜直。上腹壁饰细绳纹。残高27.2厘米，口径36.6厘米，残腹下口径23.2厘米（图二八，3）。标本W9∶3，夹云母红陶，敞口，口沿下凹呈盘状。口沿内折处起榫状小棱。深腹，呈筒状，斜直，下腹内收。小平底，略圜。腹壁饰细绳纹，底部有交错的细绳纹。通高37厘米，口径35.3～35.8厘米，底径6.9厘米（图二八，4）。

W10　开口于③层下，打破生土，距地表深0.61米。方向180°。墓圹平面呈近似长方形，南北长0.95米，东西宽0.5～0.61米，墓口距墓底深0.25米。墓圹内填五花土，土质较硬。

葬具由两件夹云母红陶釜组成，一件位于北部（W10∶1），一件位于南部（W10∶2），口部相对，平置于土圹中部。在瓮棺内未发现人骨痕迹。葬具总长0.67米，宽0.17～0.4米（图二九，1）。

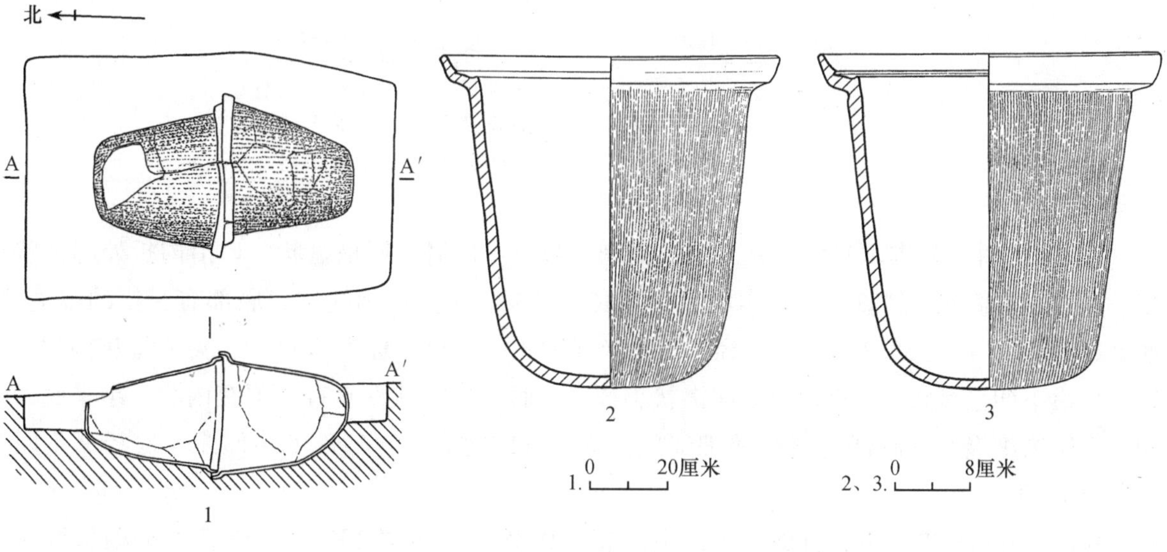

图二九　W10平、剖面图及葬具

1. W10平、剖面图　2、3. 陶釜（W10∶1、W10∶2）

陶釜　2件。标本W10∶1，夹云母红陶，敞口，口沿下凹呈盘状。口沿内折处起榫状小棱。深腹，呈筒状，斜直，下腹内收。小平底，略圜。腹壁饰细绳纹，底部有交错的细绳纹。通高33.6厘米，口径35.8厘米，底径8.6厘米（图二九，2）。标本W10∶2，夹云母红陶，敞口，口沿下凹呈盘状。口沿内折处起榫状小棱。深腹，呈筒状，斜直，下腹内收。小平底，略圜。腹壁饰细绳纹，底部有交错的细绳纹。通高34厘米，口径36.2厘米，底径9.6厘米（图二九，3）。

W11　开口于③层下，打破生土，距地表深0.48米。方向182°。W11东壁的北部打破

W12 西壁的南部，打破部分长 0.52 米。墓圹平面呈圆角长方形，南北长 1.02 米，东西宽0.4～0.48 米，墓口距墓底深 0.12 米。墓圹内填五花土，土质较硬。

葬具由两件夹云母红陶釜组成，保存状况较差。一件位于北部（W11∶1），一件位于南部（W11∶2），口部相对，平置于土圹中。瓮棺内未发现人骨痕迹。葬具总长 0.64 米，宽 0.16～0.42 米（图三〇，1）。

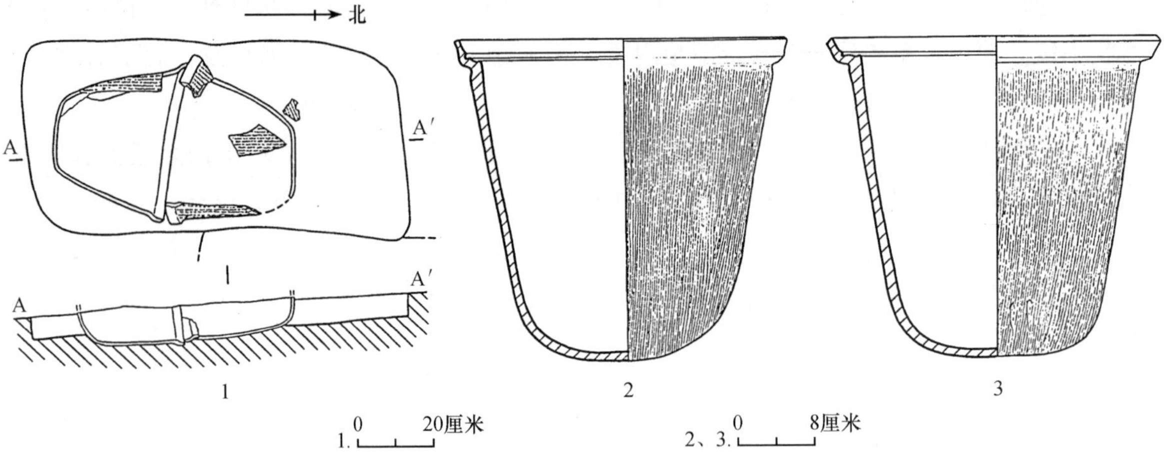

图三〇　W11 平、剖面图及葬具

1. W11 平、剖面图　2、3. 陶釜（W11∶1、W11∶2）

陶釜　2 件。标本 W11∶1，夹云母灰褐陶，敞口，口沿下凹呈盘状。口沿内折处起榫状小棱。深腹，呈筒状，斜直，下腹内收。小平底，略圜。腹壁饰细绳纹，底部有交错的细绳纹。通高 33 厘米，口径 35.2 厘米，底径 8.5 厘米（图三〇，2）。标本 W11∶2，夹云母灰褐陶，敞口，口沿下凹呈盘状。口沿内折处起榫状小棱。深腹，呈筒状，斜直，下腹内收。小平底，略圜。腹壁饰细绳纹，底部有交错的细绳纹。通高 32.8 厘米，口径 35.4 厘米，底径 9.4 厘米（图三〇，3）。

W12　开口于③层下，打破生土，距地表深 0.48 米。方向 185°。W12 西壁的南部被 W11 东壁的北部打破。墓圹平面略呈圆角长方形，南北长 1.19 米，东西宽 0.43～0.52 米；墓口距墓底深 0.56～0.61 米。墓坑内填五花土，土质较硬。

葬具由三件夹云母红陶釜组成，保存状况较差。其中一件红陶釜位于北部（W12∶1），两件红陶釜相套接位于南部（W12∶2 和 W12∶3），平置于土圹中。葬具总长 0.9 米，宽 0.15～0.37 米（图三一，1）。

陶釜　3 件。标本 W12∶1，夹云母红陶，敞口，口沿下凹呈盘状。口沿内折处起榫状小棱。深腹，呈筒状，壁斜直，下腹内收，略残。平底，残缺。腹壁饰细绳纹，残存底部有细绳纹。残高 32.4 厘米，口径 31.6 厘米，残腹下口径 20.1 厘米（图三一，2）。标本 W12∶2，夹云母红陶，敞口，口沿下凹呈盘状。口沿内折处起榫状小棱。下腹及底部已残缺，上腹壁斜直。上腹壁饰细绳纹。残高 26.4 厘米，口径 31.2 厘米，残腹下口径 23.3 厘米（图三一，3）。标本

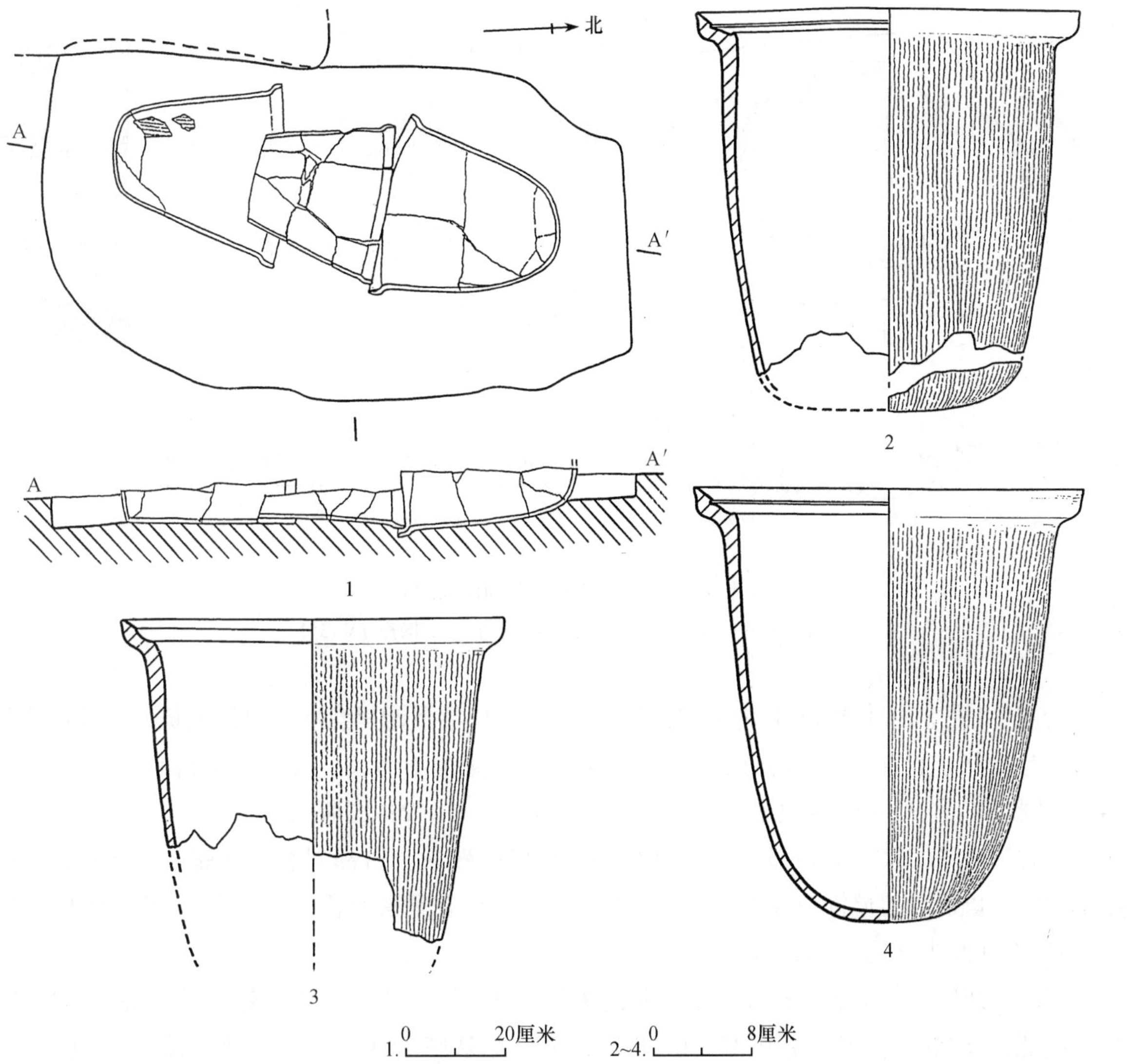

图三一 W12 平、剖面图及葬具

1. W12 平、剖面图 2～4. 陶釜（W12∶1、W12∶2、W12∶3）

W12∶3，夹云母红陶，敞口，口沿下凹呈盘状。口沿内折处起榫状小棱。深腹，呈筒状，斜直，下腹内收。小平底，略圜。腹壁饰细绳纹，底部有交错的细绳纹。通高 35.2 厘米，口径 32.3 厘米，底径 7.9 厘米（图三一，4）。

W13 开口于③层下，打破生土，距地表深 0.82 米。方向 165°。墓圹平面略呈“凸”字形，南北长 1.16 米，东西宽 0.56～0.61 米，墓口距墓底深 0.32 米。墓圹内填五花土，土质较硬。

葬具由两件陶器组成，一件夹云母红陶釜（W13∶1），位于北部；一件夹云母灰陶瓮（W13∶2），位于南部。两件陶器的口部相对，平置于土圹中。在南部灰陶瓮的底部发现有少量骨沫痕迹及牙齿。葬具总长 0.92 米，宽 0.12～0.56 米（图三二，1）。

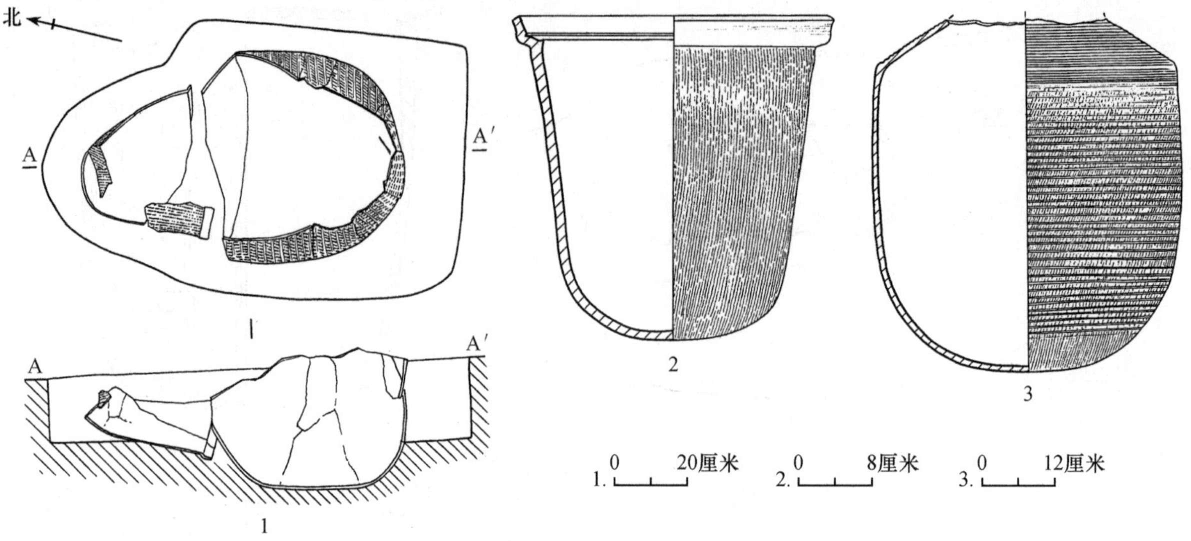

图三二　W13 平、剖面图及葬具
1. W13 平、剖面图　2. 陶釜（W13∶1）　3. 陶瓮（W13∶2）

陶釜　1 件。标本 W13∶1，夹云母红陶，敞口，口沿下凹呈盘状。口沿内折处起榫状小棱。深腹，呈筒状，斜直，下腹内收。小平底，略圜。腹壁饰细绳纹，底部有交错的细绳纹。通高 34.5 厘米，口径 35～35.4 厘米，底径 8.2 厘米（图三二，2；图版八，4）。

陶瓮　1 件。标本 W13∶2，夹云母灰陶，口部已残缺。肩部斜直。深腹，呈筒状，微鼓，下部内收，圜底。腹壁饰弦断绳纹。轮制而成，肩部留有紧密的轮旋纹。残高 56.1 厘米，残肩上口径 26.9 厘米（图三二，3）。

W14　开口于③层下，打破生土，距地表深 0.35 米。方向 125°。墓圹平面略呈圆角长方形，南北长 0.96 米，东西宽 0.35～0.78 米，墓口距墓底深 0.58 米。墓坑内填五花土，土质较硬。

葬具由两件陶器组成，一件是夹云母红陶釜（W14∶1），位于北部；一件为夹云母灰陶瓮（W14∶2），位于南部。两件陶器的口部相对，平置于土圹中。红陶釜的口沿部有少量人骨痕迹。葬具长 0.87 米，宽 0.17～0.58 米（图三三，1；图版二，6）。

陶釜　1 件。标本 W14∶1，夹云母灰褐陶，敞口，口沿下凹呈盘状。口沿内折处起榫状小棱。深腹，呈筒状，斜直，下腹内收。小平底，略圜。腹壁饰细绳纹，底部有交错的细绳纹。通高 32 厘米，口径 35 厘米，底径 9.2 厘米（图三三，2）。

陶瓮　1 件。标本 W14∶2，夹云母灰陶，直口微侈，双唇。斜肩，深鼓腹，下腹内收。圜底。腹壁以弦断绳纹为主体绳纹，上部饰一周戳刺的篦点纹。肩部有数道凹弦纹。轮制而成。通高 60.4 厘米，口径 29.2～29.5 厘米（图三三，3）。

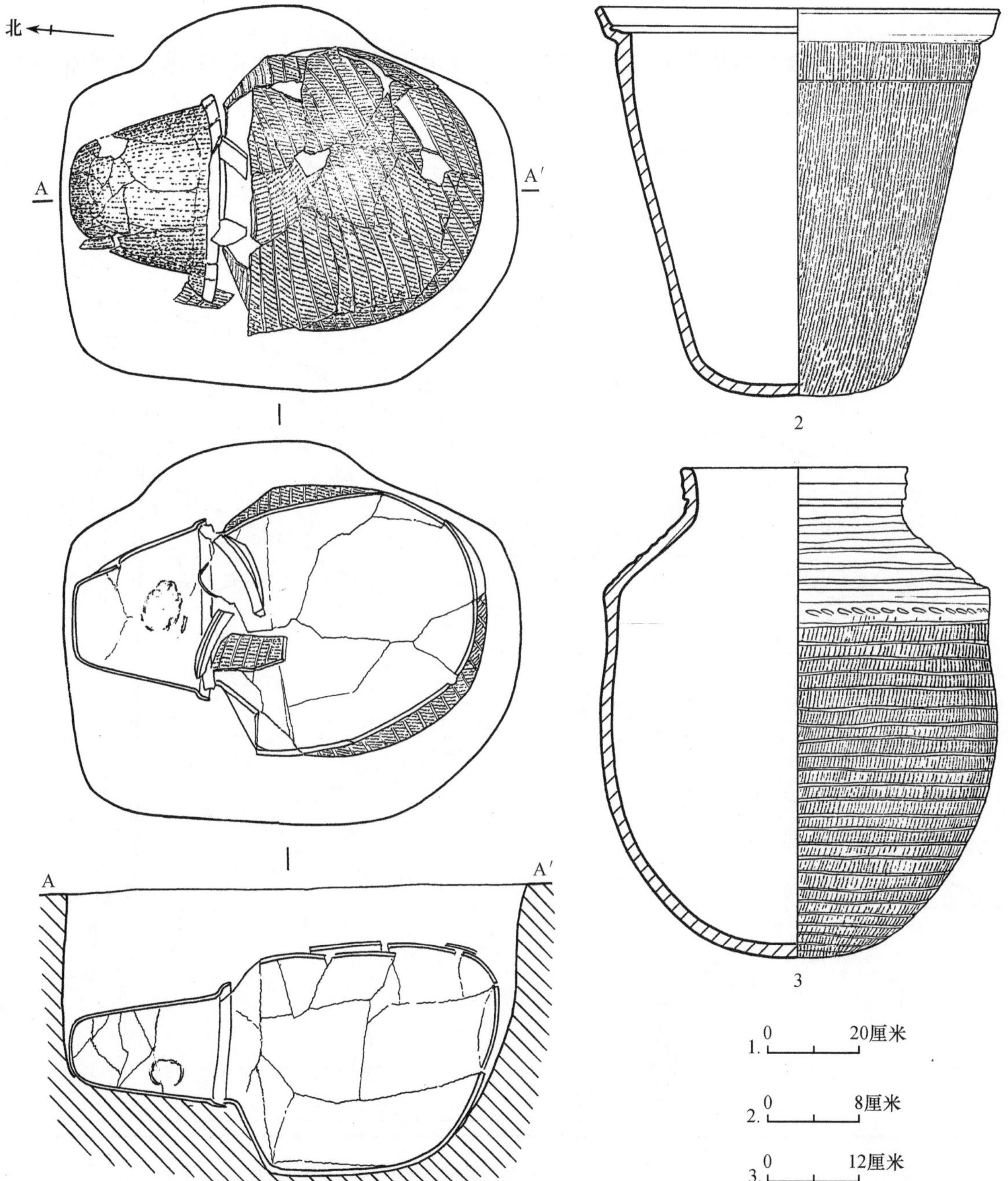

图三三　W14平、剖面图及葬具

1. W14平、剖面图　2. 陶釜（W14:1）　3. 陶瓮（W14:2）

二、东汉至北魏时期墓葬

共发掘东汉和北魏时期墓葬13座（图三四）。其中，东汉时期墓葬11座，均为带墓道的砖室墓；北魏时期墓葬2座，则为砖石混构墓。

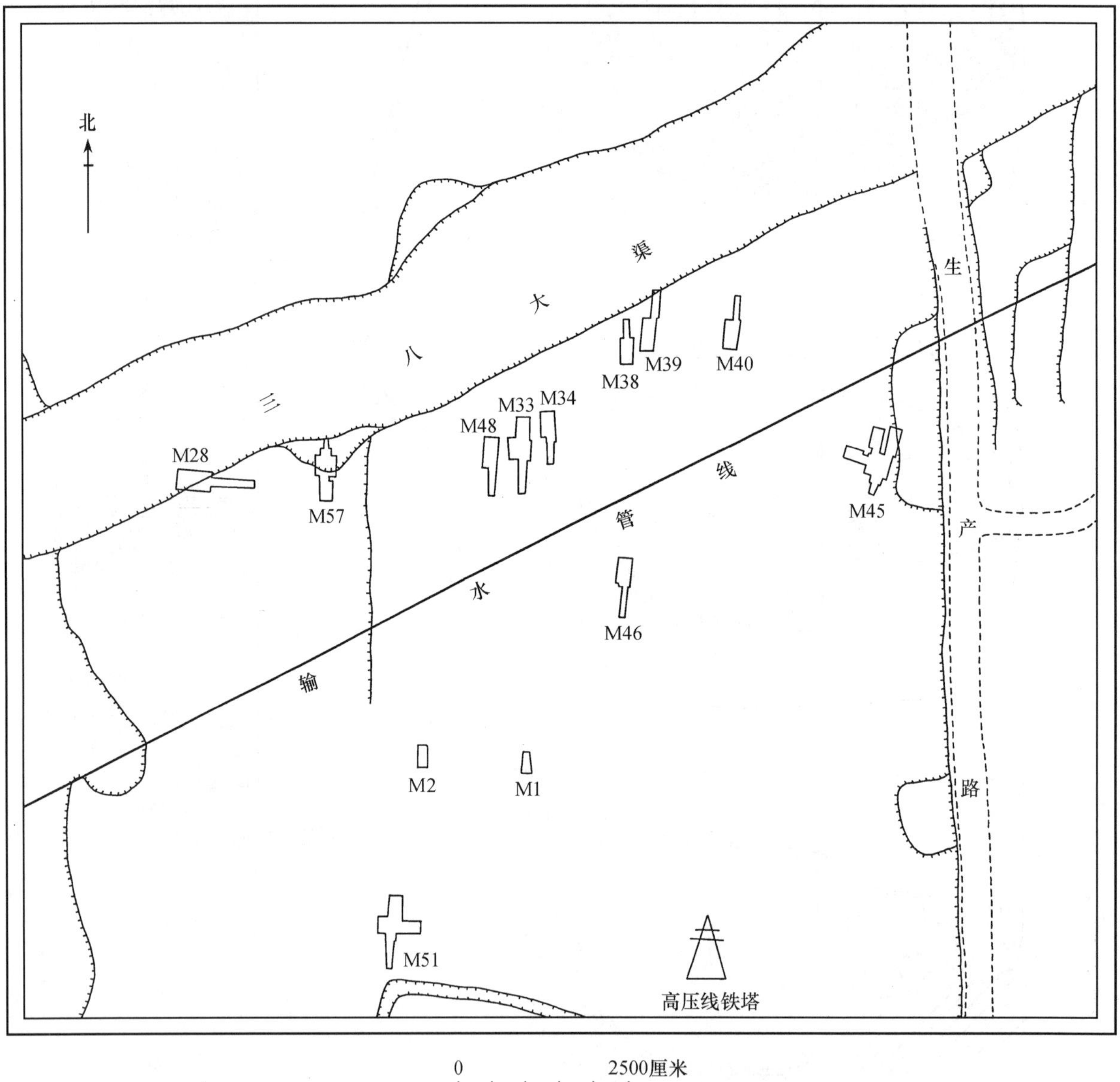

图三四　东汉、北魏墓葬分布图

（一）东汉时期墓葬

共发掘东汉时期墓葬11座，均为砖室墓。除了M28的墓道位于墓室东部，为东西方向之外，其余10座墓葬均为南北方向。其中墓道位于墓室北部的有4座，分别为M38～M40和

M57；墓道位于墓室南部的有6座，分别是M33、M34、M45、M46、M48和M51。依据砖室墓的形制和墓室数量的多少，可将其分为单室墓、双室墓、多室墓三类。其中，单室墓7座，分别为M28、M34、M38～M40、M46和M48；双室墓2座，分别是M33和M57；多室墓2座，分别是M45和M51。这些墓葬都已遭到不同程度的破坏，墓室的顶部均已塌陷。绝大多数墓葬中的葬具和人骨已被扰乱，保存状况很差，无法辨别葬具的数量、人骨的头向和葬式。多室墓（M45和M51）应是砖室墓中规模最大、等级最高的两座，被破坏的最为严重，随葬器物和墓砖均所剩无几。

随葬器物有陶器、砖、铜器、铁器、琉璃器等。若不计算铜钱的数量，出土的随葬器物共计121件（组）。其中陶器的数量最多，为117件（组），占随葬器物总数的96.7%。由于遭受破坏的程度不同，墓葬中保留下来的随葬器物的数量多寡不一，最多者21件（M46），最少者仅1件（M51）。

陶器按陶质可分为泥质灰陶、泥质红陶、夹云母灰陶、夹云母红陶、夹云母灰褐陶等，以夹云母红陶为主，共69件（组），占陶器总数的58.5%；泥质灰陶的次之，有35件（组），占陶器总数的29.7%；泥质红陶和夹云母灰陶较少，共13件，占陶器总数的11.8%。其中，M57除铜钱外，随葬器物均为泥质灰陶；除M51未见随葬陶器外，其余的墓葬中均以夹云母红陶的数量最多。器类包括罐、盆、钵、釜、灶、仓、井、猪圈、磨、灯、人物俑、动物俑等。

铜钱标本共计61枚，有五铢、货泉、大泉五十等，其中五铢55枚，占铜钱总数的90.2%；货泉5枚，占铜钱总数的8.2%；大泉五十仅1枚。

M28　开口于③层下，距地表深0.6米，打破生土。墓葬形制为斜坡墓道砖室墓，平面呈“甲”字形。方向277°。全墓由墓道、甬道、封门、墓室四部分组成（图三五；彩版一，2）。

墓道位于墓室的东端，平面略呈梯形，底为斜坡台阶式。开口长5.92米，宽0.8～1.07米；下端宽0.8～0.98米，坡长6.22米，墓口距墓底深0.2～2.2米，坡度23°。墓道东端到墓门处台阶尺寸依次为：长0.8米，宽0.13米，高0.14米；长0.96米，宽0.36米，高0.22米；长1米，宽0.2米，高0.23米；长1.06米，宽0.26米，高0.12米。墓道内填五花土，土质较硬，未经夯打。墓道的北部打破两座战国时期的竖穴土坑墓M41和M42。甬道为拱券形，顶部为生土，宽0.84米，高1.17米，进深0.86米。墓门为拱券形。由三层砖砌成。由东至西砌筑方式为：东部仅在底部用乱砖堆砌；中间平铺错缝砌筑而成，较为规整，宽0.84米，高1.16米；西部仅残存底部封门砖，以“人”字形砌筑。墓室位于墓道西部。平面呈长方形。墓室的西北角被现代水渠“三八渠”破坏。其修筑方法是先挖掘一长方形竖穴土圹，再在土圹内砌筑砖室。墓室地面砖铺成“人”字形，东壁封门两侧平铺错缝砌成，残存的南壁、北壁和西壁用二平一竖砌成。墓室开口距地面深0.6米，墓圹长5.2米，宽2.86～3.02米。墓口距墓室地面深2.07米，长4.52米，宽2.26米。墓室遭到严重破坏，墓室顶部已不存在，北壁残高0～0.8米，南壁残高0.32～1.62米，后壁残高0～0.78米。

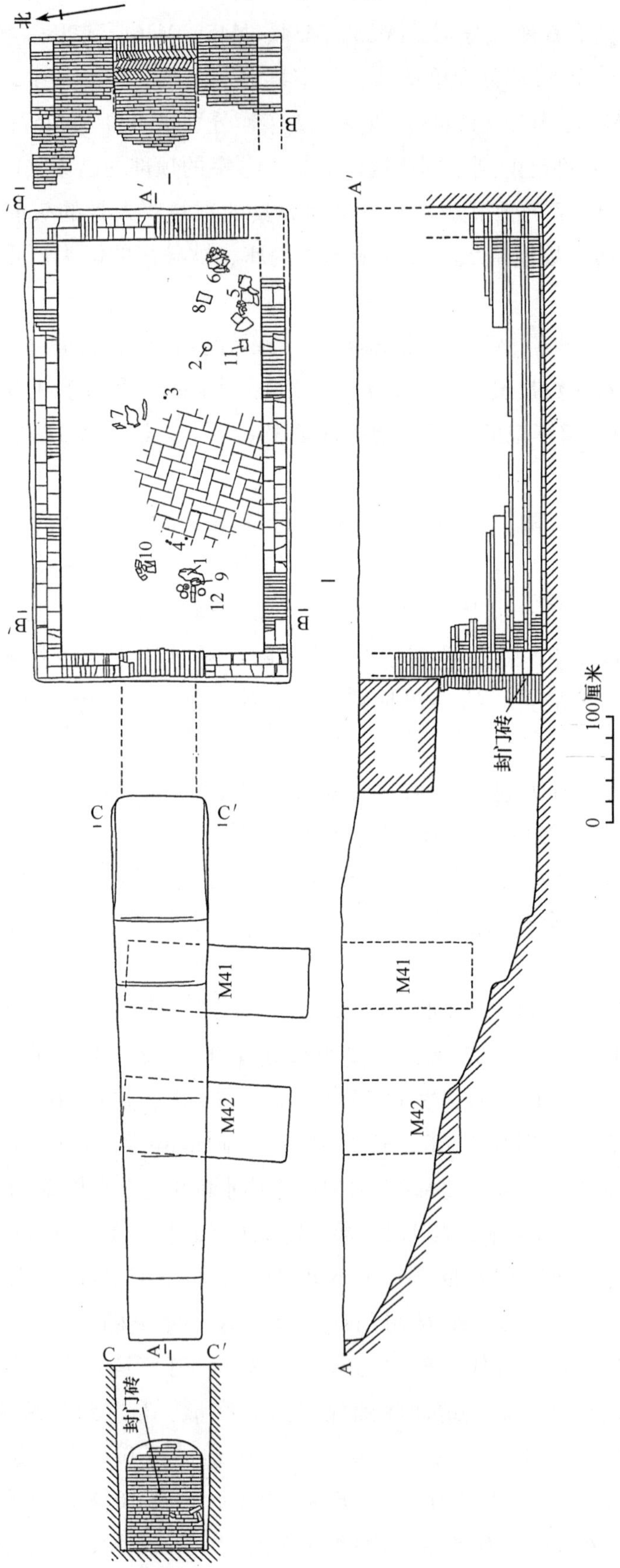

图三五　M28平、剖面图

1. 陶灶　2、8、11. 陶仓　3. 铜戒指　4. 铜钱　5、6. 陶罐　7. 陶壶　9. 陶井　10. 陶盆　12. 陶甑

用砖规格为：长24.5厘米，宽11～12厘米，厚3～3.5厘米。墓室内填土的土质松软。由于墓室经严重的盗扰，随葬器物大部分发现于填土中，在墓室东部仅发现一件陶灶。墓室的东南角打破战国时期的竖穴土坑墓M29。

墓室内未发现葬具痕迹。仅发现一小段残存人骨，葬式无法辨别。

该墓共出土随葬器物11件（组），另有铜钱3枚，可以分为陶器和铜器两类。

陶器　共10件（组），均为夹云母红陶，器类包括罐、壶、灶、井、仓、盆、甑等。

灶　1件。标本M28:1，由灶体和三件小圜底釜组成（图版一〇，3）。灶体1件，标本M28:1-1，夹云母红陶。灶体平面呈圆角三角形，前部尖圆。灶体的三个转角处，下部外撇，宽于上部。灶面有三个圆形灶眼，呈"品"字形排列。尾部斜置一圆柱形烟囱，其顶部为蒜头形，其上有两周小圆孔。前端有长方形灶门。通高27.2厘米，通长39.3厘米，宽1.5～30厘米。小陶釜3件。均为夹云母红陶。其形制、大小基本相同。直口微侈，沿面下斜，尖唇。上腹壁直，下腹内收。平底。素面。轮制而成。标本M28:1-2，通高7.6厘米，口径7.9厘米，底径4.6厘米；标本M28:1-3，通高6.3～6.9厘米，口径7.8厘米，底径3.6厘米；标本M28:1-4，通高7厘米，口径8.1厘米，底径4.8厘米（图三六，1）。

仓　3件。标本M28:2，夹云母红陶，局部浅褐色。侈口，平折沿，尖圆唇。短颈。腹部略斜直，近直筒形。平底，略内凹。素面。轮制而成，做工较粗糙，口沿呈椭圆形，且高低不平。通高21.4厘米，口径11厘米，最大径位于肩部13.6厘米，底径11.4厘米（图三六，2；图版九，1）。标本M28:8，夹云母红陶。直口，平折沿，斜方唇。筒状直腹。平底，略内凹。素面。轮制而成，腹壁留有明显的轮制痕迹。通高16.2～16.5厘米，口径13.3厘米，腹径12.4厘米，底径11.6厘米（图三六，4；图版九，2）。标本M28:11，夹云母红陶。口部略有残缺，腹为直壁，微弧。平底，略内凹。残高13.5厘米，底径10.5厘米（图三六，10；图版九，3）。

罐　2件。标本M28:5，夹云母灰陶。侈口，沿上有一周凹槽，方唇。无颈。斜肩。鼓腹，下部内收。小平底，略内凹。肩部饰一周拍印的篮纹。腹部饰一周剔划的麻点纹，较为模糊、细浅。轮制而成，做工规整。通高24.9厘米，口径12.6厘米，腹径29.8厘米，底径10厘米（图三六，5；图版一〇，1）。标本M28:6，夹云母红陶，侈口，沿上有一周凹槽，方唇。无颈。斜肩。鼓腹，下部内收。底部已残。肩部饰一周拍印的方格纹，共三排。轮制而成，做工规整。残高25.6厘米，口径15.2厘米，腹径34.1厘米（图三六，6；图版一〇，2）。

壶　1件。标本M28:7，夹云母红陶。侈口，平折沿，双唇。束颈。溜肩。圆鼓腹，肩、腹之间有一道明显的接痕。底部略内凹。高圈足，足下部稍外撇。素面。轮制而成，做工规整。通高32.4厘米，口径18厘米，腹径26.4厘米；圈足高7.2厘米，直径19.2厘米（图三六，7；图版九，4）。

井　1件。标本M28:9，夹云母红陶。侈口，平折沿，斜方唇。腹壁斜直。上腹部分列四个圆形穿孔，两两相对。平底，略内凹。素面。轮制而成。通高10.8厘米，口径16.2厘米，底径9.8厘米（图三六，8；图版一〇，4）。

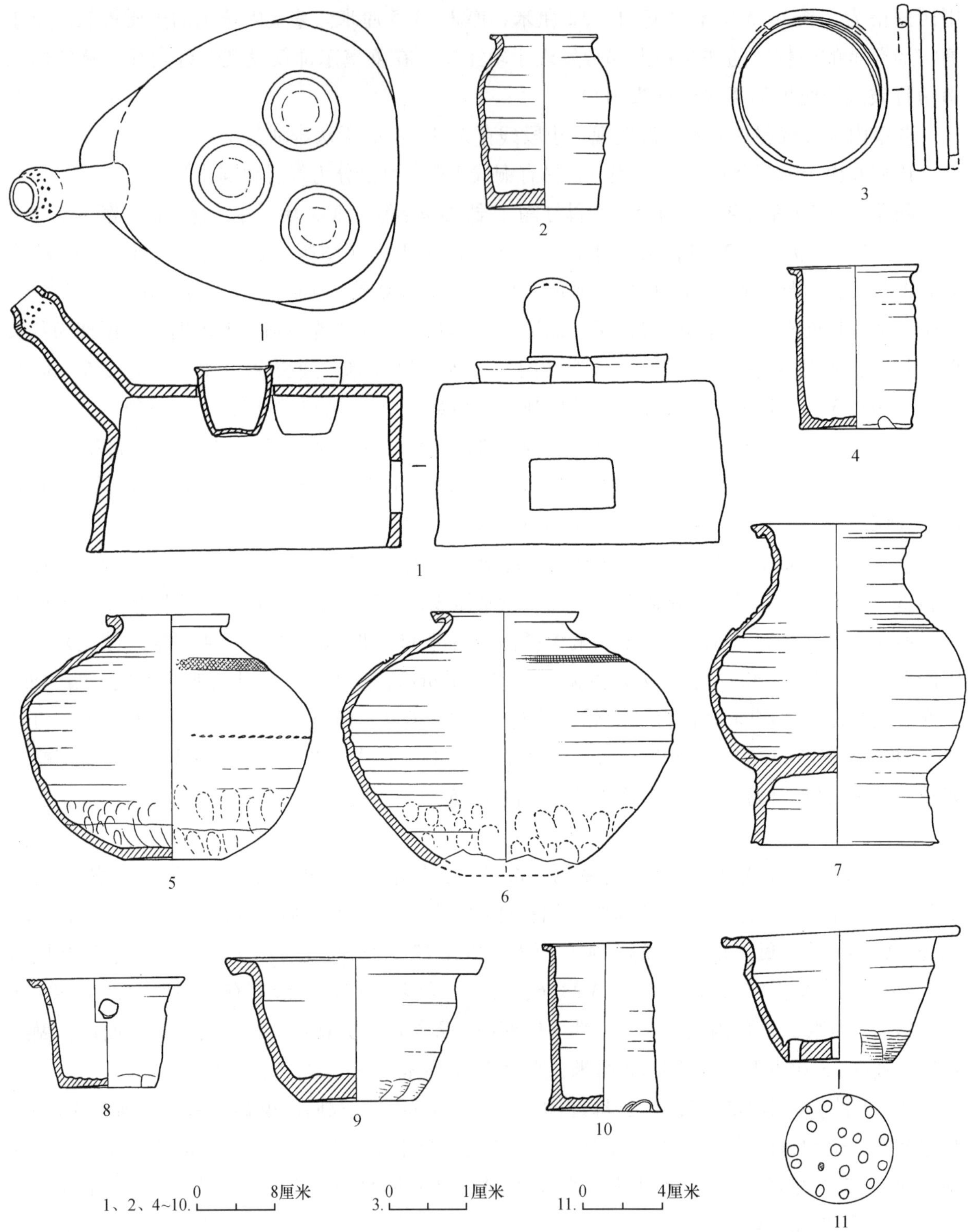

图三六　M28 随葬器物

1. 陶灶（M28∶1）　2、4、10. 陶仓（M28∶2、M28∶8、M28∶11）　3. 铜戒指（M28∶3）　5、6. 陶罐（M28∶5、M28∶6）　7. 陶壶（M28∶7）　8. 陶井（M28∶9）　9. 陶盆（M28∶10）　11. 陶甑（M28∶12）

盆　1件。标本M28∶10，夹云母红陶。侈口，平折沿，斜方唇。腹壁斜直。平底，略内凹。素面。轮制而成，下腹部与底相接处，有明显的用工具刮削过的痕迹。通高7.1～7.3厘米，口径13.4厘米，底径6厘米（图三六，9）。

甑　1件。标本M28∶12，夹云母红陶。侈口，折沿，沿上有一周浅凹，斜方唇。上腹微折，下腹斜直内收。平底，略内凹。底部布满圆形箅孔，从其保留痕迹看，箅孔应是工具从外向内穿透而成。素面。轮制而成，下腹部与底相接处，有明显的用工具刮削过的痕迹。通高6.2～6.9厘米，口径12.4厘米，底径5.5厘米（图三六，11）。

铜器　有戒指和铜钱两类。

铜戒指　1件。标本M28∶3，已残，为圆形，用细铜丝缠绕而成。残径1.7～2.1厘米，宽0.5～0.7厘米（图三六，3；彩版二，2）。

铜钱　3枚，均为五铢。标本M28∶4-1～3，圆形方穿，穿正面有上下两横郭或三郭，背面有郭。正面左右两侧铸有“五铢”二字，字体为篆体，顺读。“五”字较宽大，竖画较直，上下两横笔不出头。“金”头三角形，四竖点。“朱”头方折（图三七，1～3）。

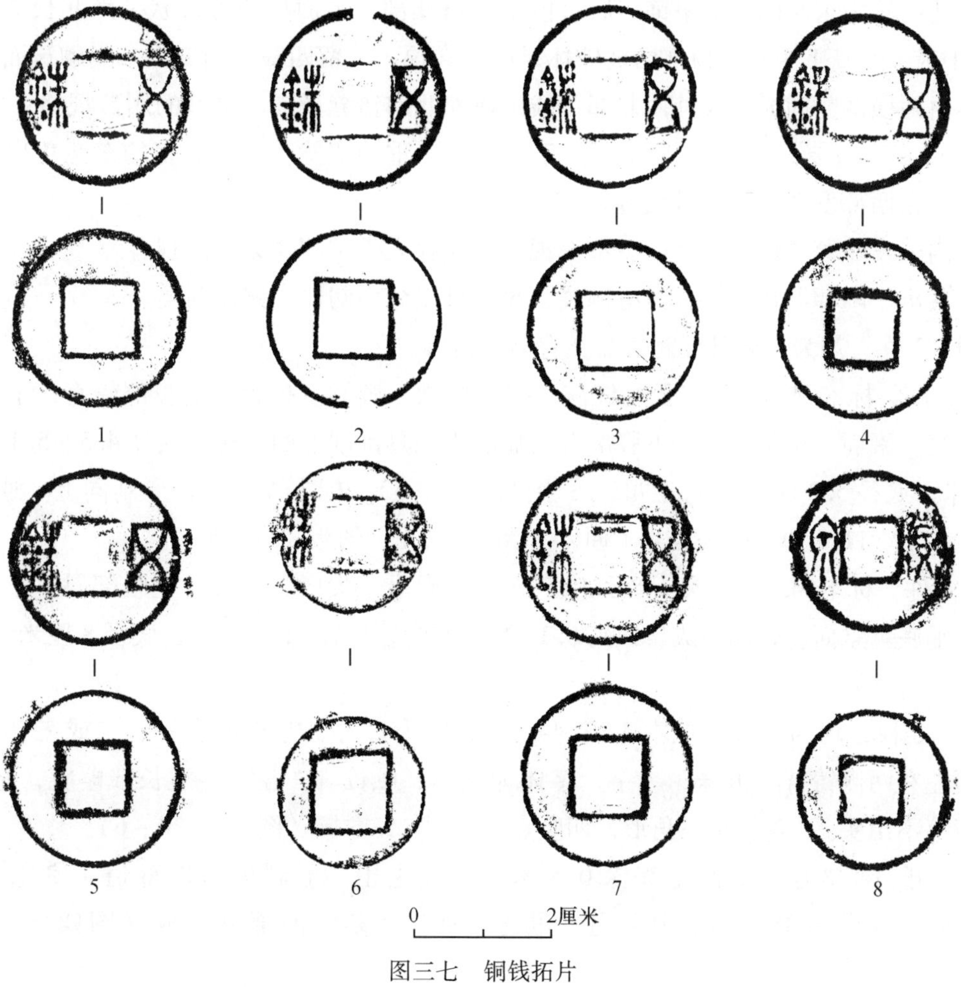

图三七　铜钱拓片

1～7. 五铢（M28∶4-1、M28∶4-2、M28∶4-3、M33∶4-1、M33∶4-2、M33∶4-3、M34∶6-1）　8. 货泉（M34∶6-2）

M33　开口于③层下，距地表深0.5米。打破生土。墓葬形制为斜坡墓道砖室墓，平面呈近似“中”字形。方向188°。全墓由墓道、墓门、前室、甬道和后室五部分组成（图三八；彩版一，3）。

墓道位于墓室南端。平面略呈梯形，底为斜坡状。开口长4.17米，宽0.8～1.4米，坡长2.7米，墓口距墓底深0.9～1.64米。坡度12°。墓道内填五花土，土质较硬，未经夯打。墓道北部被两座清代竖穴土圹墓M11和M24打破。甬道位于前室南部。由于破坏严重，仅残留铺地砖和东西两壁。东西壁残高0.13～0.82米，宽0.75米，进深0.9米，砌法为二平一竖，地面平铺错缝。墓门已被破坏，形制不详。前室位于甬道北部。其修筑方法是先挖掘一长方形竖穴土圹，再在土圹内砌筑砖室。墓室平面呈方形，南北长2.63米，东西宽2.66米。砖室的东西两壁略向外凸。顶部已被破坏。残存四壁，砌法为两平一竖。残高0.8～0.98米。墓室地面用青砖和残砖块南北向错缝平铺。墓室内部已遭扰乱。在前室的中部，发现铜钱若干枚，并有少量人骨痕迹。甬道位于前室东北部，与后室相连接。甬道为券顶，其南端已经塌落。从残存的北部券顶来看，应是双层。甬道高1.55米，宽1.08米，进深0.8米。甬道东西两壁砌法为二平一竖，地面砖为东西向错缝平铺。后室位于甬道北部。平面呈长方形状。南北长2.5米，东西宽1.54米，残高1.4米。顶部已被破坏，应为券顶。残留四壁，用二平一竖砌筑而成。墓室地面大体由两横两竖铺成，仅其西北部用残砖块南北向错缝平铺。墓室的用砖规格：长25～27厘米，宽12～13厘米，厚4～6厘米。由于墓室经严重的盗扰，仅在后室的东北角出土夹云母红陶盆等，在西部发现少量烧骨痕迹。

墓室内未发现葬具痕迹。在前后室发现少量残存人骨，葬式无法辨别。

该墓共出土随葬器物3件，另有铜钱数枚。可以分为陶器、铜器两类。

陶器　3件，均为夹云母红陶，器类有钵、盆等。

钵　2件。标本M33∶1，夹云母红陶。直口微敛，圆唇。折腹，上腹部较直，下腹部斜直内收，平底。素面。轮制而成。下腹部有明显的用工具刮削过的痕迹。通高4.5～5.1厘米，口径12厘米，底径5.2厘米（图三九，1；图版一○，5）。标本M33∶2，形制同上。通高4.4～4.9厘米，口径11.4厘米，底径4.1厘米（图三九，2；图版一○，6）。

盆　1件。标本M33∶3，夹云母红陶。侈口，卷沿，尖唇。折腹，上腹部斜直，下腹部急剧内收。平底。素面。轮制而成。通高8.1～8.5厘米，口径21.5厘米，底径8厘米（图三九，3；图版一一，1）。

铜钱　3枚，均为五铢。标本M33∶4-1～3，圆形方穿，穿正面有一、二或三郭，背面有郭。正面左右两侧铸有“五铢”二字，字体为篆体，顺读。“五”字瘦长或略宽，竖画略曲，上下两横笔不出头。“金”头三角形，四竖点。“朱”头方折（图三七，4～6）。

M34　开口于③层下，距地表深0.5米。打破生土。形制为斜坡墓道砖室墓，平面呈“刀”把形。方向183°。全墓由墓道、甬道、墓门、墓室四部分组成（图四○；图版三，1）。

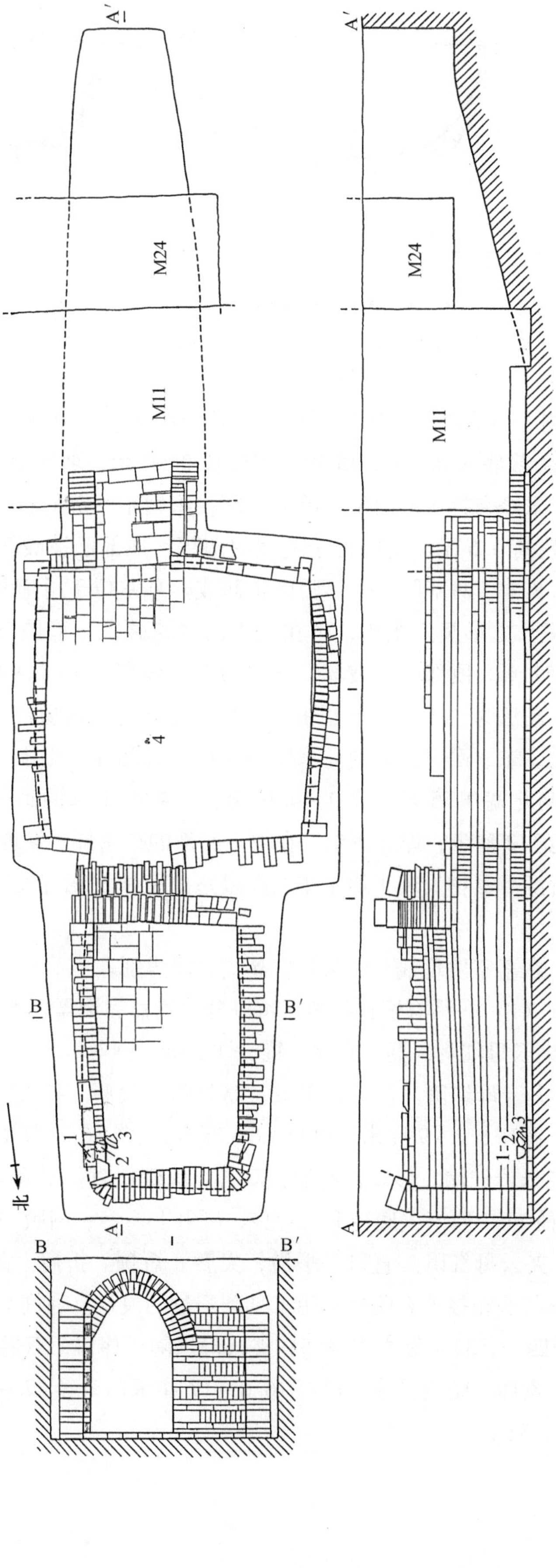

图三八 M33平、剖面图

1、2. 陶钵 3. 陶盆 4. 铜钱

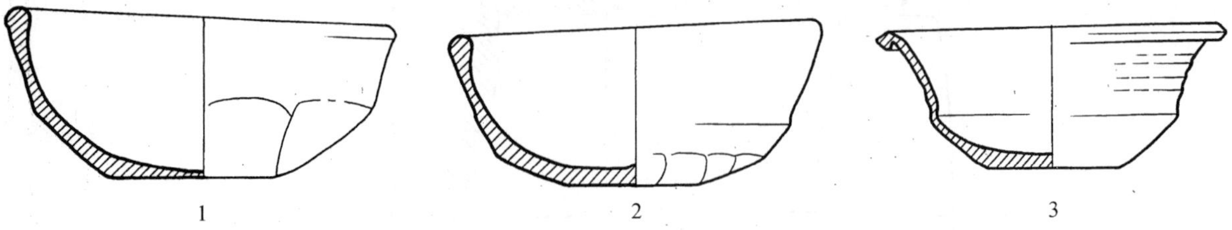

图三九　M33 随葬器物

1、2. 陶钵（M33∶1、M33∶2）　3. 陶盆（M33∶3）

墓道位于墓室南部的东侧。平面略呈梯形，斜坡状。开口距地表深 0.5 米，南北长 3.56 米，宽 0.98～1.08 米，墓口距墓底深 0.5～1.15 米。底坡长 3.66 米，坡度 10°。墓道两壁较直。内填五花土，土质较硬，未经夯打。墓门位于甬道南部。用大小不等的石块堆砌而成。东西宽 0.82 米，进深 0.6 米，残高 0.6 米。甬道位于墓室的南部。顶部已被破坏。东西宽 0.82 米，进深 0.8 米，残存高度 0.8 米，两壁用二平二竖砌筑而成。墓室位于甬道北部。平面呈长方形。其修筑方法是先挖掘一长方形竖穴土圹，再在土圹内砌筑砖室。墓圹长 4.94 米，宽 2 米，墓室内长 3.38 米，宽 1.52 米。顶部已被破坏，残留四壁，残高 0.4～0.92 米，砌法为二平一竖。墓室地面保存完好，砌法为“人”字形平铺。在墓室北部有一器物台，西半部已破坏至底。从残存的情况看，其北、东、西三面分别与墓壁相连接，底部即为生土。器物台用三层砖砌成，东西残长 1.57 米，南北宽 0.65 米，高 0～0.14 米。器物台上部的砌法为纵横交替平铺。用砖规格：长 24 厘米，宽 12 厘米，厚 5 厘米。在填土底部的东南部，发现人头骨的残存。由于墓室经严重的盗扰，部分随葬器物发现于填土中，在墓室的南部发现有夹砂红陶盆、陶灶（残）等。

墓室内未发现葬具痕迹。在墓室发现残存人头骨，葬式无法辨别。

该墓共出土随葬器物 9 件（组），另有铜钱数枚。可以分为陶器、铜器两类。

陶器　9 件（组），均为夹云母红陶，器类有盆、罐、钵、灶、甑等。

盆　2 件。标本 M34∶1，夹云母红陶。侈口，平沿，略外折，尖唇。弧腹，下腹部急剧内收。平底。素面。轮制而成。通高 8.2～9 厘米，口径 19.6 厘米，底径 6 厘米（图四一，2；图版一一，2）。标本 M34∶3，夹云母红陶。侈口，卷沿，双唇。腹壁斜直。平底。素面。轮制而成。通高 9.4～9.9 厘米，口径 24.1 厘米，底径 11.2 厘米（图四一，5；图版一一，3）。

罐　2 件。标本 M34∶2，夹云母红陶。直口，平沿，尖唇。短颈。折肩。筒状腹，腹壁较直。素面。轮制而成。下腹部与底相接处有明显的用工具刮削过的痕迹。通高 11.8 厘米，口径 8.6 厘米，底径 9.6 厘米（图四一，3）。标本 M34∶5，夹云母红陶。侈口，双唇。束颈，较短。溜肩。筒状腹，直壁。平底。素面。轮制而成。通高 16.8～17 厘米，口径 12 厘米，底径 18.7 厘米（图四一，4；图版一一，5）。

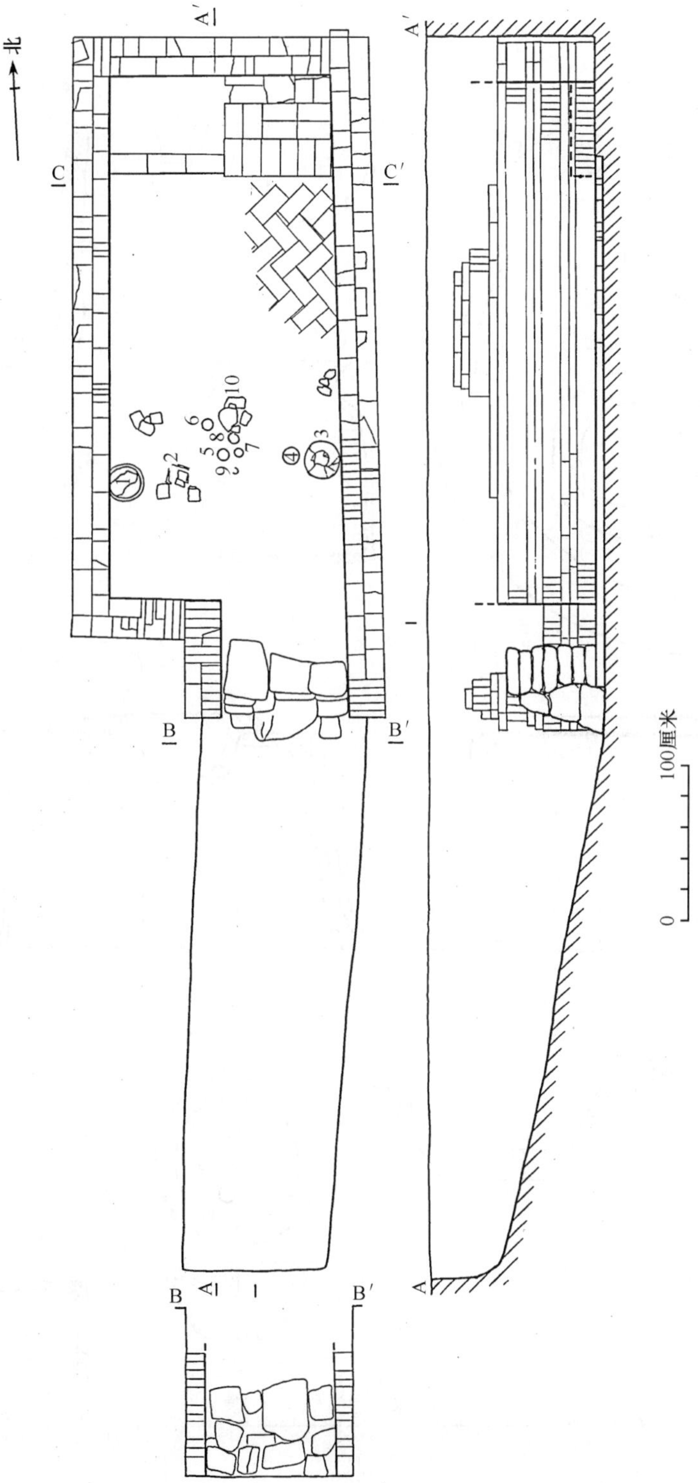

图四〇　M34平、剖面图

1、3. 陶盆　2、5. 陶罐　4. 陶钵　6. 铜钱　7. 陶灶　8. 小陶盆　9. 小陶甑　10. 残陶器

图四一　M34 随葬器物

1. 陶灶（M34:7）　2、5. 陶盆（M34:1、M34:3）　3、4. 陶罐（M34:2、M34:5）　6. 陶钵（M34:4）　7. 小陶盆（M34:8）　8. 小陶甑（M34:9）　9. 残陶器（M34:10）

钵　1件。标本M34:4，夹云母红陶。直口微敛，口沿略外折，尖圆唇。弧腹。平底。略内凹。素面。轮制而成。下腹部与底相接处，有明显的用工具刮削过的痕迹。通高4.6～4.8厘米，口径11.6厘米，底径4.6厘米（图四一，6；图版一一，4）。

灶　1件。标本M34:7，由灶体和三件小圜底釜组成（图版一一，6）。灶体1件，标本M34:7-1，夹云母红陶。灶体平面呈圆形。灶壁下部外撇，宽于上部。灶面有三个圆形灶眼，呈“品”字形排列，上面设置三个分体的圜底小陶釜。尾部斜置一蘑菇状烟囱，其顶部有六个小穿孔。前端有灶门，已残。灶体轮制而成。通高13.2厘米，灶面直径18.4厘米，底径23.2厘米。小陶釜3件。标本为M34:7-2、M34:7-3、M34:7-4，其形制、大小基本相同。夹云母红陶。侈口，折沿，方唇，圜底。素面。手制而成。通高3.2厘米，口径6.3厘米（图四一，1）。

小盆　1件。标本M34:8，夹云母红陶。侈口，折沿，尖唇，腹壁斜直，平底。素面。手制而成。通高2.6厘米，口径6.5厘米，底径2.9厘米（图四一，7）。

小甑　1件。标本M34:9，夹云母红陶。侈口，折沿，方唇，腹壁斜直，平底，底部有七个圆形箅孔。素面。手制而成。通高3.2厘米，口径6.9厘米，底径5.2厘米（图四一，8）。

残陶器　1件。标本M34:10，夹云母红陶。平面呈圆形。器身上壁较直，下部外折。器物的上面有露孔。器壁一侧有一长方形孔。素面。轮制而成。通高11.3厘米，顶径19.2～19.6厘米，底径22～23厘米（图四一，9）。

铜钱　3枚，有五铢和货泉两种。

五铢　1枚。标本M34:6-1，圆形方穿。穿正面有上下两横郭及右一竖郭，背面有郭。正面左右两侧铸有“五铢”二字，字为篆体，顺读。“五”字略瘦，竖画较曲，上下两横笔不出头。“金”头三角形，四竖点。“朱”头方折（图三七，7）。

货泉　2枚。标本M34:6-2（图三七，8）和M34:6-3（图四二，1），圆形方穿。穿正面均有郭。正面左右两侧铸有“货泉”二字，字为篆体，顺读。

M38　开口于③层下，距地表深0.38米，打破生土。形制为斜坡墓道砖室墓，平面呈“刀”把形。方向0°。全墓由墓道、墓门、墓室三部分组成（图四三；图版三，2）。

墓道位于墓室北部的西侧。其北部已被破坏。残存墓道的平面呈近似长方形，斜坡状。残长2.36米，残宽0.8米。底坡残长2.3米。坡度13°。墓口距墓底深0.7～1.2米。墓道两壁较直。内填五花土，未经夯打，土质较硬。墓门位于墓道南部。近似拱券形，其顶部为生土。墓门由青砖和大石块堆砌而成。高1.02米，宽0.74米，进深0.6米。封门上部有长0.3米，厚0.1～0.2米的生土。墓室位于墓道的南部。墓圹平面为圆角长方形。其修筑方法是先挖掘一长方形竖穴土圹，再在土圹内砌筑砖室。墓口距墓底深0.94～1.24米。墓圹长3.7米，宽1.86米。墓室内长3米，宽1.32米。墓顶已被破坏，残存四壁，残高0.4～0.94米，砌法为二平一竖和一平一竖。墓室地面保存完好，基本用二平二竖铺成。墓室的南部有一长方形器物台，保存完好，其南、东、西三面分别与墓壁相连接。器物台用四层青砖砌筑而成。器物台东西长

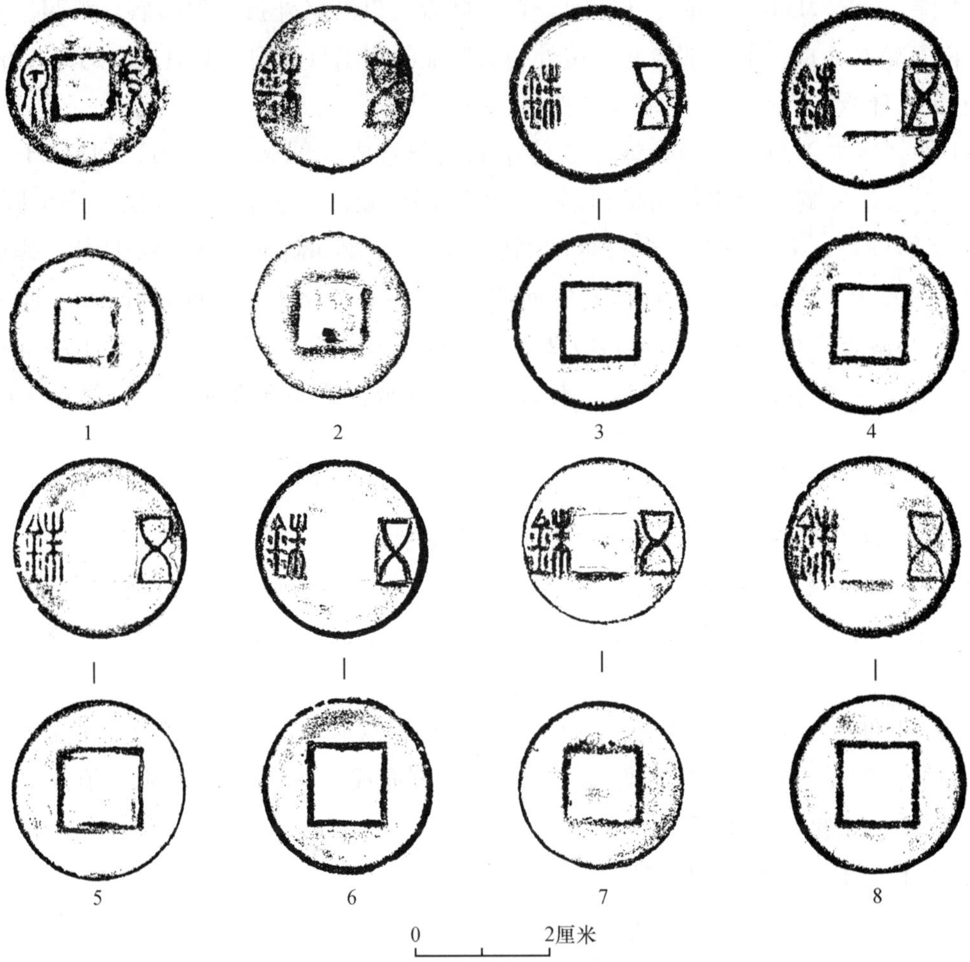

图四二　铜钱拓片

1. 货泉（M34:6-3）　2～8. 五铢（M38:11-1、M38:11-2、M38:11-3、M38:11-4、M38:11-5、M38:11-6、M38:11-7）

1.32米，南北宽0.52米，高0.2米。用砖规格：长25厘米，宽15厘米，厚6厘米。由于墓室已遭严重的盗扰，部分随葬器物残片发现于填土中，在墓室的南部发现有夹砂红陶罐、灰陶罐、陶灶（残）等。

墓室内未发现葬具痕迹。墓室内未发现人骨痕迹，葬式无法辨别。

该墓共出土随葬器物14件（组），另有铜钱数枚。可以分为陶器、铜器两类。

陶器　14件（组），陶质分为夹云母红陶和夹云母灰陶两种，器类有罐、钵、灶、井、甑等。

罐　8件。标本M38:1，夹云母灰陶。侈口，斜方唇。短束颈。溜肩。圆鼓腹，下腹部斜直内收。平底，略内凹。素面。轮制而成。通高18.8厘米，口径11.1厘米，腹径24.4厘米，底径16.2厘米（图四四，1；图版一二，1）。标本M38:2，夹云母灰陶。侈口，斜方唇。短束颈。溜肩。圆鼓腹，下腹部斜直内收。平底，略内凹。素面。轮制而成。通高20厘米，口径

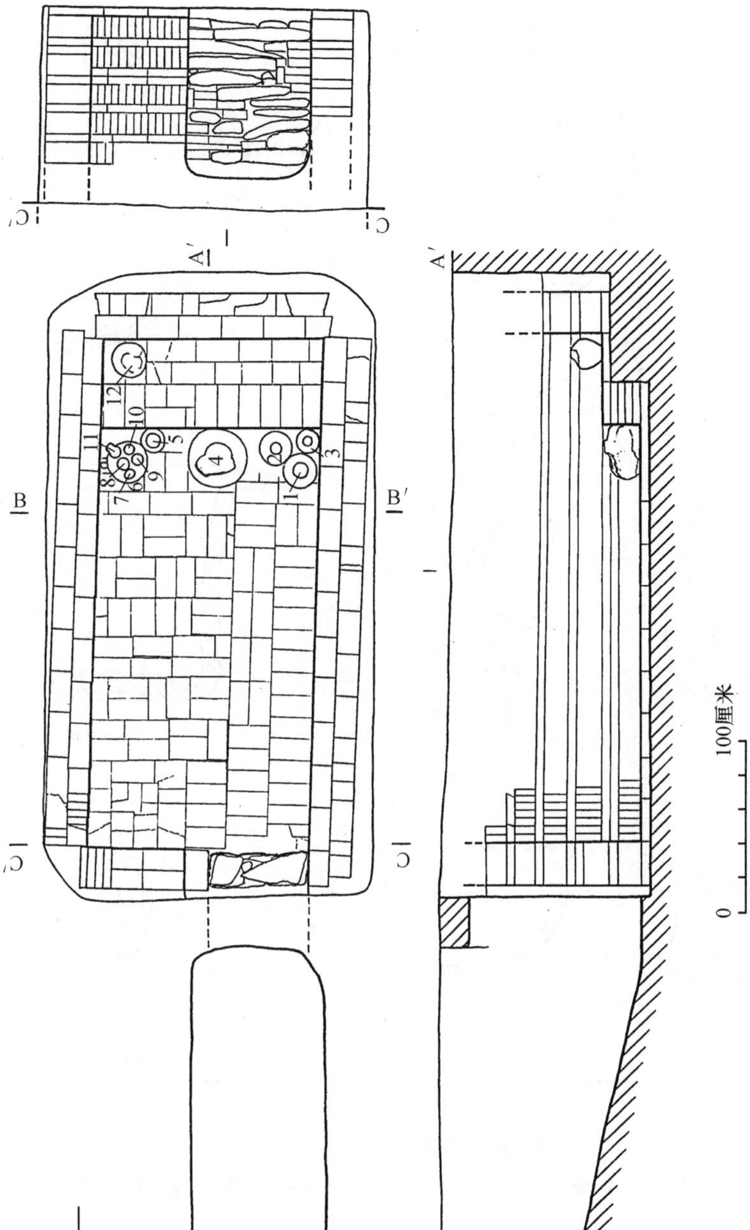

图四三　M38平、剖面图

1、2、4、10、11、12. 陶罐　3. 陶钵　5. 陶井　6. 陶灶　7、9. 小陶盆　8. 小陶甑

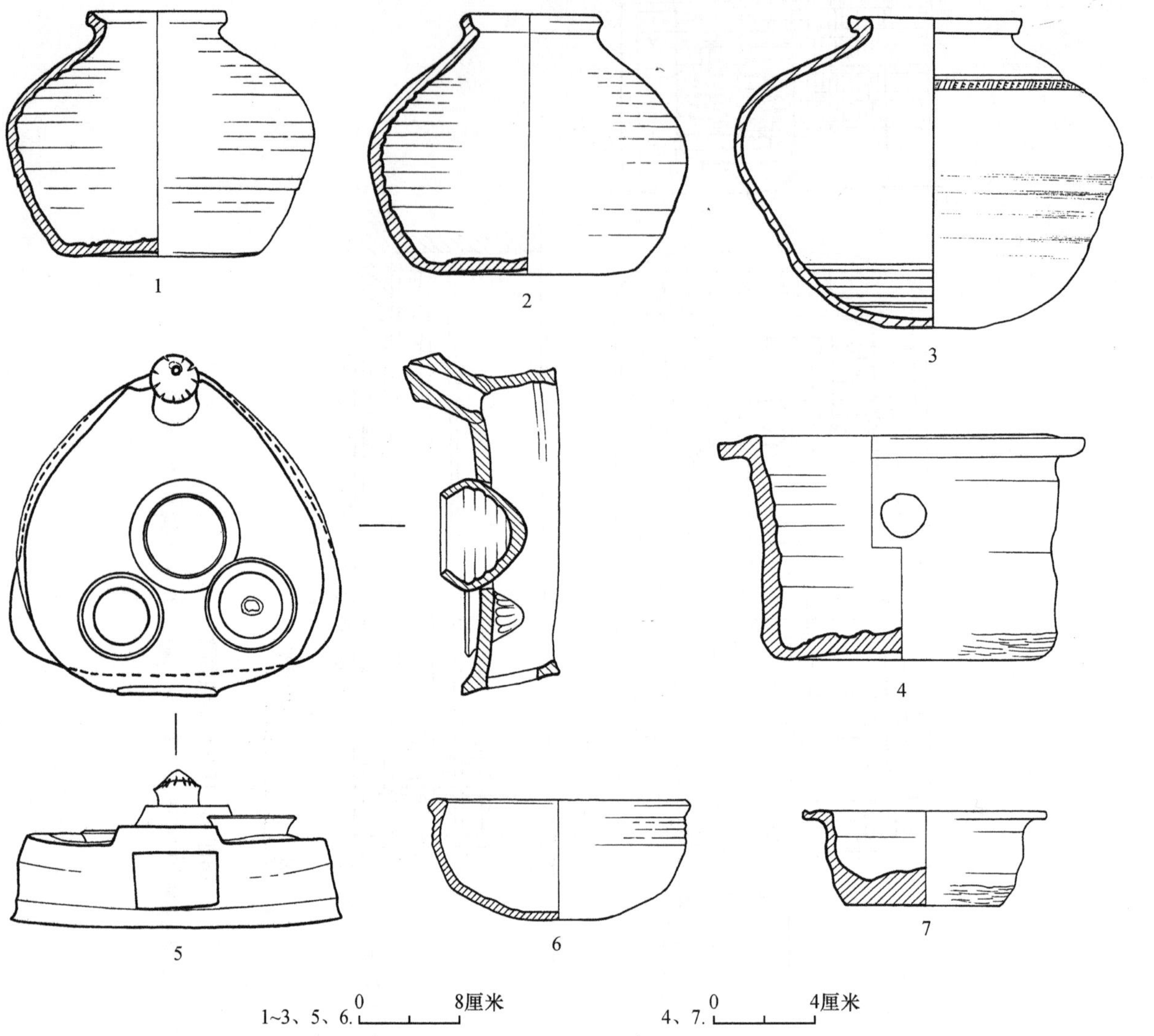

图四四　M38 随葬器物

1～3. 陶罐（M38∶1、M38∶2、M38∶4）　4. 陶井（M38∶5）　5. 陶灶（M38∶6）　6. 陶钵（M38∶3）　7. 小陶盆（M38∶7）

11 厘米，腹径 25.2 厘米，底径 17 厘米（图四四，2）。标本 M38∶4，夹云母灰陶。侈口，折沿，斜方唇。短束颈。圆肩鼓腹，下腹内收。平底。肩部有一周以斜直线加篦点纹为组合的纹饰。轮制而成。通高 24 厘米，口径 13.7 厘米，腹径 30.4 厘米，底径 7 厘米（图四四，3；图版一二，2）。标本 M38∶10，夹云母灰陶。侈口，斜方唇，短束颈。斜肩，鼓腹，下腹斜直内收。平底，略内凹。素面。轮制而成，器身留有明显的轮制痕迹。通高 18.3 厘米，口径 11.5 厘米，腹径 23.6 厘米，底径 16.4 厘米（图四五，3；图版一二，3）。标本 M38∶12，夹云母红陶。侈口，圆唇，沿上有一圈凹槽。短束颈。斜肩，鼓腹，下腹内收。平底，略内凹。肩上有一周凹弦纹。轮制而成。器口略斜。下腹部有拍垫留下的痕迹。通高 22.1～22.8 厘米，口径 12.1 厘米，腹径 26.4 厘米，底径 8.4 厘米（图四五，4；图版一二，4）。标本

M38∶13，夹云母红陶。侈口，方唇，短束颈。斜肩，鼓腹，下腹斜直内收。平底，略内凹。素面。轮制而成。器口及器身略斜。通高17.8～18.9厘米，口径11.6厘米，腹径24.4厘米，底径17厘米（图四五，5）。标本M38∶14，夹云母红陶。侈口，双唇。短束颈。斜肩，鼓腹，下腹斜直内收。平底，略内凹。素面。轮制而成。通高21.7厘米，口径10厘米，腹径26.4厘米，底径21厘米（图四五，6；图版一二，5）。标本M38∶15，夹云母灰陶。侈口，沿上有一圈凹槽。圆唇。短束颈。溜肩。圆鼓腹，下腹内收。平底。在肩部有一周拍印的方格纹。轮制而成。器口略有变形。器身留有明显的轮制痕迹。下腹部有拍垫留下的痕迹。通高26.2～26.9厘米，口径18.4厘米，腹径37.6厘米，底径11.1厘米（图四五，7；图版一二，6）。

钵　1件。标本M38∶3，夹云母红陶。直口微敛，圆唇。腹壁微折，下腹部斜直内收。平底。素面。轮制而成。通高9.4厘米，口径20.8厘米，底径6.7厘米（图四四，6；图版一三，1）。

井　1件。标本M38∶5，夹云母灰陶。直口，微侈，平折沿，沿上略下凹。圆唇。器身呈直筒状。平底，内凹。素面。轮制而成，器身留有明显的轮制痕迹，器身与底部相接处，有明显的用工具刮削过的痕迹。通高8.7～8.9厘米，口径14.4厘米，底径10.4厘米（图四四，4；图版一三，2）。

灶　1件。标本M38∶6，由灶体和三件小尖底釜组成（图版一三，3）。灶体1件，标本M38∶6-1夹云母红陶。灶体平面为弧边三角形，前部尖圆。灶体的三个转角处，下部外撇，宽于上部，灶面略下凹，上有三个原形灶眼，呈“品”字形排列，上面设置三个分体的尖底小陶釜。尾部斜置一蘑菇状烟囱，其顶部正中有一圆形穿孔，四周有数道纵向穿孔。前端有长方形灶门。灶体轮制而成。通高12.2厘米，顶径23.5～24.2厘米，底径23.4～26.4厘米。小陶釜3件。其中2件，标本M38∶6-2和标本M38∶6-3，形制和大小基本相同，为夹云母红陶。侈口，折沿，斜方唇，腹壁斜直，微弧，尖底。素面，模制而成。通高3.5厘米，口径6.9厘米。另一件小陶釜M38∶6-4，夹云母红陶。敛口，肩部斜直，鼓腹，下腹内收，尖底。素面，模制而成。通高6.6厘米，口径5.7厘米，腹径7.8厘米（图四四，5）。

小盆　2件。标本M38∶7，夹云母红陶。直口微侈，平折沿，沿面上有一周浅凹槽，方唇，弧腹，下腹内收。平底。素面，模制而成。通高3.7厘米，口径9.7厘米，底径6厘米（图四四，7；图版一三，4）。标本M38∶9，夹云母红陶。侈口，折沿，斜方唇。弧腹，下部内收。平底，略内凹。素面。模制而成。通高2.5～2.8厘米，口径7.6厘米，底径4.5厘米（图四五，2；图版一三，5）。

小甑　1件。标本M38∶8，夹云母红陶。侈口，平折沿，沿面上有一周浅凹槽，方唇，弧腹下部内收，平底，底部有圆形箅孔。素面，模制而成。通高3～3.5厘米，口径8.4厘米，底径4厘米（图四五，1；图版一三，6）。

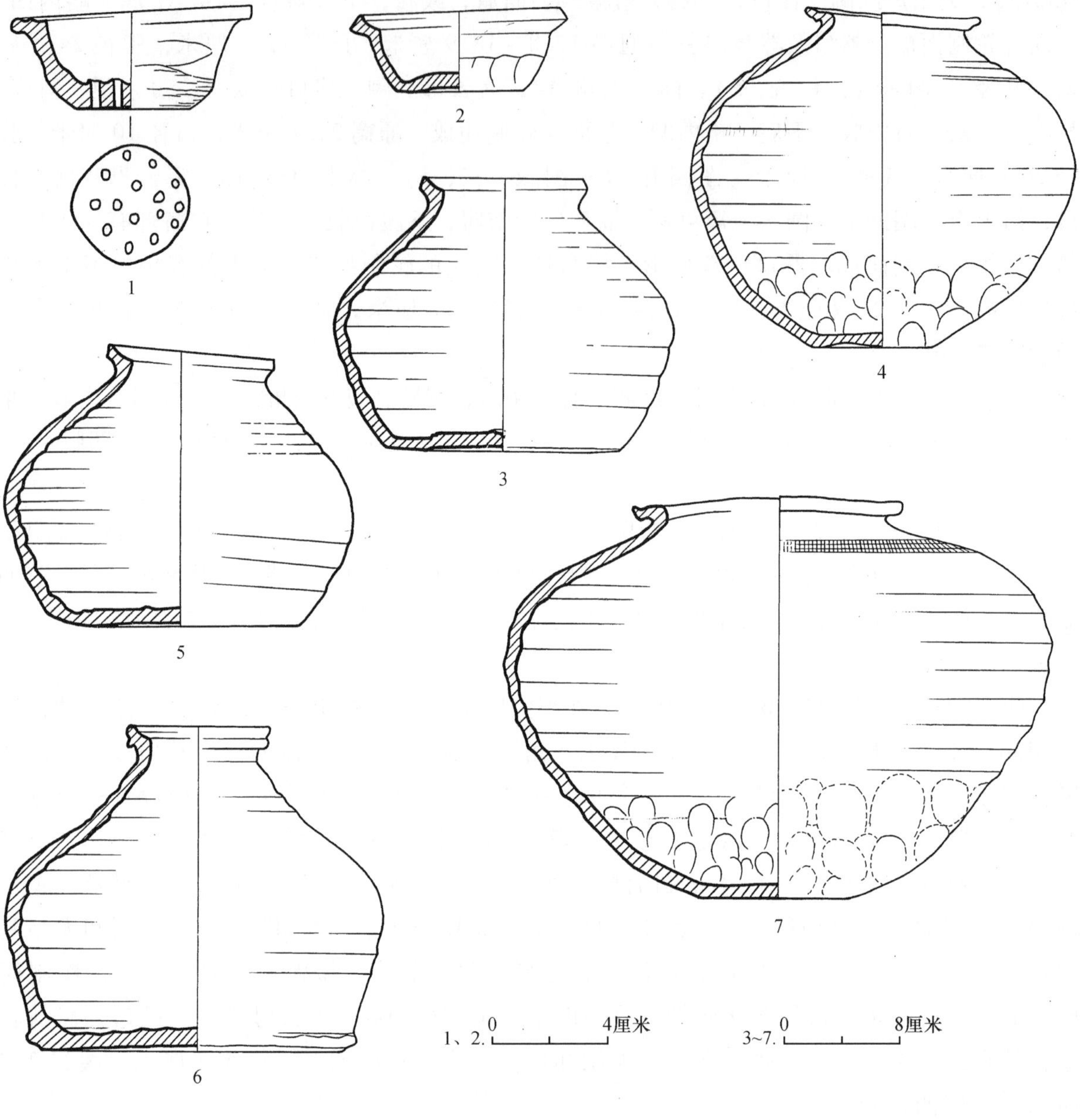

图四五　M38 随葬器物

1. 小陶甑（M38∶8）　2. 小陶盆（M38∶9）　3～7. 陶罐（M38∶10、M38∶12、M38∶13、M38∶14、M38∶15）

铜钱　7 枚，均为五铢。标本 M38∶11-1～7，圆形方穿。穿正面无郭或有两郭、三郭，背面有郭。正面左右两侧铸有“五铢”二字，字为篆体，顺读。“五”字宽大或略瘦长，竖画弯曲或较直，上下两横笔不出头。“金”头三角形，四竖点。“朱”头方折或圆折（图四二，2～8）。

M39　开口于②层下，距地表深 0.5 米，打破生土。形制为斜坡墓道砖室墓，平面呈“刀”把形。方向 5°。全墓由墓道、墓门、墓室三部分组成（图四六；图版三，3）。

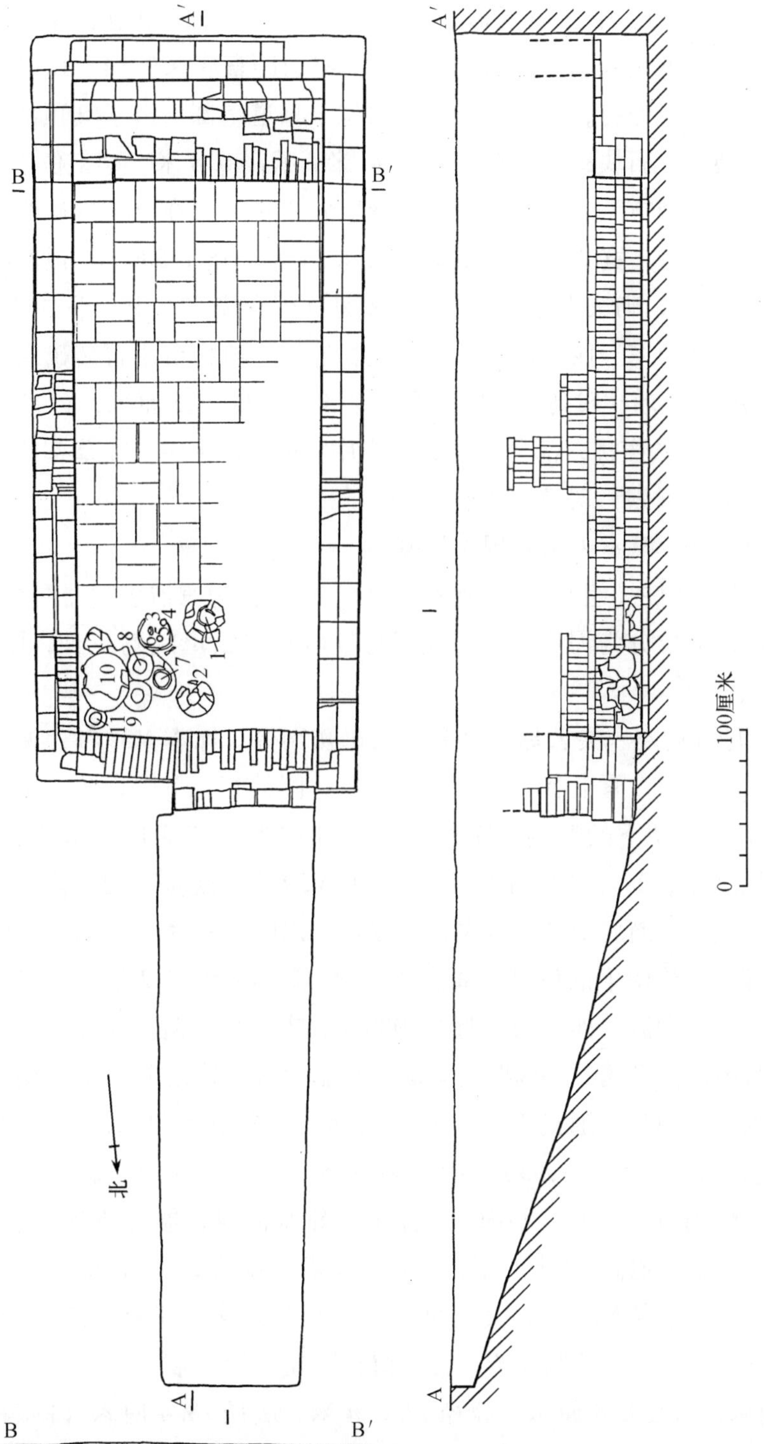

图四六　M39平、剖面图

1、2、6、8～12. 陶罐　3. 陶灶　4. 铜钱　5. 陶盆　7. 小陶釜

墓道位于墓室的北部偏西。平面呈近似长方形，斜坡状，开口距地表深0.5米，南北长3.72米，宽0.9~1.03米。底坡长3.84米，坡度10°。墓口距墓底深0.14~1.12米。墓道两壁较直。墓道内填五花土，未经夯打，土质较硬。墓门位于墓道南部。由于其顶部已被破坏，具体形制不明。墓门用青砖块、石块砌成。东西宽0.94米，残高0.8米。墓室位于墓门南部。墓圹平面为圆角长方形。其修筑方法是先挖掘一长方形竖穴土圹，再在土圹内砌筑砖室。墓口距墓底深2.2米。墓圹长4.8米，宽2.1米。墓室内长4.24米，宽1.58米。顶部已被破坏，残存四壁，残高0.36~0.86米，砌法为一平一竖。墓室地面保存完好，用二平二竖铺成。墓室南部有一长方形器物台，其南、东、西三面分别与墓壁相连接。器物台用青砖砌筑而成。器物台东西长1.64米，南北宽0.65米，残高0.3米。用砖规格：长24~26厘米，宽12~14厘米，厚4~5厘米。由于墓室经严重的盗扰，部分随葬器物残片发现于填土中，在墓室的东北角发现有夹砂红陶罐、灰陶罐、陶灶（残）等（图版四，1）。

墓室内未发现葬具痕迹。墓室内未发现人骨痕迹。

该墓共出土随葬器物12件（组），另有铜钱11枚。可以分为陶器、铜器两类。

陶器　12件（组），陶质分为泥质红陶、夹云母红陶和夹云母灰陶三种，器类有罐、盆、釜、灶等。

罐　9件，有夹云母红褐陶、夹云母红陶和夹云母灰陶等。标本M39∶1，夹云母红陶，器表部分泛灰黄色。盘口，圆唇，唇下有一周凹槽，溜肩，圆鼓腹，下腹内收。平底。素面。轮制而成。下腹部内壁有拍垫留下的痕迹。通高20~20.4厘米，口径12.3厘米，腹径24.4厘米，底径8.4厘米（图四七，2；图版一四，1）。标本M39∶2，泥质红陶。侈口，折沿，沿面上有一周凹槽，方唇。短颈。溜肩微鼓。鼓腹，下腹斜直内收。平底。肩部饰一周拍印的方格纹。轮制而成。下腹部有拍垫留下的痕迹。通高28.6厘米，口径17.2厘米，腹径39.2厘米，底径12厘米（图四七，5；图版一四，2）。标本M39∶6，夹云母红陶。盘口外侈，双唇，短直颈。斜肩。鼓腹，下腹内收。平底，略内凹。素面。轮制而成。口沿凹凸不平整。下腹部与底连接处，留有明显刮削过的痕迹。通高16.4~16.9厘米，口径9.4厘米，腹径20.8厘米，底径17.5厘米（图四七，4；图版一四，3）。标本M39∶8，夹云母红陶。盘口外侈，双唇。束颈，斜肩，鼓腹，下腹略内收。平底，略内凹。素面。轮制而成，器身留有明显的轮制痕迹。下腹有用工具刮削过的痕迹。通高17.1厘米，口径9厘米，腹径20.4厘米，底径19厘米（图四八，5；图版一四，4）。标本M39∶9，夹云母红陶。盘口外侈，双唇。束颈。斜肩，鼓腹，下腹微敛。平底，略内凹。素面。轮制而成，器身留有明显的轮制痕迹。下腹有用工具刮削过的痕迹。通高17.6厘米，口径8.8厘米，腹径18.8厘米，底径18.4厘米（图四八，6；图版一四，5）。标本M39∶10，夹云母红陶。侈口，折沿，沿上有一周凹弦纹，方唇。斜肩微鼓。鼓腹，下腹斜直内收。平底，略内凹。肩部饰两周凹弦纹。腹部饰两周压印的绳纹。轮制而成。通高26.3厘米，口径19.6厘米，腹径36厘米，底径12.8厘米（图四八，7；图版一四，6）。标本M39∶11，夹云母红陶。盘口外侈，双唇。束颈。斜肩，鼓腹，下腹微敛。平底，略内凹。素面。轮制而成，器身留有明显的轮制痕迹。通高17.4厘米，口径9.5厘米，腹径20

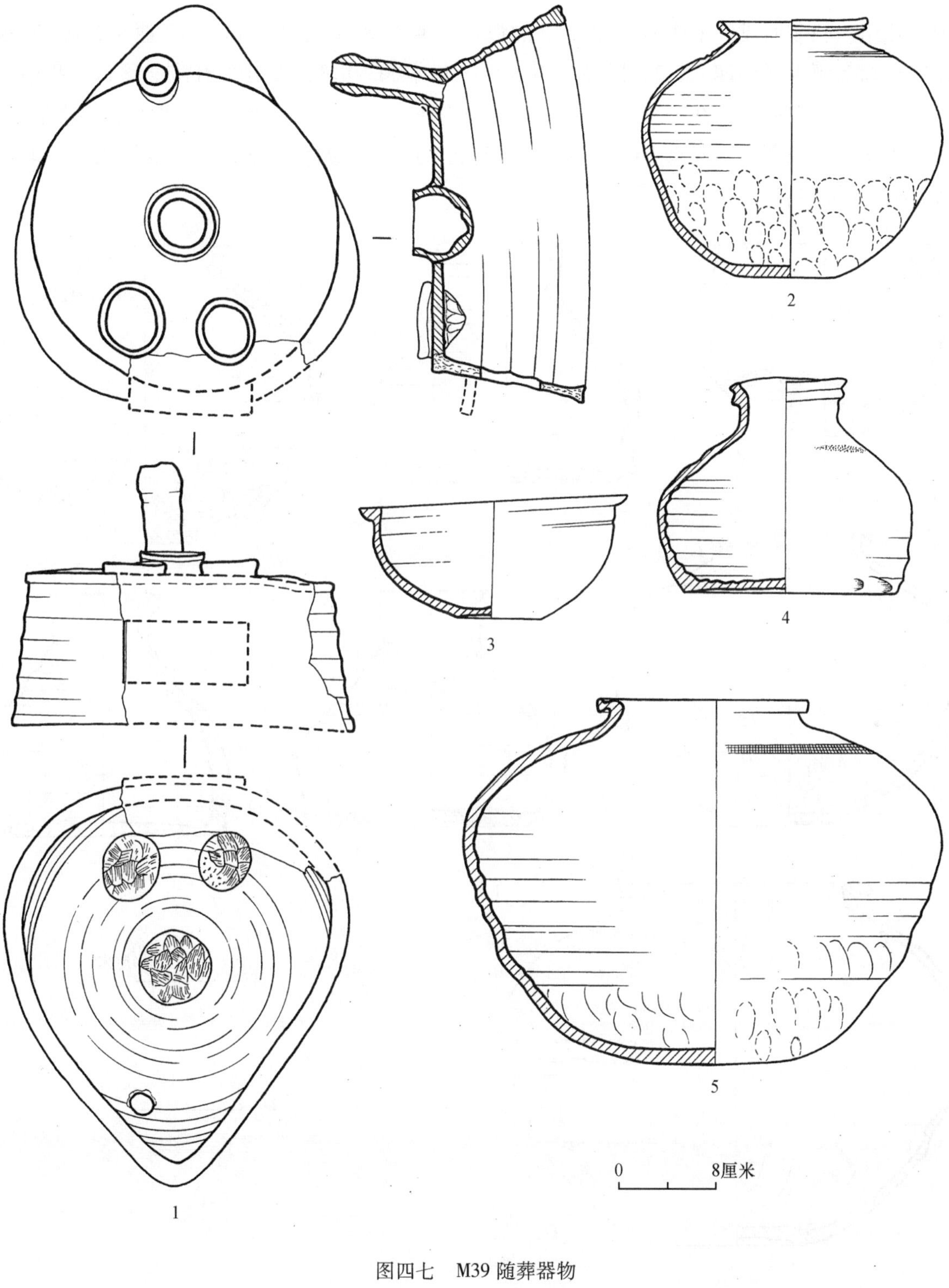

图四七　M39 随葬器物

1. 陶灶（M39∶3）　2、4、5. 陶罐（M39∶1、M39∶6、M39∶2）　3. 陶盆（M39∶5）

厘米，底径 16.4 厘米（图四八，2）。标本 M39∶12，夹云母灰陶。侈口，折沿，沿上有一周凹槽。双唇，短颈。溜肩。鼓腹，下腹内收。平底。肩上有一周压印的篦纹，以竖线为界栏，可分为十八组。轮制而成，下腹有拍垫留下的痕迹。通高 21.6 厘米，口径 12 厘米，腹径 26 厘米，底径 6.7 厘米（图四八，3；图版一五，1）。标本 M39∶13，夹云母红陶。侈口，折沿，沿上有一周凹槽。双唇。短颈。溜肩，鼓腹，下腹内收。平底。肩上饰一周凹弦纹。轮制而成。下腹有拍垫留下的痕迹。通高 20.9 厘米，口径 12.7 厘米，腹径 27.2 厘米，底径 7.6 厘米（图四八，4；图版一五，2）。

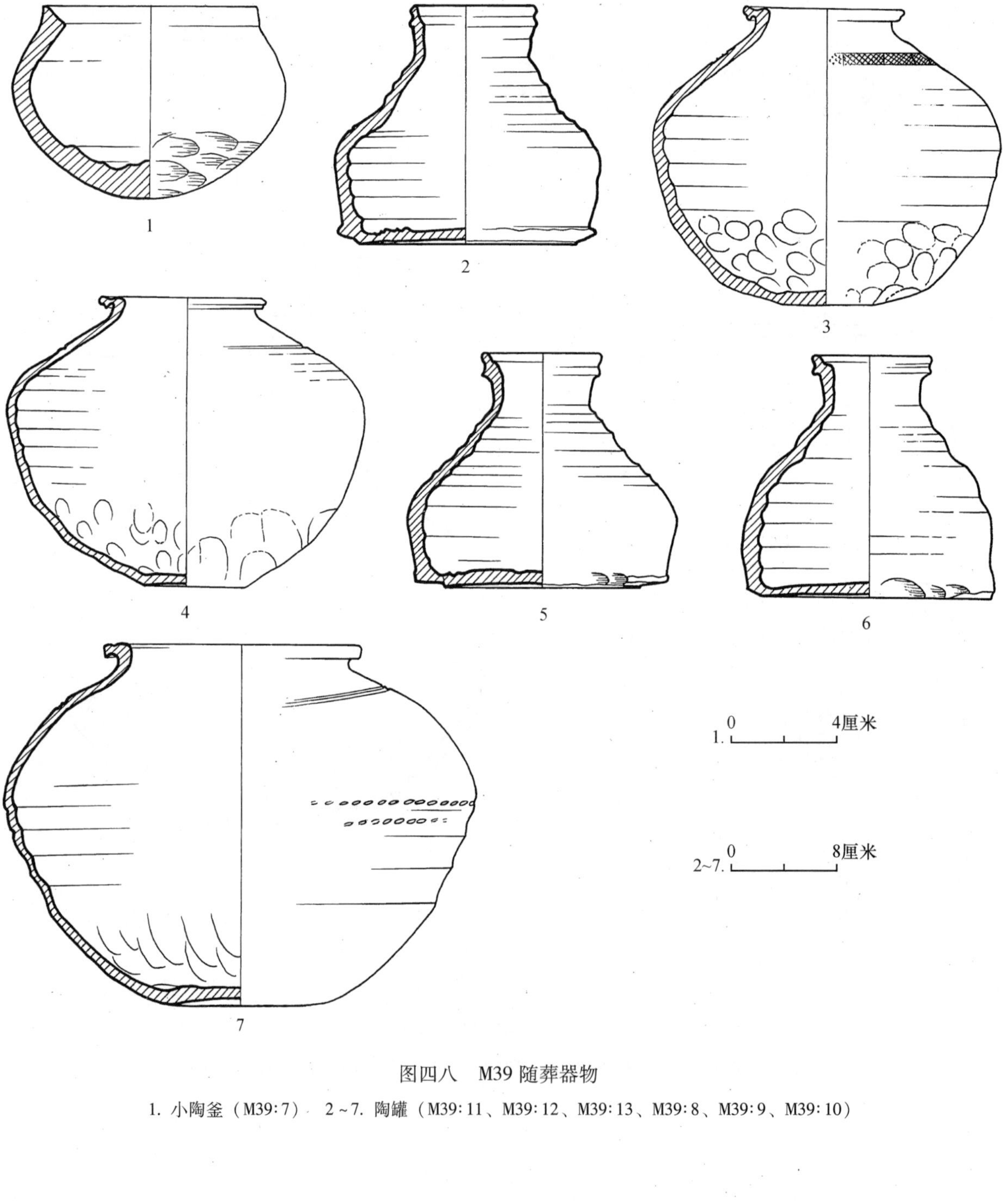

图四八　M39 随葬器物

1. 小陶釜（M39∶7）　2～7. 陶罐（M39∶11、M39∶12、M39∶13、M39∶8、M39∶9、M39∶10）

灶　1件。标本M39:3，由灶体和三件小陶釜组成（图版一五，3）。灶体1件，标本M39:3-1，夹云母红陶。灶体平面呈圆角三角形，灶壁下部外撇，灶面上有三个圆形灶眼，呈“品”字形排列，上面设置三个小陶釜。尾部斜置一筒状烟囱，其顶部正中有一圆孔。前端有灶门，已残。通高27厘米，顶径25厘米，底径28～29.8厘米。小陶釜3件。其中2件，标本M39:3-2和标本M39:3-3的形制、大小基本相同。为夹云母红陶。侈口，平沿。腹壁斜直，尖底。素面。模制而成。通高3.1厘米，口径5.1～5.7厘米。另一件小陶釜，标本M39:3-4，夹云母红陶。敛口，平沿，圆鼓腹，圜底。素面。模制而成。通高4.6厘米，口径5厘米，腹径5.7厘米（图四七，1）。

盆　1件。标本M39:5，夹云母红陶。直口微敛，平折沿，尖唇，口沿倾斜。弧腹内收。平底，略内凹。素面。轮制而成。通高8.2～9.9厘米，口径21.7厘米，底径7厘米（图四七，3；图版一五，4）。

小釜　1件。标本M39:7，夹云母红陶。口微敛，尖唇。鼓腹，下腹内收，尖圆底。素面。轮制而成。下腹及底部留有用工具刮削过的痕迹。通高7厘米，口径8.2厘米，腹径10.4厘米（图四八，1；图版一五，5）。

铜钱　11枚，有五铢和货泉两种。

五铢　9枚。标本M39:4-1～9，圆形方穿。穿正面无郭或有两郭、三郭，背面有郭。正面左右两侧铸有“五铢”二字，字为篆体，顺读。“五”字宽或略瘦长，竖画较曲，上下两横笔不出头。“金”头三角形，四竖点。“朱”头方折（图四九，1～8；图五〇，1）。

货泉　2枚。标本M39:4-10（图五〇，2）和M39:4-11（图五〇，3），圆形方穿。穿正面均有郭。正面左右两侧铸有“货泉”二字，字为篆体，顺读。

M40　开口于②层下，开口距地表深0.18～0.4米，打破生土。形制为斜坡墓道砖室墓，平面呈“刀”把形。方向10°。全墓由墓道、墓门、甬道、墓室四部分组成（图五一；图版三，4）。

墓道位于墓室的北部东侧。平面略呈梯形，斜坡状，北窄南宽。开口距地表深0.4米，长3.22米，宽0.64～0.82米。底坡长3.35米，坡度15°。墓口距墓底深0.76米。墓道两壁较直。内填五花土，未经夯打，土质较硬。墓门位于墓道南部。由于其顶部已被破坏，具体形制不明。墓门用青砖块、石块砌成。东西宽0.82米，残高0.78米。甬道顶部已被破坏。宽0.82米，残高0.74米，进深0.34米。东西两壁用二平一竖法砌筑而成。地面无铺地砖。墓室位于甬道的南部。平面呈近似梯形。其修筑方法是先挖掘一长方形竖穴土圹，再在土圹内砌筑砖室。墓口距墓底深0.84米。墓圹长4.4米，北部宽2.12米，南部宽2.35米。墓室内长3.7米，北宽1.35米，南宽1.62米。顶部已被破坏，详细结构不明。残存墓室四壁，残高0.42～0.92米，砌法为二平一竖。东、西两壁中部略外鼓。墓室地面保存完好，基本用平砖错缝铺成。用砖规格：长25厘米，宽13.5厘米，厚4.5厘米。由于墓室经严重的盗扰，部分随葬器物残片发现于填土中，在墓室的西北角发现有夹砂红陶罐、灰陶罐（图版四，2），东部有大量夹云母红陶片等。

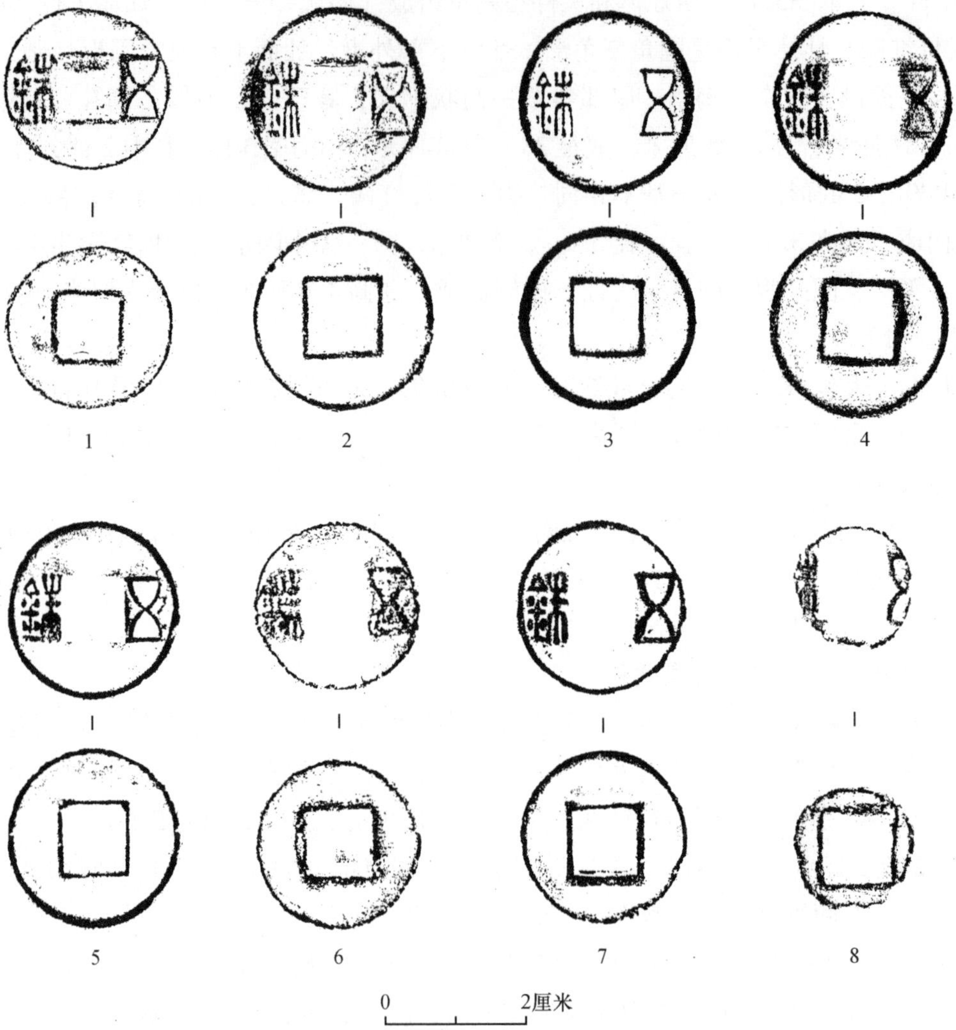

图四九　铜钱拓片

1～8. 五铢（M39∶4-1、M39∶4-2、M39∶4-3、M39∶4-4、M39∶4-5、M39∶4-6、M39∶4-7、M39∶4-8）

墓室内发现少量棺木的残存痕迹。填土中发现铁棺钉数枚，应为葬具的附件。木棺的数量、形制不详。在墓室内发现少量残存的人骨痕迹，葬式无法辨别。

该墓共出土随葬器物19件（组），另有铜钱4枚。可以分为陶器、铁器和铜器三类。

陶器　17件。陶质分为夹云母红陶、夹云母灰褐陶和夹云母灰陶三种，器类有罐、盆、井、釜、灶、甑等。

罐　8件。标本M40∶1，夹云母灰褐陶。侈口，折沿，斜方唇。短束颈，溜肩。鼓腹，下腹斜直内收。平底，略内凹。素面。轮制而成。通高20.1厘米，口径12厘米，腹径26.4厘米，底径16厘米（图五二，1；图版一六，1）。标本M40∶7，夹云母灰褐陶。侈口，折沿，双唇。短束颈。溜肩微鼓。圆鼓腹，下腹内收。小平底。肩部饰一周压印而成的篮纹和斜线纹共为一组的图案。轮制而成，口部略扭曲变形。下腹有拍垫留下的痕迹。通高20.4～20.8厘米，

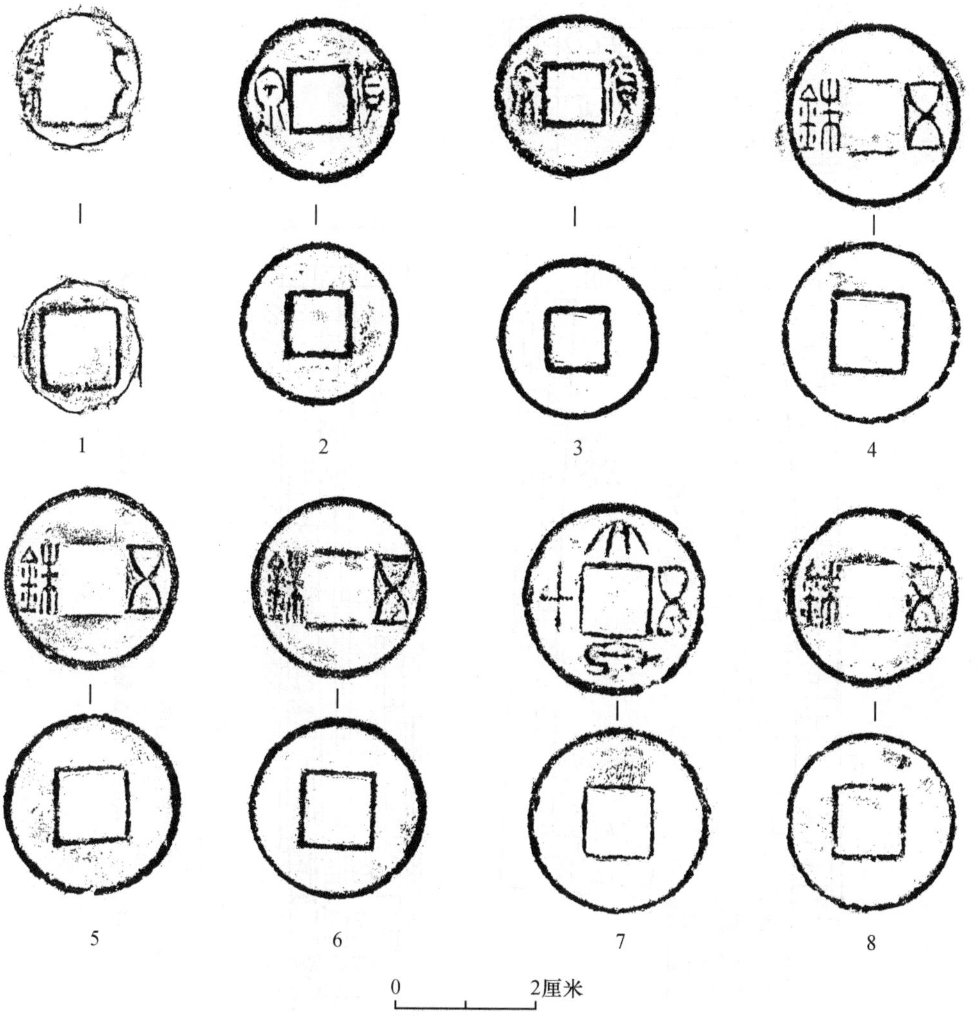

图五〇　铜钱拓片

1、4~6、8. 五铢（M39:4-9、M40:2-1、M40:2-2、M40:2-3、M45:6-1）　2、3. 货泉（M39:4-10、M39:4-11）
7. 大泉五十（M40:2-4）

口径12.3厘米，腹径25.6厘米，底径7.6厘米（图五二，6；图版一六，2）。标本M40:8，夹云母红陶。盘口外侈，双唇，短束颈。斜肩。鼓腹，下腹斜直内收。平底。素面。轮制而成。通高20厘米，口径11.3厘米，腹径24.8厘米，底径20厘米（图五二，7）。标本M40:9，夹云母红陶。盘口外侈，双唇，短束颈。斜肩。鼓腹，下腹内收。平底，略内凹。素面。轮制而成。通高20.9~21.5厘米，口径10.8厘米，腹径26.4厘米，底径20.8厘米（图五二，8）。标本M40:10，夹云母红陶。盘口外侈，双唇，短束颈。斜肩。鼓腹，下腹内收。平底。素面。轮制而成。通高20.9厘米，口径11.2厘米，腹径26.4厘米，底径20.7厘米（图五二，9；图版一六，3）。标本M40:11，夹云母灰陶。侈口，折沿，沿面上有一周浅凹槽。方唇。短束颈。鼓肩。圆鼓腹，下腹斜直内收。平底，内凹。肩部饰一周压印而成的篮纹和斜线纹共为一组的

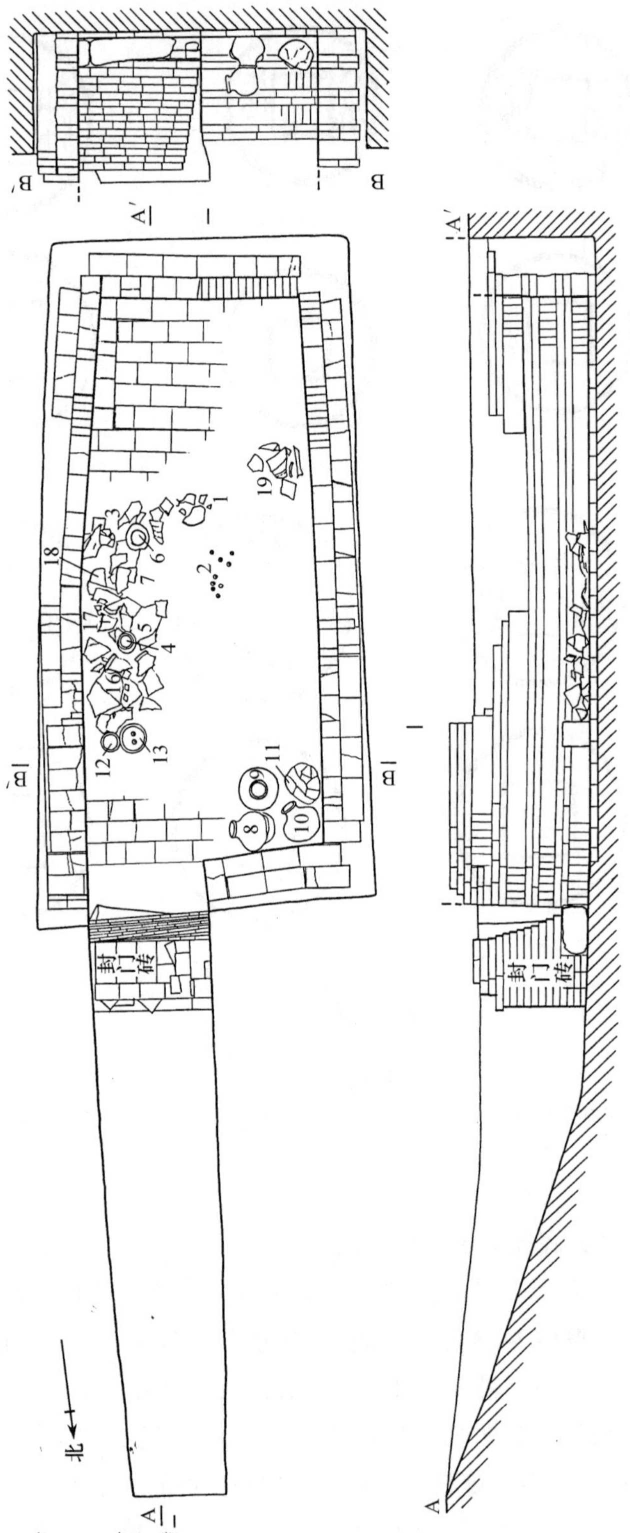

图五一　M40平、剖面图

1、7~11、17. 陶罐　2. 铜钱　3. 小陶甑　4~6、12. 小陶盆　13. 陶井　14. 铁削刀（压在陶片下）　15. 铜环（压在陶片下）　16、18. 陶釜　19. 陶灶

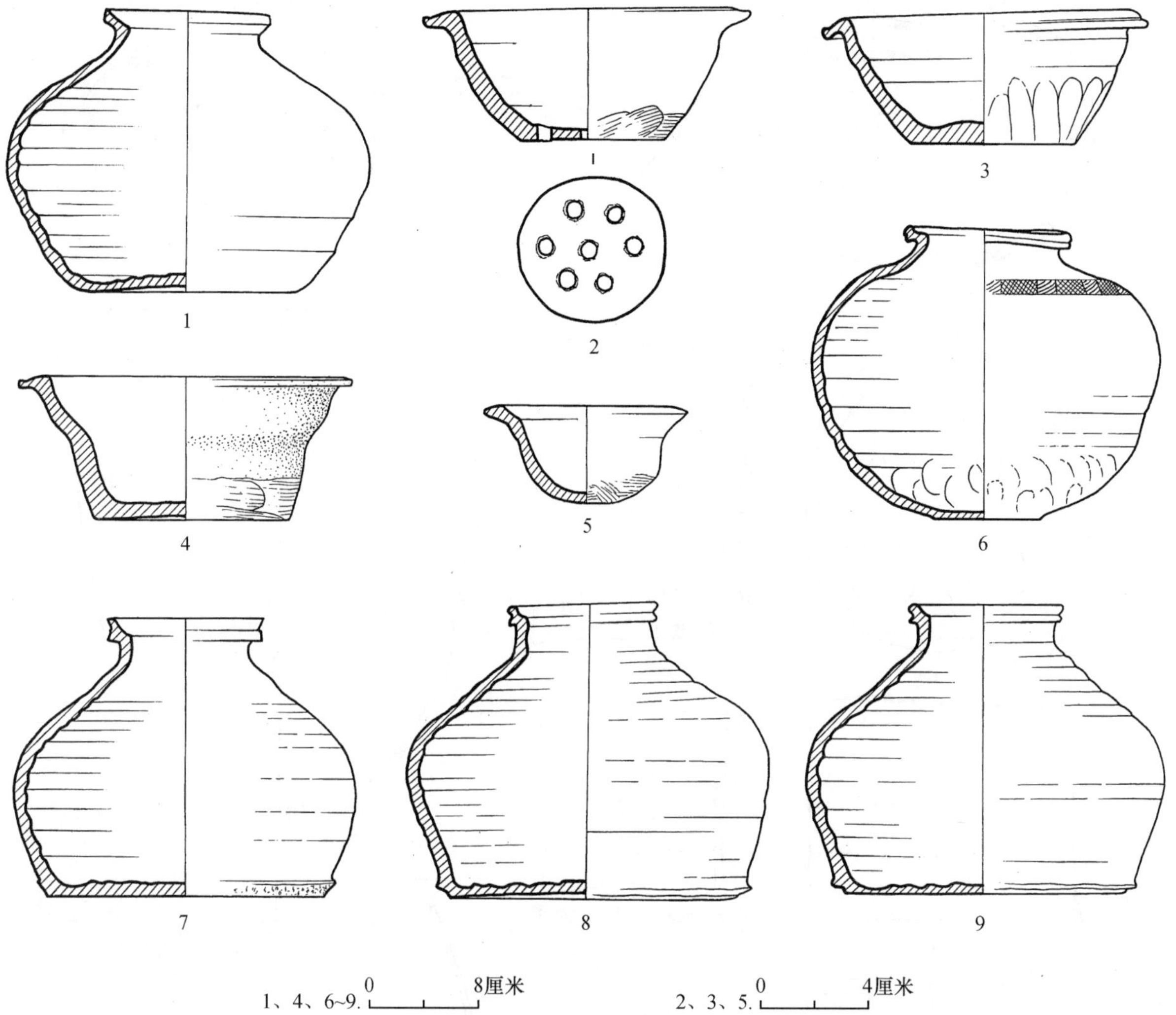

图五二　M40随葬器物

1、6~9. 陶罐（M40:1、M40:7、M40:8、M40:9、M40:10）　2. 小陶甑（M40:3）　3~5. 小陶盆（M40:5、M40:6、M40:4）

图案。轮制而成，口部严重扭曲变形。下腹有拍垫留下的痕迹。通高21.2~23.8厘米，口径14.8厘米，腹径30.8厘米，底径10厘米（图五三，1；图版一六，4）。标本M40:17，侈口，折沿，斜方唇。短束颈。溜肩微鼓。鼓腹，下腹内收。底部已残缺。肩部饰一周压印而成的篮纹和方格纹共为一组的图案。轮制而成。残存高度21.5厘米，口径12.8厘米，腹径27.2厘米（图五三，3）。标本M40:20，夹云母红陶。侈口，折沿，沿面微凹。斜方唇。短束颈。溜肩微鼓。圆鼓腹，下腹内收，平底。肩部饰一周篮纹和方格纹共为一组的图案。轮制而成。下腹有拍垫留下的痕迹。通高30.9厘米，口径15厘米，腹径38.4厘米，底径12厘米（图五三，7；图版一六，5）。

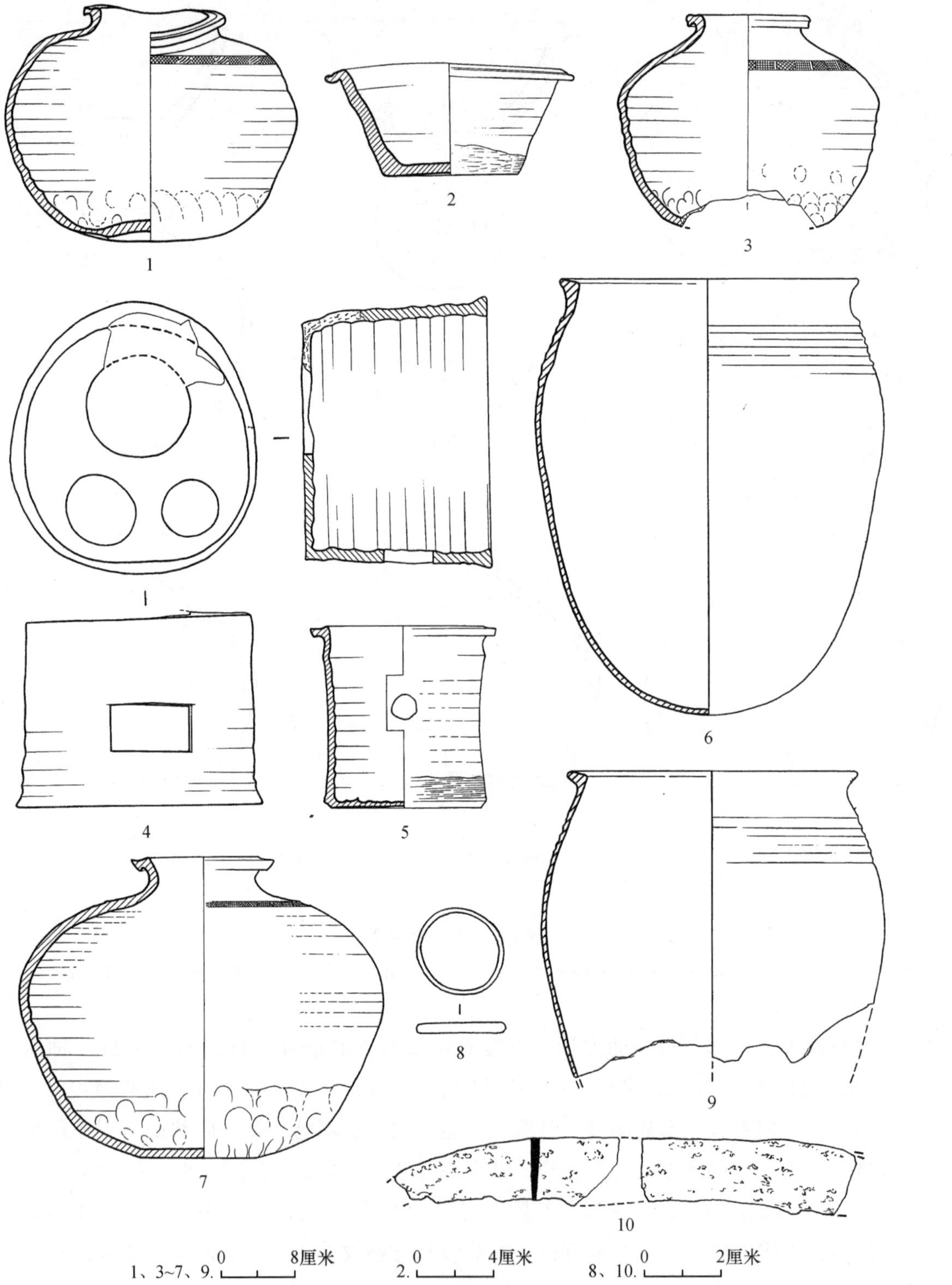

图五三　M40随葬器物

1、3、7. 陶罐（M40:11、M40:17、M40:20）　2. 小陶盆（M40:12）　4. 陶灶（M40:19）　5. 陶井（M40:13）　6、9. 陶釜（M40:16、M40:18）　8. 铜环（M40:15）　10. 铁削刀（M40:14）

小甑　1件。标本M40:3，夹云母红陶。侈口，折沿，沿面上有一周凹槽。尖圆唇。腹壁斜直。平底。底部有七个圆形箅孔，从其保留痕迹看，箅孔应是用工具从内向外穿透而成。素面。轮制而成。下腹部与底连接处留有用工具刮削过的痕迹。通高4.6~4.8厘米，口径11.8厘米，底径5.3厘米（图五二，2；图版一五，6）。

小盆　4件。标本M40:4，夹云母红陶。侈口，折沿，尖唇。腹壁微弧，圜底。素面。轮制而成。下腹及底部有用工具刮削过的痕迹。通高3.5厘米，口径7.4厘米（图五二，5）。标本M40:5，夹云母红陶。侈口，折沿，沿面上有一周凹槽。方唇。腹壁斜直，微弧。平底。素面。轮制而成，下腹壁留有用工具刮痕过的工具。通高4.5~4.9厘米，口径12厘米，底径6厘米（图五二，3；图版一七，2）。标本M40:6，夹云母红陶。侈口，折沿，沿面上有一周凹槽。方唇。腹壁斜直，中间略内折。平底，略内凹。素面。轮制而成。通高5.1厘米，口径12.1厘米，底径7厘米（图五二，4）。标本M40:12，夹云母红陶。侈口，折沿，沿面上有一周凹槽，尖圆唇。腹壁斜直。平底，略内凹。素面。轮制而成。通高5.4~5.7厘米，口径13厘米，底径7厘米（图五三，2）。

井　1件。标本M40:13，直口，平折沿，方唇。短束颈。腹壁呈直筒状，微弧。腹中部偏上有两个相对的圆形穿孔。平底，略内凹。素面。轮制而成，腹壁有明显的轮旋纹。通高18.7厘米，口径19.2厘米，底径15.7厘米（图五三，5；图版一六，6）。

釜　2件。标本M40:16，夹云母红陶。敛口，尖唇，短束颈。筒状深腹微鼓，下部内收，圜底。素面。轮制而成。腹上部有数道轮旋纹。通高44.6厘米，口径30.8厘米，腹径36.4厘米（图五三，6；图版一七，3）。标本M40:18，夹云母红陶。敛口，尖唇。深筒腹微鼓，下部内收。底部已残缺，无法复原。素面。轮制而成。残高35厘米，口径30厘米，腹径35.6厘米（图五三，9）。

灶　1件。标本M40:19，夹云母红陶。灶体平面呈圆形，灶身为直筒状，直壁，下部略外撇。灶面有三个圆形灶眼，一大二小，呈“品”字形排列。烟囱已残，无法复原。前端有长方形灶门。灶身轮制而成。残高19.2~20厘米，顶径23.6~24.2厘米，底径25.8~27.8厘米（图五三，4；图版一七，1）。

铁削刀　1件。标本M40:14，已残。刀身的刃部微内弧，背部微外弧。布满铁锈，锈蚀严重。残长11.8厘米，残宽0.5~1.9厘米（图五三，10；彩版二，4）。

铜器　有铜环和铜钱两类。

环　1件。标本M40:15，环圈扁平。直径2.3厘米，厚0.3厘米（图五三，8）。

钱　4枚，有五铢和大泉五十两种。

五铢　3枚。标本M40:2-1~3，圆形方穿。穿正面有上下两横郭及右一竖郭，背面有郭。正面左右两侧铸有“五铢”二字，字为篆体，顺读。“五”字宽或略瘦长，竖画较曲，上下两横笔不出头或略出头。“金”头三角形，四竖点。“朱”头方折或圆折（图五〇，4~6）。

大泉五十　1枚。标本M40:2-4，圆形方穿。穿两面有郭，正面铸有“大泉五十”四字，字为篆体，对读（图五〇，7）。

M45　开口于①层下，距地表深0.28米，打破生土。形制为斜坡墓道砖室墓。方向200°。全墓由墓道、甬道（墓门已破坏无存）、前室、西侧室、东后室、西后室六部分组成（图五四）。

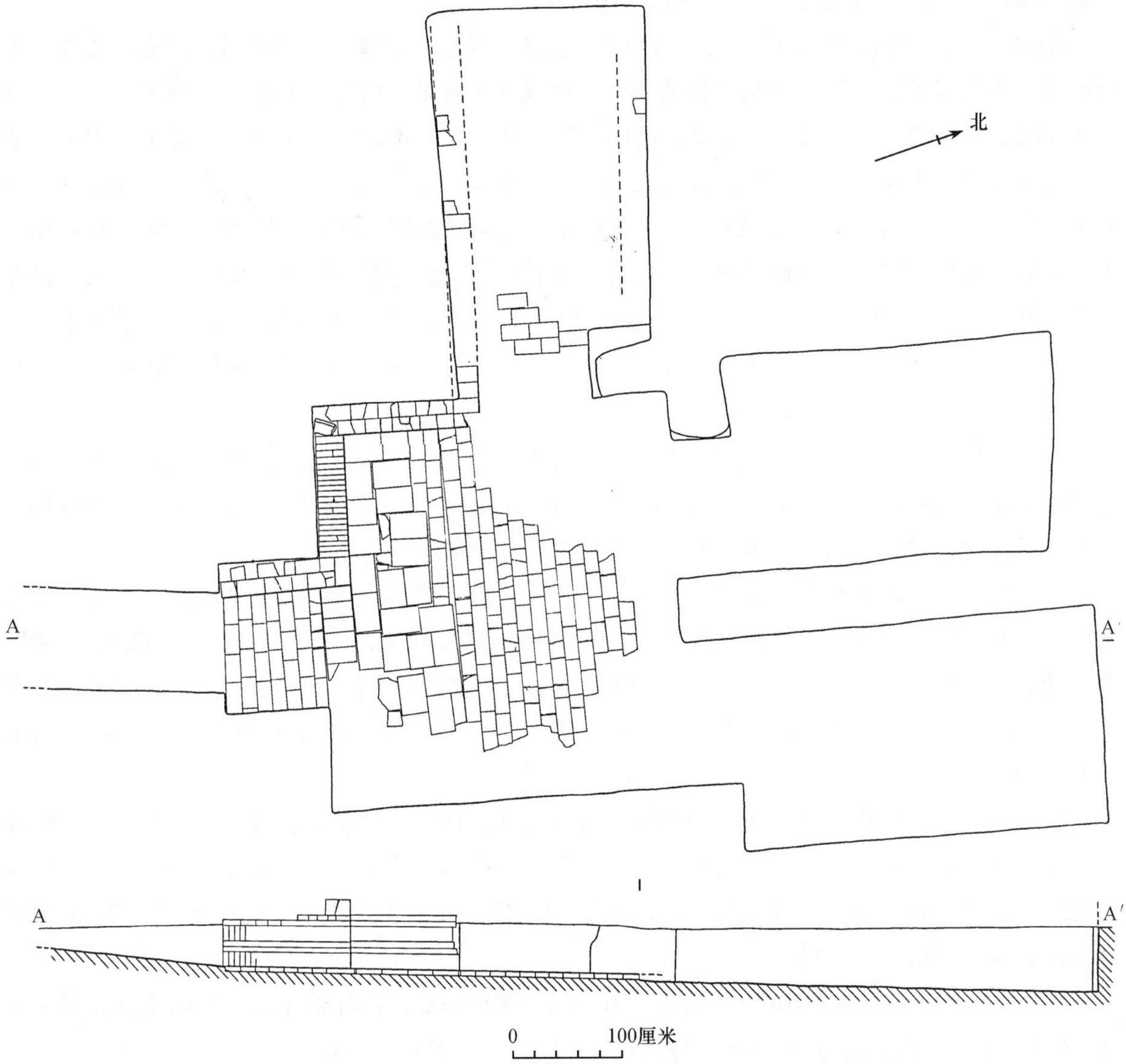

图五四　M45平、剖面图

墓道位于甬道南部。其南端已被破坏。残存墓道平面呈长方形，斜坡状，开口距地表深0.28米。长1.6米，宽0.92米。墓口距墓底深0.38米；底坡长1.63米，坡度5°。内填五花土，未经夯打，土质较硬。甬道位于墓道北部。平面呈长方形，南北长0.98米，东西宽1.08米。顶部已被破坏，具体结构不详。残存西壁，残高0.4～0.45米，砌法为二平一竖。地面保存较好，平砖错缝铺成。墓门，已被破坏，具体形制不详。前室位于甬道北部。墓圹平面呈近似长方形。其修筑方法是先挖掘一长方形竖穴土圹，再于土圹内砌筑砖室。南北长3.02～3.21米，东西宽3.35～3.55米，墓口距墓底深0.58米。墓室已遭严重破坏，仅残存部分南壁和西壁，残高0.46～0.61米，砌法为二平一竖。墓室地面仅存中部和西南部，南部以经加工的石砖错缝平砌铺成。用砖规格：长26厘米，宽13厘米，厚4.5厘米；石砖规格为长34厘米，宽24厘米，厚5厘米。西侧室位于前室的西侧。墓圹平面呈近似长方形。已遭严重破坏，仅存墓室土圹及少量铺地砖。西侧室与前室之间有甬道。甬道南北宽1.08米，进深0.64米，残高0.46米。西侧室墓圹东西长2.90米，南北宽1.9～2.04米，东窄西宽。东后室位于前室的北部东侧。墓圹平面呈近似“刀”把形。已遭严重破坏，仅存墓室土圹。东后室墓圹南北长3.46米，东西宽1.95米，残高0.46～0.58米。西后室位于前室的北部西侧。墓圹平面呈近似“刀”把形。已遭严重破坏，仅存墓室土圹。西后室墓圹南北长3.8米，宽1.9～1.95米，残高0.46～0.55米。东西两后室之间有一道生土隔墙，平面呈近似梯形，南北长3.4～3.8米，东西宽0.5～0.58米，残高0.46～0.58米。墓室整体南北总长7.2米，东西宽7.1米，深0.46～0.86米。器物及陶器残片均发现于填土之中。

墓室内未发现葬具痕迹。墓室内也未发现人骨痕迹，葬式无法辨别。

该墓共出土随葬器物5件，另有铜钱4枚。可以分为陶器、铜器两类。

陶器　5件，陶质均为泥质灰陶，器类有罐、盆、磨盘、动物俑等。

小盆　2件。标本M45:1，泥质灰陶。侈口，折沿，尖圆唇。弧腹。平底。素面。模制而成。通高4.1厘米，口径8.9厘米，底径2.8厘米（图五五，1）。标本M45:4，泥质灰陶。侈口，折沿，方唇。弧腹。平底。素面。模制而成。通高4.1厘米，口径8.9厘米，底径2.7厘米（图五五，5）。

罐　1件。标本M45:2，泥质灰陶。侈口，斜方唇。束颈，颈上部有一周凹槽。鼓腹，下腹内收。平底。素面。轮制而成。通高15.5～16厘米，口径9.9厘米，腹径11.6厘米，底径7.8厘米（图五五，2；图版一七，4）。

磨　1件。标本M45:3，泥质灰陶。仅存上面一扇。平面为圆形。中部有一周高凸棱，中间有一道隔梁，隔梁左右两侧各有一个圆形放粮孔，其中一个未通至底，另一个部分穿通。在磨盘边缘上有一圆形凸起。模制而成。直径11.4～12.4厘米，厚2.5厘米（图五五，3）。

动物俑　1件。标本M45:5，泥质灰陶。首、尾部均已残缺，仅剩身躯部分，有双翅，似应为禽类。残高7.1厘米，残长7.1厘米（图五五，4）。

铜钱　4枚，均为五铢。标本M45:6-1～4，圆形方穿。穿正面有上下两横郭及右一竖郭，背面有郭。正面左右两侧铸有“五铢”二字，字为篆体，顺读。“五”字较宽大，竖画略曲，上下两横笔不出头。“金”头三角形，四竖点。“朱”头方折或圆折（图五〇，8；图五六，1～3）。

M46　开口于②层下，距地表深0.2米，打破生土。形制为斜坡墓道砖室墓，平面呈“刀”把形。方向195°。全墓由墓道、甬道、墓门和墓室四部分组成（图五七；图版四，3）。

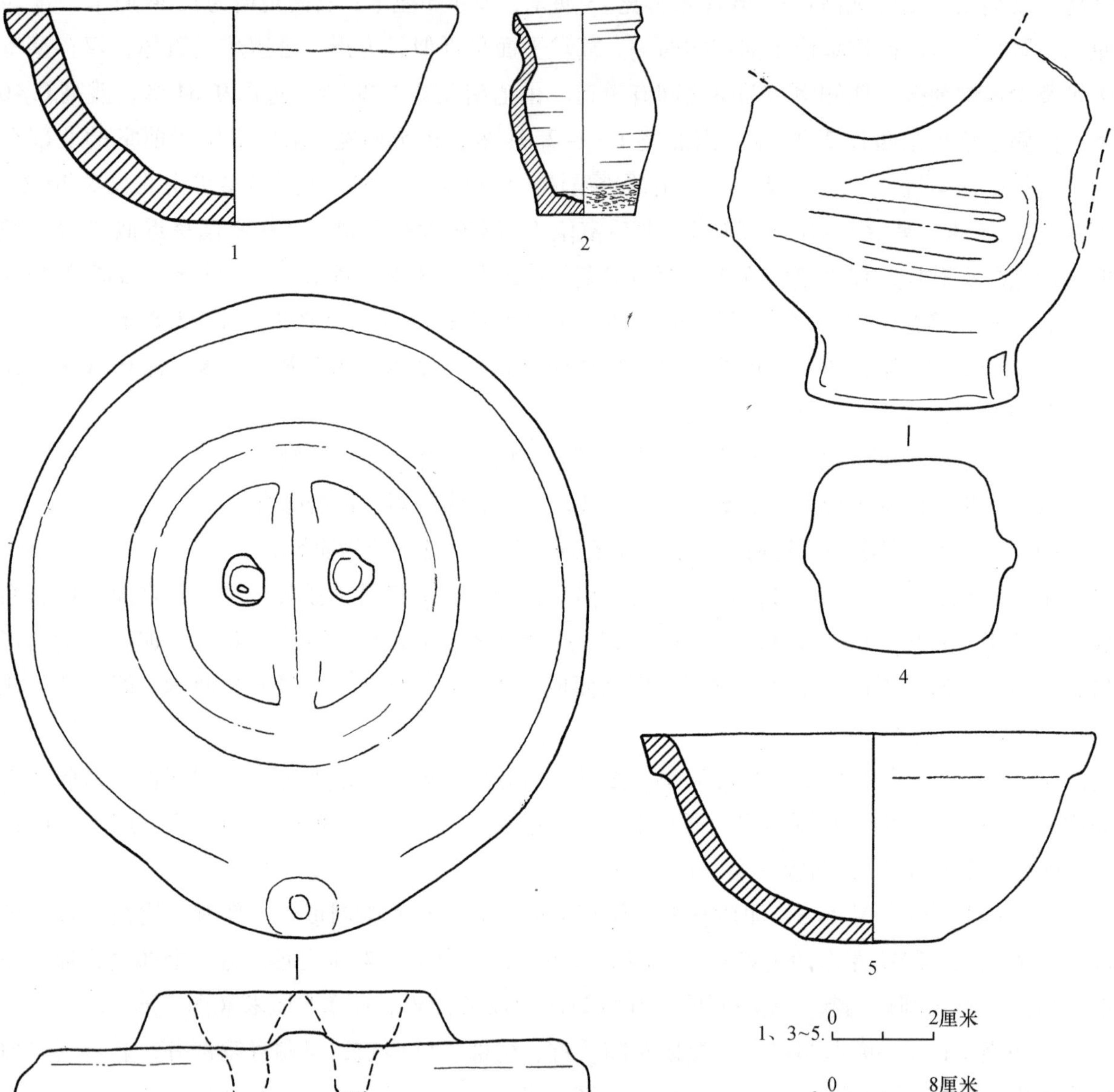

图五五　M45填土中出土遗物

1、5. 小陶盆（M45∶1、M45∶4）　2. 陶罐（M45∶2）　3. 陶磨（M45∶3）　4. 陶动物俑（M45∶5）

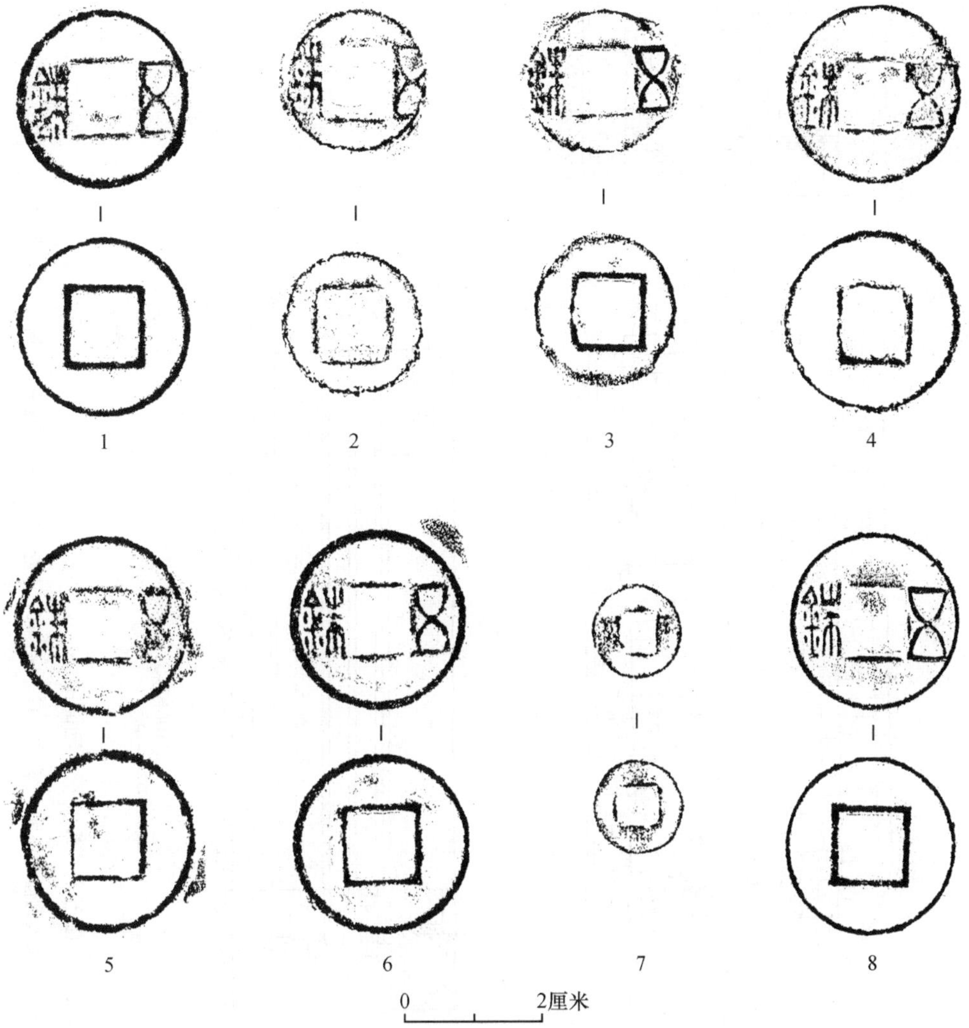

图五六　铜钱拓片

1~8. 五铢（M45:6-2、M45:6-3、M45:6-4、M46:11-1、M46:11-2、M46:11-3、M46:11-4、M48:13-1）

墓道位于墓室的南部东侧。平面呈近似梯形，斜坡状，北宽南窄，开口距地表深0.2米，南北长3.22米，宽0.64~0.82米。底坡长3.35米，坡度17°。墓口距墓底深0.18~1.16米。墓道两壁较直。墓道内填五花土，未经夯打，土质较硬。甬道位于墓道北部。拱券形，高1.1米，宽0.78米，进深0.34米，地面为生土。顶部为生土，厚0.44米。墓门位于墓道北部。拱券形，其顶部为生土。墓门由三进青砖砌筑而成。由南至北依次的砌筑形制为：南面，用四层青砖对缝侧放，高0.52米；中间，顶部用五层青砖对缝平放，其下均为对缝竖放；北面，顶部基本被破坏，从残存情况看，应为两层砖砌成的拱券形顶，其下为三层青砖对缝平放，以下均为对缝竖放。墓门残高1.36米。墓室位于墓门的北部。平面呈圆角长方形。其修筑方法是先挖掘一长方形竖穴土圹，再在土圹内砌筑砖室。墓圹南北长4.08~4.34米，宽2.12~2.35米。墓室内长3.66米，宽1.46米。墓口距墓底深1.58米。墓室顶部已

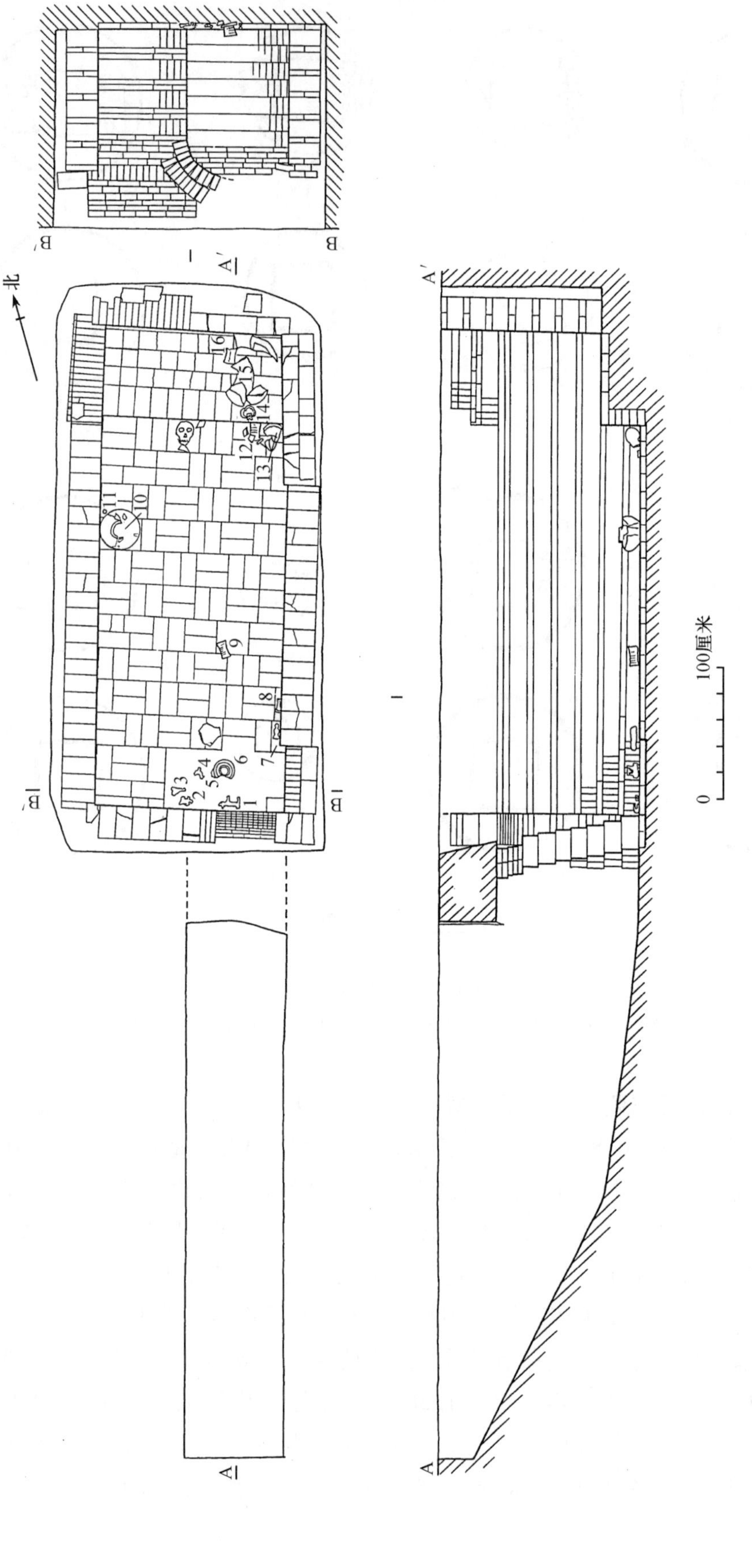

图五七　M46平、剖面图

1. 陶狗　2. 陶猪　3. 陶鸭　4. 陶鸡　5. 小陶盆　6、8. 陶人物俑　7. 陶井身　9、12、14、16. 陶仓　10、15. 陶罐　11. 铜钱　13. 陶盆

坍塌，详细结构不明，应为拱券形。残存四壁，残高1.1～1.44米，砌法基本为一平一竖，仅位于墓门西侧的墓壁为二平一竖。墓室地面基本保存完好，用二平二竖铺成，仅墓门北侧的铺地砖已被破坏。墓室的北部有一器物台，保存完好，其北、东、西三面分别与墓壁相连接。器物台用六层青砖砌筑而成。器物台东西长1.46米，南北宽0.68米，高0.3米。用砖规格：长25厘米，宽13.5厘米，厚4.5厘米。墓室内填土质较松软。在填土内发现陶器残片，随葬器物大部分集中于墓室内器物台的东北部和墓门的北侧，有夹云母红陶罐、泥质灰陶仓、灰陶人物俑、动物俑、铜钱等。

墓室内发现少量棺木残存及棺钉数枚。葬具的大小、数量不详。在墓室内器物台的南侧发现人头骨和肢骨的残存痕迹，葬式无法辨别。

该墓共出土随葬器物21件（组），另有铜钱4枚。可以分为陶器、铜器两类。

陶器　21件，陶质可以分为泥质灰陶、夹云母红陶和夹云母灰褐陶三种，器类有罐、盆、仓、井、耳杯、甑、动物俑、人物俑等。

狗　1件。标本M46:1，泥质灰陶，昂首直立，脸宽，嘴粗长，双耳下耷。尾部残存，四蹄分立，手工捏制而成。通高7.3厘米，长11.2厘米（图五八，1；图版一八，1）。

猪　1件。标本M46:2，泥质灰陶。作站立状。俯首，嘴较短，双眼圆鼓外凸。鬃毛较长且竖立，尾巴上卷。身体较瘦。前面两足于后面两足分别相连，未分开。采用合模制成。通高8.1厘米，长10.1厘米（图五八，2；图版一八，2）。

鸭　1件。标本M46:3，泥质灰陶。昂首直立。双眼微外凸，嘴微张，长颈。尾部残存。通高11.1厘米，残宽4.1厘米（图五八，3）。

鸡　1件。标本M46:4，泥质灰陶。直立作昂首状，高冠，长尾上翘，足用一圆柱表示。手制而成。通高7.7厘米，长7.5厘米（图五八，4；图版一九，1）。

小盆　1件。标本M46:5，泥质灰陶。侈口，折沿，方唇。腹壁斜直。平底。素面。轮制而成。通高3.8厘米，口径9.3厘米，底径4.5厘米（图五九，6）。

人物俑　2件。标本M46:6，泥质灰陶。头戴帽，面部模糊不清。宽袖下垂，小臂弯曲向上，双拳置于胸前。模制而成。通高17.7厘米，宽3.6～10.9厘米（图五八，7；图版一八，3）。标本M46:8，泥质灰陶。陶俑的头部已残。长袍右衽，宽袖下垂，双手置于胸前，手内持一器物。残高14.2厘米，残宽10厘米，厚3.4厘米（图五八，6；图版一八，4）。

井　1件。标本M46:7，泥质灰陶。井筒呈喇叭状，壁斜直外撇。地台为圆形。素面。轮制而成。通高9.6厘米，顶部外径16.7厘米，内径5.6厘米，底径14.4厘米（图五九，7；图版二〇，1）。

仓　5件。标本M46:9，泥质灰陶。直口微侈，腹部呈直筒状，微弧。平底。素面。轮制而成。器身布满明显的轮旋纹。通高16.3厘米，口径10.4厘米，底径9.5厘米（图五九，1；图版一九，2）。标本M46:12，泥质灰陶。直口微侈。腹壁呈直筒状，微弧。平底，略内凹。素面。轮制而成，器身布满明显的轮旋纹。通高19.7厘米，口径11厘米，底径10厘米（图五九，2；图版一九，3）。标本M46:14，泥质灰陶。直口微侈，腹壁呈直筒状，微弧。平底。

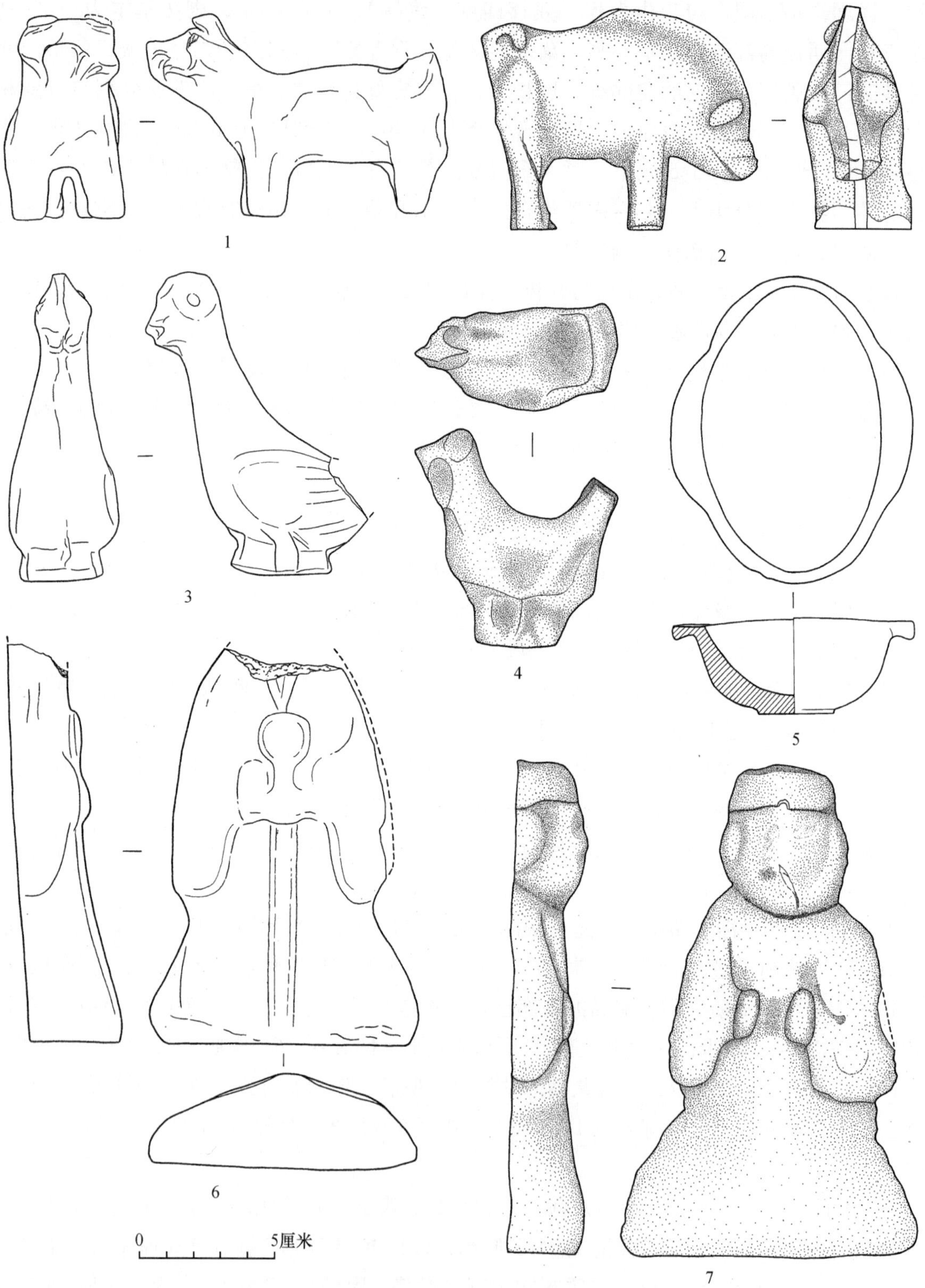

图五八　M46 随葬器物

1. 陶狗（M46∶1）　2. 陶猪（M46∶2）　3. 陶鸭（M46∶3）　4. 陶鸡（M46∶4）　5. 陶耳杯（M46∶20）
6、7. 陶人物俑（M46∶8、M46∶6）

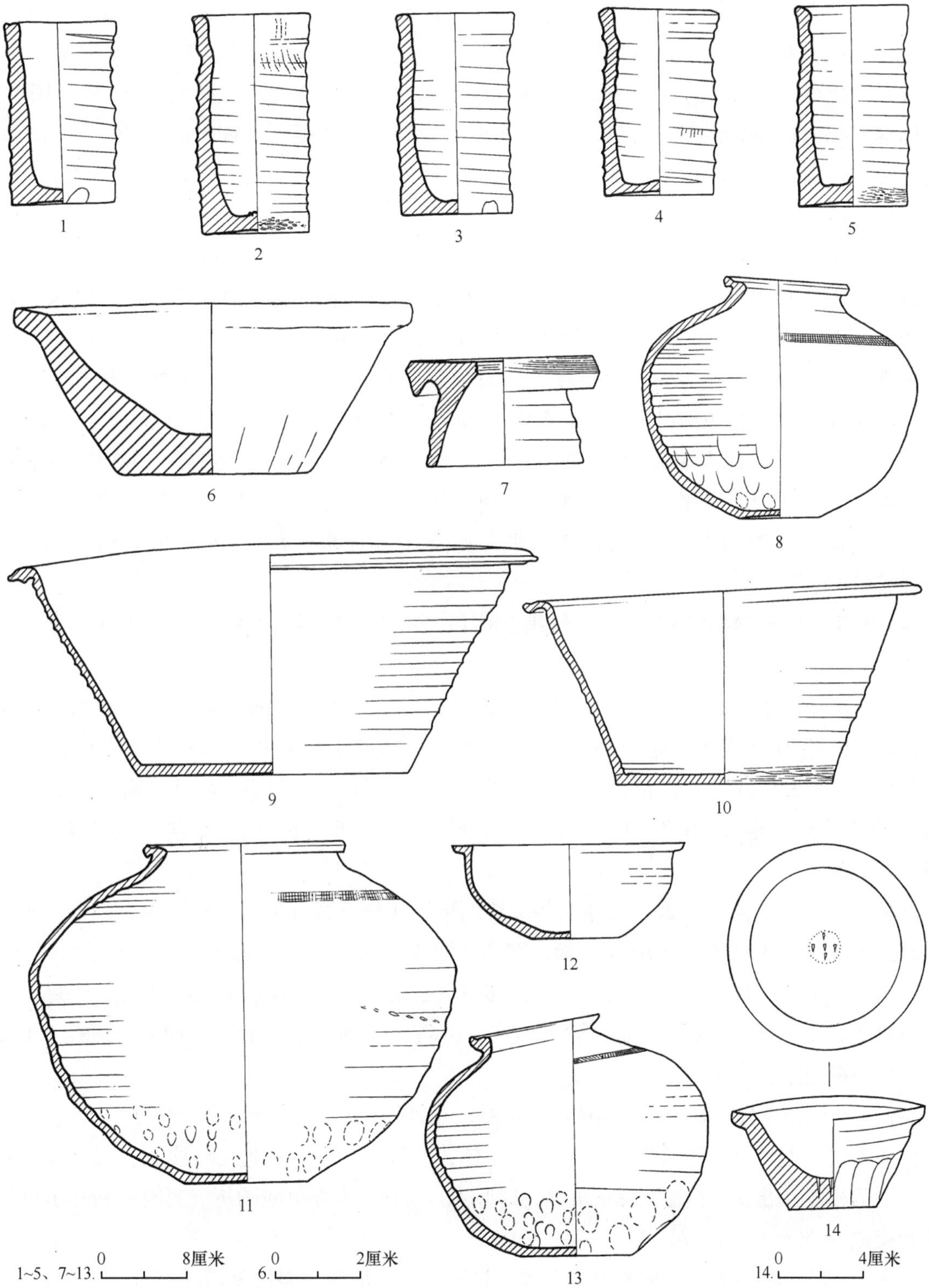

图五九　M46 随葬器物

1~5. 陶仓（M46:9、M46:12、M46:14、M46:16、M46:21）　6. 小陶盆（M46:5）　7. 陶井（M46:7）　8、11、13. 陶罐（M46:10、M46:15、M46:17）　9、10、12. 陶盆（M46:13、M46:19、M46:18）　14. 小陶甑（M46:22）

素面。轮制而成，器身布满明显的轮旋纹。通高 18 厘米，口径 10.9 厘米，底径 10.2 厘米（图五九，3）。标本 M46∶16，泥质灰陶。直口微侈。腹部呈直筒状，微弧。平底，略内凹。素面。轮制而成，器身布满明显的轮旋纹。通高 16.8 厘米，口径 11.2 厘米，底径 10 厘米（图五九，4）。标本 M46∶21，泥质灰陶。直口微侈。腹壁呈直筒状，微弧。平底，略内凹。素面。轮制而成，器身布满明显的轮旋纹。通高 18 厘米，口径 10.6 厘米，底径 10.2 厘米（图五九，5；图版一九，4）。

罐　3 件。标本 M46∶10，夹云母红陶。侈口，折沿，斜方唇。短束颈。溜肩。圆鼓腹，下腹内收。平底略内凹。肩部饰一周压印的方格纹。轮制而成。通高 21～22 厘米，口径 11.9 厘米，腹径 26 厘米，底径 8.2 厘米（图五九，8；图版二〇，2）。标本 M46∶15，夹云母红褐陶。侈口，折沿，方唇。短束颈。溜肩微鼓。鼓腹，下腹内收，平底。肩部饰一周方格纹。轮制而成。通高 30.6 厘米，口径 18.4 厘米，腹径 40 厘米，底径 11.4 厘米（图五九，11；图版二〇，3）。标本 M46∶17，夹云母灰褐陶。侈口，折沿，尖圆唇。短束颈。溜肩微鼓。圆鼓腹，下腹内收。平底。肩部饰一周由斜线纹、竖线纹和方格纹共为一组的图案。轮制而成。通高 20～21.9 厘米，口径 12 厘米，腹径 26.4 厘米，底径 10.3 厘米（图五九，13；图版二〇，4）。

盆　3 件。标本 M46∶13，夹云母红陶。侈口，折沿，尖唇。腹壁斜直。平底。素面。轮制而成。通高 19～20.8 厘米，口径 49.6 厘米，底径 25 厘米（图五九，9）。标本 M46∶18，夹云母红陶。直口微敛，平折沿，尖圆唇。弧腹，下腹内收，平底。素面。轮制而成。通高 8.5 厘米，口径 21.5 厘米，腹径 19.2 厘米，底径 8 厘米（图五九，12；图版二〇，6）。标本 M46∶19，夹云母红陶。侈口，折沿，尖圆唇。腹壁斜直。平底。素面。轮制而成，器壁有明显的轮旋纹。通高 16.7～18.1 厘米，口径 37.5 厘米，底径 20.6 厘米（图五九，10；图版二〇，5）。

耳杯　1 件。标本 M46∶20，泥质灰陶。椭圆形，两侧有弯月形耳，矮圈足。素面。模制而成。通高 3.2～3.45 厘米，长 10.9 厘米，宽 9.9 厘米（图五八，5；图版二一，1）。

小甑　1 件。标本 M46∶22，泥质灰陶。侈口，折沿，方唇。腹壁斜直，平底。内底有五个三角形箅孔，未穿透至外底。素面。轮制而成。通高 4～5 厘米，口径 9.2 厘米，底径 4.1 厘米（图五九，14；图版二一，2）。

铜钱　4 枚，均为五铢。标本 M46∶11-1～4，圆形方穿。穿正面有两横郭或三郭，背面有郭。正面左右两侧铸有“五铢”二字，字为篆体，顺读。“五”字宽或略瘦长，竖画弯曲或较直，上下两横笔不出头。“金”头三角形，四竖点。“朱”头方折或圆折。另有一枚小五铢，字迹甚为模糊（图五六，4～7）。

M48　开口于③层下，距地表深 0.5 米，打破生土。形制为斜坡墓道砖室墓，平面呈“刀”把形。方向 183°。全墓由墓道、墓门、墓室三部分组成。其墓道的北端和南端分别被清代的两座竖穴土坑墓 M9 和 M10 打破（图六〇；图版四，4）。

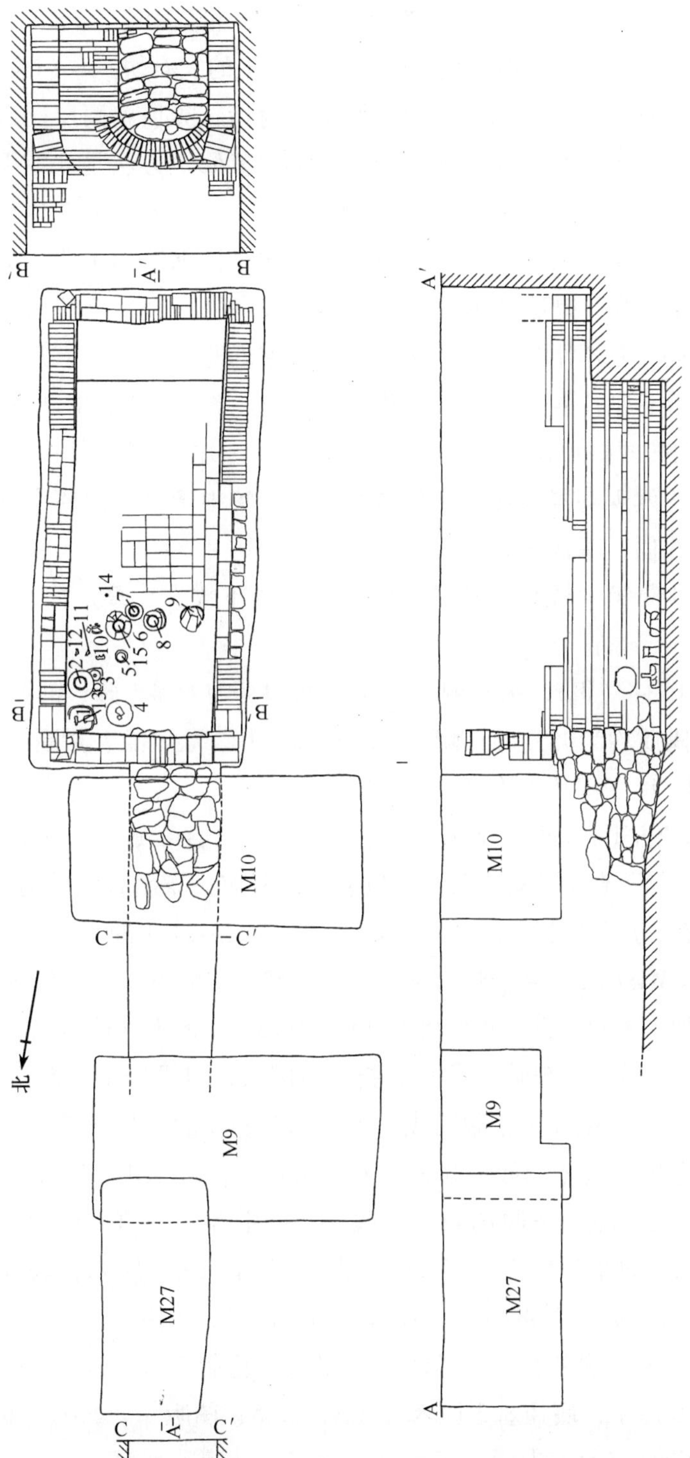

图六〇 M48平、剖面图

1. 陶猪圈 2、4、6～8. 陶罐 3. 陶灶 5. 陶井 9. 小陶甑 10. 小陶羊 11、12. 小陶鸟 13. 铜钱 14. 墓志砖 15. 琉璃耳珰墓道位于墓室的南部。残存部分的平面呈梯形，斜坡状，北宽南窄，开口距地表深0.5米，残长2.88米，残宽0.67～0.96米。墓道的南端铺置未经加工的大石块。墓门位于墓道的北部。保存基本完好，为拱券形。墓门用未经加工的大石块垒砌封堵，券顶用两层砖砌成。墓门残高1.4米，宽0.92米。墓室位于墓道的北部。平面呈长方形。其修筑方法是先挖掘一长方形竖穴土圹，再在土圹内砌筑砖室。墓圹南北长4.92米，宽2.24～2.34米。墓室内南北长4.28米，宽1.54米。墓口距墓底深1.54～2.32米。墓室顶部已坍塌，详细结构不明，应为拱券形。残存部分四壁，残高0.28～1.3米，砌法基本采用二平一竖或一平一竖，墓门西侧的墓壁还用三平一竖。墓室地面保存完好，基本用二平二竖法铺成。墓室的北部有一长方形器物台，已遭严重破坏，仅存生土台，其北、东、西三面分别与墓壁相连接。器物台东西长1.54米，南北残宽0.64米，残高0.74米。用砖规格：长25～26厘米，宽12.5～13厘米，厚4～4.7厘米。墓室内填土质较松软。在填土内发现陶器残片，随葬器物大部分集中于墓室内西南部有夹云母红陶罐、陶灶、陶猪圈、陶动物俑、铜钱等。

在墓室的填土中发现少量棺木残存。葬具的形制、数量不详。在墓室内未发现人骨痕迹，葬式无法辨别。

该墓共出土随葬器物14件（组），另有铜钱11枚。可以分为陶器、砖、铜器、琉璃器四类。

陶器　12件（组），陶质均为夹云母红陶，器类有罐、井、灶、甑、猪圈、动物俑等。

猪圈　1件。标本M48∶1，由一件圈体和一只陶猪组成（图版二一，3）。圈体，标本M48∶1-1，夹云母红陶。平面呈圆角方形，陶圈一侧有一长方形平台，平台一侧与圈壁相接，另一侧搭建于两根立柱、一根横梁之上，平台中部有一长方形穿孔。圈外有一条斜直的坡道与平台相连。圈壁上有数道纵向长方形穿孔，用作围栏。圈内有一陶猪。通高11～11.1厘米，口径25～25.2厘米（图六一，1）。陶猪，标本M48∶1-2，夹云母红陶。作站立状。头略下垂，嘴较短，椭圆形双眼。鬃毛较长且竖立，尾巴残缺。手制而成。残长9.3厘米，通高4.7厘米（图六二，3）。

罐　5件。标本M48∶2，夹云母红陶。侈口，折沿，圆唇，口沿倾斜。溜肩微鼓，圆鼓腹，下腹内收。平底。肩部有一道凹弦纹。轮制而成。下腹部有明显的拍垫痕迹。通高20.4～21.4厘米，口径12厘米，腹径26.8厘米，底径8.2厘米（图六一，2；图版二一，4）。标本M48∶4，夹云母灰陶。侈口。上腹直壁，下腹内收。平底。腹部中部有一道凹弦纹，未闭合。轮制而成。口沿部残。残高15.1厘米，口沿内径18.5厘米，腹径18.4厘米，底径9.5～10厘米（图六一，3；图版二一，5）。标本M48∶6，夹云母红陶。侈口，折沿，双唇。短束颈。鼓肩圆腹，下腹内收。平底，略内凹。肩部有一周压印的方格纹。轮制而成。通高19.9～20.1厘米，口径12.3厘米，腹径25.6厘米，底径8.3厘米（图六一，5；图版二一，6）。标本M48∶7，夹云母红陶。侈口，折沿，沿面略斜，尖唇。短束颈，溜肩，鼓腹。平底。素面。轮制而成。通高16.4厘米，口径12厘米，腹径16.8厘米，底径17.8厘米（图六一，6；图版二二，1）。标本M48∶8，夹云母红陶。直口微侈，折沿，沿面下斜，尖唇。短束颈。斜肩。腹壁呈直筒状。平底。素面。轮制而成。通高18.4厘米，口径12.8厘米，腹径19.6厘米，底径20.6厘米（图六一，7；图版二二，2）。

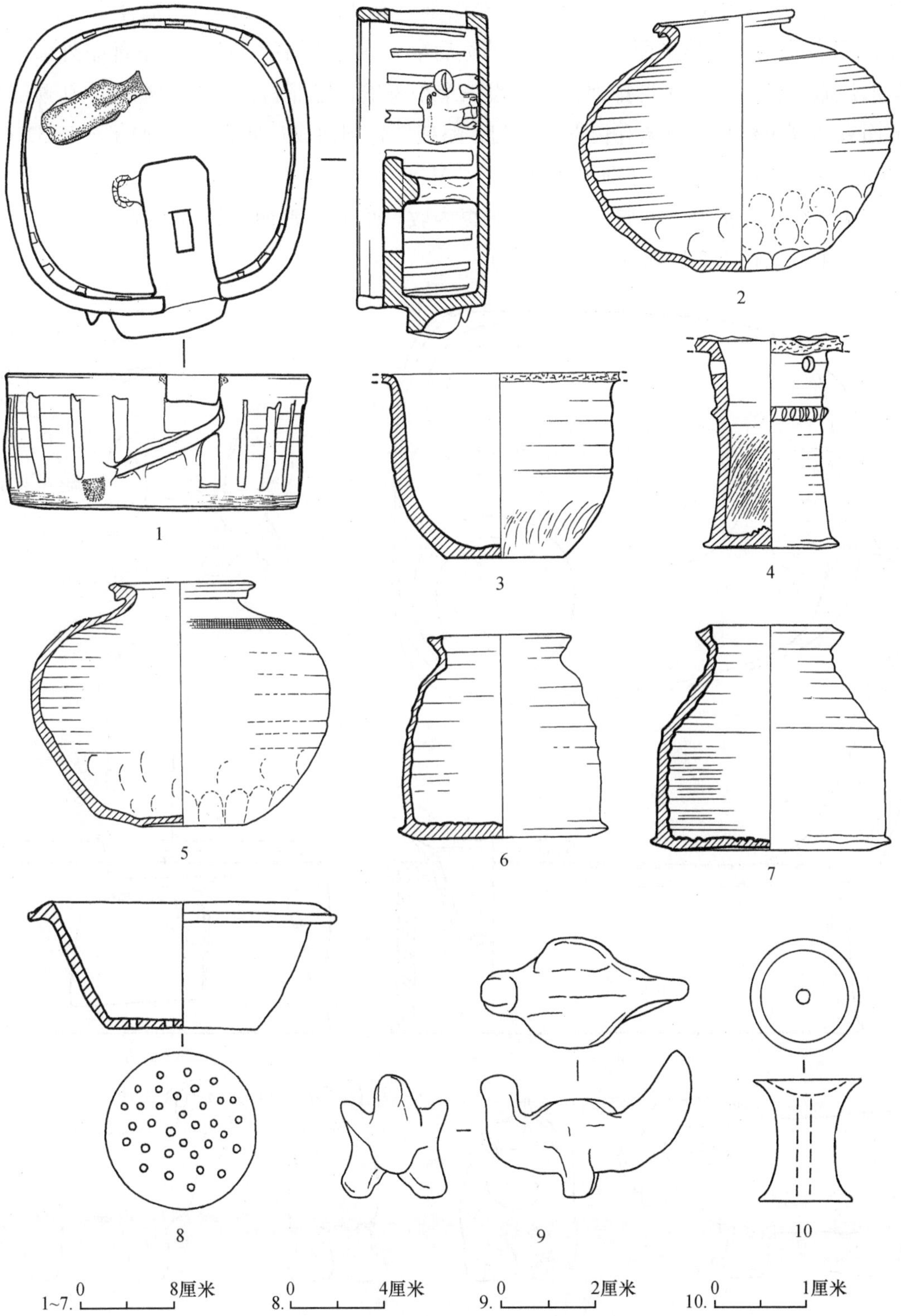

图六一　M48随葬器物

1. 陶猪圈（M48:1-1）　2、3、5~7. 陶罐（M48:2、M48:4、M48:6、M48:7、M48:8）　4. 陶井（M48:5）　8. 小陶甑（M48:9）　9. 小陶鸟（M48:11）　10. 琉璃耳珰（M48:15）

灶　1件。标本M48∶3，由灶体和三件小陶釜组成（图版二二，3）。灶体1件，标本M48∶3-1，夹云母灰褐陶。灶体平面呈马蹄形，前宽后窄。灶身为筒状，直壁，下部略外撇。灶面有三个圆形灶眼，呈“品”字形排列，上面设三个小陶釜。尾部斜置一柱状烟囱，其顶部为蒜头形，上面有两周小穿孔。前端有长方形灶门，略残。轮制而成。通高22.1厘米，长32.6厘米，宽22.8厘米。小陶釜3件，分别为M48∶3-2、M48∶3-3和M48∶3-4，其形制、大小基本相同。夹云母红陶。侈口，折沿，方唇。鼓腹，下腹内收。平底。素面。轮制而成。通高5.6厘米，口径8.8厘米，底径3.2厘米（图六二，1）。

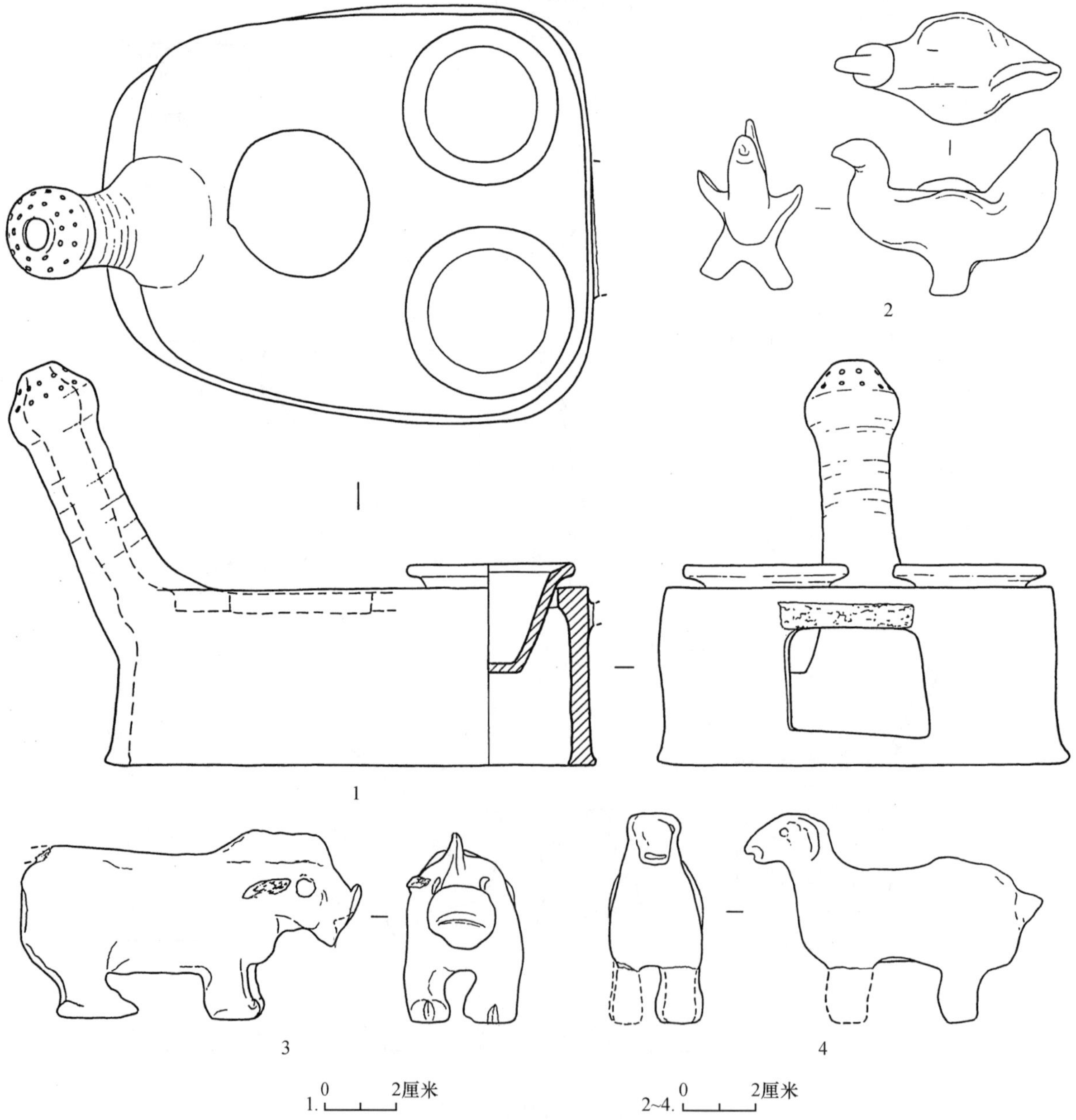

图六二　M48随葬器物

1. 陶灶（M48∶3）　2. 小陶鸟（M48∶12）　3. 陶猪（M48∶1-2）　4. 小陶羊（M48∶10）

井　1件。标本M48∶5，夹云母红陶。侈口，折沿，腹部呈筒状，内弧。平底，略内凹。口沿下有三个圆形穿孔，等距离分布。腹壁中上部有一周压印凸起的粗绳纹。轮制而成。残高17.2厘米，口沿内径12.6厘米，底径11.8厘米（图六一，4；图版二二，4）。

小甑　1件。标本M48∶9，夹云母红陶。侈口，折沿，沿面下斜，方唇。腹壁斜直，内收，平底，底部布满圆形的箅孔。素面。轮制而成。通高5.2厘米，口径13.2厘米，底径6.3厘米（图六一，8；图版二三，1）。

小羊　1件。标本M48∶10，夹云母红陶。作直立状，口微张，圆目，短耳。足分立，短尾。人工捏制而成。通高5.7厘米，长8.3厘米（图六二，4）。

小鸟　2件。标本M48∶11，夹云母红陶。作直立状，小头，短颈，身体细长，有双翅，爪分立，长尾上翘。人工捏制而成。通高3厘米，长4.4厘米，宽2.3厘米（图六一，9）。标本M48∶12，夹云母红陶。作直立状，尖喙，短颈，身体细长，有双翅。长尾上翘。爪分立。人工捏制而成。通高4.6厘米，长6.2厘米，宽3厘米（图六二，2；图版二三，2）。

带字墓砖　1件。标本M48∶14，长方形。有字，字数和字义不明。背面带布纹。长25.3厘米，宽12.4厘米，厚3.9厘米（图六三；图版二三，3）。

琉璃耳珰　1件。标本M48∶15，深蓝色，略透明，呈“亚”字形，束腰，一端略粗，另一端稍细。中间有一圆形穿孔。通高1.25厘米，直径1～1.2厘米（图六一，10；彩版二，5）。

铜钱　11枚，分为五铢和货泉两种。

五铢　10枚。标本M48∶13-1～10，圆形方穿。穿正面有无郭或有两横郭或三郭，背面有郭。正面左右两侧铸有“五铢”二字，字为篆体，顺读。“五”字宽或略瘦长，竖画弯曲或较直，上下两横笔不出头。“金”头三角形，四竖点。“朱”头方折或圆折（图五六，8；图六四，1～8；图六五，1）。

货泉　1枚。标本M48∶13-11，圆形方穿。穿正面有上下两横郭，背面有郭。正面两侧铸有“货泉”二字，字为篆体，顺读（图六五，2）。

M51　开口于③层下，距地表深0.7米，打破生土。形制为斜坡状墓道砖室墓，平面呈近似“中”字形。方向180°。此墓已遭严重破坏，基本仅存墓圹。据残存情况看，全墓应由墓道、甬道、墓门、前室、东侧室、后室六部分组成。墓圹南北总长10.92米，东西宽6.18米（图六六）。

墓道位于墓室的南部。平面呈梯形，斜坡状，北宽南窄，开口距地表深0.7米，长4.15米，宽0.8～1.2米。底坡长4.55米，坡度28°。墓口距墓底深0.15～1.78米。甬道位于墓道北部。因破坏严重，仅存土圹，具体形制不详。残高1.75～1.8米，宽1.38～1.5米，进深0.6～0.7米。墓门已遭严重破坏，具体结构形制不详。前室位于甬道北部。因遭严重破坏，具体形制结构不详。平面呈近似长方形。其修筑方法是先挖掘一长方形竖穴土圹，再在土圹内砌筑砖室。墓圹南北宽2.76米，东西长2.92米。仅存墓室东南和西南部的部分墓砖，残高0.05～0.26米。为单砖错缝平砌。墓砖为榫卯结构，其侧面有菱形综合纹饰。铺地砖因扰乱仅

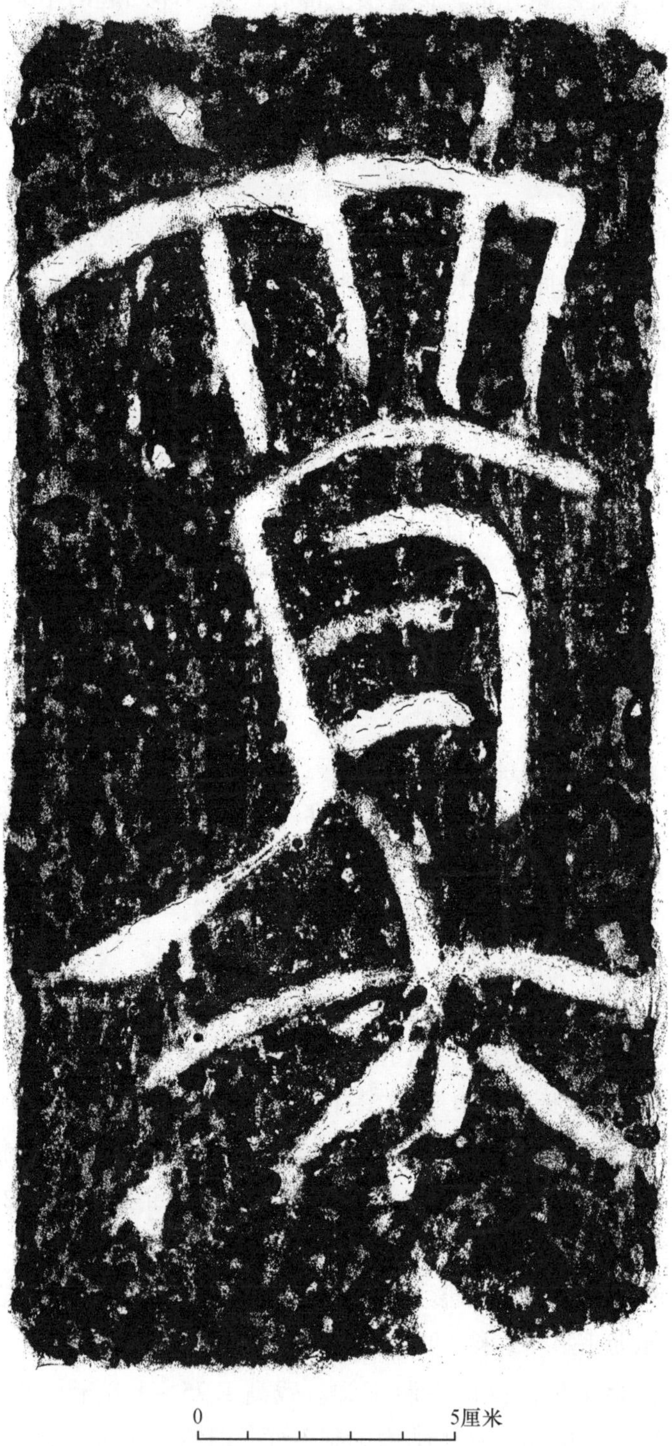

图六三　M48 墓砖拓片

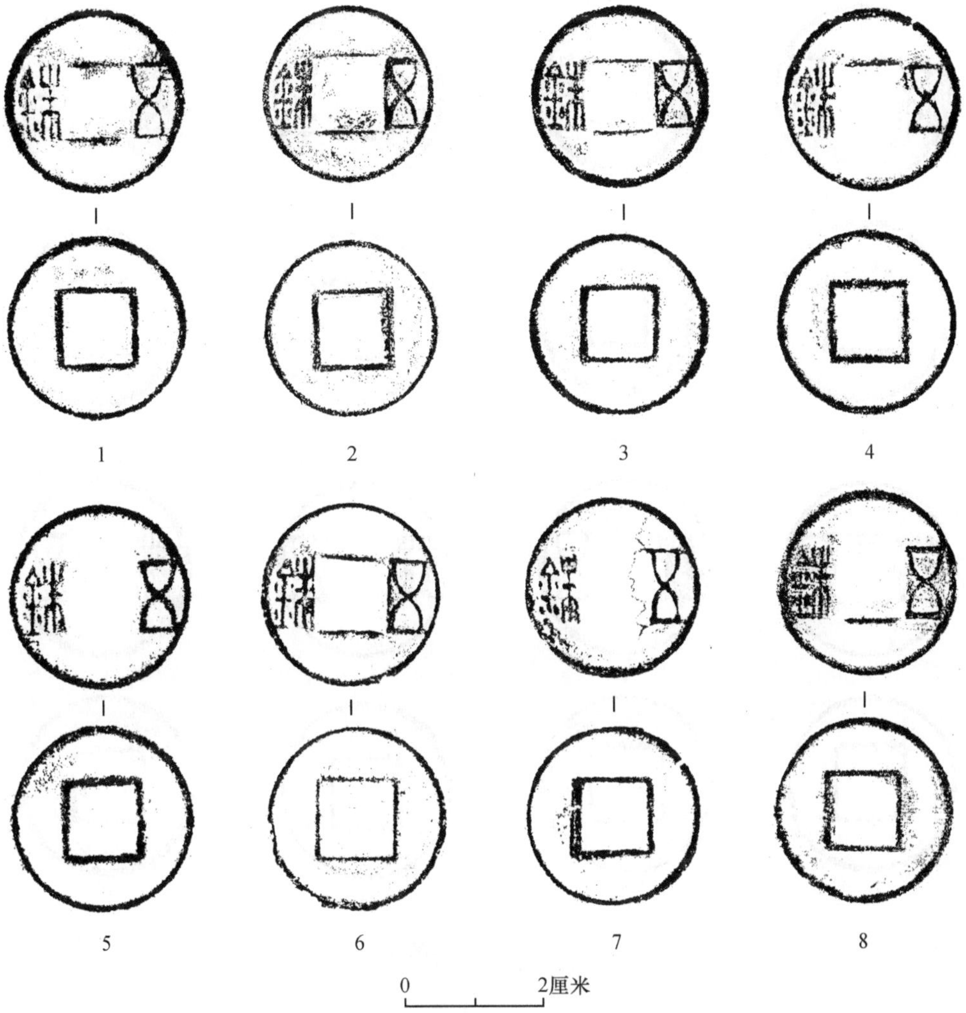

图六四　铜钱拓片

1～8. 五铢（M48∶13-2～9）

存东南部和西中部少量砖块，砖块亦为榫卯结构，东西向摆放，由南向北依次排列。西侧室位于前室西部。平面呈近似长方形。墓圹东西长3.2米，南北宽1.7～1.8米。后室位于前室的北东部。仅存土圹。墓圹平面呈近似长方形。南北长2.86米，东西宽2～2.28米。墓口距墓底深1.8米。在填土中发现夹云母红陶残片、五铢钱等。

在墓室内未发现葬具痕迹。葬具的形制、数量不详。在墓室内也未发现人骨痕迹，葬式无法辨别。

随葬器物仅发现五铢钱3枚。

五铢　3枚。标本M51∶1-1～3，圆形方穿。穿正面有一横郭或三郭，背面有郭。正面左右两侧铸有“五铢”二字，字为篆体，顺读。“五”字较宽，竖画弯曲，上下两横笔不出头。“金”头三角形，四竖点。“朱”头方折或圆折（图六五，3～5）。

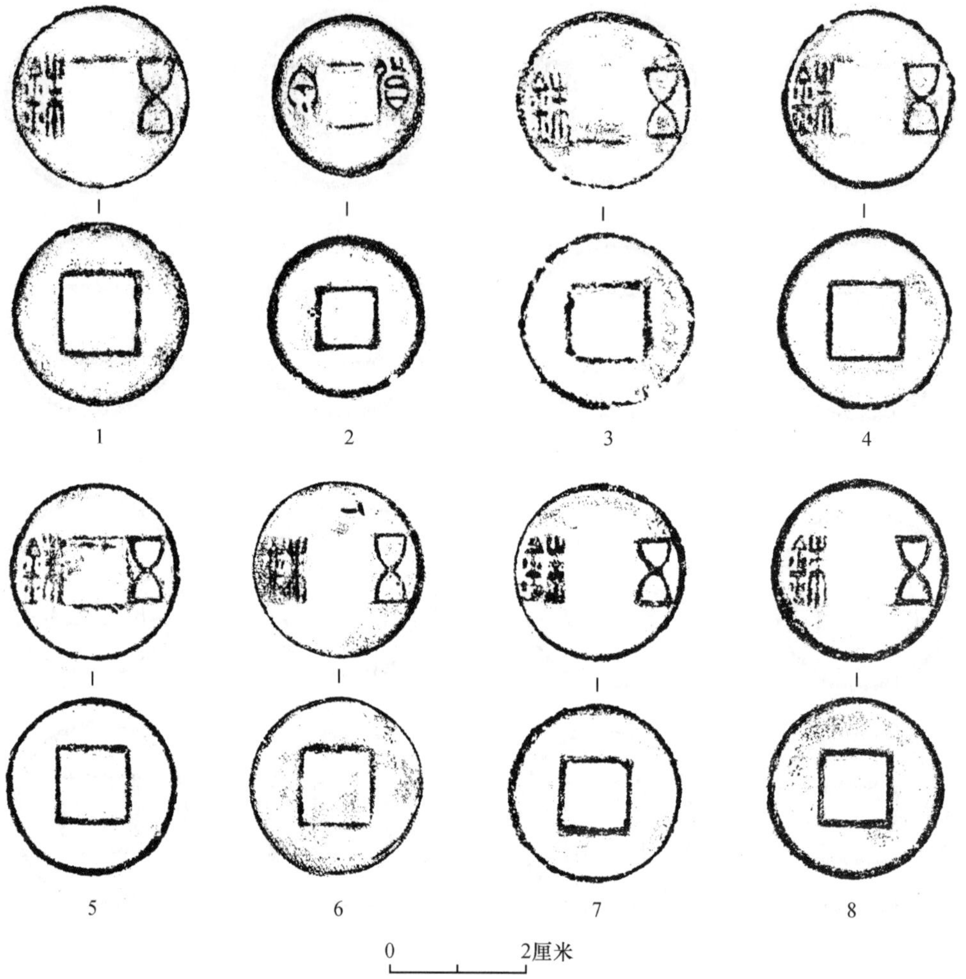

图六五　铜钱拓片

1、3～8. 五铢（M48∶13-10、M51∶1-1、M51∶1-2、M51∶1-3、M57∶13-1、M57∶13-2、M57∶13-3）　2. 货泉（M48∶13-11）

墓砖　两端有榫卯结构，两侧为方格内交叉纹加四个圆珠纹组成的纹饰。长30厘米，宽17厘米，厚5厘米（图六七）。

M57　开口于③层下，距地表深0.96米。打破生土。墓葬形制为斜坡墓道砖室墓，平面呈近似“中”字形。方向0°。全墓由墓道、墓门、前室、甬道和后室五部分组成（图六八）。

墓道位于墓室北端。墓道的北部被一条现代水渠所破坏。残存部分的平面呈梯形，底为斜坡状。开口残长0.96米，宽0.64～0.93米，坡残长1.06米，墓口距墓底深1.7～1.9米。墓道内填五花土，土质较硬，未经夯打。墓门由青砖砌成，砌法有一平一竖、三平一竖。宽0.54～0.74米，高0.84米，进深0.32～0.46米。甬道位于前室北部。顶部已遭破坏，应为券顶。东西两壁的砌法有二平一竖、平铺错缝。残高1.28米。前室位于甬道南侧。其修筑方法是先挖掘一长方形竖穴土圹，再在土圹内砌筑砖室。墓圹平面呈近似长方形，南宽北窄，东西长

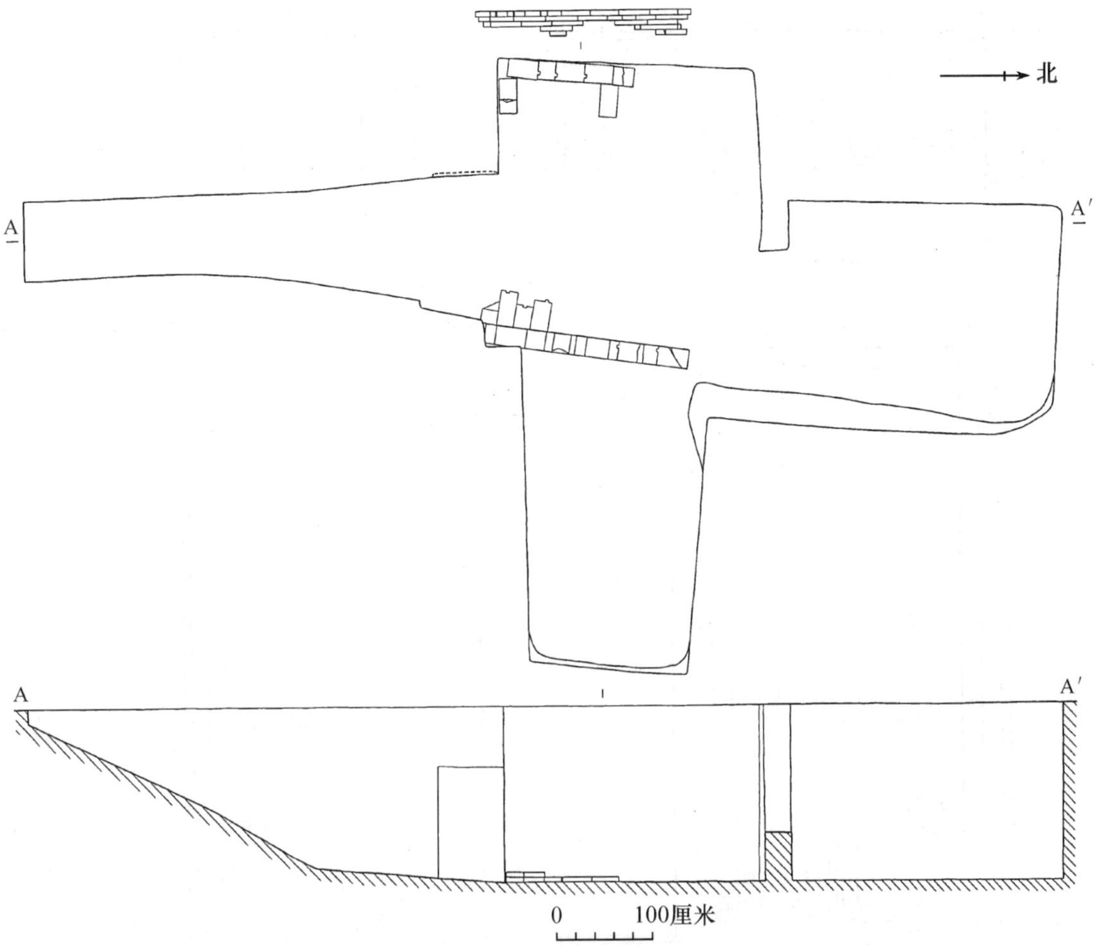

图六六 M51 平、剖面图

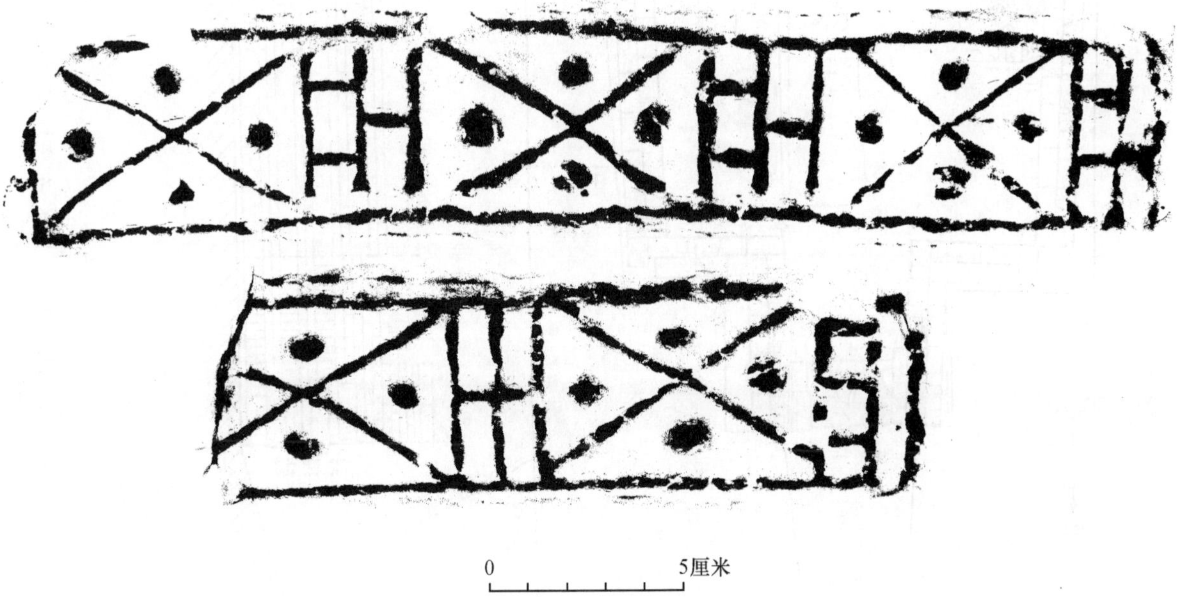

图六七 M51 墓砖拓片

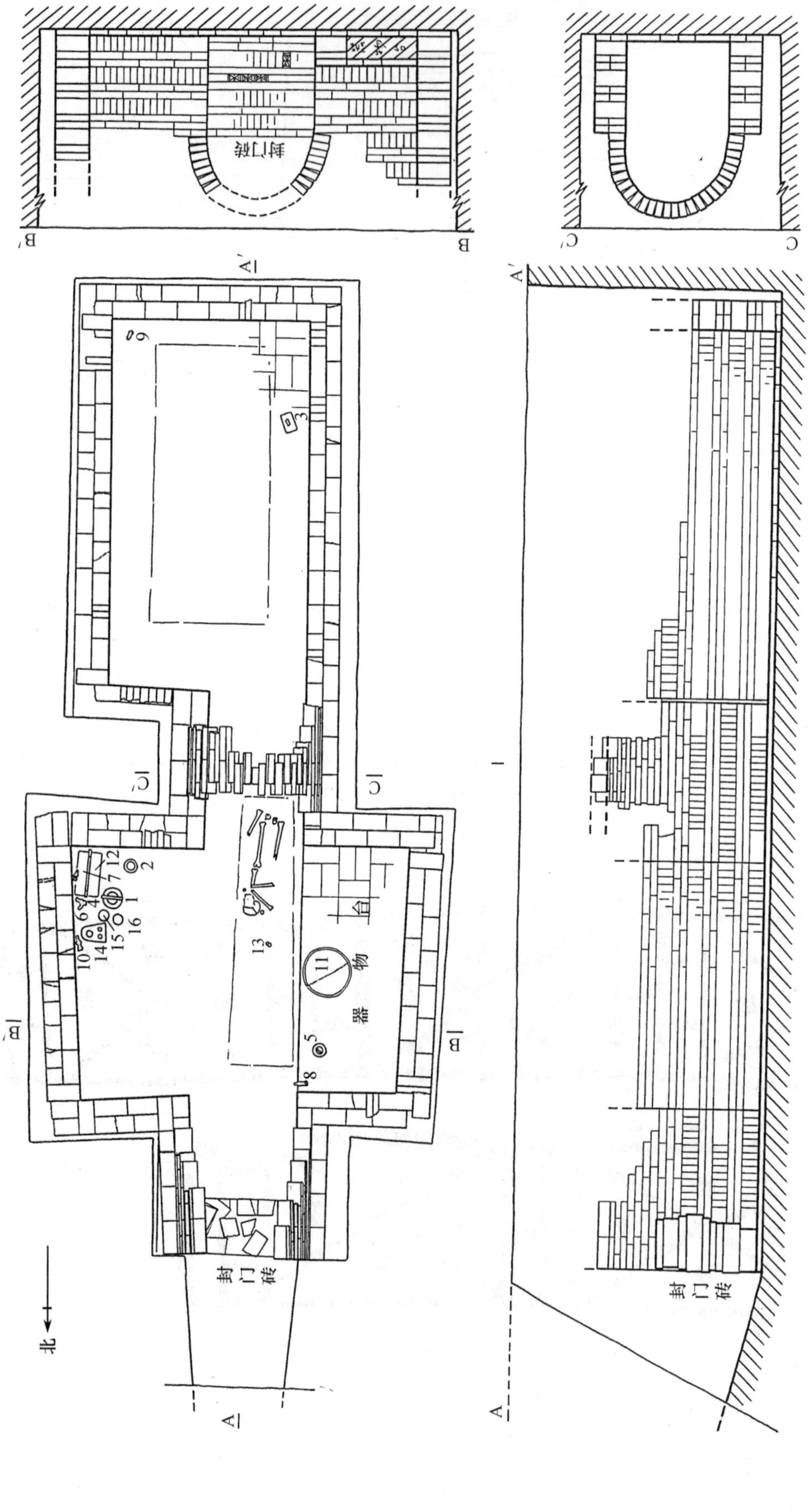

图六八　M57 平、剖面图

1. 陶井　2、12. 陶仓　3. 陶厕　4. 陶灯　5. 陶磨　6、7. 陶鸡　8. 陶狗　9. 陶猪　10. 陶人物俑　11. 陶盘　13. 铜钱　14. 陶灶　15、16. 小陶盆

3.14～3.36米，南北宽2.5～2.58米。砖室平面呈近似长方形，其东西两壁的北部略内收，东西长2.46～2.66米，南北宽1.88～1.96米。墓口距墓底深1.94米。顶部已被破坏，应为券顶。残存四壁，砌法为二平一竖，残高0.94米。墓室西侧有一长方形器物台，台面砌砖，已被破坏。南北长1.88米，东西宽0.82米，残高0.22米。随葬品主要置于前室的东南角和器物台上，铜钱置于木棺内，出土有陶仓、陶井、陶人物俑、陶盘、陶磨等。甬道位于前室西南侧，与后室相连接。甬道为券顶，大部分已经塌落。从残存情况看，是单层券。甬道残高1.36米，宽0.79米，进深0.64米。甬道东西两壁砌法为二平一竖。后室位于甬道南部。墓圹平面呈长方形状，南北长3.38～3.48米，东西宽2.22～2.3米。墓口距墓底深1.98米。顶部已被破坏，应为券顶，详细结构不明。残留四壁，用二平一竖砌筑而成，残高0.71～1米。随葬品仅发现一件陶厕，置于墓室的西南角。

在前室的中部偏西、器物台的东侧发现一具木棺，已朽，棺痕为南北向，长2.08米，宽0.38～0.52米。在后室的中部发现一具木棺，棺痕为南北向，长2.14米，宽0.86～0.94米。在前室的木棺内发现一具人骨架，保存状况较差，头骨位于北部，面向不详。在后室的木棺内未发现人骨痕迹。

该墓共出土随葬器物12件，另有铜钱8枚。可以分为陶器和铜器两类。

陶器　12件。陶质均为泥质灰陶，器类有井、仓、厕、灯、磨、盘、动物俑和人物俑等。

井　1件。标本M57∶1，泥质灰陶。井筒为喇叭形，平底。两个弧形柱以承托上部井架。井架由一长方形横梁上支两竖梁构成，横梁的一端残断。横梁中间有一十字交叉纹。井筒和双柱轮制成后削出；井架手制，然后与双柱再黏接而成。通高22.2厘米，底径16.8～17.1厘米（图六九，1；图版二三，4）。

仓　2件。标本M57∶2，泥质灰陶。直口微敛，平沿。短束颈。弧腹。平底。素面。轮制而成，器身布满轮旋纹。通高18.2厘米，口径10.9厘米，腹径23.2厘米，底径9.4厘米（图六九，2；图版二四，1）。标本M57∶12，泥质灰陶。仓顶为歇山式，正脊的两侧和中央突起，呈“山”字形。脊两端各有一圆形构件。前坡两侧各有一条垂脊，已残。以一斗三升的栾式拱承托屋檐。斗拱表面饰简化兽面纹。仓体为长方形。正面有三个上下排列的长方形气窗。两侧的中上部有两个相对的圆孔。平底。通长37.6厘米，通宽19.6厘米，通高51.6厘米；仓体长25.6厘米，宽10.1厘米，高43.2厘米，厚1.2～1.4厘米（图七一，2；图版二四，3）。

厕　1件。标本M57∶3，泥质灰陶。呈直筒状，平面作圆角方形。器壁下部略内敛。上部一侧有一椭圆形孔，另一侧有一长方形孔。器身轮制而成。通高6.8厘米，长23.6～24厘米（图六九，3；图版二五，1）。

灯　1件。标本M57∶4，泥质灰陶。灯盘侈口，平沿，圜底。柄为圆柱状，实心，中部的一侧有一枣核状小孔。灯座的形制、大小与灯盘相同。灯盘和灯座的口沿下均饰一道凹弦纹。通高20厘米，盘径9.8厘米，座径9.4厘米（图六九，6；图版二四，2）。

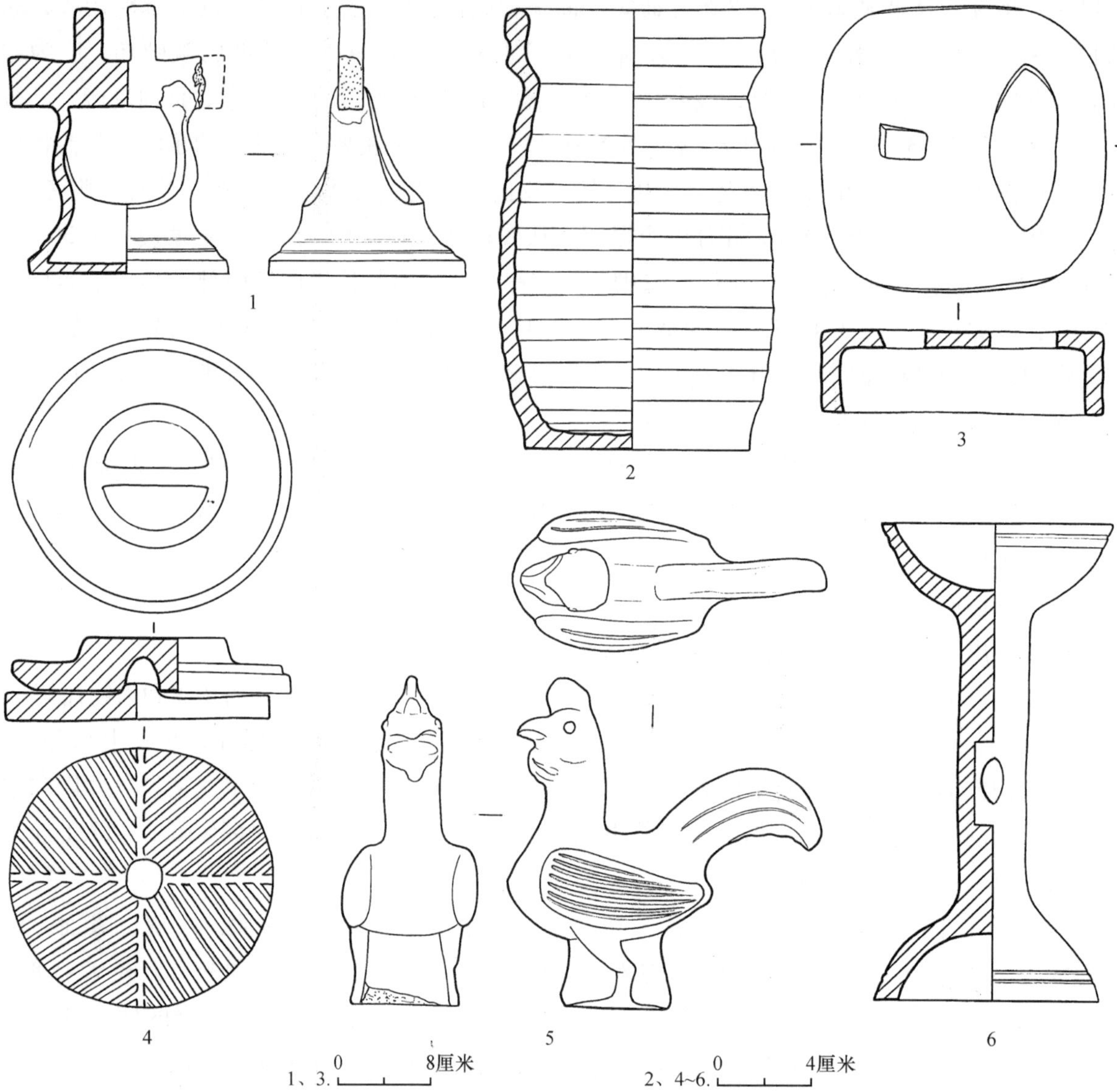

图六九　M57 随葬器物

1. 陶井（M57:1）　2. 陶仓（M57:2）　3. 陶厕（M57:3）　4. 陶磨（M57:5）　5. 陶鸡（M57:6）　6. 陶灯（M57:4）

磨　1件。标本 M57:5，泥质灰陶。可分为上下两扇。圆形。低扇正中有一凸起的圆榫，磨面以十字纹等分作四部分，饰以斜线纹。上扇中部有一周圆形凸棱，中间有一道隔梁，隔梁两侧为放粮孔。上扇的一侧边缘上有一凸起，略高于磨面。上扇底面中间有一凹孔。模制而成。直径 11 ~ 11.2 厘米（图六九，4；图版二五，2）。

鸡　2件。标本 M57:6，泥质灰陶。作站立状。高冠，尖喙，圆目略外凸，直颈较长。挺胸。双翅较大，以凹线条表示出羽毛。长尾外卷。双爪之间及腹下有一方座。合模制成，接缝处有刀削痕迹。通高 13.8 厘米，通长 13.2 厘米（图六九，5；图版二五，5）。标本 M57:7，泥质灰陶。作站立状。无冠，尖喙较短。圆目略外凸。短颈。双翅上以凹线条表示出羽毛。无爪。长尾外卷。腹下有一方座。合模制成，接缝处有刀削痕迹。通高8.6厘米，通长11.6厘米（图七〇，1）。

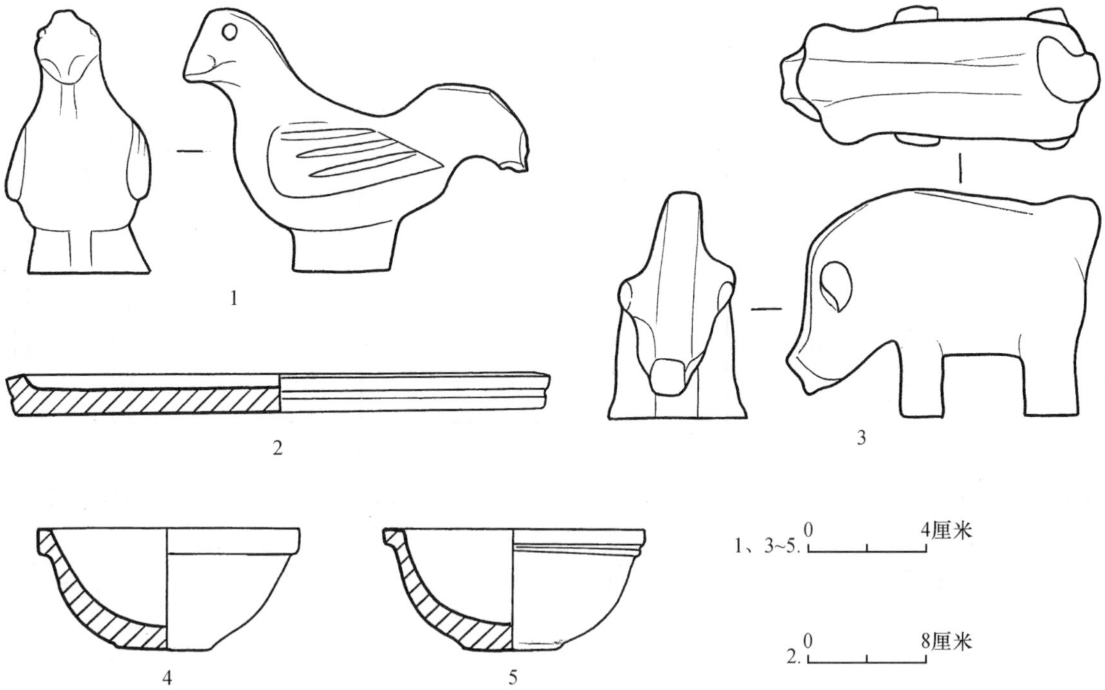

图七〇 M57随葬器物

1. 陶鸡（M57∶7） 2. 陶盘（M57∶11） 3. 陶猪（M57∶9） 4、5. 小陶盆（M57∶15、M57∶16）

狗 1件。标本M57∶8，泥质灰陶。作站立状。昂首，张口。双目内凹。两短立耳。短颈。前、后双足合并在一起。尾巴向上内卷。合模制成。高12.2厘米，通长16厘米（图七一，3；图版二五，3）。

猪 1件。标本M57∶9，泥质灰陶。作站立状。头低垂，短吻，耷耳，短颈，其上鬃毛竖立。体圆。四蹄直立，前、后两足未分开。尾巴向上侧卷。合模制成，接缝处有切削痕迹。通长10.6厘米，高7.4厘米（图七〇，3）。

人物俑 1件。标本M57∶10，泥质灰陶。作直立状。头戴冠，面部模糊，身着右衽长襦。小臂向上弯曲，置于胸前。腰间系带。袍衣下部饰三道枝叶纹。模制而成。通高13.3厘米，宽5.2厘米（图七一，1；图版二五，6）。

盘 1件。标本M57∶11，泥质灰陶。圆形。边缘起一周凸棱，微外侈。壁略斜直，有一周凹弦纹。平底。通高2.5厘米，上径36.3厘米，底径35厘米（图七〇，2；图版二五，4）。

灶 1件。标本M57∶14，泥质灰陶。灶体平面呈马蹄形，前圆后方。灶面上有三釜呈“品”字形分布，釜灶连体。灶前端有长方形灶门。通高10.8厘米，长21.8厘米，宽19厘米（图七一，4）。

图七一　M57 随葬器物

1. 陶人物俑（M57∶10）　2. 陶仓（M57∶12）　3. 陶狗（M57∶8）　4. 陶灶（M57∶14）

小盆 2件。标本M57:15（图七〇，4）和M57:16（图七〇，5），泥质灰陶。其形制和大小均相同。侈口，平沿，方唇。弧腹。平底。素面。模制而成。通高4厘米，口径8.7厘米，底径3.2厘米。

铜钱 8枚，均为五铢。标本M57:13-1~8，圆形方穿。穿正面无郭，背面有郭。正面左右两侧铸有“五铢”二字，字为篆体，顺读。“五”字较宽，竖画弯曲或较直，上下两横笔不出头。“金”头三角形，四竖点。“朱”头方折或圆折（图六五，6~8；图七二，1~5）。

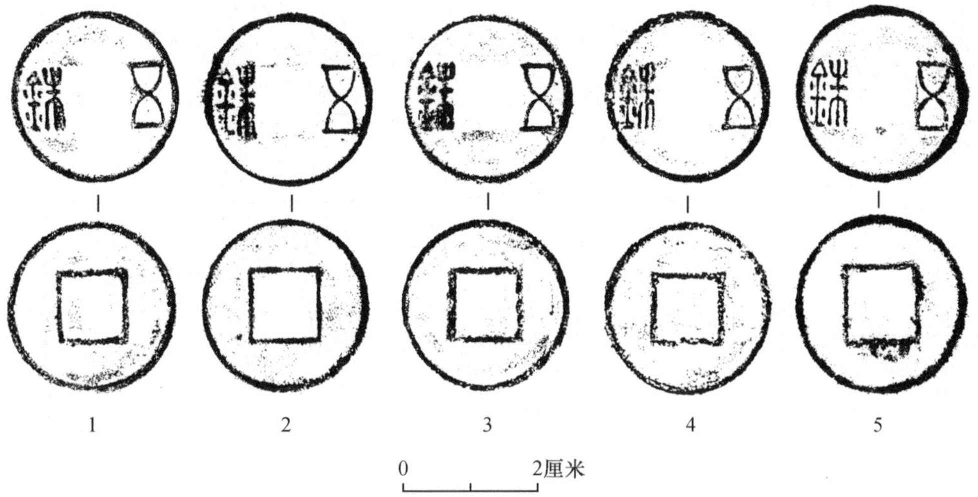

图七二 铜钱拓片

1~5. 五铢（M57:13-4~8）

（二）北魏时期

共发掘北魏时期的墓葬2座，为南北方向的竖穴砖石混构墓。均是单棺墓。出土的随葬器物很少，重要的是两墓中分别出土了一块带有明确纪年的墓志砖。

M1 开口于③层下，距地表深0.46米。方向为180°。墓葬平面呈梯形。墓圹南北长2.88米，东西宽1.16~1.6米，长宽之比约为1.8:1。墓圹四壁较直，有一周生土二层台。墓口距墓底深1.6米，南北长2.14米，东西宽0.7~0.9米，长宽之比约为2.4:1（图七三；图版五，1）。墓坑内填五花土，未经夯打，夹杂少量砖块和石块。墓室由砖石混构而成，墓顶为砖砌的拱券形，北窄南宽。墓壁采用砖石砌成，底部平铺砖两层，其上砌石块，然后仍错缝平铺青砖。壁厚0.14~0.22米。从距墓底0.91米开始起券。石块未经加工。用砖规格为长0.28、宽0.14、厚0.45米。在墓圹内南部中间，距地表深0.76米处，发现一块墓志砖，东西向平置。在木棺内、人头骨的西南有青砖1块，素面，南北向摆放。并有已生锈的铁铺首。

葬具已朽，应为木棺。棺痕南北长1.76米，东西宽0.46~0.5米。在墓室内发现人骨架一具，保存状况较差。头骨位于南部，面向不详，应为仰身直肢葬。性别不详。

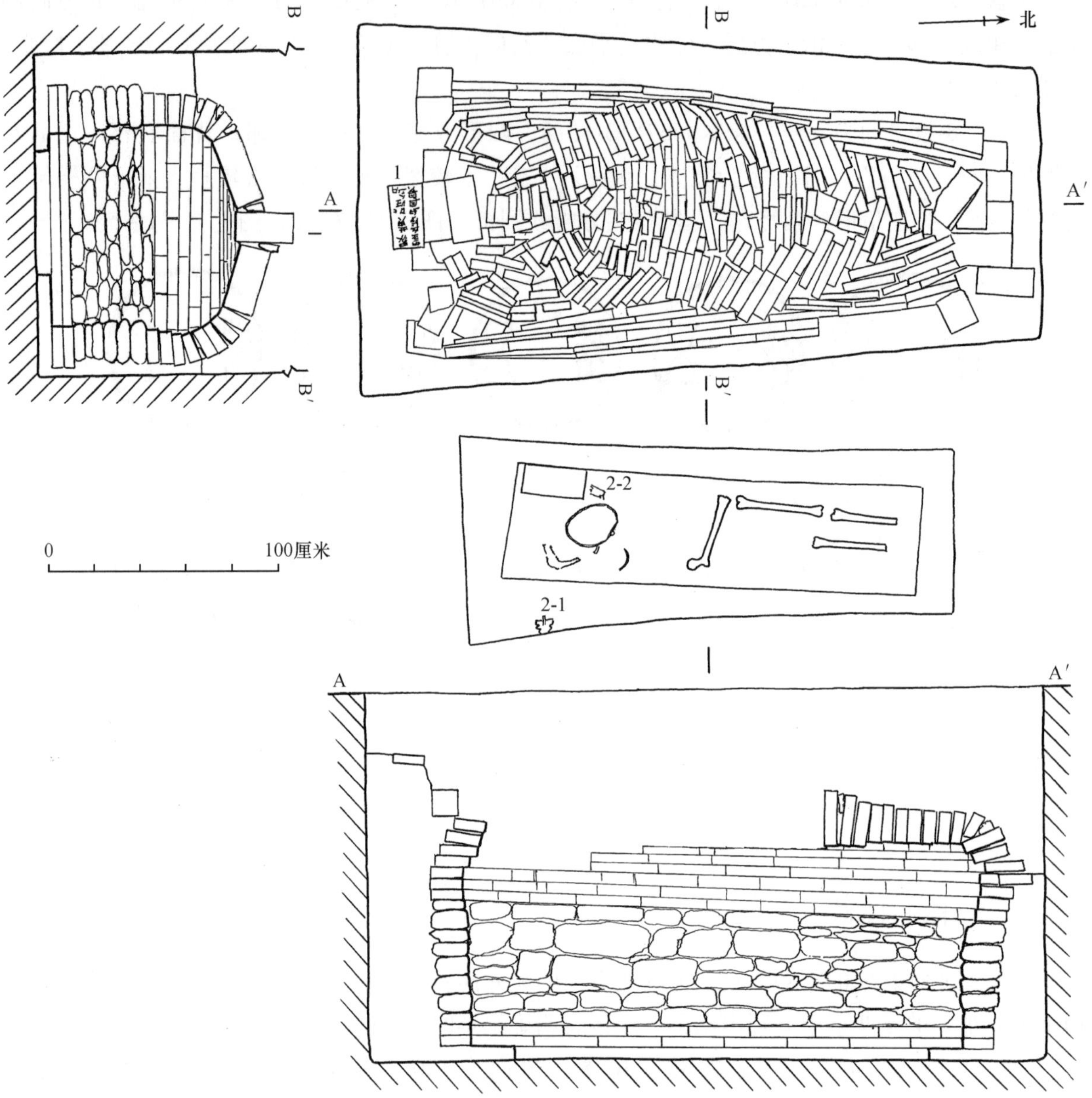

图七三　M1平、剖面图

1. 墓志砖　2. 铁铺首衔环

该墓共出土随葬器物3件，可以分为墓志砖、铁器两类。

墓志砖　1块。标本M1∶1，长方形。砖铭的读法从左至右、从上至下，内容：“皇興三年五月□丑日死涿黄鉴铭。”皇興是北魏献文帝拓跋弘的年号。据志文，墓主人之名应为黄鉴，死于北魏皇興三年（公元469年）。长27.1厘米，宽12.9厘米，厚4厘米（图七四；图版二六，1）。

图七四　M1 墓志砖拓片

铁铺首衔环　2件。标本M1∶2-1和M1∶2-2，均由铺首、环和钉组成，形制、大小略有不同。M1∶2-1，方形，四个边的中间各有一个圆孔。中部有一锥形铁钉穿过。钉上部表面有五道凹弦纹。钉顶部衔一圆环。锈蚀较严重。铺首边长10.7厘米；钉残长7.2厘米；环内径6.6厘米，外径9.6厘米（图七五，1；彩版二，6）。M1∶2-2，方形，四个边略残，中间各有两个圆孔。中部有一锥形铁钉穿过。钉上部表面有四道凹弦纹。钉的顶部衔一圆环。锈蚀较严重。铺首残长11.4厘米；钉残长6.4厘米；环内径6.4厘米，外径8.8厘米（图七五，2）。

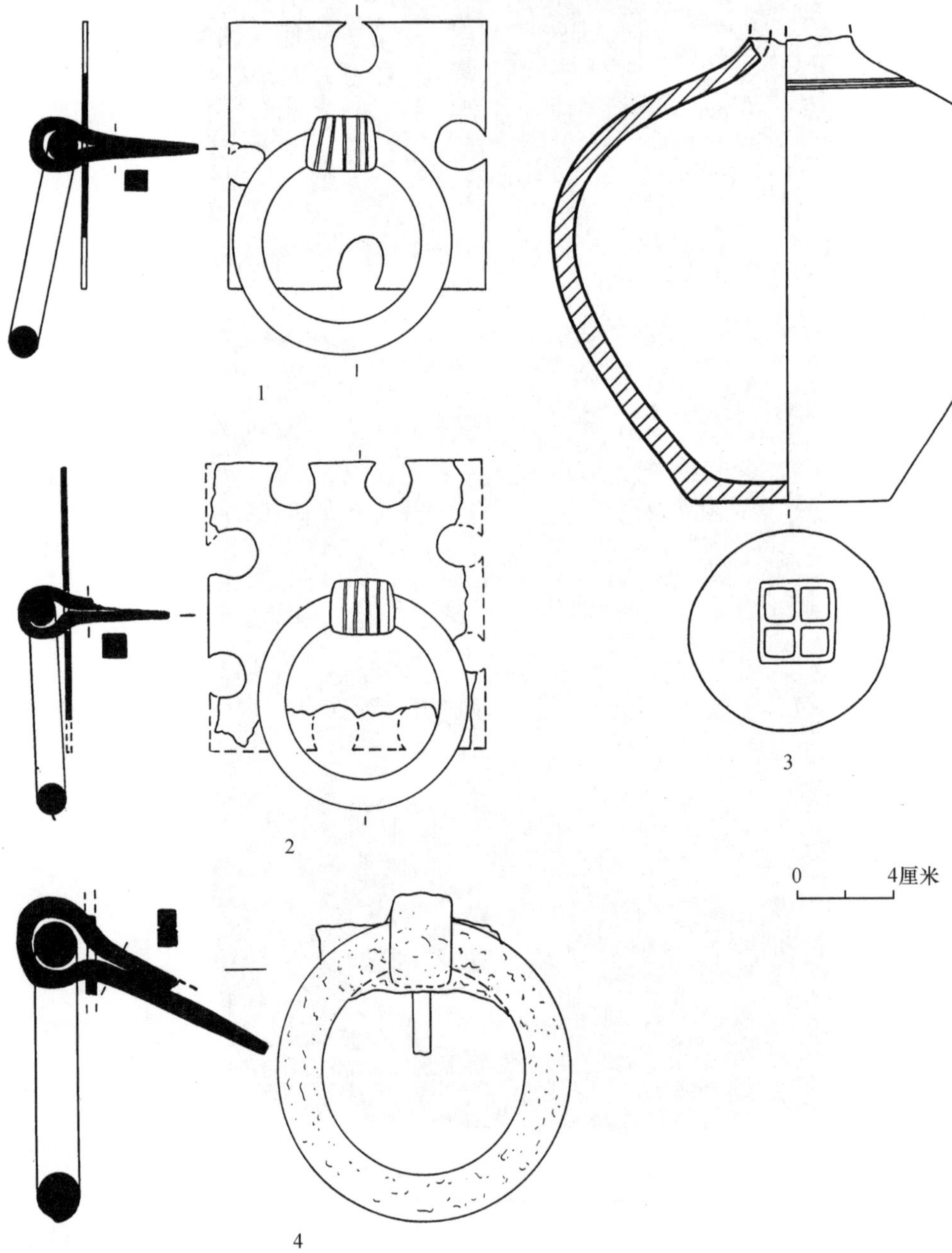

图七五　陶罐、铁铺首衔环

1、2、4. 铁铺首衔环（M1∶2-1、M1∶2-2、M2∶3）　3. 陶罐（M2∶1）

M2 开口于③层下，距地表深0.63米。方向为180°。墓圹平面略呈梯形。墓圹南北长3.2米，东西宽1.24～1.63米，长宽之比约为2∶1。墓圹四壁较直，有一周生土二层台。墓口距墓底深1.9米，南北长2.9米，东西宽1.14～1.51米，长宽之比约为1.9∶1（图七六；图版五，2）。墓坑内为五花土，未经夯打，并填有大小不等的石块和残砖块。在墓坑南壁上部的中间，距地表深0.81米处，发现一长方形壁龛。壁龛长0.29米，宽0.25米，进深0.2米，修制不甚规整。壁龛内放置一件灰陶罐。在墓坑内的南部，距地表深0.86米处，发现一块墓志砖，西偏北平置。墓室的东、西、南三面用砖石略加堆砌，青砖为错缝平铺，之间夹杂石块。石块未经加工。

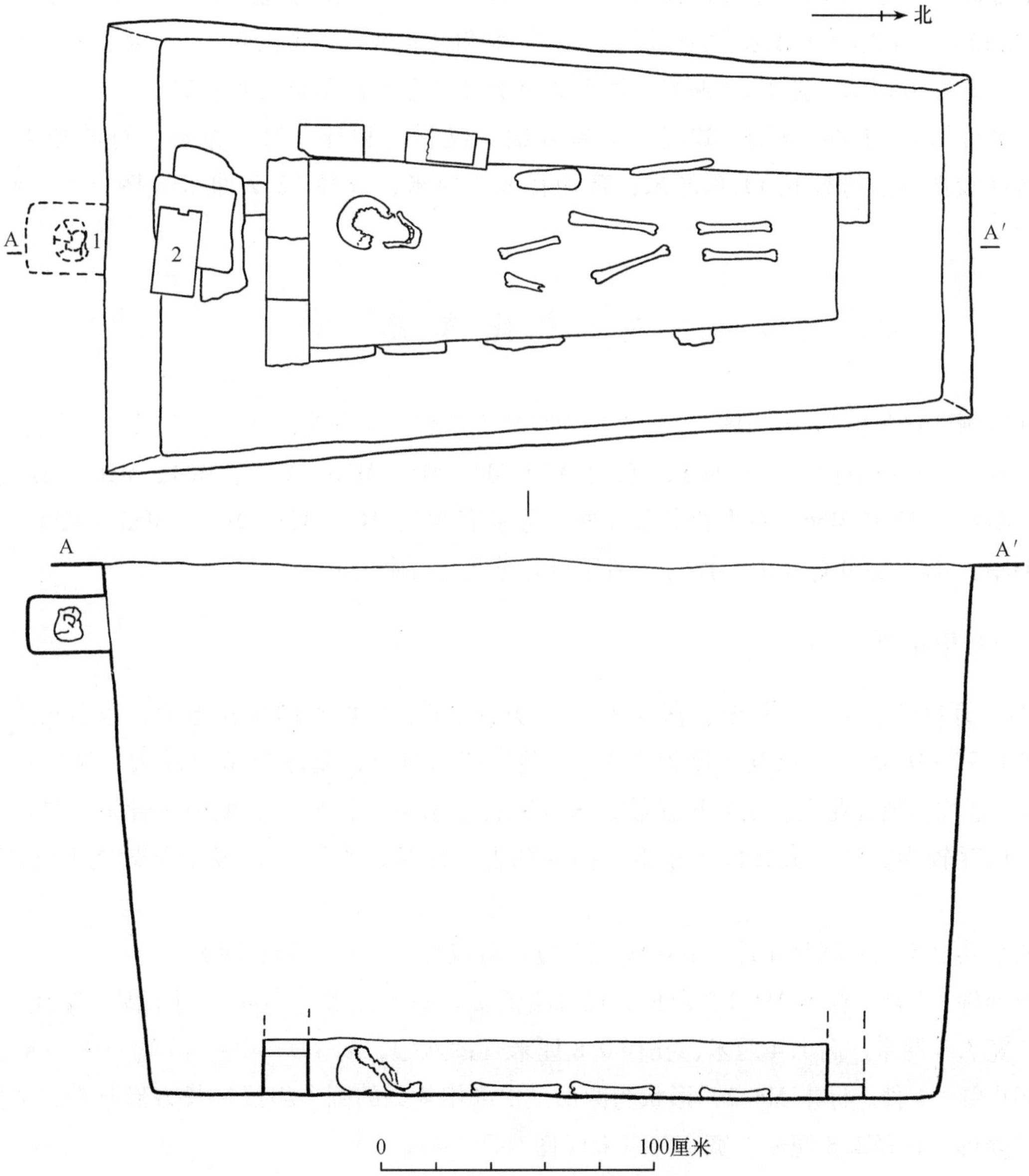

图七六 M2平、剖面图
1. 陶罐 2. 墓志砖

葬具已朽，应为木棺。棺痕南北长1.96米，东西宽0.52～0.68米，残高0.2米。在墓室内发现人骨架一具，保存状况较差。头骨位于南部，面向不详。残存少量肢骨。性别不详。

该墓共出土随葬器物3件，可以分为陶器、墓志砖、铁器三类。

陶罐　1件。标本M2∶1，夹云母灰陶。口沿部分已残缺。圆肩鼓腹，下腹内收。平底。肩部有二道凹弦纹。底部有一“田”字。轮制而成。残高18.5厘米，腹径38.4厘米，底径8厘米（图七五，3；图版二六，3、4）。

墓志砖　1块。标本M2∶2，长方形。带榫卯结构。砖铭的读法从右至左、从上至下，内容：“太和十一年七月八日涿□黄□□□……”太和是北魏孝文帝的年号①。太和十一年即公元487年。长31.6厘米，宽17.2厘米，厚5.2厘米（图七七；图版二六，2）。

铁铺首衔环　1件。标本M2∶3，铺首残缺，仅剩钉和环。钉为锥形。钉的顶部衔一圆环。锈蚀较严重。钉残长11.8厘米；环内径8.4厘米，外径12.2厘米（图七五，4；彩版二，7）。

三、清代墓葬

共发掘清代墓葬21座（图七八），均为竖穴土圹墓。可分为单棺（人）墓、双人合葬墓和多人合葬墓。其中单棺（人）墓12座，分别为M4、M6、M10、M11、M24、M26、M27、M35、M36、M44、M52和M56；双人合葬墓8座，分别有M3、M7～M9、M43、M53～M55；多人合葬墓1座，M5（部分墓葬中人骨的性别和年龄详见文后附表）。

（一）单棺墓

M4　开口于②层下，距地表深0.22米。方向90°。墓圹平面呈长方形，东西长1.96米，南北宽0.72～0.85米，长宽之比为2.3∶1。墓圹四壁垂直，墓底与墓口同大。墓口距墓底深0.4米。墓坑内填五花土，土质稍松软，未经夯打。未见葬具痕迹。发现人骨架一具，平置于墓底，保存较为完整。头骨位于东部，面部朝上，仰身，小臂上折置于肱骨之上（图七九，1）。

该墓共出土随葬器物4件，其中铜钱2枚。可以分为石器、铜器两类。

石饰件　1件。标本M4∶1，白色，局部略泛黄。呈盝顶形，中间有两个圆形穿孔。长4.9厘米，宽3.4厘米，高1.4厘米；孔径0.8厘米（图八〇，3）。

铜顶针　1件。标本M4∶2，形状为圆形。中部用錾刻的圆点组成一长方形条带，两侧以圆点组成菱形。直径1.8厘米，宽0.7厘米（图八〇，4）。

---

① 三国时期曹魏明帝曹叡也有太和年号，但仅用了7年（公元227～233年），与墓志砖的志文不符。十六国的后赵石勒和汉李势也均有太和年号，但其统治疆域均未能达到今北京地区。

图七七　M2 墓志砖拓片

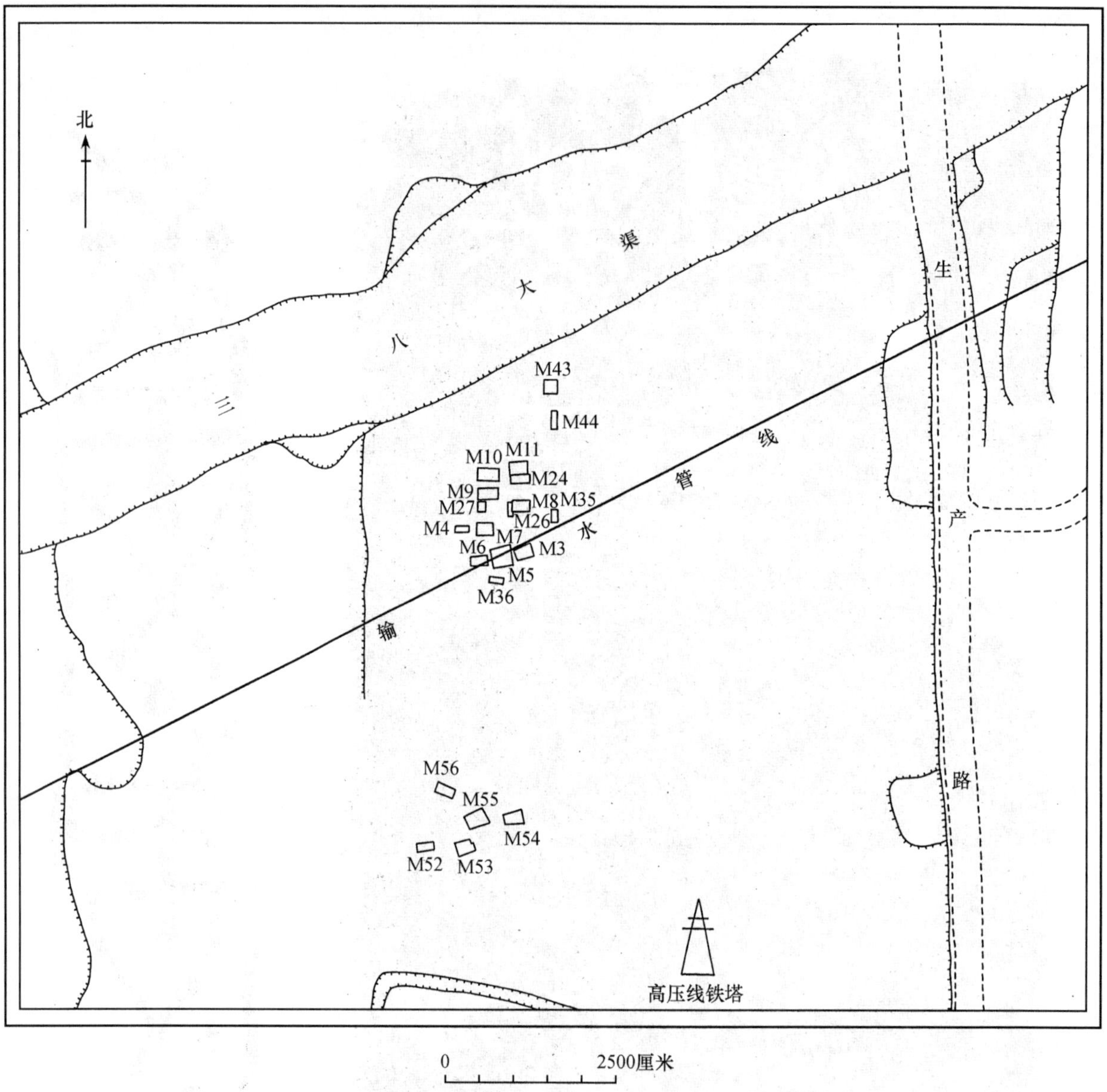

图七八　清代墓葬分布图

铜钱　2 枚，有雍正通宝和乾隆通宝两种。

雍正通宝　1 枚。标本 M4∶3-1，圆形方穿。穿正面背面有郭，正面铸有“雍正通宝”四字，上下右左对读。背面穿左右为满文。

乾隆通宝　1 枚。标本 M4∶3-2，圆形方穿。穿正面背面有郭，正面铸有“乾隆通宝”四字，上下右左对读。背面穿左右为满文。

M6　开口于②层下，距地表深 0.3 米。方向 80°。墓圹平面呈长方形，东西长 2.34 米，南北宽 0.7 ~ 0.94 米，长宽之比为 2.5∶1。墓圹四壁垂直，墓底与墓口同大。墓口距墓底深 0.82 米。墓坑内填五花土，土质较松软，未经夯打。葬具为一木棺，已朽，残存少量痕迹。木棺东

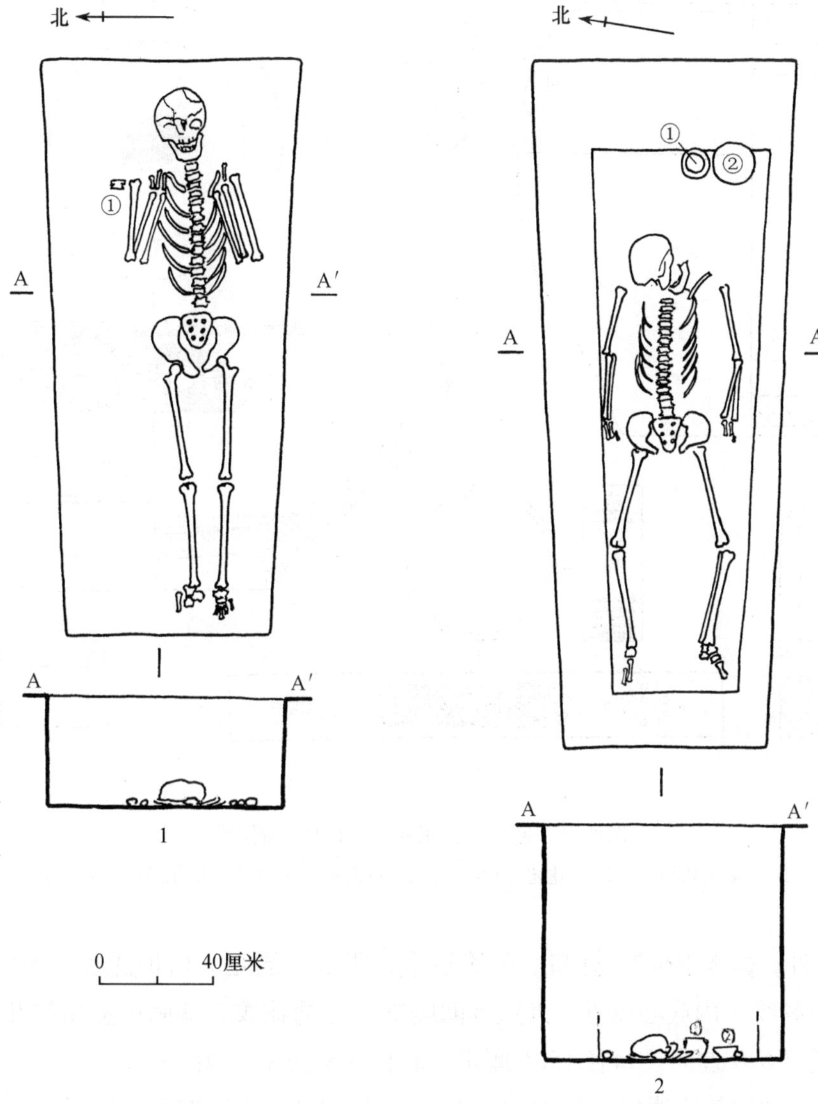

图七九　M4、M6平、剖面图

1. M4平、剖面图（①石饰件）　2. M6平、剖面图（①瓷罐，②青花碗）

西长1.86米，南北宽0.46～0.62米，残高0.24米。棺底部留有青灰痕迹。人骨架保存较完整，头骨位于东部，面部朝上，为仰身直肢葬（图七九，2）。

该墓共出土随葬器物4件，其中铜钱2枚，可分为瓷器、铜器两类。

瓷罐　1件。标本M6∶1，敛口，短束颈。圆鼓腹，下腹内收，矮圈足。口沿下、上腹部有一对左右相对的系。器外壁口沿下至上腹部施黄釉，底外壁无釉；器内壁则于口沿下至底皆施黄釉。轮制而成，内壁有接痕。通高9.7厘米，口径8.3厘米，底径6.2厘米（图八〇，1）。

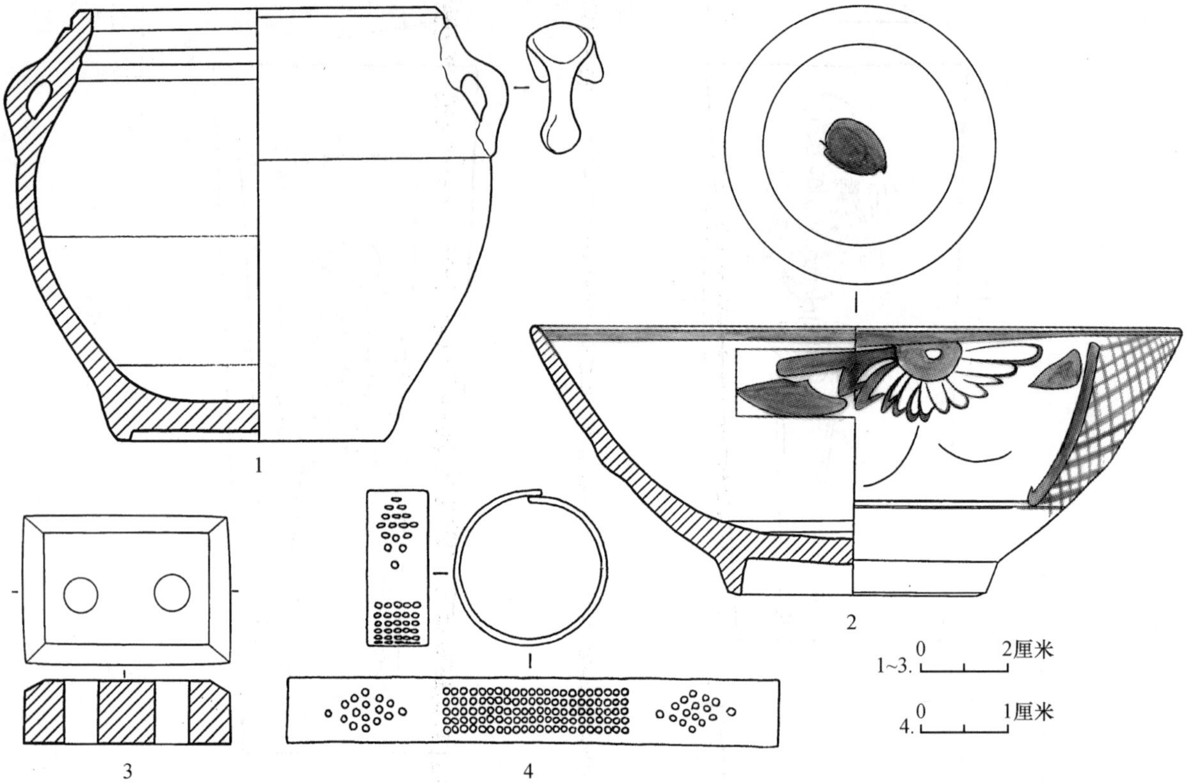

图八〇　瓷罐、青花碗、石饰件、铜顶针

1. 瓷罐（M6∶1）　2. 青花碗（M6∶2）　3. 石饰件（M4∶1）　4. 铜顶针（M4∶2）

青花碗　1件。标本M6∶2，侈口。弧腹近直，平底，圈足。白釉泛灰。内底“涩圈”。内壁口沿下饰押口弦纹，内底心点青。外壁等间隔饰三组菊花纹，其间以菱格纹相隔。圈足内壁及外底无釉。通高5.9厘米，口径15.1厘米，底径5.9厘米（图八〇，2）。

铜钱　2枚，均为乾隆通宝。标本M6∶3-1和M6∶3-2，圆形方穿。穿正面背面有郭，正面铸有“乾隆通宝”四字，上下右左对读。背面穿左右为满文。

M10　开口于②层下，距地表深0.42米。方向95°。墓圹平面呈长方形，东西长3.12米，南北宽1.61～1.81米，长宽之比为1.7∶1。墓圹四壁垂直，墓口距墓底深1.7米。墓坑内填五花土，土质较松软，未经夯打。该墓为单棺葬，棺长1.74米，宽0.56～0.6米（图八一）。

该墓共出土随葬器物4件，其中铜钱3枚。

瓷罐　1件。标本M10∶2，直口微敛，平沿。短束颈。短溜肩，弧鼓腹，下腹内收，矮圈足。器壁施釉，外壁口沿下至腹下部施黑釉，外底无釉。内壁的颈下至底部均施黑釉。轮制而成。通高7.4厘米，口径5.7厘米，底径5.2厘米（图八二，1）。

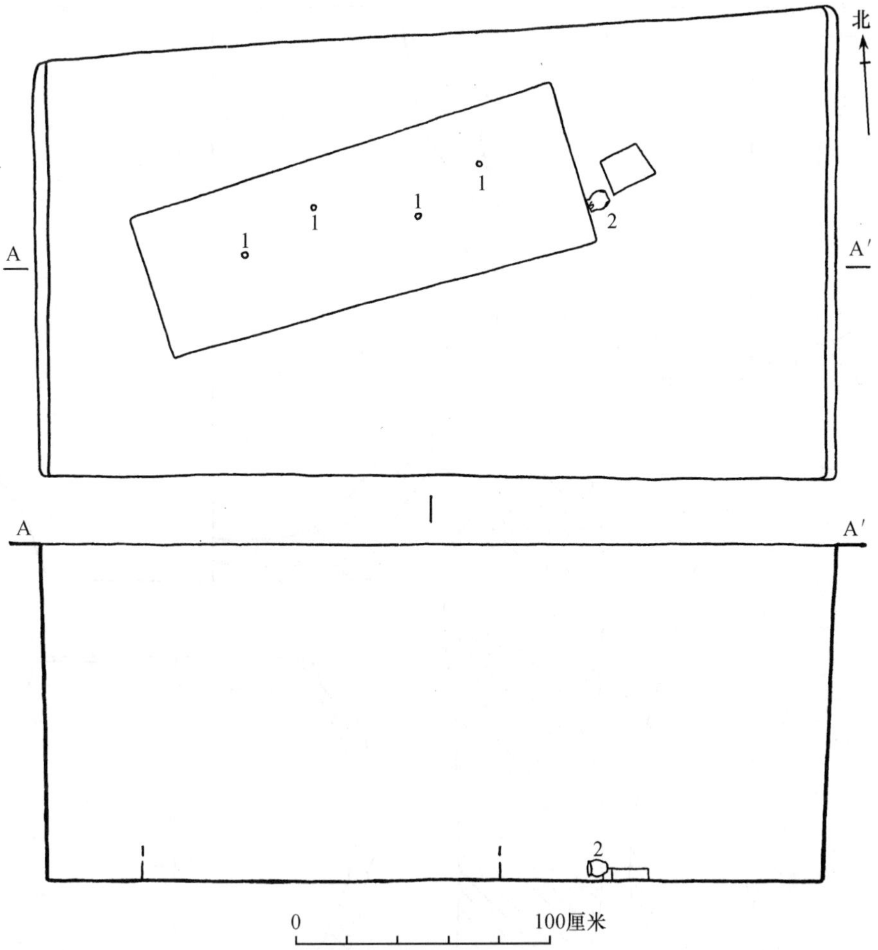

图八一　M10 平、剖面图
1. 铜钱　2. 瓷罐

铜钱　3 枚，均为乾隆通宝。标本 M10∶1-1～3，圆形方穿。穿正面背面有郭，正面铸“乾隆通宝”四字，上下右左对读。背面穿左右为满文。其中两枚形制较小（图八三，1～3）。

M11　开口于②层下，距地表深 0.5 米。方向 88°。墓圹的南壁打破 M33 的北壁，其西部打破了 M24 墓道的北部。墓圹平面呈长方形，东西长 3.02 米，南北宽 1.61～1.9 米，长宽之比为 1.6∶1。墓圹四壁略斜直，墓口距墓底深 1.29 米。墓坑内填五花土，土质较硬，未经夯打。葬具为一具木棺，位于墓底的南部，已朽，残存少量痕迹。棺底留有青灰和白灰痕迹。棺痕东西长 1.81 米，南北宽 0.41～0.52 米。人骨架保存基本完整，头骨位于东部，面部朝北。为仰身直肢葬（图八四）。

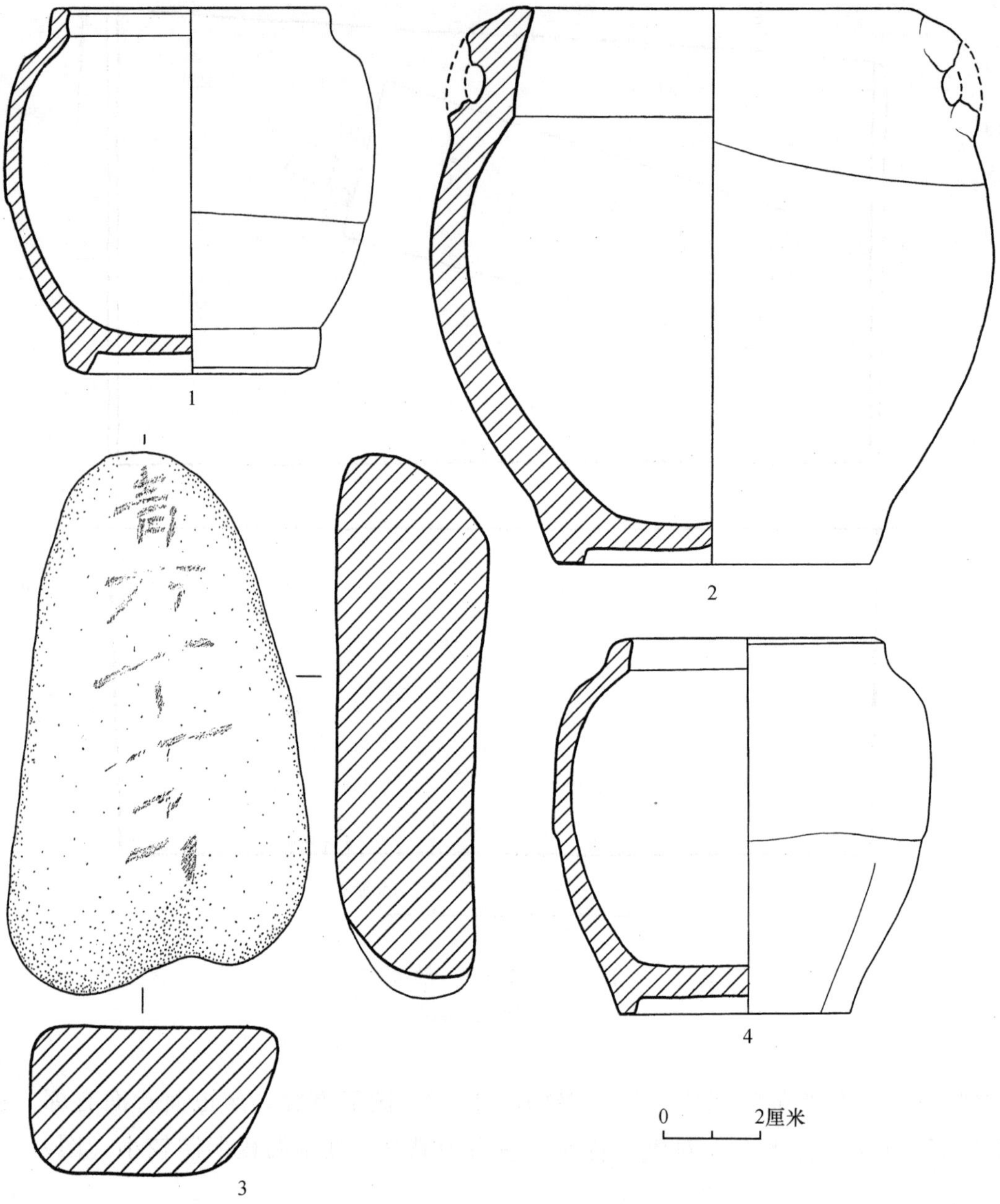

图八二　瓷罐、石块

1、2、4. 瓷罐（M10∶2、M11∶2、M24∶1）　3. 石块（M26∶1）

该墓共出土随葬器物4件，其中铜钱3枚。

瓷罐　1件。标本M11∶2，直口微敛，短颈。鼓腹，下腹内收。矮圈足。口沿下有一对左右相对的系。器壁施釉，外壁口沿下至腹上部施酱釉。轮制而成。通高11.1厘米，口径7.8厘米，底径6.4厘米（图八二，2）。

铜钱　3枚，均为乾隆通宝。标本M11∶1-1～3，圆形方穿。穿正面背面有郭，正面铸“乾隆通宝”四字，上下右左对读。背面穿左右为满文。其中两枚形制较小（图八三，4、5）。

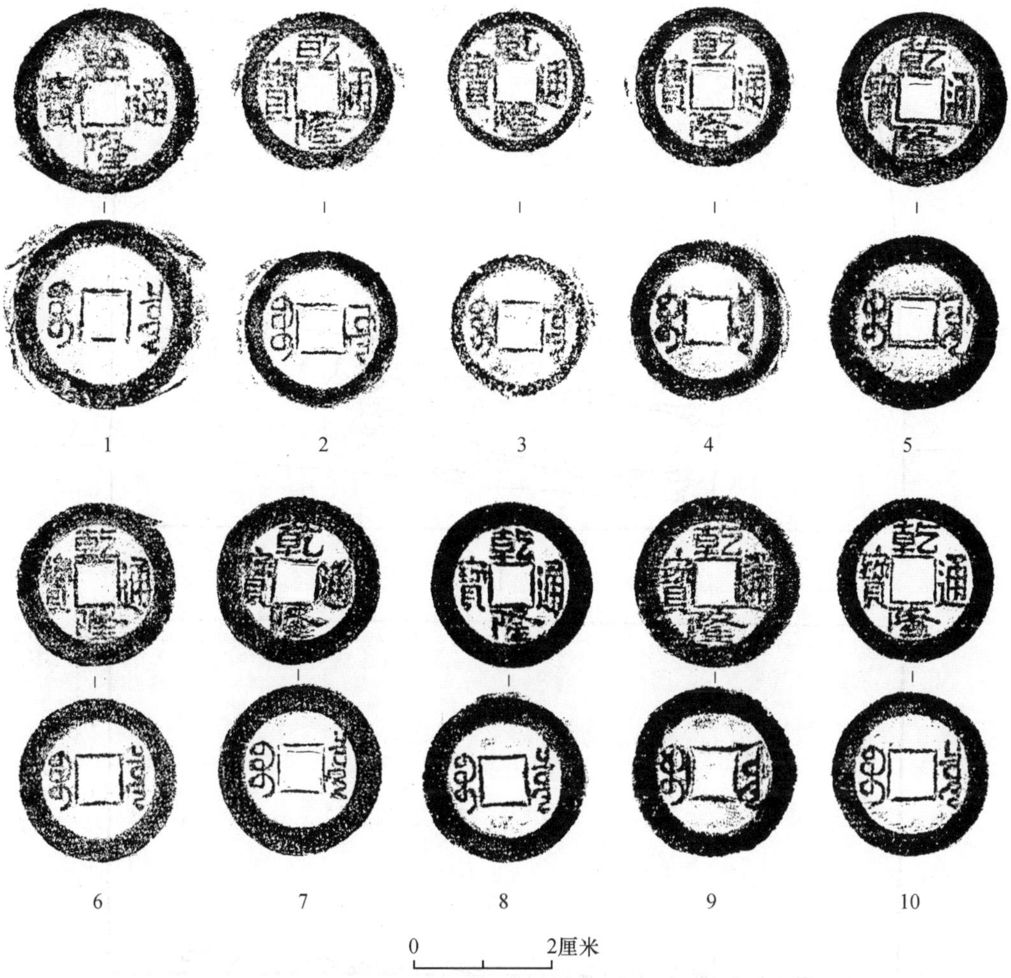

图八三　铜钱拓片

1～10. 乾隆通宝（M10∶1-1～3、M11∶1-1、M11∶1-2、M24∶2-1～5）

M24　开口于②层下，距地表深0.24米。方向87°。墓圹平面呈长方形，东西长2.98米，南北宽0.98～1.03米，长宽之比为2.9∶1。墓圹四壁垂直，墓底与墓口同大。墓口距墓底深0.6米。墓坑内填五花土，土质较松软，未经夯打。葬具为一具木棺，已朽，残存少量痕迹。棺底留有青灰和白灰痕迹。棺痕东西长1.75米，南北宽0.51～0.56米，残高0.18米。人骨架保存较完整，头骨位于东部，面部朝上，为仰身直肢葬（图八五）。

该墓共出土随葬器物6件，其中铜钱5枚。

瓷罐　1件。标本M24∶1，直口微敛，短颈。短溜肩，鼓腹，下腹内收，矮圈足。器壁施釉，外壁口沿下至腹下部施黑釉，外底无釉。内壁施满釉。轮制而成。通高7.5厘米，口径5.3厘米，底径4.7厘米（图八二，4）。

铜钱　5枚，均为乾隆通宝。标本M24∶2-1～5，圆形方穿。穿正面背面有郭，正面铸“乾隆通宝”四字，上下右左对读。背面穿左右为满文（图八三，6～10）。

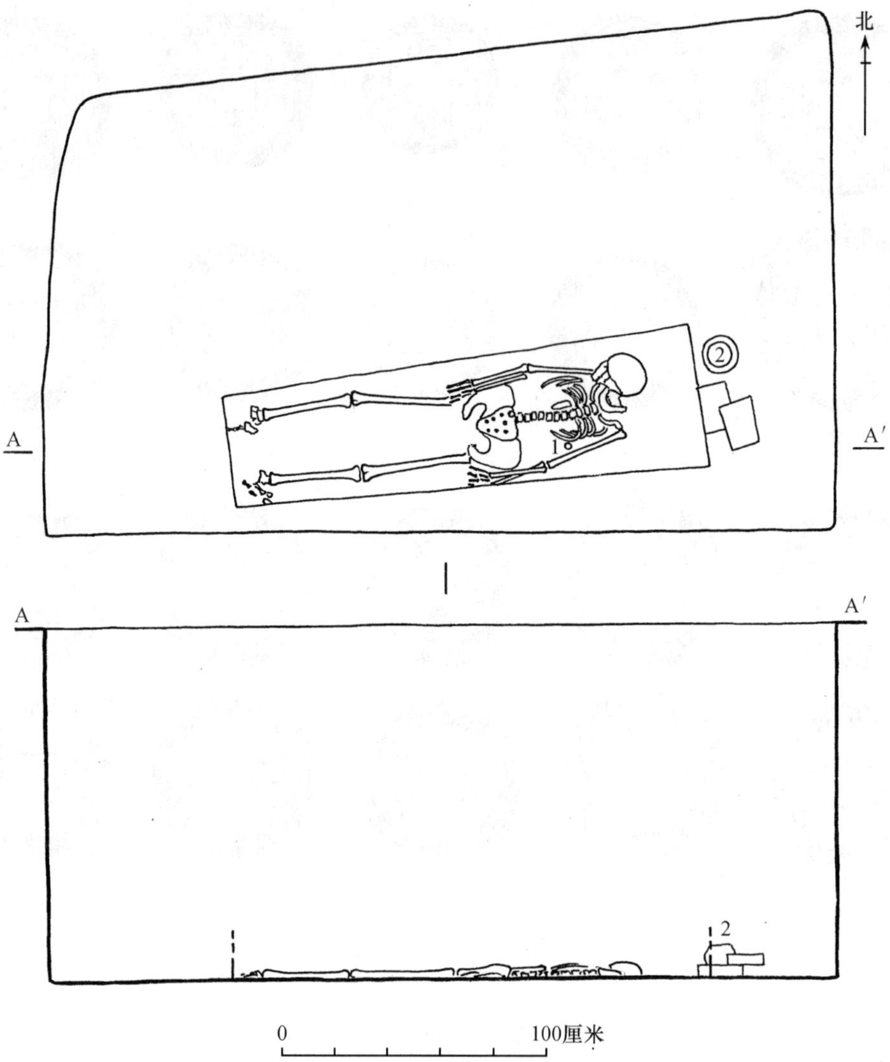

图八四　M11 平、剖面图
1. 铜钱　2. 瓷罐

M26　开口于②层下，距地表深 0.49 米。方向 5°。墓圹平面呈长方形。其东壁的北部被 M8 的西壁打破。打破处南北长 1.61 米，宽 0.2～0.3 米，高 0.91 米。墓圹南北长 2.42 米，东西宽 0.82～0.98 米，长宽之比为 2.5∶1。墓圹四壁垂直，墓底与墓口同大。墓口距墓底深 1.66 米。墓坑内填五花土，土质较硬，且夹杂大量碎石块。葬具应为一具木棺，已朽，残存少量痕迹。棺痕南北长 1.86～2.01 米，东西宽 0.6～0.68 米，厚 0.08 米，棺底留有青灰和白灰痕迹。人骨架一具，保存状况较差，头骨位于北部，面向不详。残存部分肢骨。葬式不详。在棺痕中部有一石块，上面用朱砂写字，已分辨不清（图八六）。

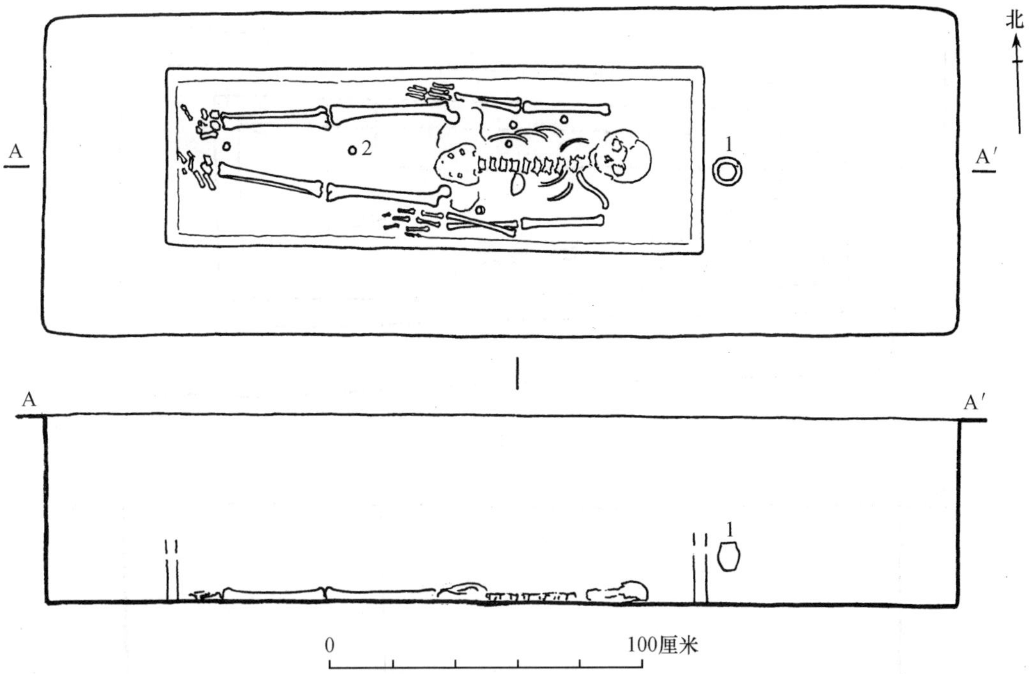

图八五　M24 平、剖面图
1. 瓷罐　2. 铜钱

该墓共出土随葬器物 2 件，一为带朱砂痕迹的石块；一是铜钱 1 枚。

石块　1 件。标本 M26∶1，略呈三角形，未经加工。在一面上残存用朱砂所书的字迹。通长 10.9 厘米，宽 6.3 厘米，厚 3.1 厘米（图八二，3）。

铜钱　1 枚。标本 M26∶2，圆形方穿。穿正面背面有郭，正面铸有“乾隆通宝”四字，上下右左对读。背面穿左右为满文。

M27　开口于②层下，距地表深 0.5 米。方向 9°。墓圹平面呈长方形。其北壁被 M9 打破。墓圹南北残长 1.89 米，东西宽 0.91～1.02 米，长宽之比为 1.9∶1。墓圹四壁垂直，墓底与墓口同大。墓口距墓底深 1.2 米。墓坑内填土五花土，土质较硬，未经夯打。葬具应为一木棺，已朽，棺底留有青灰和白灰痕迹。棺痕南北长 1.67 米，东西宽 0.46～0.52 米，残高 0.08 米。棺内仅残存少量人骨痕迹。头向不明。葬式不详（图八七，1）。

随葬品仅有乾隆通宝 1 枚。

铜钱　1 枚。标本 M27∶1，圆形方穿。穿正面背面有郭，正面铸有“乾隆通宝”四字，上下右左对读。背面穿左右为满文。

M35　开口于②层下，距地表深 0.49 米。方向 5°。墓圹平面呈长方形，南北长 2.22 米，东西宽 0.72 米，长宽之比为 3.1∶1。墓圹四壁垂直，墓底与墓口同大。墓口距墓底深 0.63 米。墓坑内填土五花土，土质较松软，未经夯打。葬具应为一木棺，已朽，棺底留有青灰和白灰痕

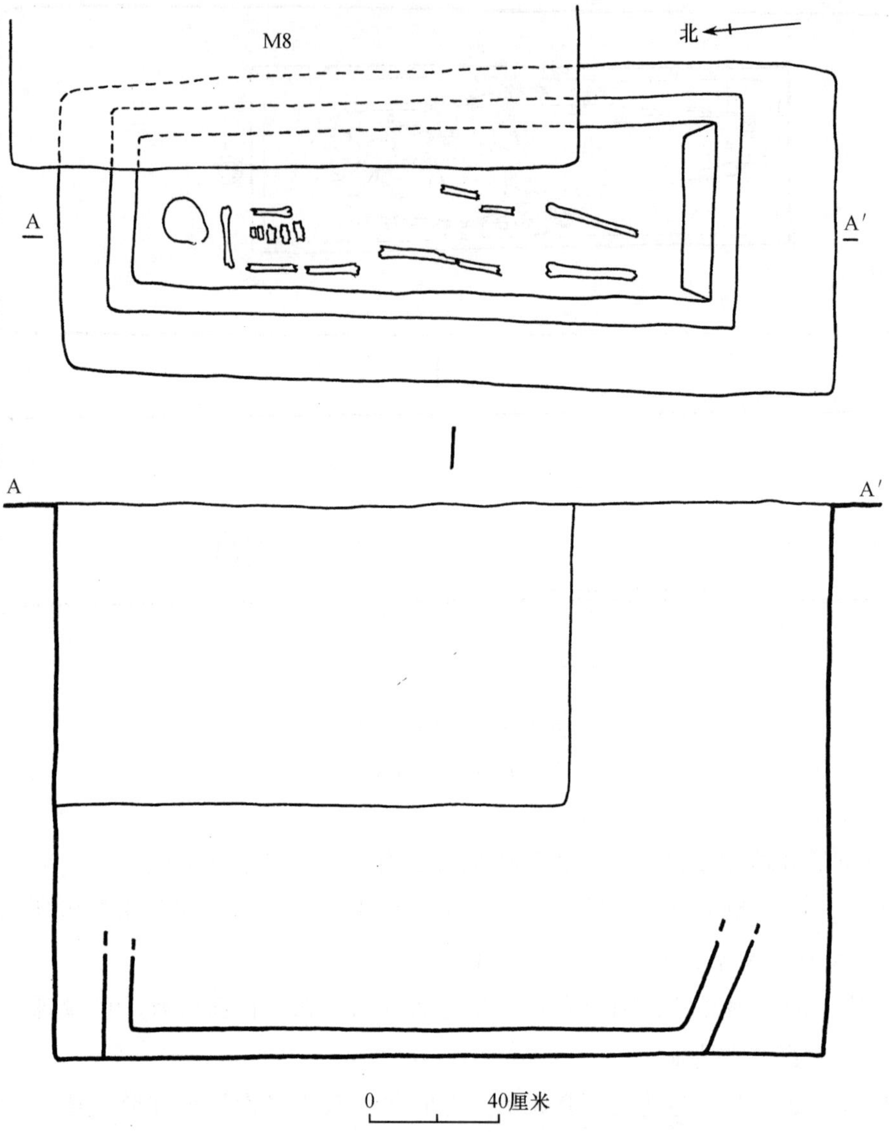

图八六　M26 平、剖面图

迹。棺痕南北长 2.01 米，东西宽 0.6 米，残高 0.38 米，厚 0.04 米。人骨架一具，保存状况较差。头骨位于北部，面向不详。有少量肢骨残痕，葬式不详（图八七，2）。

随葬品仅有乾隆通宝 1 枚。

铜钱　1 枚。标本 M35∶1，圆形方穿。穿正面背面有郭，正面铸有“乾隆通宝”四字，上下右左对读。背面穿左右为满文。

M36　开口于②层下，距地表深 0.49 米。方向 100°。墓圹平面呈长方形，长 2.11 米，宽 0.84～0.92 米，长宽之比为 2.3∶1。墓圹四壁垂直，墓底与墓口同大。墓口距墓底深 1.88

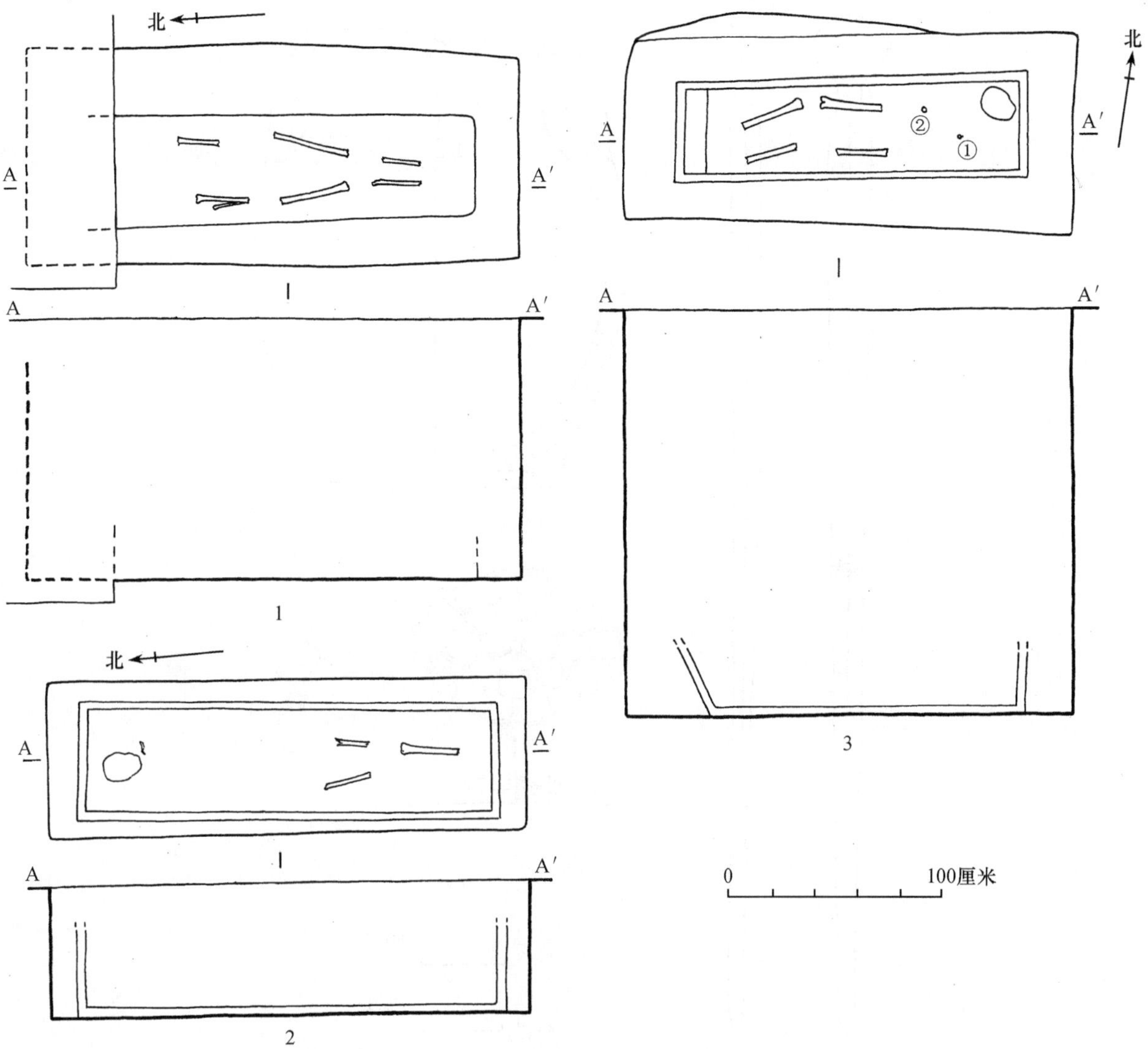

图八七　M27、M35、M36 平、剖面图

1. M27 平、剖面图　2. M35 平、剖面图　3. M36 平、剖面图（①银扣，②铜钱）

米。墓坑内填土五花土，土质较松软，未经夯打。接近底部土中夹杂大量碎石块。葬具应为一木棺，已朽，棺底留有青灰和白灰痕迹。棺痕长 1.51 ~ 1.64 米，宽 0.48 米，残高 0.32 米，厚 0.04 米。人骨架一具，保存状况较差。头骨位于西北部，面向不详。葬式不详（图八七，3）。

随葬品有银扣和铜钱两类。

银扣　4 件。标本 M36∶1，形制和大小均相同。扣体为圆球形，中部有一道横向的铸痕。内部为空心。扣柄呈圆环形。长 1.3 厘米，扣体直径 0.9 厘米（图八八，4）。

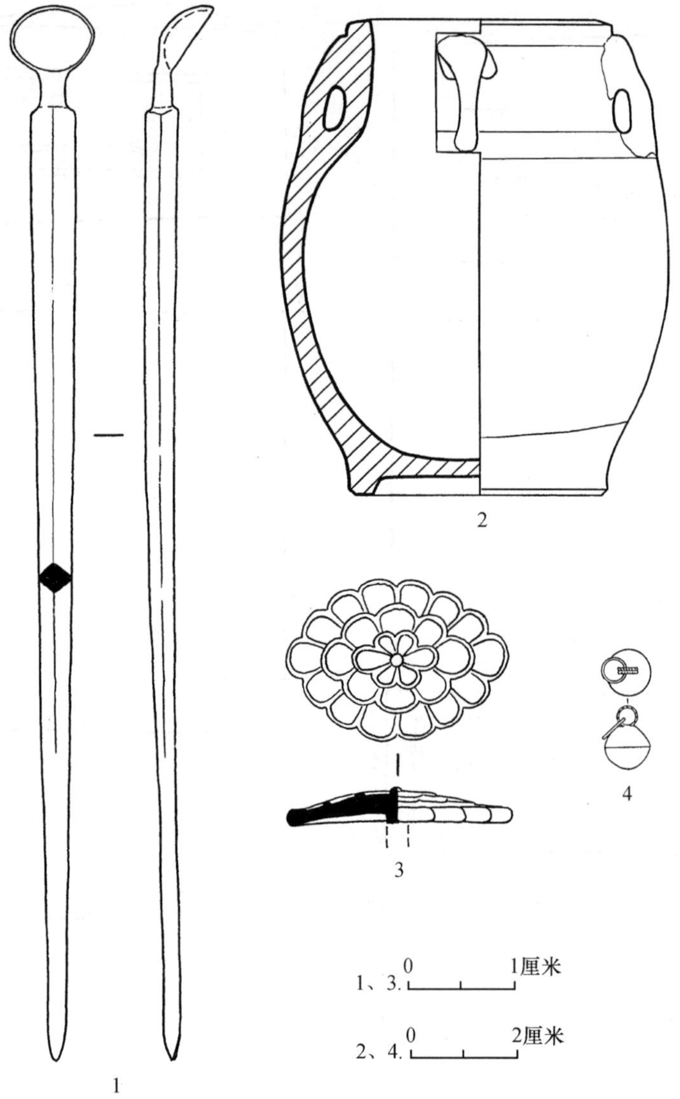

图八八　瓷罐、铜扣、铜簪、铜饰件

1. 铜簪（M7∶1）　2. 瓷罐（M7∶2）　3. 铜饰件（M7∶3）　4. 银扣（M36∶1）

铜钱　1枚。标本M36∶2，圆形方穿。穿正面背面有郭，正面铸有“乾隆通宝”四字，上下右左对读。背面穿左右为满文。

M44　开口于②层下，距地表深0.55米。方向9°。墓圹平面呈长方形，南北长2.32米，东西宽0.81米，长宽之比为2.9∶1。墓圹四壁垂直，墓底与墓口同大。墓口距墓底深1.05米。墓坑内填五花土，土质较硬，未经夯打。葬具应为一木棺，已朽。棺底留有青灰和白灰痕迹。棺痕南北长1.98米，东西宽0.47～0.52米，残高0.13米。人骨架已朽尽，葬式不详（图八九，1）。

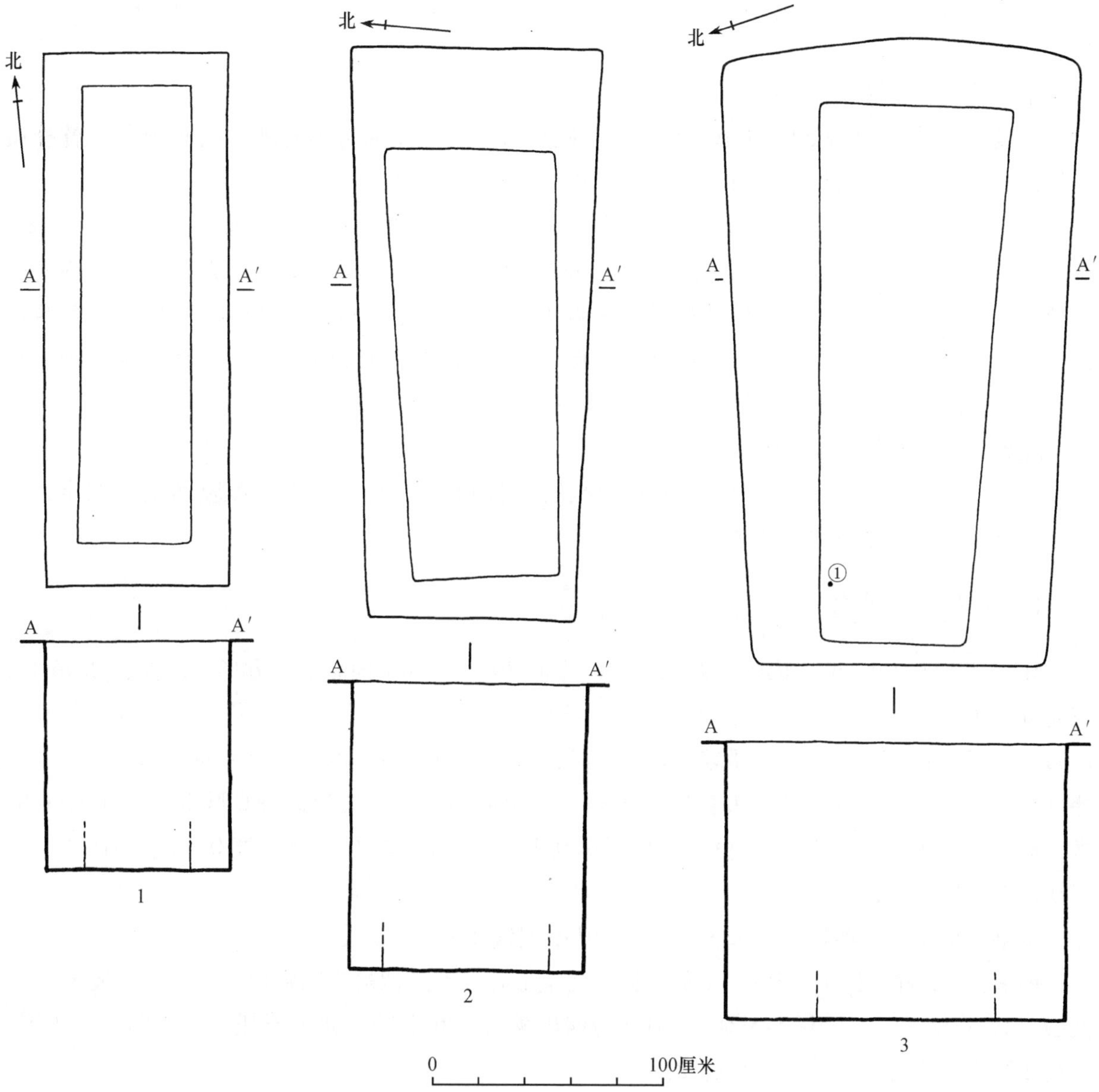

图八九　M44、M52、M56平、剖面图

1. M44平、剖面图　2. M52平、剖面图　3. M56平、剖面图（①铜钱）

随葬品仅有乾隆通宝1枚。

铜钱　1枚。标本M44:1，圆形方穿。穿正面背面有郭，正面铸有“乾隆通宝”四字，上下右左对读。背面穿左右为满文。

M52　开口于②层下，距地表深0.36米。方向85°。墓圹平面呈长方形，东西长2.46米，南北宽0.92～1.1米，长宽之比为2.2∶1。墓圹四壁垂直，墓底与墓口同大。墓口距墓底深1.25米。墓坑内填五花土，土质较松软，未经夯打。葬具为一具木棺，保存状况较差，东西长

1.86米，南北宽0.66～0.76米，残高0.12米。棺内未发现人骨架，推测为搬迁墓（图八九，2）。

随葬品仅有乾隆通宝2枚。

铜钱　2枚。标本M52∶1-1和M52∶1-2，圆形方穿。穿正面背面有郭，正面铸有“乾隆通宝”四字，上下右左对读。背面穿左右为满文。

M56　开口于②层下，距地表深0.34米。方向110°。墓圹平面呈长方形，东西长2.62米，南北宽1.22～1.61米，长宽之比为1.6∶1。墓圹四壁垂直，墓底与墓口同大。墓口距墓底深1.2米。墓坑内填五花土，土质较松软，未经夯打。葬具为一木棺，保存状况较好，东西长2.34米，南北宽0.66～0.86米，残高0.13米。棺底部留有青灰和白灰痕迹。棺内未发现人骨架。推测为搬迁墓（图八九，3）。

随葬品仅有乾隆通宝1枚。

铜钱　1枚。标本M56∶1，圆形方穿。穿正面背面有郭，正面铸有“乾隆通宝”四字，上下右左对读。背面穿左右为满文。

（二）双人合葬墓

M3　开口于②层下，距地表深0.31米。方向70°。墓葬平面略呈长方形，东西长2.76米，南北宽1.72～2.04米，长宽之比为1.4∶1。墓圹四壁垂直，墓底与墓口同大。墓口距墓底深1.06米。墓坑内填五花土，土质较松软，未经夯打。墓内葬两具木棺，南北向并列。为双人合葬墓。人骨架保存较为完整，头骨均位于东部，面部朝上，葬式为仰身直肢葬。北棺长1.86米，宽0.52～0.68米，残高0.43米。棺板厚0.11米。南棺长2.02米，宽0.43～0.65米，残高0.5米（图八九，1）。

该墓共出土随葬器物5件，均为铜器，其中铜钱2枚。

铜戒指　2件。标本M3∶1，中部上铸一元宝形托。左右两端为圆弧形。直径1.8厘米（图九〇，2；彩版三，1）。标本M3∶2，中部为四出菱形，其上铸一元宝形托。左右两侧为锥形。直径2厘米（图九〇，3；彩版三，2）。

铜簪　1件。标本M3∶3，已残，簪首为用铜丝缠绕而成的六面形禅杖，顶端为葫芦形宝瓶。簪身残存部分为圆柱形。残长8.3厘米（图九〇，4）。

铜钱　2枚，有乾隆通宝和光绪通宝两种。

乾隆通宝　1枚。标本M3∶4-1，圆形方穿。穿正面背面有郭，正面铸有“乾隆通宝”四字，上下右左对读。背面穿左右为满文（图九一，1）。

光绪通宝　1枚。标本M3∶4-2，圆形方穿。穿正面背面有郭，正面铸有“光绪通宝”四字，上下右左对读。背面穿左右为满文（图九一，2）。

M7　开口于②层下，距地表深0.21米。方向为90°。墓圹的西壁打破W1的东壁。墓圹平面呈长方形，东西长2.45米，南北宽2.04米，长宽之比为1.2∶1。墓圹四壁略斜直，墓口距墓底深1.26～1.35米，底部东西长2.39米，南北宽1.95～2米。墓坑内填五花土，土质较松软，

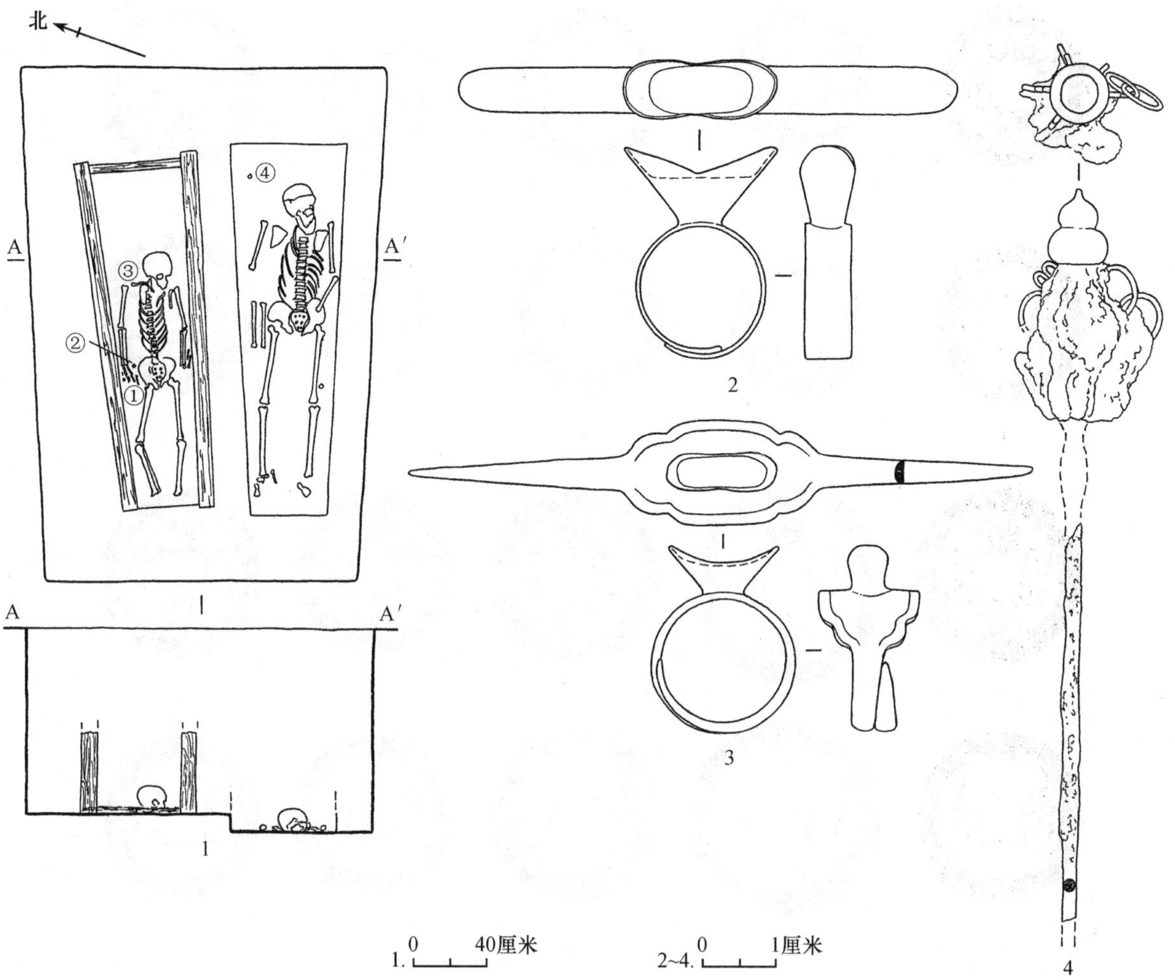

图九○　M3平、剖面图及随葬器物

1. M3平、剖面图（①铜戒指，②④铜钱，③铜簪）　2、3. 铜戒指（M3∶1、M3∶2）　4. 铜簪（M3∶3）

未经夯打。葬具为两具木棺，已朽，残存少量痕迹。南北向并列。为双人合葬墓。北棺东西长1.74米，南北宽0.44米，残高0.21米；南棺东西长1.74米，南北宽0.61米，残高0.12米。棺底部留有青灰和白灰痕迹。棺内各置人骨架一具，保存较完整。头骨均位于东部，面部向上，为仰身直肢葬（图九二）。

该墓共出土随葬器物4件，其中铜钱1枚。可以分为瓷器、铜器两类。

瓷罐　1件。标本M7∶2，直口微侈，平沿，方唇。微束颈。短溜肩。鼓腹，下腹内收。短圈足。口沿下至肩有四个系。器壁施釉，器外壁口沿下至下腹部施黑釉，圈足壁上无釉，底外器施黑釉。器内壁施满釉。轮制而成。通高9.1厘米，腹径7.5厘米，口径5.2厘米，底径4.8厘米（图八八，2）。

铜簪　1件。标本M7∶1，簪首为圆勺形，短颈较细，簪体为四棱形，末端较细为三角形尖状。通长10.1厘米（图八八，1）。

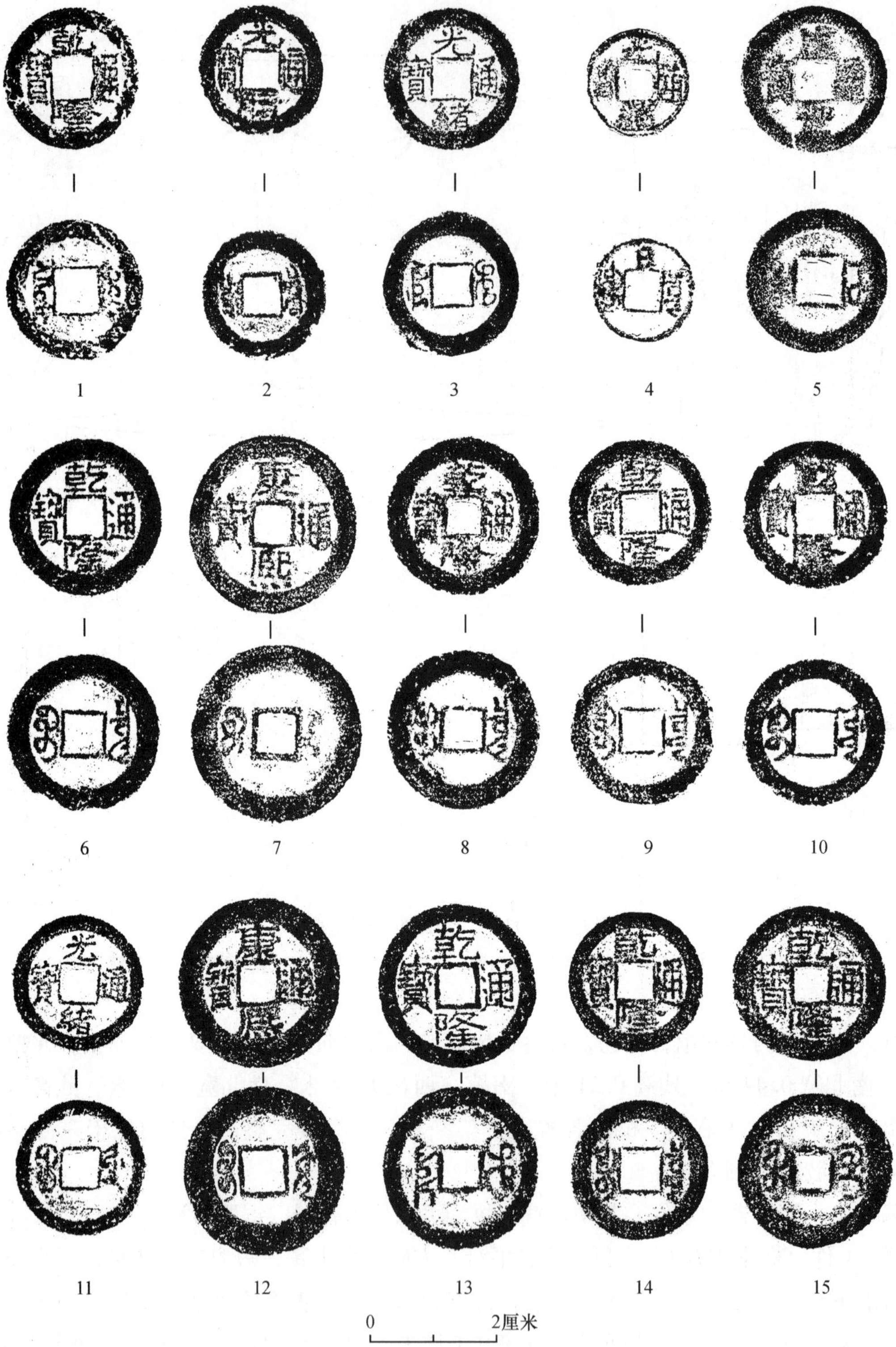

图九一　铜钱拓片

1、6、8～10、13～15. 乾隆通宝（M3:1、M7:4、M8:10-2、M8:10-3、M8:10-4、M9:9-2、M9:9-3、M9:9-4）　2～4、11. 光绪通宝（M3:2、M5:8-2、M5:8-3、M8:10-5）　5. 咸丰通宝（M5:8-1）　7、12. 康熙通宝（M8:10-1、M9:9-1）

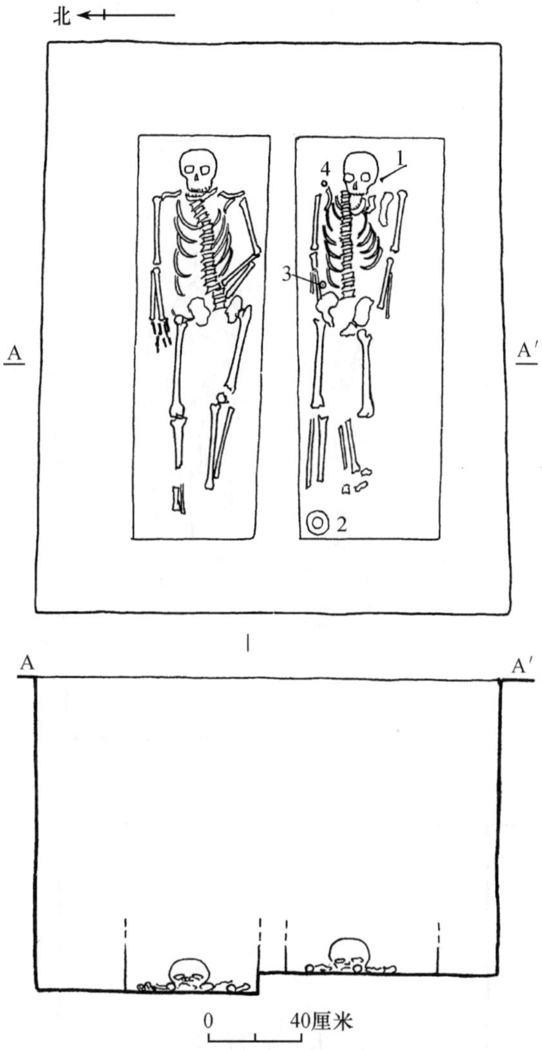

图九二　M7 平、剖面图

1. 铜簪　2. 瓷罐　3. 铜饰件　4. 铜钱

铜饰件　1 件。标本 M7∶3，呈近似椭圆形，略外凸，器表饰花瓣纹，其内残存部分蓝色镶嵌物。背面有细圆柱形残痕。长 2.2 厘米，宽 1.6 厘米（图八八，3）。

铜钱　1 枚，为乾隆通宝。标本 M7∶4，圆形方穿。穿正面背面有郭，正面铸四字，上下右左对读。背面穿左右为满文（图九一，6）。

M8　开口于②层下，距地表深 0.26 米。方向 93°。其墓圹的西部打破 M26 墓圹的东北部。墓圹平面呈长方形，东西长 2.82 米，南北宽 1.92～2.16 米，长宽之比为 1.3∶1。墓圹四壁略斜直，墓口距墓底深 1.1 米。墓坑内填五花土，土质稍硬，未经夯打。葬具为两具木棺，已朽，残存少量痕迹。南北向并列。为双人合葬墓。棺底留有白灰痕迹。北棺东西长 1.71 米，南北宽 0.48～0.62 米，残高 0.23 米；南棺东西长 1.86 米，南北宽 0.46～0.75 米，残高 0.17 米。木棺内各置一具人骨架，基本完整。头骨均位于北部，面部朝上，葬式北棺为仰身直肢，南棺为仰身，肢骨略屈（图九三；图版六，2）。

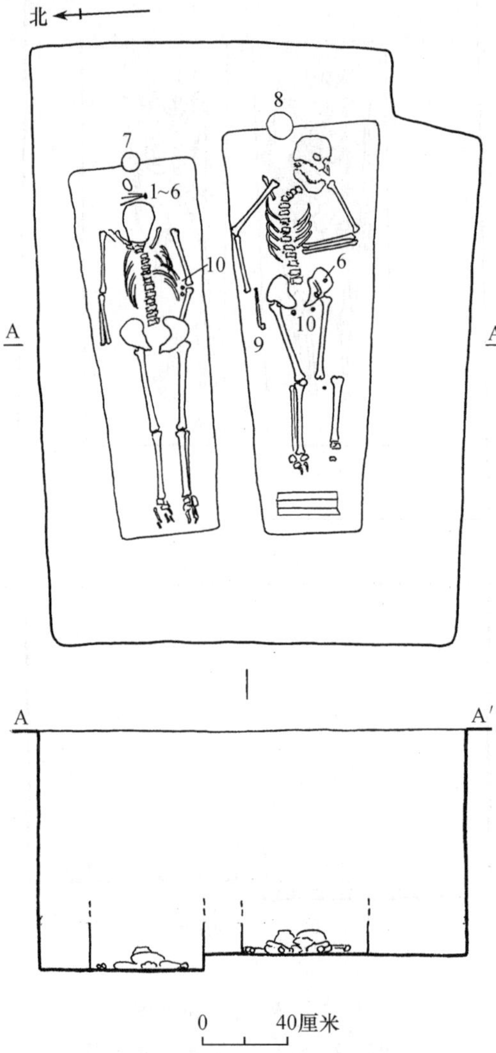

图九三　M8平、剖面图

1~6. 铜簪　7、8. 瓷罐　9. 铜烟袋　10. 铜钱

该墓共出土随葬器物9件，另有铜钱5枚。可以分为瓷器、铜器和银器三类。

瓷罐　2件。标本M8∶7，直口微敛，短颈。鼓腹，下腹内收。矮圈足。口沿下有一对左右相对的系，已残。器壁施釉，外壁口沿下至腹上部施酱釉。轮制而成。通高10.9厘米，口径8.6厘米，腹径11.6厘米，底径6.6厘米（图九四，5）。标本M8∶8，敛口，平沿。短束颈。鼓肩。圆鼓腹，下腹内收。短圈足。器壁施釉，外壁口沿下至下腹部施黑釉。轮制而成。通高10.2厘米，口径8.2厘米，腹径12.9厘米，底径7.4厘米（图九四，6）。

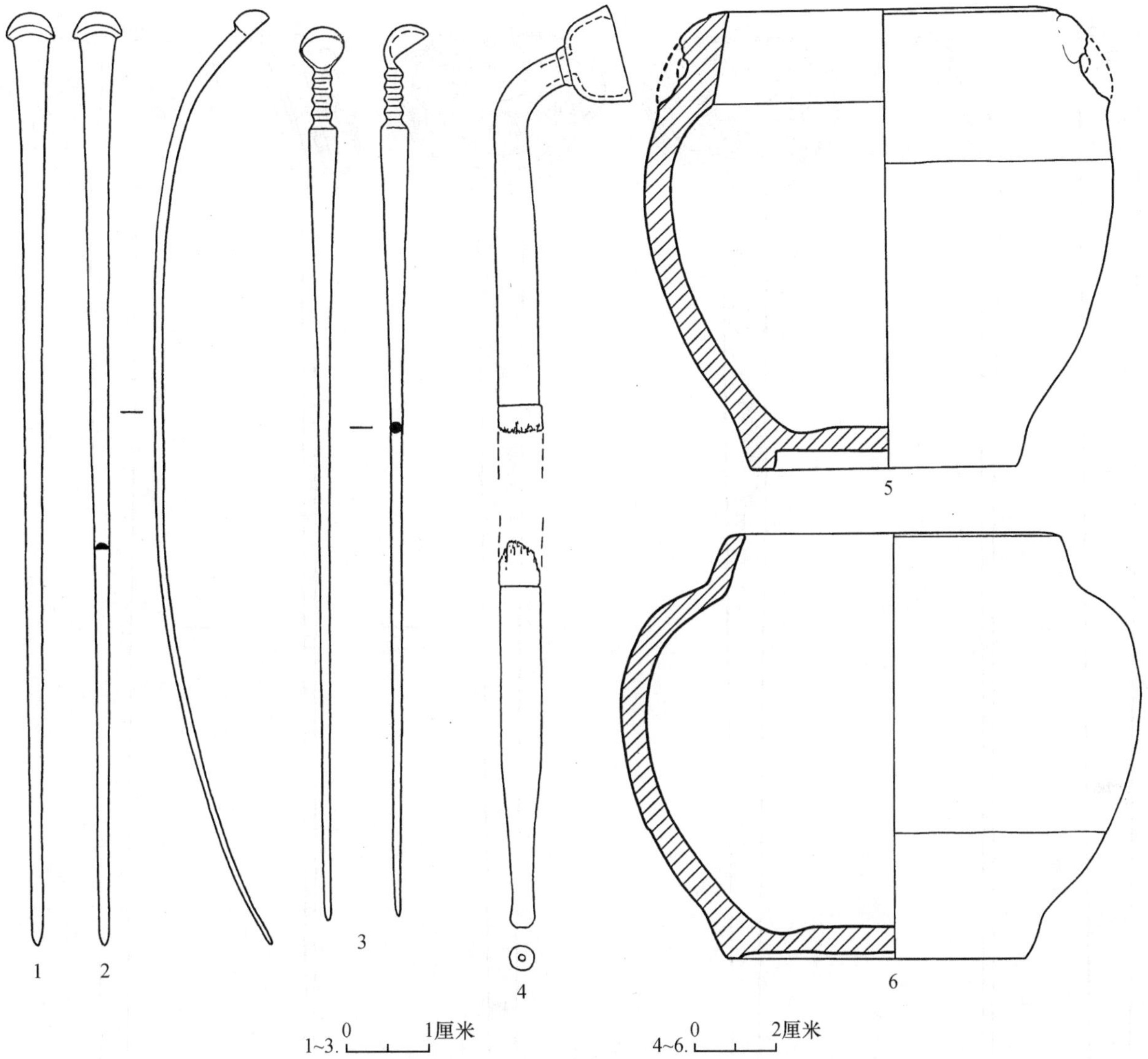

图九四　瓷罐、铜簪、铜烟袋

1~3. 铜簪（M8:2、M8:3、M8:4）　4. 铜烟袋（M8:9）　5、6. 瓷罐（M8:7、M8:8）

银簪　1件。标本M8:1，簪体扁平，上宽下窄。簪首卷曲，为方形，表面有三道凹弦纹，左右两端饰同心圆。短颈较宽厚，外折。簪体末端为尖圆形。通长16.8厘米，宽0.5~0.8厘米（图九五，1）。

铜器有铜簪、烟袋、铜钱等。

铜簪　5件。其中，标本M8:2和M8:3，形制大小均相同。簪体扁平，上宽下窄，簪首为半圆形，簪体末端为三角形尖状。素面。通长11.2厘米，簪首宽1.5厘米（图九四，1、2）。标本M8:4，簪首为圆勺形，颈较细，有四道凹弦纹。簪体呈圆锥形，上粗下细。通长10.7厘米（图九四，3）。标本M8:5（图九五，2；彩版三，4左）和M8:6（图九五，3；彩版三，4

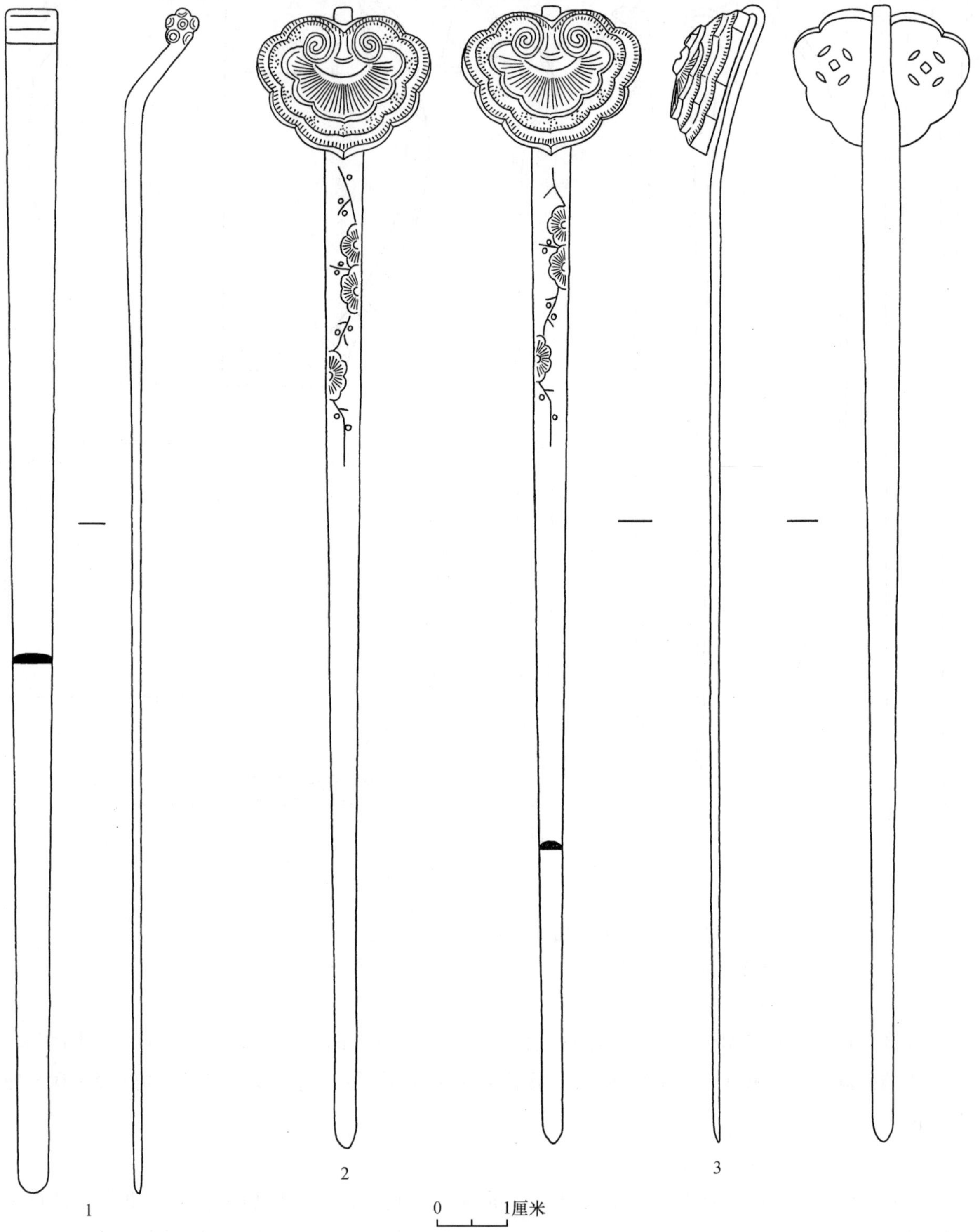

图九五　铜簪

1. M8∶1　2. M8∶5　3. M8∶6

右），形制大小均相同。呈如意状。簪首上錾刻卷云纹、直线纹等。簪首背面两侧分别有5个小孔。簪颈较细，与簪首顶端相连，内弯。簪体扁平，上宽下窄，其上部錾刻有连枝花纹。通长16.1厘米，簪首最长2.5厘米，最宽2.1厘米。

铜烟袋 1件。标本M8:9，整体为铜质，由烟锅、烟杆、烟嘴三部分组成。烟锅为圆形，与烟杆相连接处有一道凸棱。烟杆为圆柱状，中间有圆孔，为烟道。烟杆中部用一段木杆相连接已朽。烟嘴较细。残长19.5厘米。烟锅直径2.4厘米（图九四，4；彩版三，7）。

铜钱 5枚，有康熙通宝、乾隆通宝和光绪通宝三种。

康熙通宝 1枚。标本M8:10-1，圆形方穿。穿正面背面有郭，正面铸“康熙通宝”四字，上下右左对读。背面穿左右为满文（图九一，7）。

乾隆通宝 3枚。标本M8:10-2～4，圆形方穿。穿正面背面有郭，正面铸“乾隆通宝”四字，上下右左对读。背面穿左右为满文（图九一，8～10）。

光绪通宝 1枚。标本M8:10-5，圆形方穿。穿正面背面有郭，正面铸“光绪通宝”四字，上下右左对读。背面穿左右为满文（图九一，11）。

M9 开口于②层下，距地表深0.38米。方向105°。墓圹平面呈长方形，东西长2.92米，南北宽1.66～1.74米，长宽之比为1.7:1。墓圹四壁略斜直，墓口距墓底深1.28米。墓坑内填五花土，土质较松软，未经夯打。葬具为两具木棺，已朽，残存少量痕迹。南北向并列。为双人合葬墓。棺底留有青灰和白灰痕迹。北棺东西长1.94米，南北宽0.56～0.6米，残高0.14米；南棺东西长2.02米，南北宽0.54米，残高0.32米。木棺内各置一具人骨架，保存较完整。头骨均位于北部，其中北部人骨的面部朝北，南部人骨的面部朝上，为仰身直肢葬（图九六，1；图版六，3）。

该墓共出土随葬器物14件，另有铜钱7枚。可以分为瓷器、铜器和银器三类。

瓷罐 1件。标本M9:2，敛口，束颈，溜肩，鼓腹，下腹内收，短圈足。口沿下至肩部有一对系，左右相对，已残。器壁施釉，器外壁口沿下至腹上部施酱釉，外底无釉；器内壁施满釉至底部。轮制而成，内壁有接痕。通高10.9厘米，口径8.7厘米，腹径11.4厘米，底径6.9厘米（图九七，2）。

银手镯 1件。标本M9:1，已残。残存部分呈圆弦形，剖面为圆环形。正面镶嵌三朵花，一端有一个圆形小穿孔，另一端残存一段木杆。残长6.1厘米，孔径0.6厘米（图九七，1；彩版三，8）。

铜器有烟袋、铜簪、铜扣、铜钱等。

烟袋 1件。标本M9:3，由烟锅、烟杆和烟嘴三部分组成。烟锅平面呈圆形。烟杆为圆筒状，内为通烟的孔通。烟杆分为两段，之间用藤木相连接。藤木大部分已朽。烟嘴细于烟杆，顶端呈圆帽形。烟锅与烟杆连接处有三道凸弦线。烟锅直径1.9厘米，烟杆残长12.3厘米，最大径1厘米。烟嘴长3.8厘米（图九七，6）。

簪 4件。其中标本M9:4和M9:5，形制和大小均相同。簪首为尖圆状，向外曲，较宽，錾刻“寿”字，并围以一周圆珠纹。末端尖细。背面中部錾刻“恒顺”二字。通长8.7厘米

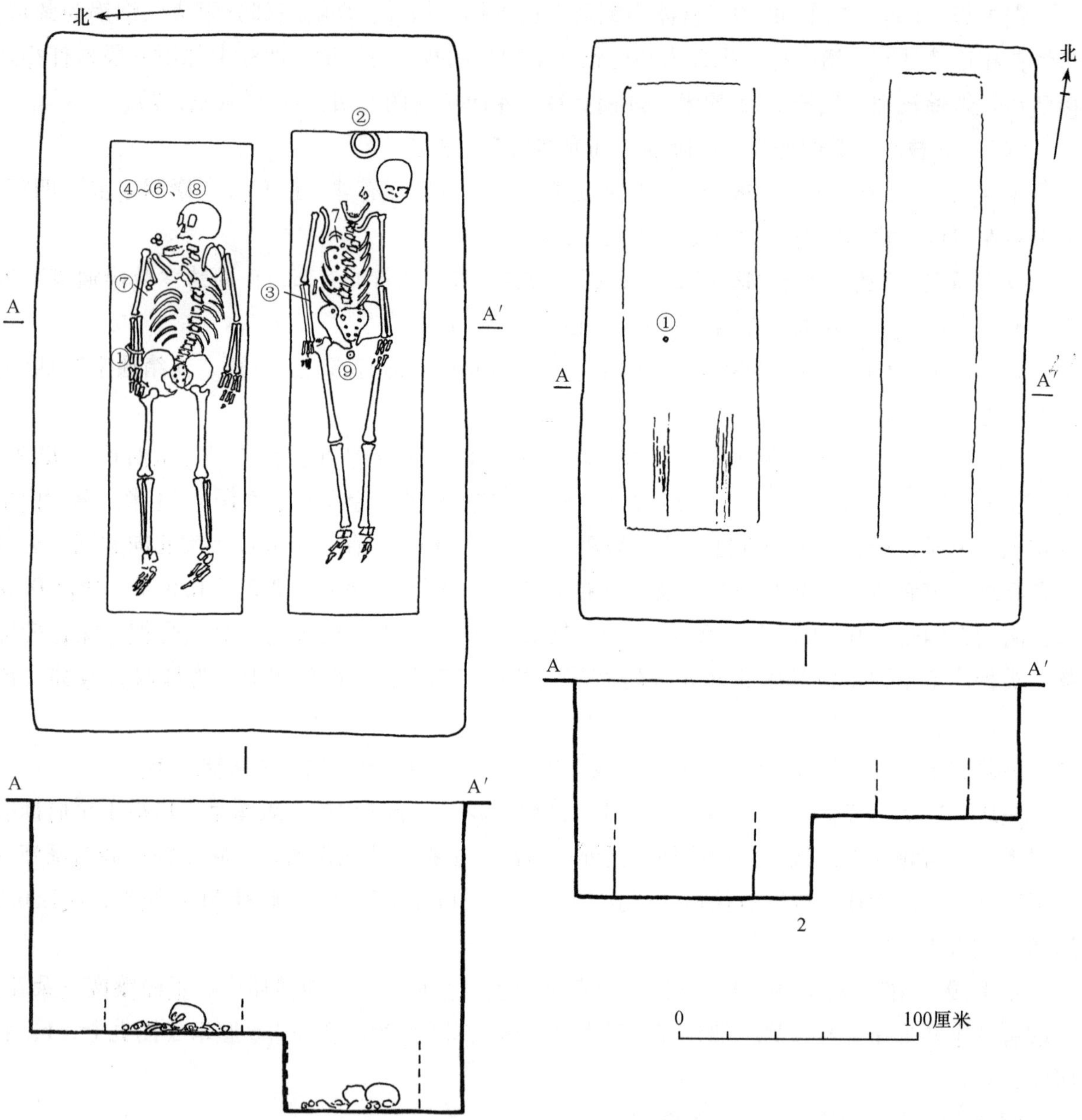

图九六　M9、M43平、剖面图

1. M9平、剖面图（①银手镯，②瓷罐，③铜烟袋，④~⑥、⑧铜簪，⑦铜扣，⑨铜钱）　2. M43平、剖面图（①铜钱）

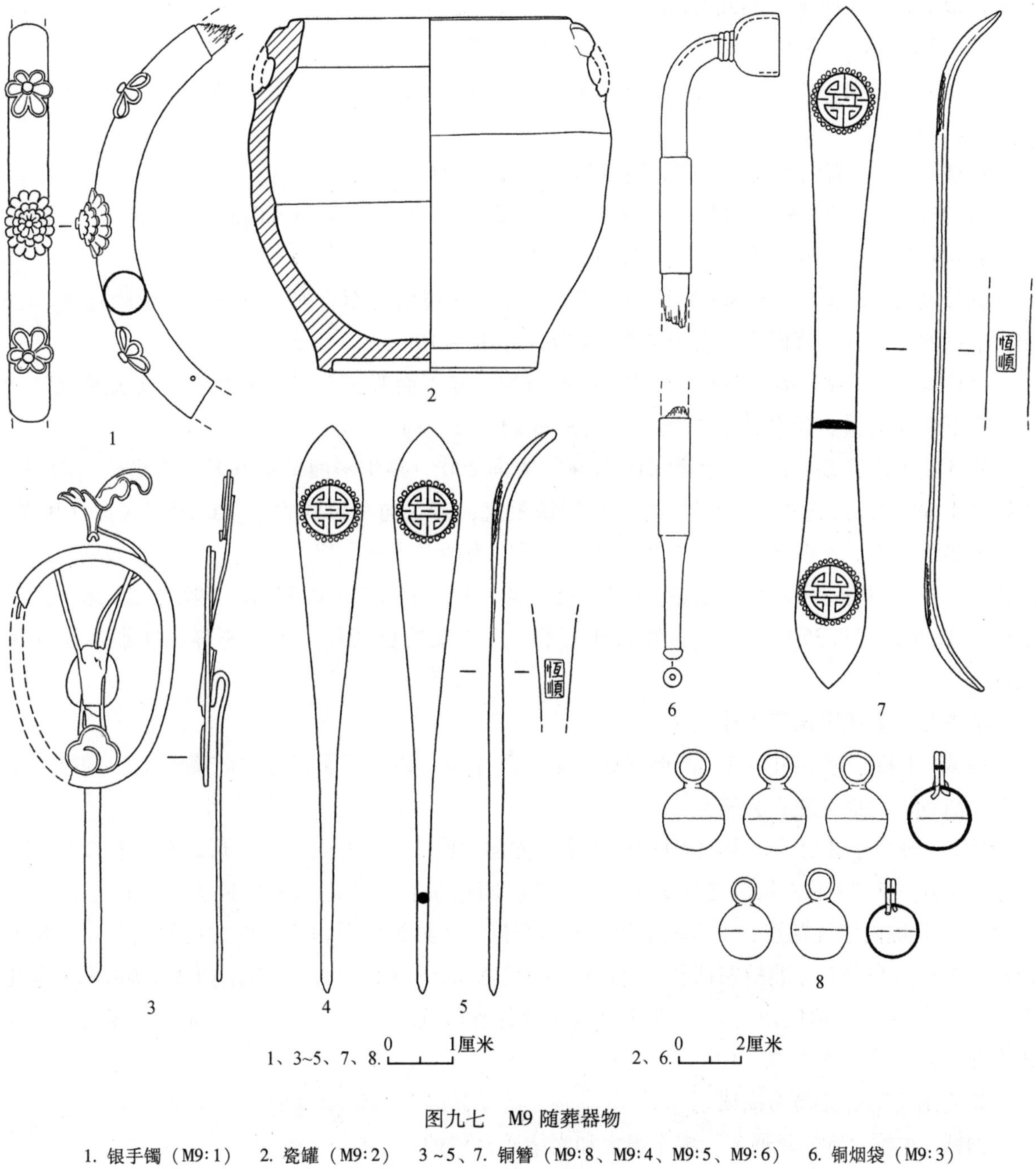

图九七　M9 随葬器物

1. 银手镯（M9:1）　2. 瓷罐（M9:2）　3～5、7. 铜簪（M9:8、M9:4、M9:5、M9:6）　6. 铜烟袋（M9:3）　8. 铜扣7件（M9:7）

（图九七，4、5）。标本 M9∶6，簪首、末两端尖圆，较宽，向外弯曲，且分别錾刻一“寿”字，围以一周圆珠纹。簪体中部为亚腰形。背面中部錾刻“恒顺”二字。通长 10.9 厘米，厚 1.5 厘米（图九七，7）。标本 M9∶8，簪首为一椭圆形环，中间为花叶纹饰。簪末端尖状。通长 7.9 厘米，最宽径 2.4 厘米（图九七，3）。

扣　7 件。标本 M9∶7，其中 2 件略残，其形制相同，大小略有不同。扣体为圆球形，中部有一道横向的铸痕。内部为空心。扣柄呈圆环形。长 1.35～1.6 厘米，扣体直径 0.8～1 厘米（图九七，8）。

铜钱　7 枚，有康熙通宝、乾隆通宝和嘉庆通宝三种。

康熙通宝　1 枚。标本 M9∶9-1，圆形方穿。穿正面背面有郭，正面铸“康熙通宝”四字，上下右左对读。背面穿左右为满文（图九一，12）。

乾隆通宝　3 枚。标本 M9∶9-2～4，圆形方穿。穿正面背面有郭，正面铸“乾隆通宝”四字，上下右左对读。背面穿左右为满文（图九一，13～15）。

嘉庆通宝　3 枚。标本 M9∶9-5～7，圆形方穿。穿正面背面有郭，正面铸“嘉庆通宝”四字，上下右左对读。背面穿左右为满文（图一〇五，1～3）。

M43　开口于②层下，距地表深 0.34 米。方向 200°。墓圹平面呈长方形，南北长 2.41 米，东西宽 1.88 米，长宽之比为 1.3∶1。墓圹四壁垂直，墓底与墓口同大。墓口距墓底深 0.9 米。墓坑内填五花土，土质较松软，未经夯打。葬具应为两具木棺，已朽，应为双人合葬墓。东西向并列。棺底留有青灰和白灰痕迹。西棺痕长 1.83 米，宽 0.53～0.57 米，残高 0.22 米。东棺痕长 2.02 米，宽 0.36～0.38 米，残高 0.1 米。人骨架均已朽尽。葬式不详。性别不详（图九六，2）。

随葬品仅有乾隆通宝 1 枚。

铜钱　1 枚。标本 M43∶1，圆形方穿。穿正面背面有郭，正面铸有“乾隆通宝”四字，上下右左对读。背面穿左右为满文。

M53　开口于②层下，距地表深 0.32 米。方向 70°。墓圹平面呈长方形，东西长 2.75 米，南北宽 1.65～1.88 米，长宽之比为 1.5∶1。墓圹四壁垂直，墓底与墓口同大。墓口距墓底深 0.99 米。墓坑内填五花土，土质较松软，未经夯打。葬具为两具木棺，南北向并列，保存状况较好。为双人合葬墓。北棺东西长 1.98 米，南北宽 0.5～0.56 米；南棺东西长 1.98 米，南北宽 0.52～0.61 米。两棺残高为 0.18 米。人骨架保存较完整，头骨均位于东部，面部朝上。葬式为仰身直肢葬（图九九，1）。

该墓出土随葬器物为铜钱。

铜钱　4 枚。有乾隆通宝、咸丰通宝和光绪通宝三种。

乾隆通宝　1 枚。标本 M53∶1-1，圆形方穿。穿正面背面有郭，正面铸“乾隆通宝”四字，上下右左对读。背面穿左右为满文（图九八，4）。

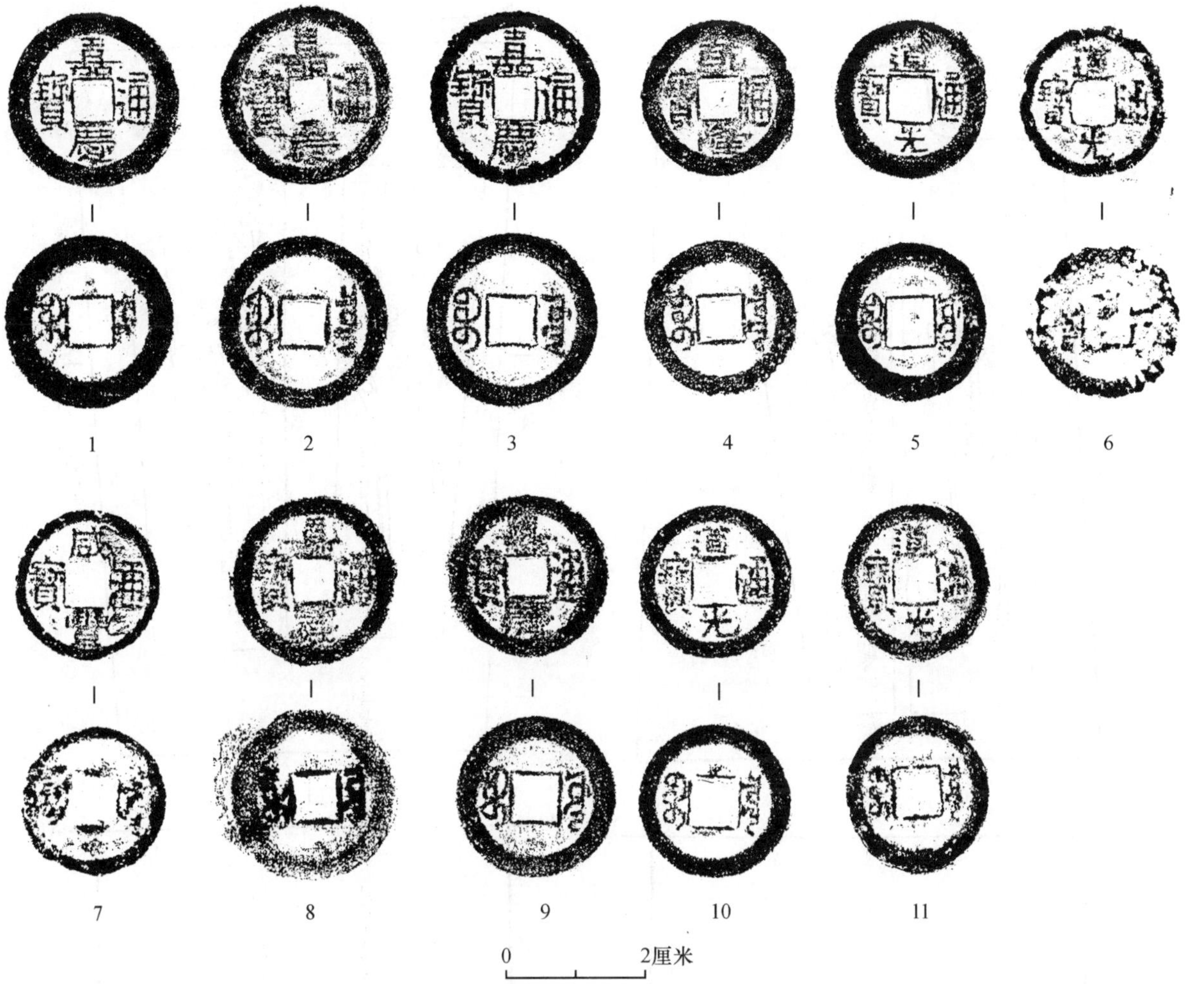

图九八　铜钱拓片

1～3、8、9. 嘉庆通宝（M9∶9-5、M9∶9-6、M9∶9-7、M54∶3-1、M54∶3-2）　4. 乾隆通宝（M53∶1-1）　5. 咸丰通宝（M53∶1-2）　6、7. 光绪通宝（M53∶1-3、M53∶1-4）　10、11. 道光通宝（M54∶3-3、M54∶3-4）

咸丰通宝　1枚。标本M53∶1-2，圆形方穿。穿正面背面有郭，正面铸“咸丰通宝”四字，上下右左对读。背面穿左右为满文（图九八，5）。

光绪通宝　2枚。标本M53∶1-3（图九八，6）和M53∶1-4（图九八，7），圆形方穿。穿正面背面有郭，正面铸“光绪通宝”四字，上下右左对读。背面穿左右为满文。

M54　开口于②层下，距地表深0.32米。方向85°。墓圹平面呈长方形，东西长2.82米，南北宽1.48～1.81米，长宽之比为1.6∶1。墓圹四壁垂直，墓底与墓口同大。墓口距墓底深1.09米。墓坑内填五花土，土质较松软，未经夯打。葬具为两具木棺，南北向并列，保存状况较好。为双人合葬墓。北棺东西长1.86米，南北宽0.46～0.56米，残高0.25米。南棺东西长2.03米，南北宽0.54～0.66米，残高0.28米。人骨架保存较完整，头骨位于东部，面部朝上，葬式为仰身直肢葬（图九九，2）。

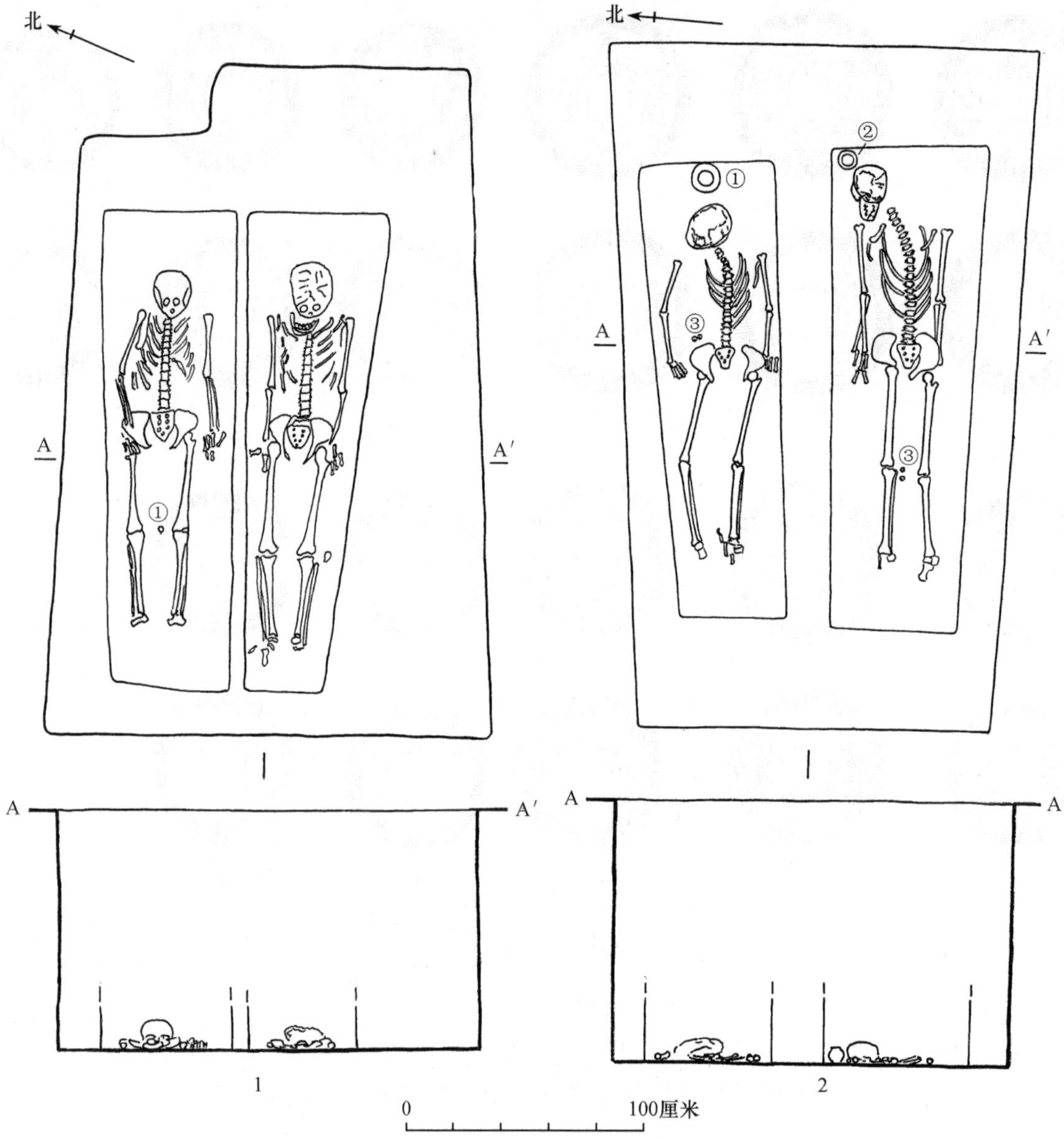

图九九　M53、M54 平、剖面图

1. M53 平、剖面图（①铜钱）　2. M54 平、剖面图（①②瓷罐，③铜钱）

该墓共出土随葬器物 6 件，其中铜钱 4 枚。可以分为瓷器和铜器两类。

瓷罐　2 件。标本 M54∶1，侈口，斜平沿，方唇。束颈。圆肩，鼓腹，下腹内收。矮圈足。器壁施釉，外壁口沿直腹下部施黑釉，腹下部至底部施黄釉。内壁由口沿至底部施黑釉。轮制而成。通高 11.6 厘米，口径 6.9 厘米，腹径 13.3 厘米，底径 8.5 厘米（图一〇〇，1）。标本 M54∶2，直口，斜沿。短颈。短溜肩，鼓腹，下腹内收，矮圈足。器壁施釉，外壁口沿下至腹下部施黑釉，外底无釉。内壁口沿下至底部均施黑釉。轮制而成。通高 7.1 厘米，口径 5.7 厘米，腹径 7.6 厘米，底径 4.6 厘米（图一〇〇，2）。

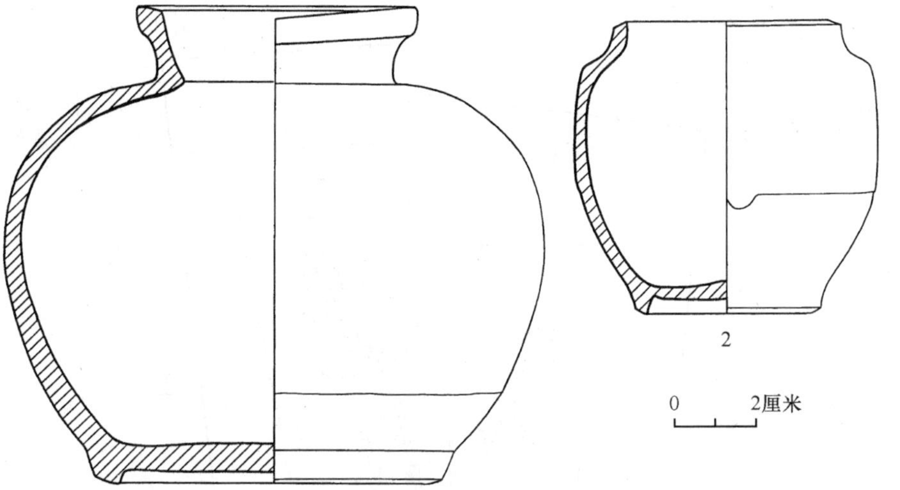

图一〇〇 瓷罐

1. M54:1 2. M54:2

铜钱 4枚，有嘉庆通宝和道光通宝两种。

嘉庆通宝 2枚。标本M54:3-1（图九八，8）和M54:3-2（图九八，9），圆形方穿。穿正面背面有郭，正面铸“嘉庆通宝”四字，上下右左对读。背面穿左右为满文。其背面郭及满文已被磨平。

道光通宝 2枚。标本M54:3-3（图九八，10）和M54:3-4（图九八，11），圆形方穿。穿正面背面有郭，正面铸“道光通宝”四字，上下右左对读。背面穿左右为满文。

M55 开口于②层下，距地表深0.31米。方向65°。东西向。墓圹平面呈长方形，东西长2.61~2.8米，南北宽1.65~2.16米，长宽之比为1.3:1。墓圹四壁垂直，墓底与墓口同大。墓口距墓底深1.2米。墓坑内填五花土，土质较松软，未经夯打。葬具为两具木棺，南北向并列，保存状况较好。为双人合葬墓。北棺东西长1.66米，南北宽0.45~0.65米，残高0.12米。南棺东西长1.92米，南北宽0.52~0.74米，残高0.14米。人骨架保存较完整，头骨位于东部，面部朝上，葬式为仰身直肢（图一〇一）。

随葬品仅有乾隆通宝1枚。

铜钱 1枚。标本M55:1，圆形方穿。穿正面背面有郭，正面铸有“乾隆通宝”四字，上下右左对读。背面穿左右为满文。

（三）多人合葬墓

M5 开口于②层下，距地表深0.32米。方向65°。墓圹平面呈长方形，东西长2.72米，南北宽2.54~2.64米，长宽之比约为1:1。墓圹四壁垂直，坑底与坑口同大。墓口距墓底深1.09米。墓坑内填五花土，土质较松软，未经夯打。墓内葬三具木棺，南北向并列。为三人合

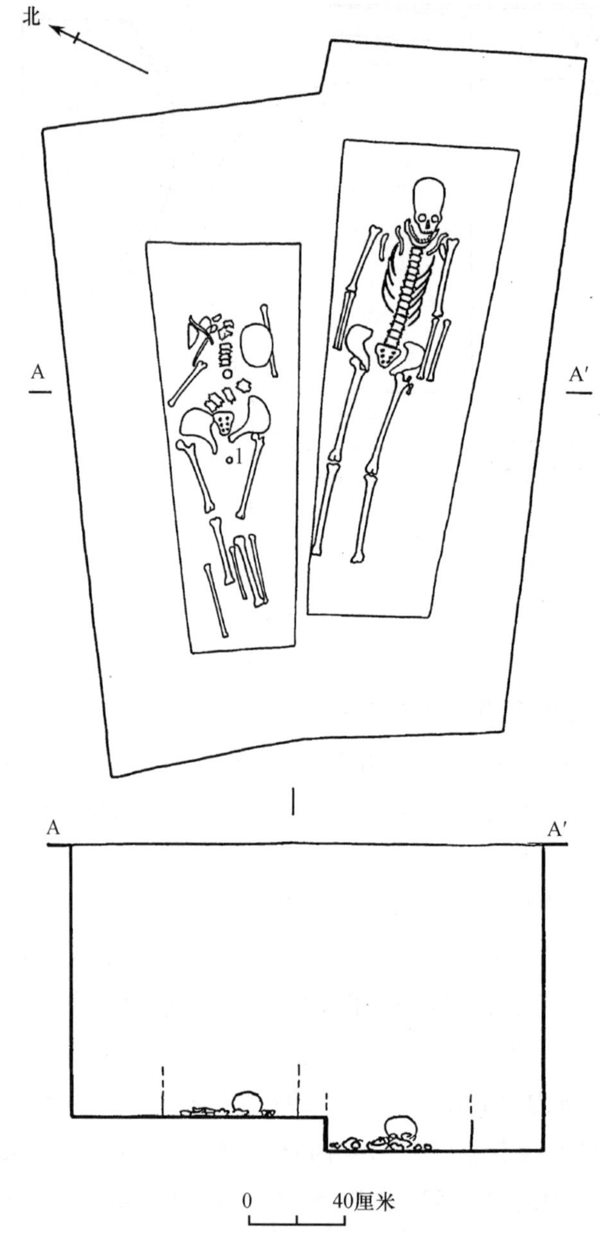

图一〇一　M55 平、剖面图
1. 铜钱

葬墓。北棺和南棺已朽，残存少量痕迹。人骨架三具，保存均较为完整。北部和中部人头骨位于东部，面部朝上，为仰身直肢葬。南部头骨亦位于东部，但肢骨等被整齐地堆叠在一起，应是迁葬而来。北棺东西长 1.78 米，南北宽 0.45 ~ 0.58 米，残高 0.1 米。中棺东西长 1.81 米，南北宽 0.52 ~ 0.61 米，残高 0.11 米。南棺东西长 1.77 米，南北宽 0.51 ~ 0.58 米，残高 0.13 米（图一〇二；图版六，1）。

该墓共出土随葬器物 14 件，另有铜钱 3 枚。可以分为瓷器、铜器和银器三类。

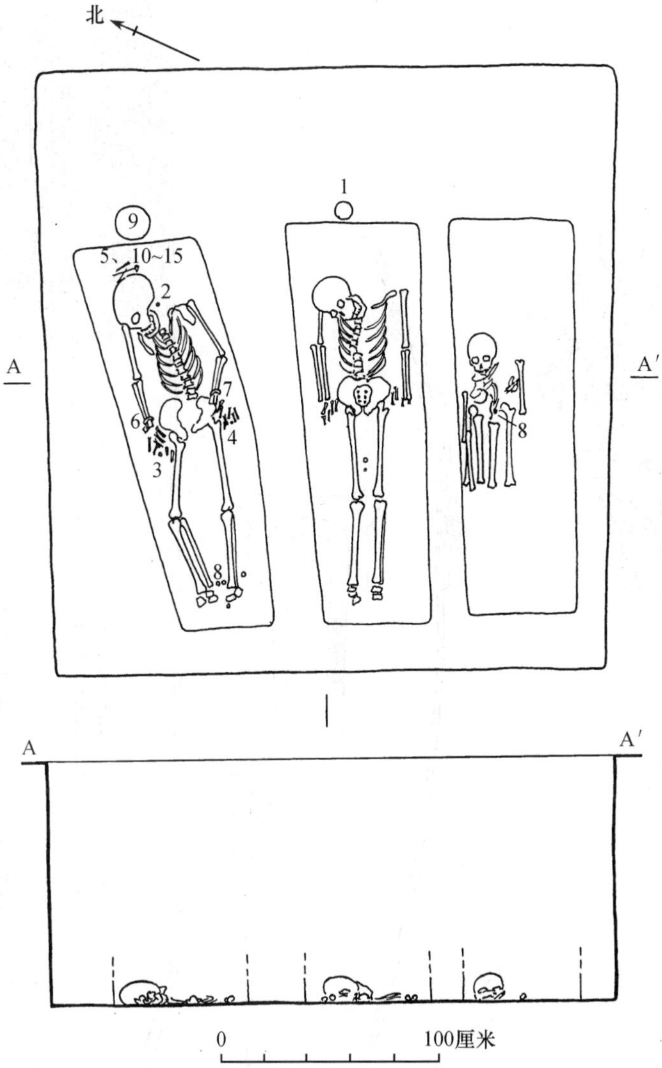

图一〇二 M5平、剖面图

1. 青瓷小碗 2. 银耳环 3、4. 银戒指 5、11. 铜簪 6、7. 银镯 8. 铜钱 9. 瓷碗 10、12~15. 银簪

青瓷小碗 1件。标本M5:1，侈口，腹壁斜直内收。平底，矮圈足。外壁釉色粉青，内壁釉色乳浊。外底青花方框内草书“平”字。外壁有两道裂缝，各施两道锔钉。通高5.6厘米，口径9.3厘米，底径3.7厘米（图一〇三，7）。

瓷碗 1件。标本M5:9，侈口，腹壁斜直内收。圈足较高。腹外壁施黑釉，圈足及外底无釉。腹内壁施白釉。通高6.5厘米，口径15.8厘米，底径6.2厘米（图一〇四，3）。

银器 有耳环、戒指、手镯、簪子等。

耳环 1件。标本M5:2，器表有黑色锈。形状为近似“C”形，一端为圆形，一端为尖状。直径1.4厘米（图一〇三，6）。

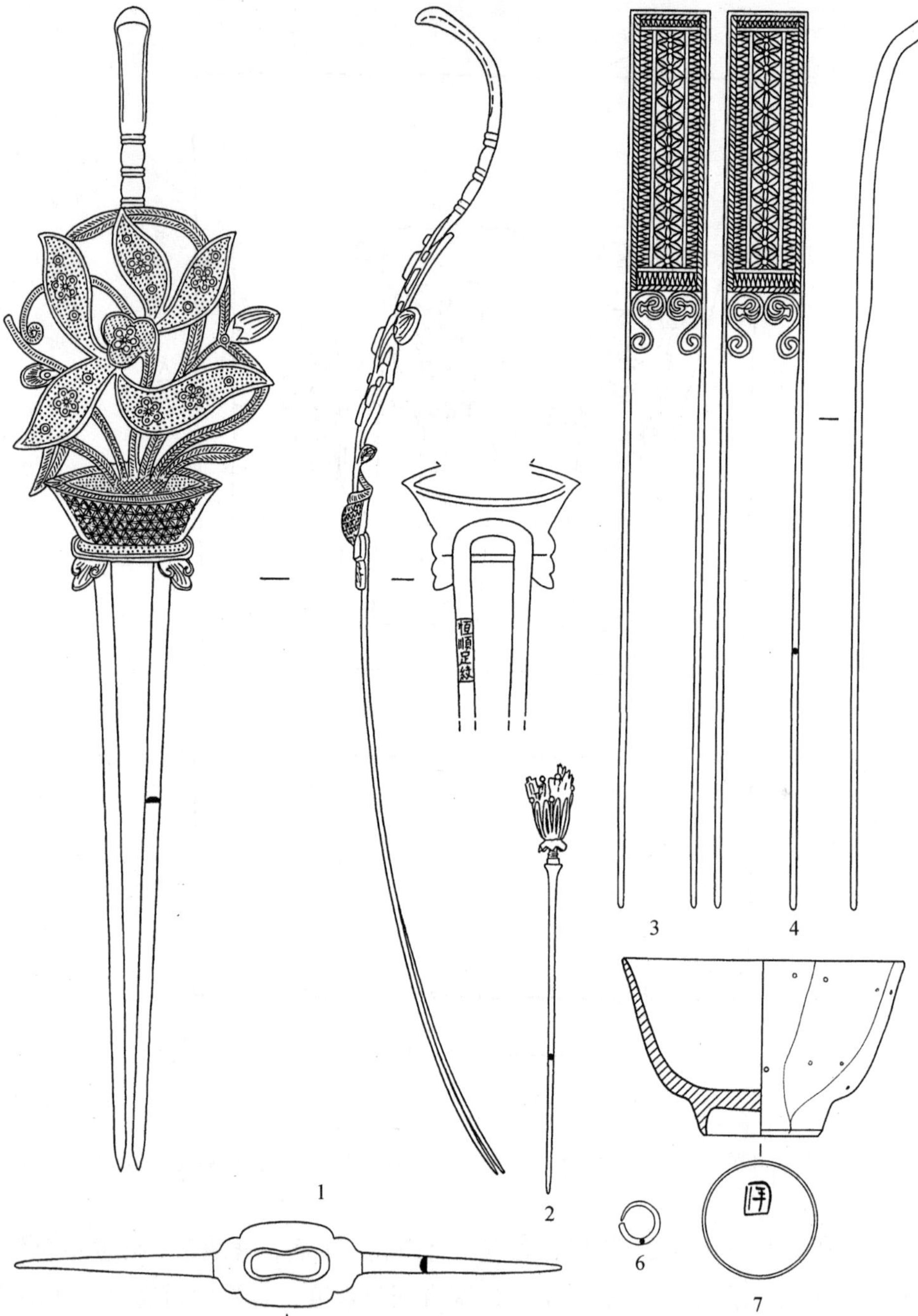

图一〇三　M5 随葬器物

1～4. 银簪（M5∶10、M5∶15、M5∶13、M5∶14）　5. 银戒指（M5∶4）　6. 银耳环（M5∶2）　7. 青瓷小碗（M5∶1）

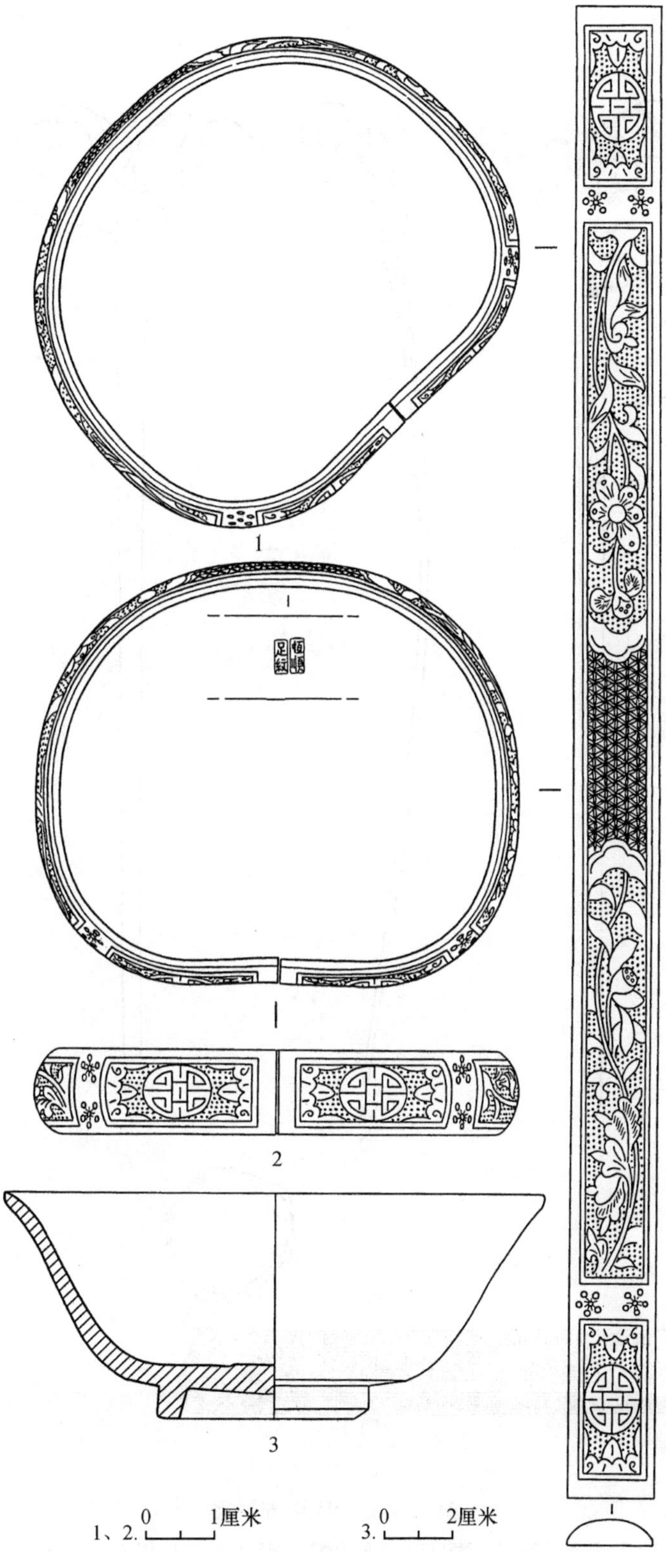

图一〇四　M5 随葬器物

1、2. 银镯（M5:6、M5:7）　3. 瓷碗（M5:9）

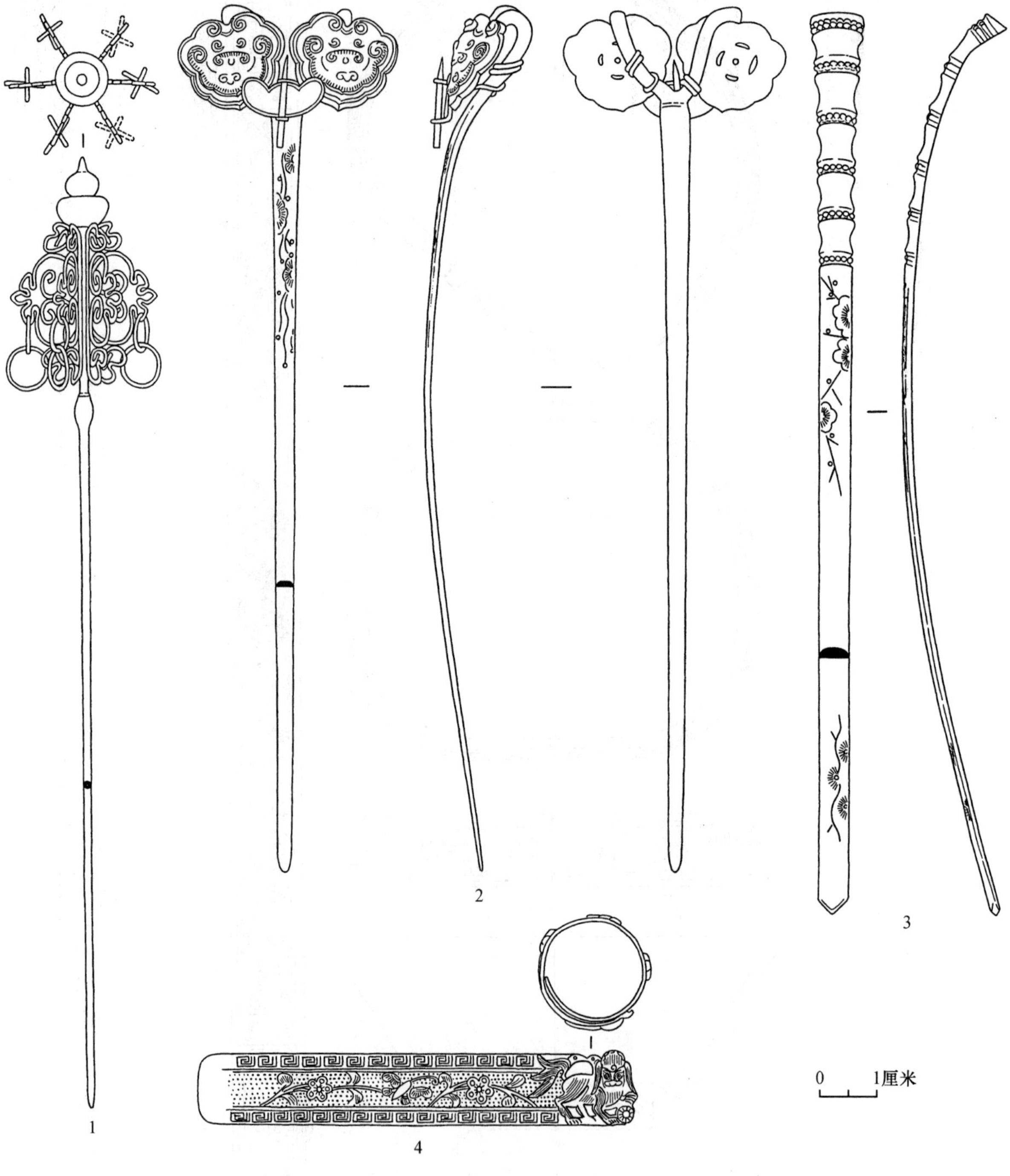

图一〇五　M5 随葬器物

1、2. 铜簪（M5∶5、M5∶11）　3. 银簪（M5∶12）　4. 银戒指（M5∶3）

戒指　2件。标本M5:3，平面为圆环状。器体较宽。一端錾刻一只麒麟，之后中间部分为两组花叶纹，其空白处錾有紧密的圆点，上下则以雷纹为界栏。最大径1.9厘米，宽2.2厘米（图一〇五，4；彩版三，3）。标本M5:4，中部为四出菱形，其上铸一元宝形托。左右两侧为锥形。直径2.1厘米（图一〇三，5）。

镯　2件。标本M5:6（图一〇四，1）和M5:7（图一〇四，2）形制和大小相同。为近似圆环形，镯体宽厚。中部饰两组花叶纹，之间以花瓣纹构成的菱格纹相隔。两端饰寿字纹。空白处均錾刻细密的圆点。镯体内侧纵向并列刻有“恒顺”、“足纹”的款识。最大径7.1厘米，宽1.2厘米。

簪　1件。标本M5:12，簪体扁平。簪首较宽，略向外曲，为竹节状，饰凹弦纹和联珠文。簪体饰连枝花纹。末端为三角形。簪首宽0.9厘米，通长15.8厘米（图一〇五，3）。

铜器　有簪子、铜钱等。

簪　6件。标本M5:5，簪首为用铜丝缠绕而成的六面形禅杖，顶端为葫芦形宝瓶。簪颈短且鼓，簪身为圆柱形，较细。通长16.6厘米（图一〇五，1；彩版三，6）。标本M5:10，簪体扁平，呈“S”形。簪首宽大，为盆种植花的图案，花盆外的纹饰为花瓣纹构成的菱格纹，花卉枝叶缠绕，大花瓣上有梅花纹和圆珠纹，空白处錾刻细密的圆点。簪体下部分为两支，一支背面錾刻“恒顺足纹”。通长18.5厘米，最宽4.6厘米（图一〇三，1；彩版三，5）。标本M5:11，呈如意状，簪首为两个并列的花朵形。其上錾刻卷云纹、直线纹等。下面有一支笔和一锭元宝。簪首背面两侧分别有5个小孔。簪颈较细，与簪首顶端相连，内弯。簪体扁平，上宽下窄，其上部錾刻有连枝花纹饰。通长16.1厘米，簪首最长4.2厘米，最宽1.8厘米（图一〇五，2）。标本M5:13（图一〇三，3）和M5:14（图一〇三，4）形制和大小相同。为长方形。簪首上部向外曲，錾刻花瓣纹、之字形纹、斜线纹等。通长14.6厘米，宽1.3厘米。标本M5:15，簪首已残，作宝莲状，其内有镶嵌物，残缺。簪体成锥状。残长13.7厘米（图一〇三，2）。

铜钱　3枚。有咸丰通宝和光绪通宝两种。

咸丰通宝　1枚。标本M5:8-1，圆形方穿。穿正面背面有郭，正面铸有“咸丰通宝”四字，上下右左对读。背面穿左右为满文（图九一，5）。

光绪通宝　2枚。标本M5:8-2（图九一，3）和M5:8-3（图九一，4），圆形方穿。穿正面背面有郭，正面铸有“光绪通宝”四字，上下右左对读。背面穿左右为满文。其中一枚背面穿上部有一“日”字。

四、结　语

岩上墓葬区的发掘是南水北调中线一期工程（北京段）地下文物保护工作中的重要一部分。岩上墓葬区所揭示出的古代文化面貌与北京其他地区考古发现的同时期墓葬和随葬器物有着很强的一致性，是一批了解、研究本地区古代社会状况的重要材料。

（1）瓮棺葬在战国时期的燕国统治区域内有着广泛分布，于北京的城区和一些郊区县都曾有过发现。1949 年，海淀区阜成门外的八里庄摩诃庵内发现瓮棺墓 2 座，是北京首次发现的瓮棺葬。均由两件陶器对接而成，葬具为夹砂陶釜、瓮[①]。在中关园发现用两件红褐色陶釜作葬具的瓮棺[②]；昌平区张营遗址也发现以夹云母红陶釜、瓮作葬具的瓮棺葬[③]；房山区周口店的蔡庄古城遗址内也发现过瓮棺葬[④]。其结构和形制与此次发掘的岩上墓葬区的瓮棺葬基本相同。此外，在怀柔发掘的战国土坑墓[⑤]、房山芦村古城和长沟古城[⑥]及镇江营遗址[⑦]中均发现夹云母的红陶釜，其形制与岩上墓葬区用作葬具的陶釜大体一致。这种夹云母的红陶釜，北京地区常俗称之为“鱼骨盆”[⑧]，是东周燕文化陶器群中的代表性器类，已有学者对其分期、类型等作过专门研究[⑨]。

（2）岩上墓葬区 M12 出土的两件深腹高柱足红陶鬲属于典型的战国时期燕文化，即“燕式鬲”。与怀柔县城北战国墓中出土的Ⅰ式鬲[⑩]、昌平半截塔村[⑪]、松园村[⑫]战国土坑墓中出土的陶鬲及房山良乡城南的黑古台遗址出土的陶鬲[⑬]形制相同，时代相当于战国晚期。M19 出土的铜印章，印文“丘”曾见于著录。在罗福颐先生主编的《古玺汇编》[⑭] 中共收录了七件，其中四件的字体、印面大小与岩上墓葬区 M12 出土的铜印相同。这就为“丘”单字印的分国别、分域研究提供了依据。

（3）岩上墓葬区砖室墓的结构和随葬器物的类型、形制，是东汉或稍晚时期砖室墓所常见的。单室墓多为刀把形，与平谷、顺义等地区发现的砖室墓的形制相同。双室墓 M33 和 M57 与怀柔城北 M48 的形制相似[⑮]。多室墓 M45 与平谷 M103 的形制相近[⑯]。随葬器物中，陶罐的数量最多，其形制也多见于其他同时期的墓葬中。此外，M48 的陶猪圈与顺义临河汉墓出土的近似[⑰]。M57 的陶井架与平谷西柏店汉墓出土的器物相似[⑱]。M57 陶仓的形制与顺义临河村汉墓出

---

① 安志敏：《北京西郊八里庄发现战国瓮棺》，《燕京学报》37 期。安志敏、伊秉枢：《北京西郊发现的瓮棺》，《燕京学报》39 期。

② 王克林：《北京西郊中关园内发现瓮棺葬》，《文物参考资料》1955 年 11 期。

③ 朱志刚、邢军、郭京宁：《昌平张营遗址发掘获得重大收获》，《北京文博》2004 年 2 期。

④ 王汉彦：《周口店区蔡庄古城遗址》，《文物》1959 年 5 期。

⑤ 北京市文物工作队：《北京怀柔城北东周两汉墓》，《考古》1962 年 5 期。

⑥ 冯秉其、唐云明：《房山县古城址调查》，《文物》1959 年 1 期。

⑦ 北京市文物研究所著：《镇江营与塔照》，中国大百科全书出版社，1999 年。

⑧ 其他的一些羼和有粗砂、云母或蚌壳的红陶或红褐陶器物，也俗称为“鱼骨盆”。

⑨ 陈光：《东周燕人生活陶器分析》，北京市文物研究所编《北京建城 3040 年暨燕文明国际学术研讨会会议专辑》，北京燕山出版社，1997 年。李维明：《燕文化陶釜浅识》，王宇信、秦刚、王云峰主编《北京平谷与华夏文明：国际学术研讨会论文集》，中国社会科学出版社，2006 年。

⑩ 北京市文物工作队：《北京怀柔城北东周两汉墓》，《考古》1962 年 5 期。

⑪ 北京市文物工作队：《北京昌平半截塔村东周和两汉墓》，《考古》1963 年 3 期。

⑫ 苏天钧：《北京昌平区松园村战国墓葬发掘记略》，《文物》1959 年 3 期。

⑬ 北京市文物工作队：《北京房山县考古调查简报》，《考古》1963 年 3 期。

⑭ 故宫博物院编、罗福颐主编：《古玺汇编》，文物出版社，1998 年。

⑮ 北京市文物工作队：《北京怀柔城北东周两汉墓》，《考古》1962 年 5 期。

⑯ 北京市文物工作队：《北京平谷县西柏店和唐庄子汉墓发掘简报》，《考古》1962 年 5 期。

⑰ 北京市文物研究所：《顺义县临河汉墓群》，《北京文博》1996 年 1 期。

⑱ 北京市文物工作队：《北京平谷县西柏店和唐庄子汉墓发掘简报》，《考古》1962 年 5 期。

土的彩绘陶楼相近①。岩上墓葬区东汉砖室墓中的随葬器物的陶质多数为夹云母，泥质陶的数量较少，不同于以往的东汉墓葬。这应与南正村一带的地质情况有关。

（4）岩上墓葬区的北魏时期纪年墓在北京地区还是首次发掘。虽然没有发现完整的随葬器物，但是墓葬保存完整，未遭破坏，为我们了解当时的墓葬形制和葬俗提供了新的材料。

（5）清代墓葬在北京的城区和郊区县多有发现，竖穴土圹木棺（椁）墓占绝大多数。单人葬、双人合葬及多人合葬均为常见的形式。在岩上墓葬区的清代墓葬中，葬具和人骨多数能够有所保存。木棺底部常铺置白灰、煤渣、木炭块等用以防腐。通常在墓主人的头部前方放置一件釉陶罐，棺内则随葬时人通常佩戴的饰件，如头簪、戒指、手镯、耳环等，并有数目不等的铜钱。

领队：张治强
发掘：孙勐、郭京宁、陈亚洲、朱志刚、张治强
执笔：孙勐、刘风亮、郭京宁、陈亚洲
整理：张绪武、张济发、邱军强、安喜林、刘缀生
摄影：王殿平、孙勐、韩宜林

① 北京市文物管理处：《北京顺义临河村东汉墓发掘简报》，《考古》1977年6期。

附表一　岩上战国时期墓葬登记表

（单位：米）

墓号	开口层位	形状与结构	葬具	葬式	方向	墓口	墓底	棺椁	随葬品	打破关系
						长×宽－深	长×宽－深	长×宽×高		
M12	③下	长方形土圹竖穴	一棺一椁	不清	12°	2.8×（1.2～1.3）－0.8	2.8×（1.2～1.3）－3.8	棺1.78×0.48×0.35 椁1.92×（0.7～0.8）×0.45	陶鬲2	
M13	③下	同上	单棺	不清	10°	2.26×（0.65～0.8）－0.8	2.26×（0.65～0.8）－3	棺1.8×（0.44～0.54）×0.1	无	
M14	④下	同上	同上	不清	188°	2.4×0.84－0.75	2.4×0.84－2.15	棺1.72×（0.54～0.58）×0.1	铜印章	
M15	③下	同上	同上	不清	185°	2.3×（1～1.04）－0.8	2.3×（1～1.04）－2	棺2×（0.55～0.65）×0.26	无	
M16	③下	同上	同上	不清	10°	2.4×（1～1.15）－0.9	2.4×（1～1.15）－2.5	棺1.8×（0.42～0.44）×0.1	无	
M17	③下	同上	同上	不清	10°	2.36×1.02－0.8	2.36×1.02－2.52	棺1.75×（0.45～0.56）×不详	无	
M18	③下	同上	同上	不清	180°	2.4×（1～1.1）－0.5	2.4×（1～1.1）－2.6	棺2.1×（0.6～0.65）×0.15	无	
M19	③下	同上	同上	不清	10°	2.4×（0.84～0.92）－0.45	2.4×（0.84～0.92）－2.5	棺1.87×（0.44～0.48）×0.06	铜带钩	
M20	③下	同上	同上	不清	8°	2.26×0.9－0.68	2.26×0.9－1.92	棺1.9×（0.57～0.6）×0.1	无	
M21	③下	同上	同上	不清	0°	2.4×1－0.5	2.4×1－3	棺1.9×0.6×0.5	无	
M22	④下	同上	同上	不清	10°	2.5×1.08－0.7	2.5×1.08－3.5	棺1.75×（0.46～0.52）×0.22	无	
M23	③下	同上	同上	不清	8°	2.54×1.1－0.9	2.54×1.1－3.2	棺1.87×（0.48～0.54）×0.3	无	
M25	③下	同上	一棺一椁	不清	0°	2.55×1.31－0.47	2.55×1.31－1.71	棺1.9×0.5×不详，厚0.06； 椁2.26×1.02×不详，厚0.08	无	
M29	③下	同上	同上	不清	6°	2.2×1－0.64	2.2×1－2.08	棺1.76×（0.42-0.46）×不详	无	被M28打破
M30	③下	同上	同上	不清	10°	2.1×（0.82～0.89）－0.36	2.1×（0.82～0.89）－1.86	棺1.76×（0.48-0.56）×不详	无	
M31	③下	同上	同上	不清	8°	2.52×（1～1.2）－0.66	2.4×（0.82～1）－2.58	棺1.98×（0.56～0.66）×0.26	无	
M32	③下	同上	同上	不清	8°	2.15×1－0.7	2.15×1－3.25	棺1.78×（0.47～0.58）×0.32	无	
M37	③下	同上	同上	不清	19°	2.5×0.9－0.6	2.5×0.9－2.54	棺1.88×（0.46～0.5）×0.26	无	
M41	③下	同上	同上	不清	5°	残长1.8×0.8－0.7	残长1.8×0.8－2.04， 台高0.18×（0.14～0.26）	棺残长1.56×0.44×0.18	陶豆	被M28打破（南端）
M42	③下	同上	同上	不清	7°	残长1.72×0.83－0.7	残长1.72×0.83－2， 台高0.22×（0.15～0.26）	棺残长1.47×（0.48～0.5）×0.2	无	被M28打破
M47	③下	同上	一棺双椁	不清	0°	2.84×（1.53～1.56）－0.85	2.84×（1.53～1.56）－3.65	棺1.8×（0.37～0.42）×0.25； 外椁2.2×（0.84～1）×0.4； 内椁1.95×0.58×0.4	无	
M49	③下	同上	一棺双椁	不清	0°	2.25×1.02－0.7	2.25×1.02－2.5	棺1.8×（0.42～0.48）×0.06； 椁1.94×（0.63～0.73）×0.06	无	
M50	③下	同上	单棺	不清	0°	2.26×（0.92～1.02）－0.7	2.26×（0.92～1.02）－2.7	棺1.9×（0.52～0.54）×不详	无	

附表二　岩上战国时期瓮棺登记表

（单位：米）

墓号	开口层位	形状与结构	葬具	葬式	方向	墓口	墓底	瓮棺	随葬品	打破关系
						长×宽－深	长×宽－深	长×宽×高		
W1	③下	不规则长方形土坑竖穴圜底	一瓮一釜	不清	175°	（0.7～0.87）×（0.35～0.45）－0.55	（0.7～0.87）×（0.35～0.45）－（0.68～0.8）	0.6×（0.17～0.35）×0.24	无	被M7打破
W2	③下	长方形土坑竖穴	一瓮一釜	不清	185°	1.45×1.02－0.56	1.45×1.02－1.2	0.8×（0.2～0.68）×0.58	无	
W3	③下	不规则长方形土坑竖穴圜底	一瓮双釜	不清	185°	1.04×（0.5～0.6）－0.8	1.04×（0.5～0.6）－（0.82～1.1）	0.87×（0.16～0.46）×（0.18～0.32）	无	
W4	③下	不规则长方形土坑竖穴圜底	三釜	不清	185°	0.95×（0.2～0.6）－0.8	0.95×（0.2～0.6）－（0.9～1.02）	0.75×（0.12～0.35）×0.15	无	
W5	③下	近长方形土坑竖穴圜底	双釜	不清	190°	0.87×（0.45～0.5）－0.8	0.87×（0.45～0.5）－（0.91～1.01）	0.6×（0.18～0.32）×（0.13～0.2）	无	
W6	③下	长方形土坑竖穴圜底	一瓮一釜	不清	100°	1.08×（0.35～0.75）－0.8	1.08×（0.35～0.75）－（1.06～1.18）	0.87×（0.15～0.5）×（0.15～0.42）	无	
W7	③下	长方形土坑竖穴圜底	双釜	不清	180°	0.92×（0.5～0.63）－0.8	0.92×（0.5～0.63）－（0.95～1.19）	0.62×（0.15～0.4）×（0.12～0.29）	无	
W8	③下	近长方形土坑竖穴	三釜④陶豆盘	不清	190°	0.95×（0.6～0.7）－（0.61～0.65）	0.95×（0.6～0.7）－（0.71～0.79）	0.72×（0.17～0.39）×0.26	无	
W9	③下	近长方形土坑竖穴	一瓮双釜	不清	50°	1.42×（0.65～0.72）－0.6	1.4×（0.65～0.72）－（0.7～0.82）	0.98×（0.16～0.51）×（0.14～0.4）	无	
W10	③下	长方形土坑竖穴	双釜	不清	180°	0.95×（0.5～0.61）－0.61	0.95×（0.5～0.61）－（0.72～0.86）	0.67×（0.17～0.4）×0.33	无	
W11	③下	圆角长方形土坑竖穴	双釜	不清	182°	1.02×（0.4～0.48）－0.48	1.02×（0.4～0.48）－（0.56～0.6）	0.64×（0.16～0.42）×0.1	无	打破W12
W12	③下	圆角长方形土坑竖穴	三釜	不清	185°	1.19×（0.43～0.52）－0.48	1.19×（0.43～0.52）－（0.56～0.61）	0.9×（0.15～0.37）×0.15	无	被W11打破
W13	③下	“凸”字形土坑竖穴	一瓮一釜	不清	165°	1.16×（0.56～0.61）－0.82	1.16×（0.56～0.61）－（1.02～1.14）	0.92×（0.12～0.56）×（0.12～0.36）	无	
W14	③下	圆角形土坑竖穴	一瓮一釜	不清	175°	0.96×（0.35～0.78）－0.35	0.9×（0.35～0.78）－（0.75～0.93）	0.87×（0.17～0.58）×（0.17～0.48）	无	

附表三　岩上东汉、北魏时期墓葬登记表　　（单位：米）

墓号	开口层位	形状与结构	葬具	葬式	方向	墓道	墓口	墓底	棺椁	随葬品	打破关系
						长×宽－深	长×宽－深	长×宽－深			
M28	③下	“甲”字形，土圹砖室	不清	不清	277°	5.92×（0.8～1.07）－0.6，坡长6.22	5.2×（2.86～3.02）－0.6	4.52×2.26－2.67	不详	陶灶、陶仓3、铜戒指、陶罐2、陶壶、陶井、陶盆、陶甑、五铢3	打破M29、M41、M42
M33	③下	“中”字形，土圹砖室	不清	不清	188°	4.17×（0.8～1.4）－0.5，坡长2.7	6.56×（2.16～3.12）－0.5	6.46×（2.08～3.2）－2.14	不详	陶钵2、陶盆、五铢3	被M11、M24打破
M34	③下	“刀”把形，土圹砖室	不清	不清	183°	3.56×（0.98～1.08）－0.5，坡长3.66	4.94×2－0.5	3.38×1.52－1.65	不详	陶盆2、陶罐2、陶钵、陶灶、小陶盆、小陶甑、残陶器、五铢、货泉2	
M38	③下	“刀”把形，土圹砖室	不清	不清	0°	2.74×0.8－0.38，坡长2.36	3.7×1.86－0.38	3.7×1.86－1.58	不详	陶罐8、陶钵、陶井、陶灶、小陶盆2、小陶甑、五铢7	
M39	②下	“刀”把形，土圹砖室	不清	不清	5°	3.72×（0.9～1.03）－0.5，坡长3.84	4.8×2.1－0.5	4.24×1.58－1.74	不详	陶罐9、陶灶、陶盆、小陶釜、五铢9、货泉2	
M40	②下	“刀”把形土圹砖室	不清	不清	10°	3.22×（0.64～0.82）－（0.18～0.4），坡长3.55×（0.64～0.82）－1.16	8.3×（2.12～2.35）－（0.18～0.4）	4.4×（2.12～2.35）－1.24	不详	陶罐8、小陶甑、小陶盆4、陶井、陶釜2、陶灶、铁销刀、铜环、五铢3、大泉五十	
M45	①下	“刀”字形，土圹四砖室	不清	不清	200°	1.6×0.92－（0.24～0.62），坡长1.63	7.2×7.1－0.28	7.2×7.1－（0.46～0.86）	不详	陶罐、陶磨、小陶盆、陶动物俑、五铢4	
M46	②下	“刀”把形，土圹砖室	不清	不清	195°	（4.08～4.34）×0.76－0.2，坡长3.55	3.66×1.46－0.2	3.66×1.46－1.78	不详	陶狗、陶猪、陶鸭、陶鸡、小陶盆、陶人物俑2、陶井、陶仓5、陶罐3、陶盆3、陶耳杯、小陶甑、五铢4	
M48	③下	“刀”把形，土圹砖室	不清	不清	183°	2.88×（0.67～0.96）－0.5，坡长6.2	4.92×（2.24～2.34）－0.5	4.28×1.54－2.82	不详	陶猪圈、陶罐5、陶灶、陶井、小陶甑、小陶羊、小陶鸟、带字墓砖、琉璃耳珰、五铢10、货泉	被M9、M10打破

续表

墓号	开口层位	形状与结构	葬具	葬式	方向	墓道	墓口	墓底	棺椁	随葬品	打破关系
						长×宽－深	长×宽－深	长×宽－深			
M51	③下	“中”字形，土圹砖室	不清	不清	180°	4.15×（0.8～1.2）－0.7，坡长4.55	2.92×2.76－0.7	6.12×5.9－2.5	不详	五铢3、墓砖	
M57	③下	“中”字形，土圹砖室	木棺2	不清	0°	0.96×（0.64～0.93）－0.2，坡长1.06	6.52×（3.14～3.48）－1	5.72×（2.1～2.66）－？	2.08×（0.38～0.52）；2.14×（0.86～0.94）	陶井、陶仓2、陶厕、陶灯、陶磨、陶鸡2、陶狗、陶猪、陶人物俑、陶盘、陶灶、小陶盆2、五铢8	
M1	③下	长方形，土圹砖石结构	木棺1	仰身直肢	180°	无	2.14×（0.7～0.9）－1.6		1.76×（0.46～0.5）	墓志砖、铁铺首衔环2	
M2	③下	长方形，土圹砖石结构	木棺1	不清	180°	无	2.9×（1.14～1.51）－1.9		1.96×（0.52～0.68）	陶罐、铁铺首衔环	

附表四　岩上清代墓葬登记表

（单位：米）

墓号	开口层位	形状与结构	葬具	葬式	方向	性别	年龄	墓口	棺椁	随葬品	打破关系
								长×宽－深	长×宽×高		
M3	②下	长方形土坑竖穴	双棺	仰身直肢	70°			2.76×（1.72～2.04）－0.31	北棺1.86×（0.52～0.68）×0.43，南棺2.02×（0.43～0.65）×0.5	铜戒指2、铜簪、乾隆通宝、光绪通宝	
M4	②下	长方形土坑竖穴	无	仰身直肢	90°			1.96×（0.72～0.85）－0.22	不详	石饰件、铜顶针、雍正通宝、乾隆通宝	
M5	②下	近长方形土坑竖穴	三棺	北．仰身直肢；中．仰身直肢；南．仰身折下肢	65°			2.72×（2.54～2.64）－0.32	北棺1.78×（0.45～0.58）×0.1，中棺1.8×（0.52～0.61）×0.11，南棺1.77×（0.51～0.58）×0.13	青瓷小碗、银耳环、银戒指2、铜簪6、银镯2、瓷碗、银簪、咸丰通宝、光绪通宝2	
M6	②下	长方形土坑竖穴	单棺	仰身直肢	80°			2.34×（0.7～0.94）－0.3	1.86×（0.46～0.62）×0.24	瓷罐、青花碗、乾隆通宝2	
M7	②下	长方形土坑竖穴	双棺	仰身直肢	90°			2.45×2.04－0.21	北棺1.7×0.44×0.21，南棺1.74×0.61×0.12	铜簪、瓷罐、铜饰件、乾隆通宝	打破W1的东壁
M8	②下	长方形土坑竖穴	双棺	仰身直肢	93°			2.82×（1.92～2.16）－0.26	北棺1.71×（0.48～0.62）×0.23，南棺1.86×（0.46～0.75）×0.17	银簪、铜簪5、瓷罐2、铜烟袋、康熙通宝、乾隆通宝3、光绪通宝	打破M26
M9	②下	长方形土坑竖穴	双棺	仰身直肢	105°			2.92×（1.66～1.74）－0.38	北棺1.94×（0.56～0.6）×0.14，南棺2.02×0.54×0.32	银手镯、瓷罐、铜烟袋、铜簪4、铜扣、康熙通宝、乾隆通宝3、嘉庆通宝3	打破M27、M48
M10	②下	长方形土坑竖穴	单棺	不清	95°			3.12×（1.61～1.81）－0.42	1.74×（0.56～0.6）×不详	瓷罐、乾隆通宝3	打破M48
M11	②下	长方形土坑竖穴	单棺	仰身直肢	88°			3.02×（1.61～1.9）－0.5	1.81×（0.41～0.52）×不详	瓷罐、乾隆通宝3	打破M33、M24
M24	②下	长方形土坑竖穴	单棺	仰身直肢	87°			2.98×（0.98～1.03）－0.24	1.75×（0.51～0.56）×0.18	瓷罐、乾隆通宝5	打破M33
M26	②下	长方形土坑竖穴	单棺	仰身直肢	5°			2.42×（0.8～0.98）－0.49	棺（1.86～2.1）×（0.6～0.68）×不详	石块、乾隆通宝	被M8打破
M27	②下	长方形土坑竖穴	单棺	直肢	9°			残长1.89×（0.91～1.02）－0.5	1.67×（0.46～0.52）×0.08	乾隆通宝	打破M48、被M9打破

续表

墓号	开口层位	形状与结构	葬具	葬式	方向	性别	年龄	墓口	棺椁	随葬品	打破关系
								长×宽-深	长×宽×高		
M35	②下	长方形土坑竖穴	单棺	不清	185°			2.22×0.72-0.49	2.01×0.6×0.38	乾隆通宝	
M36	②下	长方形土坑竖穴	单棺	不清	100°			2.11×（0.84~0.92）-0.49	（1.51~1.64）×0.48×0.32	银扣4、乾隆通宝	
M43	②下	长方形土坑竖穴	双棺	不清	200°			2.41×1.88-0.34	西棺1.83×（0.53~0.57）×0.22，东棺2.02×（0.36~0.38）×0.1	乾隆通宝	
M44	②下	长方形土坑竖穴	单棺	不清	9°			2.32×0.81-0.55	棺1.98×（0.47~0.52）×0.13	乾隆通宝	
M52	②下	长方形土坑竖穴	单棺	不清	85°			2.46×（0.92~1.1）-0.36	1.86×（0.66~0.76）×0.1	乾隆通宝2	
M53	②下	长方形土坑竖穴	双棺	仰身直肢	70°			2.75×（1.65~1.88）-0.32	北棺1.98×（0.5~0.56）×0.18，南棺1.98×（0.52~0.61）×0.18	乾隆通宝、咸丰通宝、光绪通宝2	
M54	②下	长方形土坑竖穴	双棺	仰身直肢	85°			2.82×（1.48~1.81）-0.32	北棺1.86×（0.46~0.56）×0.25，南棺2.03×（0.54~0.66）×0.28	瓷罐2、嘉庆通宝2、道光通宝2	
M55	②下	长方形土坑竖穴	双棺	仰身直肢	65°			（2.61~2.8）×（1.65~2.16）-0.31	北棺1.66×（0.45~0.65）×0.12，南棺1.92×（0.52~0.74）×0.14	乾隆通宝	
M56	②下	长方形土坑竖穴	单棺	不清	110°			2.62×（1.22~1.61）-0.34	2.34×（0.66~0.86）×0.13	乾隆通宝	

附表五　东汉时期墓葬中出土铜钱统计表　（单位：厘米）

单位	种类	编号	钱径	穿宽	肉厚	备注
M28	五铢	1	2. 57	0. 96	0. 14	
		2	2. 58	0. 94	0. 15	
		3	2. 59	0. 99	0. 13	
M33	五铢	1	2. 58	0. 90	0. 14	
		2	2. 52	0. 88	0. 13	
		3	2. 17	0. 91	0. 10	剪轮五铢
M34	五铢	1	2. 58	0. 97	0. 13	
	货泉	2	2. 29	0. 74	0. 14	
		3	2. 30	0. 73	0. 15	
M38	五铢	1	2. 35	0. 89	0. 10	
		2	2. 60	0. 96	0. 13	
		3	2. 60	0. 88	0. 12	
		4	2. 56	0. 93	0. 10	
		5	2. 54	0. 92	0. 13	
		6	2. 38	0. 89	0. 13	
		7	2. 55	0. 95	0. 15	
M39	五铢	1	2. 43	0. 90	0. 11	剪轮五铢
		2	2. 60	0. 95	0. 16	
		3	2. 58	0. 94	0. 14	
		4	2. 60	0. 94	0. 10	
		5	2. 52	0. 89	0. 15	
		6	2. 42	0. 91	0. 08	剪轮五铢
		7	2. 46	0. 89	0. 13	
		8	1. 69	0. 89	0. 08	剪轮五铢
		9	1. 74	0. 90	0. 08	剪轮五铢
	货泉	10	2. 32	0. 70	0. 16	
		11	2. 28	0. 67	0. 17	
M40	五铢	1	2. 59	0. 83	0. 14	
		2	2. 57	0. 91	0. 14	
		3	2. 57	0. 92	0. 14	
	大泉五十	4	2. 68	0. 84	0. 13	
M45	五铢	1	2. 50	0. 90	0. 11	
		2	2. 57	0. 95	0. 14	
		3	2. 04	0. 98	0. 09	剪轮五铢
		4	2. 20	0. 91	0. 07	剪轮五铢

续表

单位	种类	编号	钱径	穿宽	肉厚	备注
M46	五铢	1	2.53	0.94	0.10	
		2	2.60	0.92	0.13	
		3	2.59	0.93	0.14	
		4	1.36	0.56	0.06	小五铢
M48	五铢	1	2.49	0.91	0.15	
		2	2.59	0.86	0.15	
		3	2.58	0.92	0.16	
		4	2.47	0.95	0.13	
		5	2.58	0.88	0.13	
		6	2.56	0.93	0.11	
		7	2.55	0.99	0.13	
		8	2.51	0.91	0.13	
		9	2.59	0.89	0.14	
		10	2.60	1.0	0.12	
	货泉	11	2.30	0.73	0.13	
M51	五铢	1	2.55	0.99	0.11	
		2	2.55	0.93	0.12	
		3	2.55	0.90	0.12	
M71	五铢	1	2.54	0.90	0.12	正面有星号
		2	2.58	0.93	0.17	
		3	2.63	0.98	0.14	
		4	2.56	0.92	0.13	
		5	2.60	0.94	0.15	
		6	2.60	0.88	0.11	
		7	2.53	0.89	0.12	
		8	2.58	0.90	0.15	

附表六　清代墓葬中出土铜钱统计表　（单位：厘米）

单位	种类	编号	钱径	穿宽	肉厚	备注
M3	乾隆	1	2.19	0.59	0.13	
	光绪	2	2.04	0.52	0.10	
M4	雍正	1	2.63	0.58	0.13	
	乾隆	2	2.51	0.57	0.12	
M5	光绪	1	2.21	0.53	0.12	
		2	1.65	0.52	0.11	背面有“日”字
	咸丰	3	2.28	0.57	0.13	
M6	乾隆	1	2.51	0.53	0.12	
		2	2.44	0.56	0.13	
M7	乾隆	1	2.43	0.53	0.12	
M8	康熙	1	2.73	0.55	0.09	
	乾隆	2	2.47	0.50	0.13	
		3	2.30	0.53	0.14	
		4	2.31	0.50	0.15	
	光绪	5	2.10	0.52	0.11	
M9	康熙	1	2.66	0.57	0.12	
	乾隆	2	2.52	0.51	0.11	
		3	2.20	0.51	0.14	
		4	2.43	0.49	0.13	
	嘉庆	5	2.53	0.53	0.13	
		6	2.54	0.56	0.12	
		7	2.52	0.51	0.13	
M10	乾隆	1	2.68	0.53	0.18	
		2	2.32	0.53	0.14	
		3	2.07	0.54	0.13	
M11	乾隆	1	2.32	0.51	0.14	
		2	2.51	0.54	0.14	
		3	2.28	0.59	0.09	
M24	乾隆	1	2.36	0.51	0.15	
		2	2.41	0.51	0.14	
		3	2.38	0.51	0.15	
		4	2.33	0.57	0.13	
		5	2.36	0.52	0.14	
M26	乾隆	1	2.45	0.53	0.15	
M27	乾隆	1	2.58	0.55	0.14	
M35	乾隆	1	2.43	0.50	0.13	
M36	乾隆	1	2.51	0.50	0.11	

续表

单位	种类	编号	钱径	穿宽	肉厚	备注
M43	乾隆	1	2.45	0.57	0.13	
M44	乾隆	1	2.51	0.58	0.11	
M52	乾隆	1	2.40	0.50	0.14	
		2	2.45	0.55	0.12	
M53	乾隆	1	2.24	0.53	0.13	
	道光	2	2.30	0.58	0.15	
		3	2.22	0.58	0.12	
	咸丰	4	2.16	0.64	0.14	
M54	嘉庆	1	2.38	0.51	0.16	
		2	2.43	0.58	0.13	
	道光	3	2.21	0.56	0.15	
		4	2.27	0.54	0.17	
M55	乾隆	1	2.51	0.56	0.12	
M56	乾隆	1	2.51	0.53	0.12	

附表七　岩上墓葬区清代墓葬中人骨鉴定一览表

编　号		性　别	年龄（岁）
M3	北棺	女	25 左右
	南棺	男	20 ~ 25
M4		男	25 左右
M5	北棺	女	25 左右
	中棺	男	30 左右
	南棺	女	17 ~ 18
M6		男	17 ~ 18
M7	北棺	男	50 以上
	南棺	女	35 左右
M8	北棺	女	40 ~ 45
	南棺	男	45 ~ 50
M9	北棺	女	40 ~ 45
	南棺	男	20 ~ 25
M24		女	45 左右
M53	北棺	女	20 左右
	南棺	男	30 左右
M54	北棺	女	35 ~ 40
	南棺	男	40 左右
M55	北棺	女	40 左右
	南棺	男	25 左右

附表八　岩上墓葬区墓砖统计表　　（单位：厘米）

编号	长	宽	厚	备注
M1	25	12	4	
	27.1	12.9	4	墓志砖，素面
M2	27	12	3.5	
	25	12	3.5	
	30	17	6	
	31.6	17.2	5.2	墓志砖，有榫卯和纹饰
M11	30	15	5.5	
M12	24	12	3	
M23	24	12	4	
M33	26	12	6	
M34	24	12	5	
M38	25	12.5	4.5	
M39	24	12	3.5	
M40	25	14	4.5	
M45	35	23	4	
M46	24	12	4.5	
M48	25	12.5	4	
	25.3	12.4	3.9	有字
M51	30	17	5	
	20	17	6	
	17	17	6	
	17	18	6	
	8	8	6	
	20	17	5	
	19	16	5	

北正遗址发掘报告

北正遗址位于北京市房山区长沟镇北正村北，距房山区政府良乡约25公里（图一）。北正唐代成村，称北郑村，与南郑村相对而称，皆因姓氏和方位得名。清末已作北正村①。村内有建于辽重熙二十年（1051年）的塔基地宫。北京市文物研究所于1977年曾进行清理发掘②。

北正村东北邻坟庄村。坟庄村以南、北正村以北的范围属北京市人民政府公布的第三批市级地下文物埋藏区——坟庄埋藏区。本次发掘的地点属北正村的用地，南水北调文物保护工作以输水管线的行政位置标示文物地点，故而沿用“北正”至今。

北正遗址为东经115°51.694′，北纬39°34.781′，海拔高程67米，地势略高于周边约1米。现存北正遗址东西长约30米，南北长约60米，面积约1800平方米。南水北调中线工程北京段输水管线HD9+20～HD9+200自南而北穿遗址而过。2006年9月，北京市文物研究所对该遗址进行发掘。本次发掘650平方米（图二；图版二七，1）。共清理灰坑2个，晚期树坑4个（编为K），出土物以陶器为主。

一、地 层 堆 积

遗址的地层堆积较为简单，现以T1的西壁为例，介绍如下（图三）。

第①层：表土，呈西高东低斜向水平堆积，全方分布。厚0.1～0.42米。土色灰黄，土质疏松，含有草根、砖块、瓦片等。

第②层：土色红褐，土质疏松，夹云母。厚0～0.3米。呈西高东低斜向水平堆积，该层分布于探方西半部。内含少量夹云母红陶片，可辨器型有釜、碗等。此层层面下有H1开口。

第③层：土色黄灰，土质较硬。厚0～0.25米。该层分布于探方西北部。内含红烧土颗粒、炭屑、云母及夹云母红陶片等，可辨器型有釜、钵、瓦等。

---

① 房山区地名志编辑委员会：《北京市房山区地名志》，北京出版社，1990年。

② 齐心、刘精义：《北京市房山县北郑村辽塔清理记》，《考古》1980年2期。

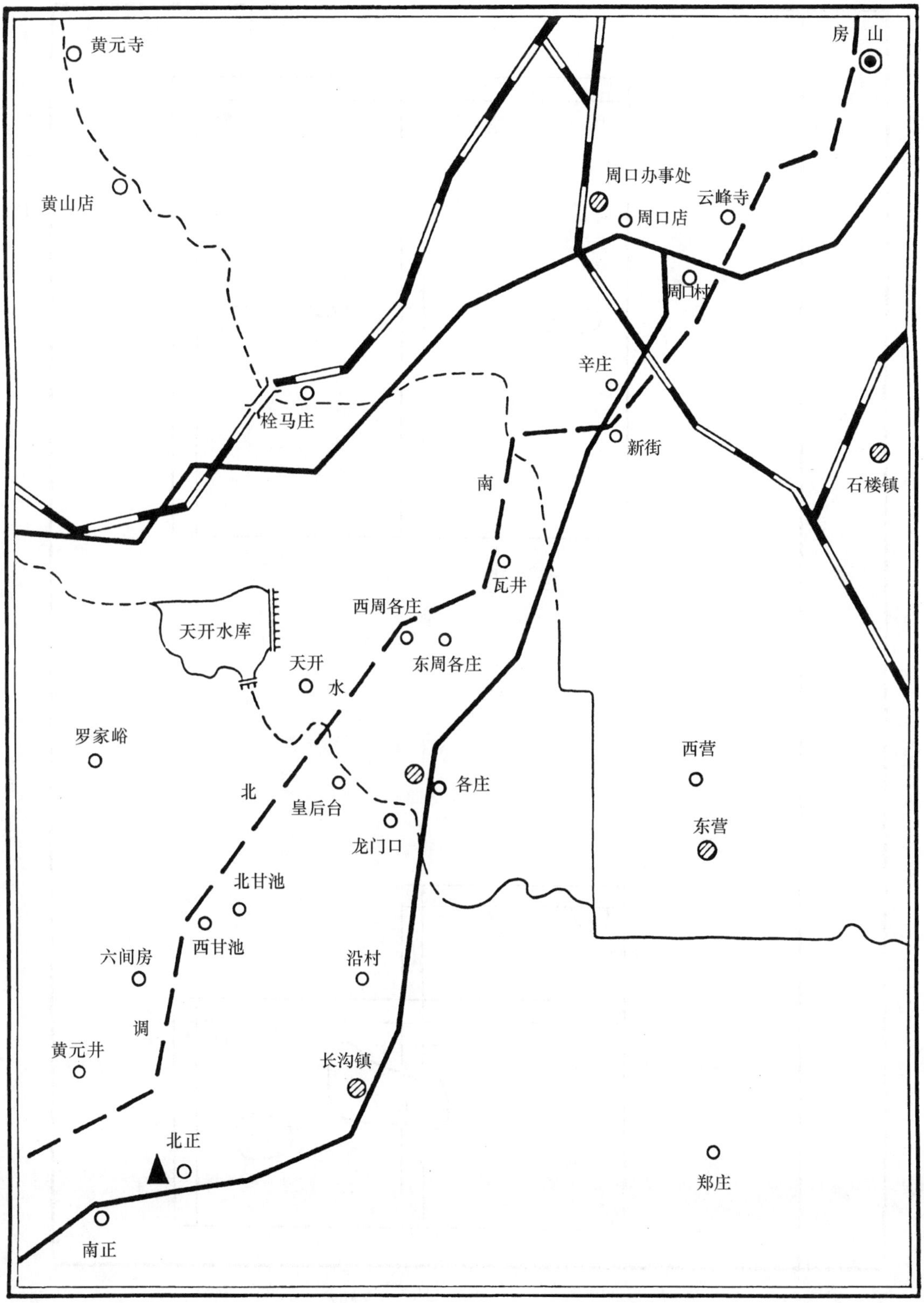

图一　房山区北正遗址位置示意图

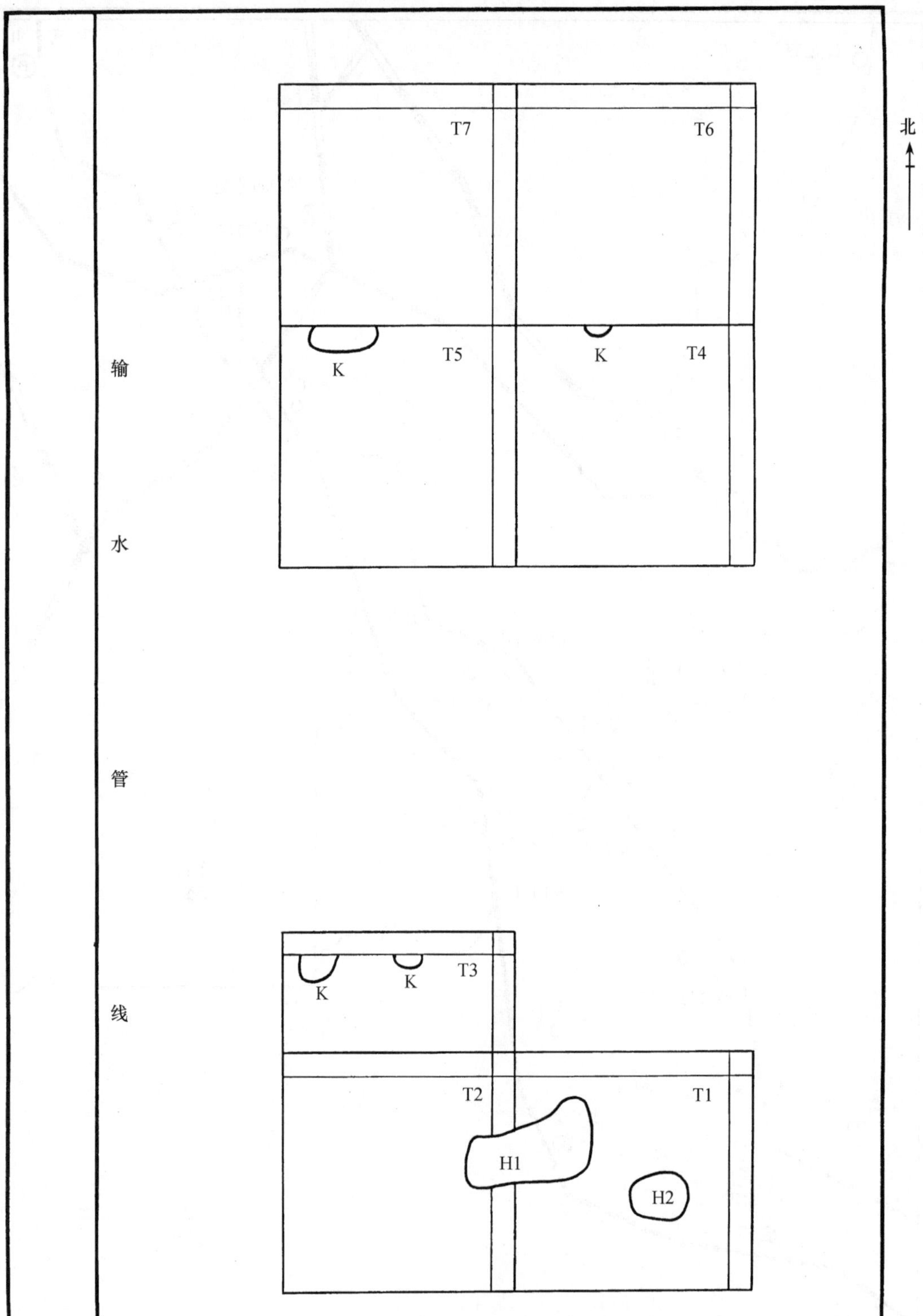

图二　探方遗迹分布图

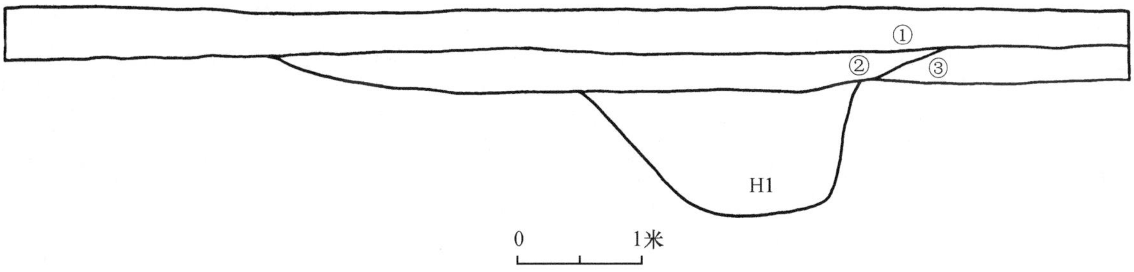

图三 T1 西壁剖面图

二、遗迹与遗物

（一）遗迹

清理灰坑 2 座。

H1 位于 T1 西部，开口于②层下，打破③层、生土。H1 平面呈不规则形状，剖面为斜壁锅底形。坑口东西最大径约 5.2 米，南北最大径约 3.48 米，坑口距地表约 0.65 米，坑口至坑底深约 1 米（图四；图版三一，2）。坑壁、底无明显加工痕迹。坑内填土呈黄褐色，粉砂性，质较硬。内含红烧土颗粒（粒径 1 ~ 2 毫米）、夹云母陶片等。可辨器型有铁镰（H1∶1）、陶钵（H1∶2）、甑底（H1∶3）等。

H2 位于 T1 中部，开口于②层下，打破③层、生土。H2 平面呈椭圆形，剖面近锅底形。坑口东西最大径约 2.63 米，南北最大径约 1.97 米，坑口距地表约 0.5 米，坑口至坑底深约 0.9 米（图五）。坑壁、底无明显加工痕迹。坑内填土呈黄灰色，粉砂性，质较硬。内含红烧土颗粒（粒径 1 ~ 2 毫米）、夹云母陶片等。可辨器型有陶钵（H2∶1）等。

（二）遗物

1. 陶器

陶器的羼和料以云母为主，多为粒径在 1 毫米左右的细云母片。根据对 H1、H2、T2③三个典型单位的 1803 片陶片统计，夹云母红褐陶最多，占 31%，夹云母红陶、黄褐陶等次之。夹砂陶、泥质陶所占都较少（表一）。

表一 陶系统计表

单位 \ 陶质 / 陶色（片）	夹云母							夹砂					泥质	合计（片）	百分比（%）
	灰	黑	红	褐	红褐	灰褐	黄褐	灰	红	黑	灰褐	红褐	灰		
H1	5		156	62	426	111	323	2	57	1			5	1148	63.7
H2	27	1	115		109	49	96	28	3	4	13	3	1	449	24.9
T2③		9	108		21	25	27	2	13				1	206	11.4
合计（片）	32	10	379	62	556	185	446	32	73	5	13	3	7	1803	100
百分比（%）	1.8	0.6	21	3.4	31	10.3	24.8	1.8	4.1	0.3	0.7	0.2	0.4		

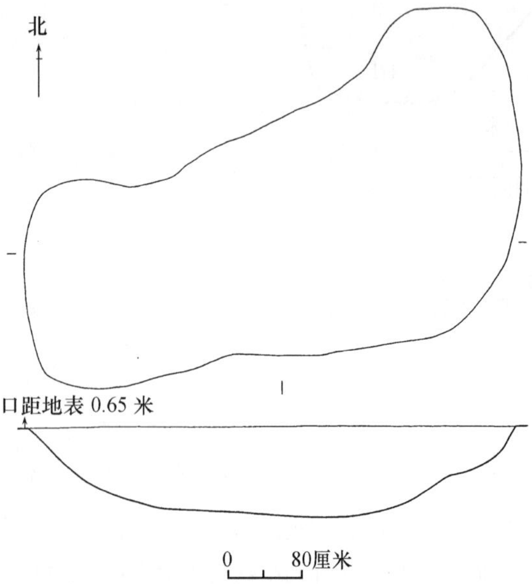

图四　H1 平、剖面图

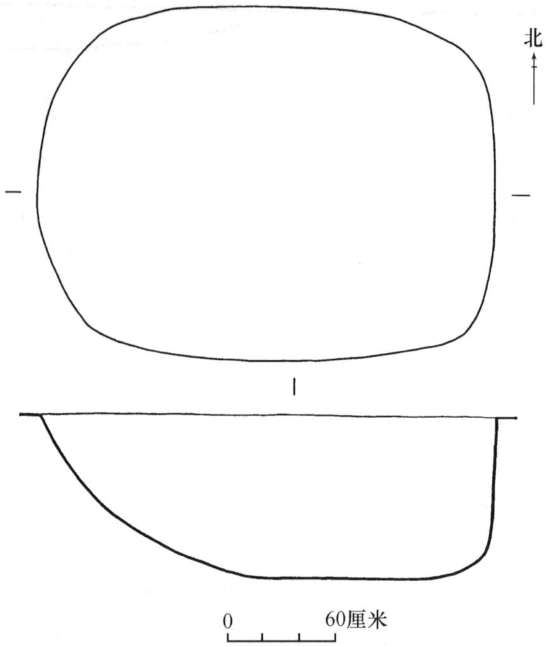

图五　H2 平、剖面图

陶器表面多为素面，占 39.3%。由于盘筑泥条而留在器表形成的凹弦纹数量较多，可以说是一种制陶过程的副产品，占到 40.7%（图六，3）。凸弦纹占 14.2%（图六，7）。

其他纹饰所占比例都不大。粗绳纹多为竖行排列，滚压而制，10 道一组（图六，1；图六，6）。还有一些绳纹陶片在表面进行修抹，使得绳纹几不可辨（图六，4）。一些釜、瓮等体型较大的器物，上部多为凹弦纹，肩部则为附加堆纹（图六，2）。麻点纹，状如米粒，多饰在板瓦之上（图六，5）。其他纹饰较少（表二）。

表二　陶片纹饰统计表

单位 \ 纹饰（片）	素面	细绳纹	附加堆纹	附加堆纹＋凹弦纹	凹弦纹	凹弦纹＋绳纹	麻点纹	细绳纹＋凸弦纹	凸弦纹	粗绳纹	其他	合计（片）	百分比（%）
H1	468	3	11	2	91	2	5	2	542	1	26	1153	63.9
H2	133	19	2		106		3		158	27		448	24.8
T2③	108				58				34	2		202	11.2
合计	709	22	13	2	255	2	8	2	734	30	26	1803	100
百分比（%）	39.3	1.2	0.7	0.1	14.2	0.1	0.4	0.1	40.7	1.7	1.4		

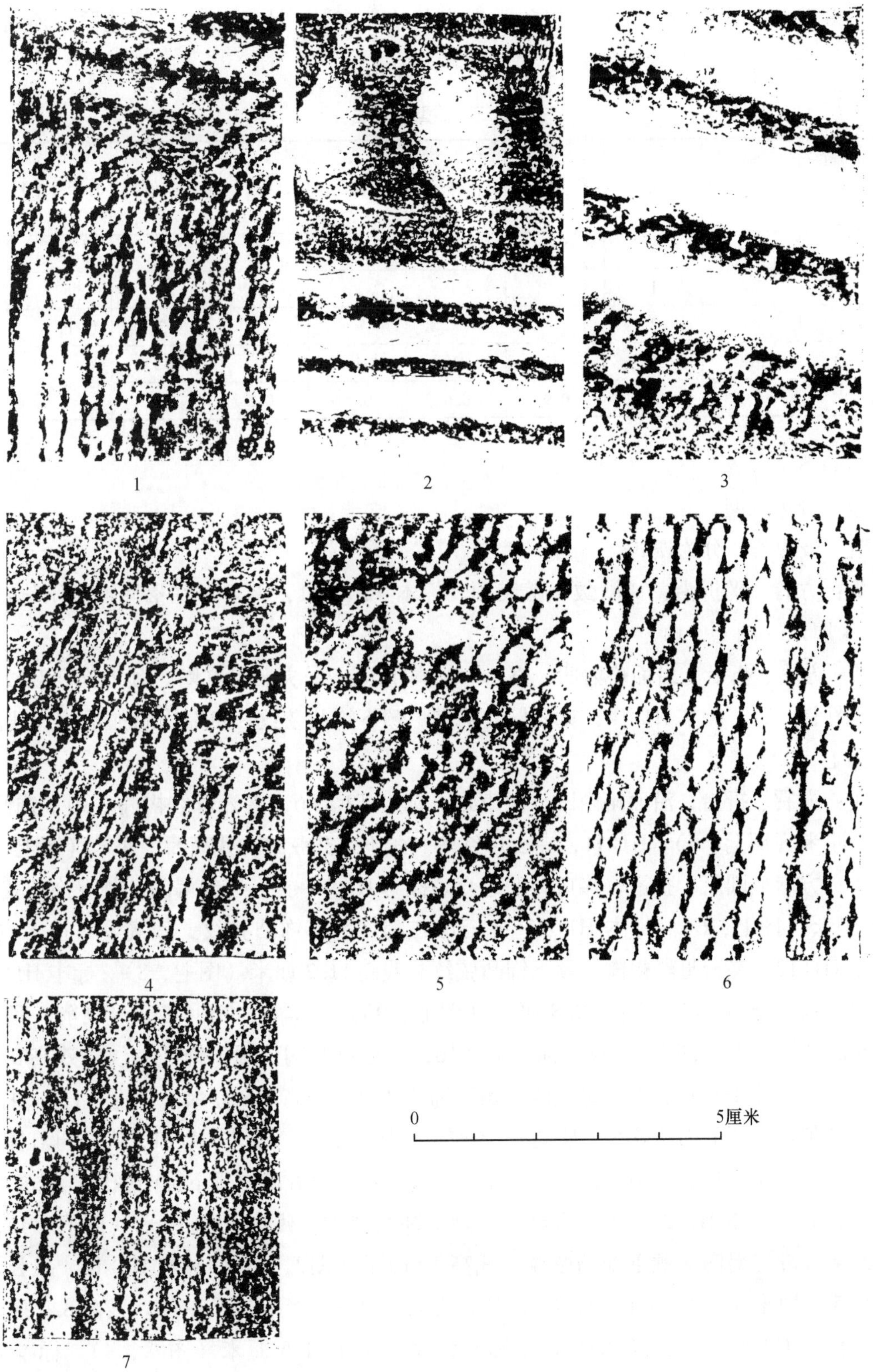

图六　纹饰拓片

1. T1②　2、3. H1　4～7. H2

陶片多残破，器型较为单一。以釜类器占了绝大多数，为92.2%，其他器型所占都不多（表三）。

表三　器型统计表

器型（个） 单位	釜	罐	瓮	钵	盘	豆	其他	合计（个）	百分比（%）
H1	179	2	3	2	1		6	193	55.9
H2	79	1				1	6	87	25.2
T2③	60	2					3	65	18.8
合计（个）	318	5	3	2	1	1	15	345	100
百分比（%）	92.2	1.5	0.9	0.6	0.3	0.3	4.4		

分述如下。

陶釜　分为二型。

A型　鼓腹釜。分为四式。

Ⅰ式：方唇、平折沿，口微敛。微束颈。标本T2③:11，夹云母红褐陶。颈下饰凸弦纹。残高11.4厘米（图七，1）。

Ⅱ式：方唇、折沿、沿面略内凹，直口。标本T2③:7，夹云母红陶。颈下饰凸弦纹。残高8厘米（图七，2）。标本H1:14，夹云母红褐陶。颈下饰凸弦纹。腹部饰附加堆纹。残高13.7厘米（图七，3）。

Ⅲ式：方唇、折沿、沿面略内凹，微束颈。标本T2③:6，夹云母红褐陶。颈下饰凸弦纹。残高7.5厘米（图七，4）。H1:11，夹云母红陶。颈下饰凸弦纹。残高8.5厘米（图七，5）。

Ⅳ式：方唇或圆唇，折沿、侈口腹壁趋直。标本H1:8，夹云母红褐陶。颈下饰凸弦纹。残高12.8厘米（图七，6）。标本H1:9，夹云母红陶。颈下饰凸弦纹。残高9.8厘米（图七，7）。标本H1:12，夹云母红褐陶。颈下饰凸弦纹。残高11.2厘米（图七，8）。标本H1:13，夹云母红陶。颈下饰凸弦纹。残高12.8厘米（图七，9）。标本H1:15，夹云母红陶。颈下饰凸弦纹。残高8.9厘米（图七，10）。标本H1:16，夹云母灰陶。颈下饰凸弦纹。残高9.8厘米（图七，11）。标本H1:18，夹云母红陶。颈下饰凸弦纹。残高8.8厘米（图七，12）。标本H1:19，夹云母灰陶。颈下饰凸弦纹。残高13.8厘米（图八，1）。标本H1:21，夹云母红陶。颈下饰凸弦纹。残高9.8厘米（图八，2）。标本H1:22，夹云母红陶。颈下饰凸弦纹。残高11.8厘米（图八，3）。标本H1:24，夹云母红陶。颈下饰凸弦纹。残高10.4厘米（图八，4）。标本H1:26，夹云母红褐陶。颈下饰凸弦纹。残高10厘米（图八，5）。标本H2:12，夹云母红褐陶。残高5.2厘米（图八，6）。标本H2:10，夹云母红陶。颈下饰凸弦纹。残高8.7厘米（图八，7）。标本H2:8，夹云母红陶。颈下饰凸弦纹。残高11.5厘米（图八，8）。标本H2:9，夹云母红陶。颈下饰凸弦纹。残高13.5厘米（图八，9）。标本H2:11，夹云母黄褐陶。颈下饰凸弦纹。残高16.5厘米（图九，1）。

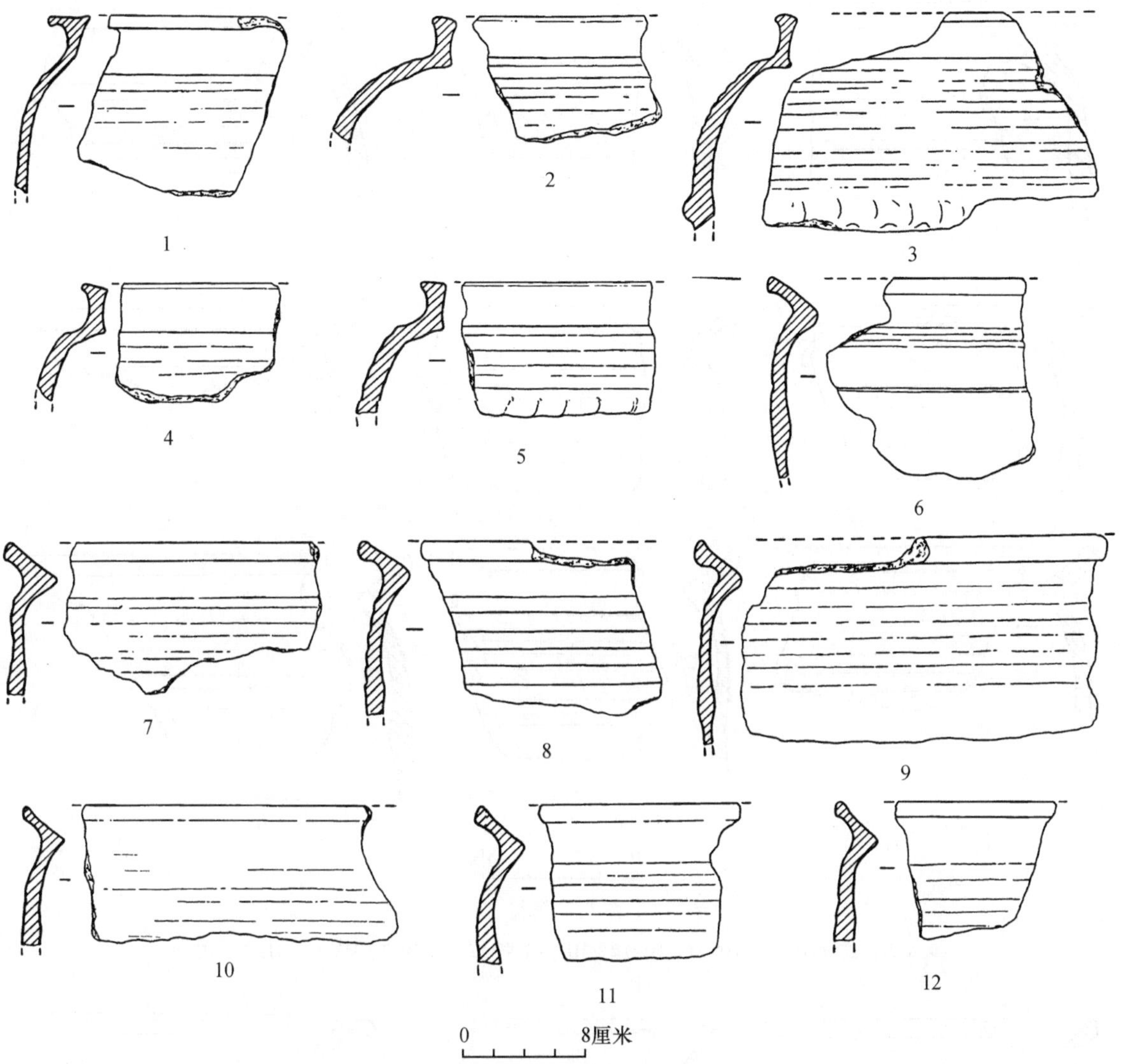

图七 陶釜

1. A型Ⅰ式（T2③:11） 2、3. A型Ⅱ式（T2③:7、H1:14） 4、5. A型Ⅲ式（T2③:6、H1:11） 6～12. A型Ⅳ式（H1:8、H1:9、H1:12、H1:13、H1:15、H1:16、H1:18）

B型 斜腹釜。分为三式。

Ⅰ式：小勾沿、侈口。标本T2③:5，夹云母红陶。唇面残破。残高9.6厘米（图九，2）。

Ⅱ式：方唇、折沿、沿面稍宽，侈口。标本H2:5，夹云母黄褐陶，沿面稍宽。残高7.8厘米（图九，3）。标本H2:13，夹云母红陶。残高6.5厘米（图九，4）。标本H2:14，夹云母红陶。残高6.1厘米（图九，5）。标本H1:20，夹云母红陶。残高6.2厘米（图九，6）。标本H1:27，夹云母红陶。颈下饰凸弦纹。残高4.6厘米（图九，7）。

Ⅲ式：方唇、卷沿、侈口。标本H2:6，夹云母红陶。残高5.2厘米（图九，8）。

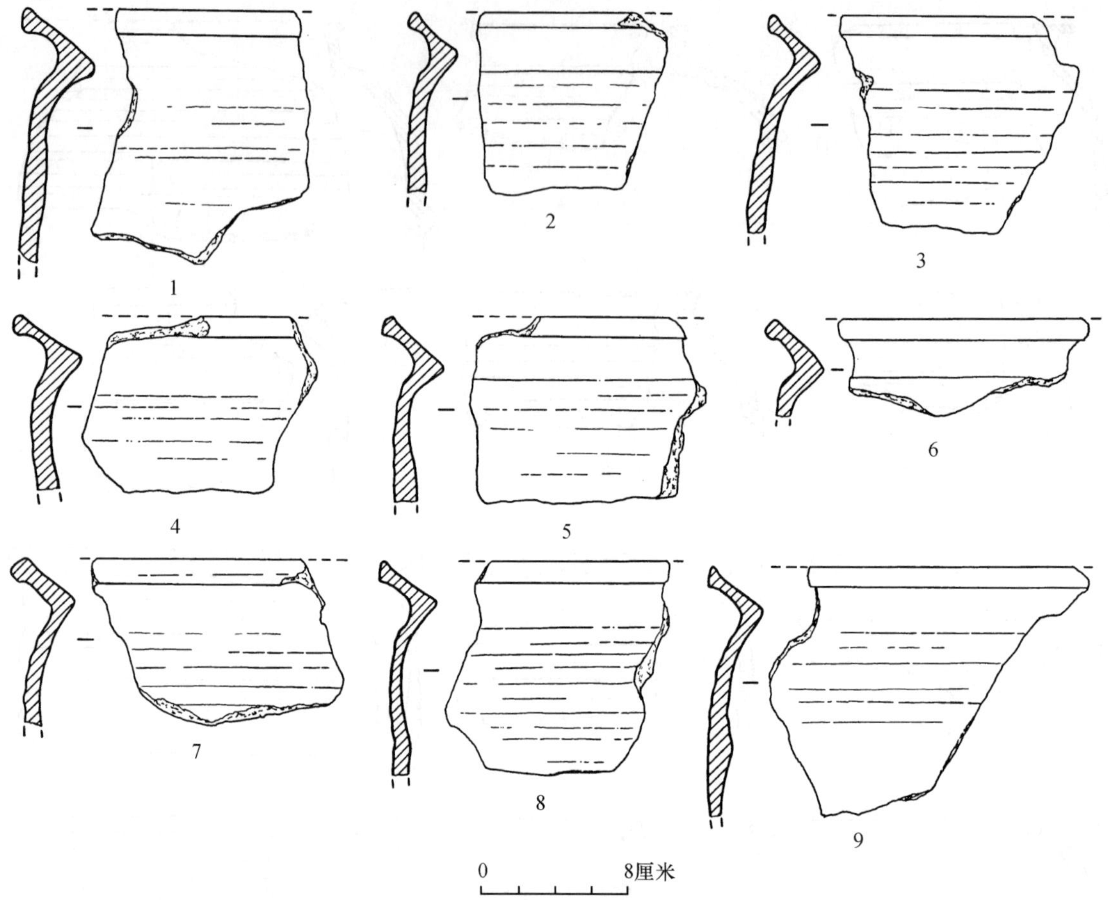

图八　陶釜

1～9. A型Ⅳ式（H1∶19、H1∶21、H1∶22、H1∶24、H1∶26、H2∶12、H2∶10、H2∶8、H2∶9）

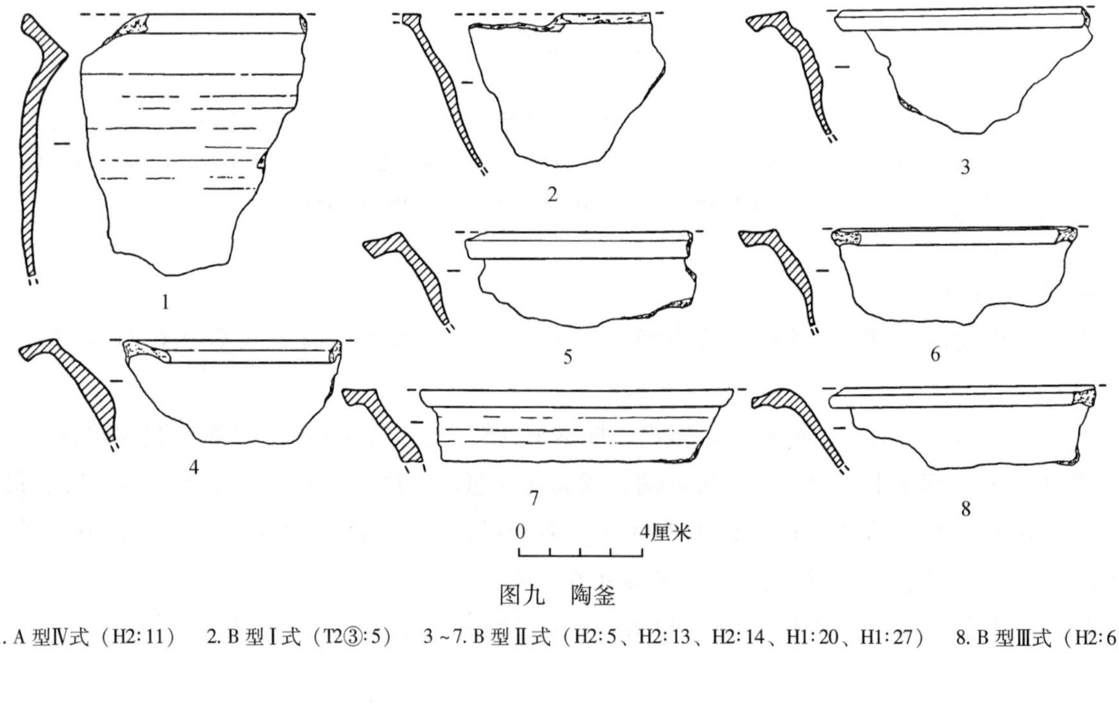

图九　陶釜

1. A型Ⅳ式（H2∶11）　2. B型Ⅰ式（T2③∶5）　3～7. B型Ⅱ式（H2∶5、H2∶13、H2∶14、H1∶20、H1∶27）　8. B型Ⅲ式（H2∶6）

陶钵　分为二式。

Ⅰ式：圆唇、侈口，弧壁，平底。标本H2∶1，夹云母红陶，手制。口外径12.1、高4.6、底径6厘米（图一〇，1；图版三二，1）。

Ⅱ式：尖圆唇、沿面宽，口微敛，腹部圆折，底部略内凹。标本H1∶2，夹云母红陶，手制，器底有偏心旋纹。口外径12.1、高4.2、底径5厘米（图一〇，2；图版三二，2）。

陶瓮　标本H1∶10，夹云母红陶，圆唇、直口、折沿，沿面略内凹。鼓肩，肩部饰凸弦纹。腹部为波浪状附加堆纹。残高13厘米（图一〇，3）。

陶炭炉　标本H1∶6，夹云母红陶，侈口、折沿、沿面较宽。弧腹、内腹近口沿处分布三个倒蹄形足。内壁可见器壁与足的结合痕。口外径30.6、残高10厘米（图一〇，4）。标本H2∶7，夹云母红陶，方唇、侈口、折沿、沿面较宽。弧腹、内腹近口沿处倒蹄形足残断。残高7.3厘米（图一〇，5）。

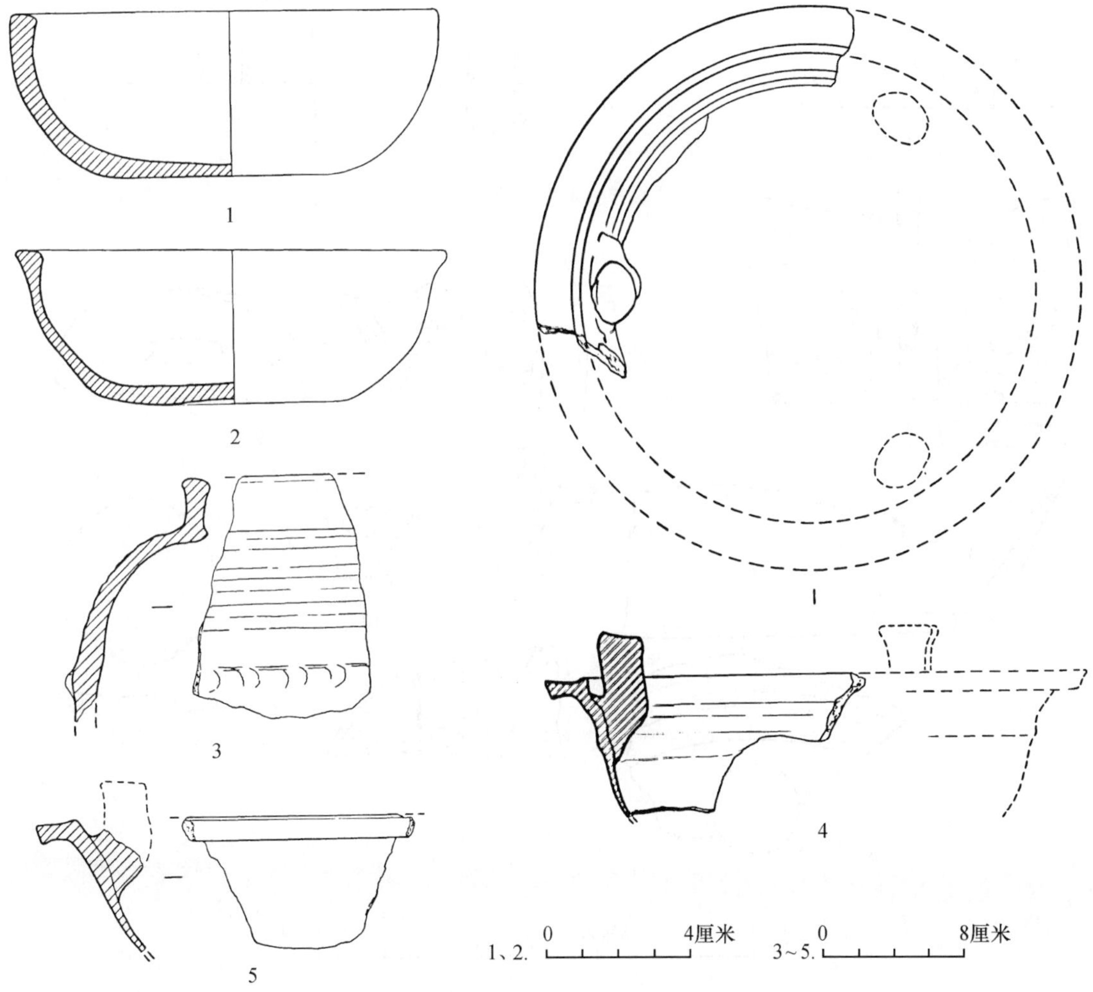

图一〇　陶钵、瓮、炭炉

1. Ⅰ式陶钵（H2∶1）　2. Ⅱ式陶钵（H1∶2）　3. 陶瓮（H1∶10）　4、5. 陶炭炉（H1∶6、H2∶7）

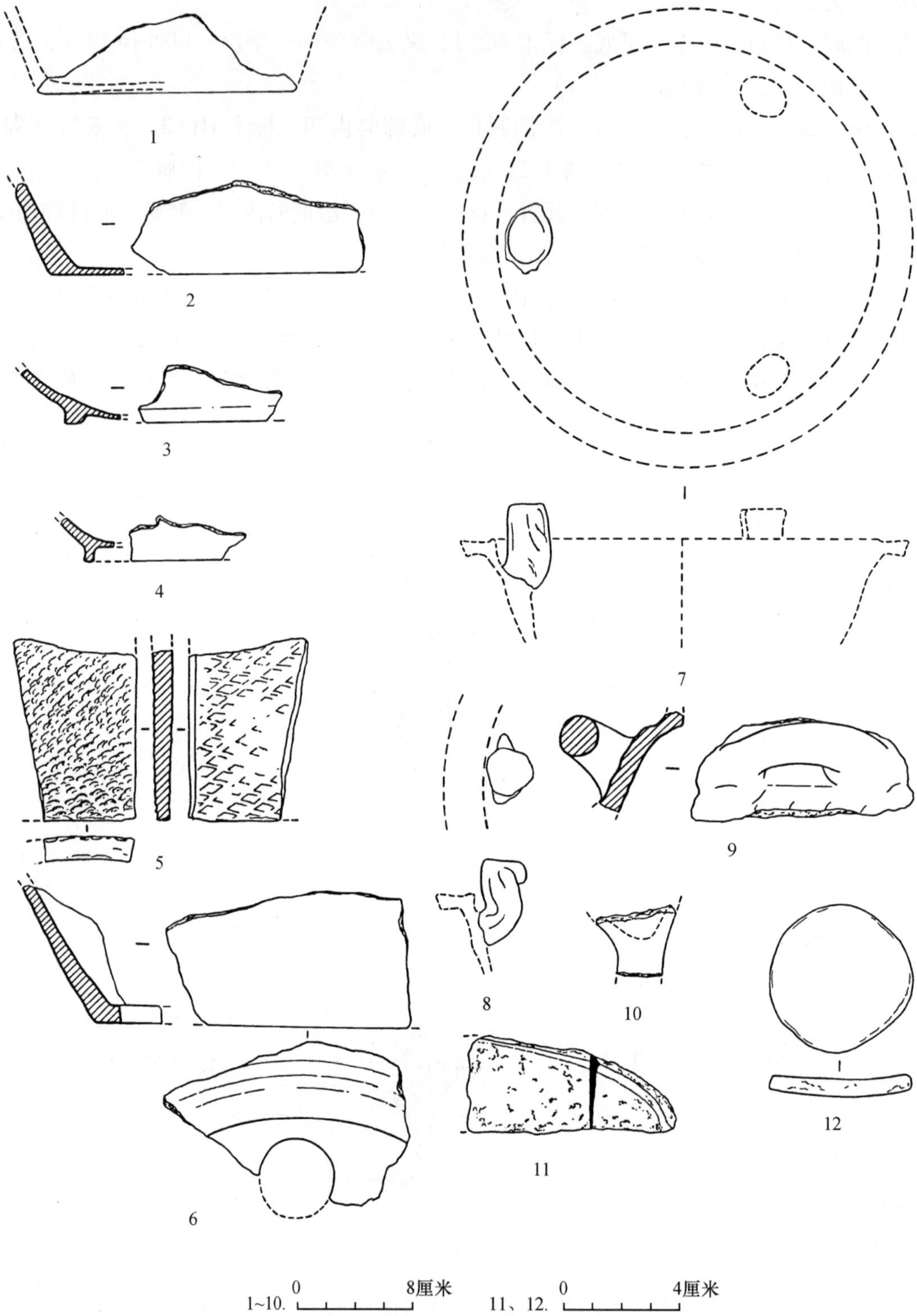

图一一　出土器物

1、2. 平底（H1∶4、T2③∶3）　3、4. 圈足器底（H1∶5、T2③∶2）　5. 瓦（T2③∶4）　6. 甑底（H1∶3）　7、8、10. 附足（T2③∶1、H2∶4、H2∶2）　9. 器耳（H1∶7）　11. 铁镰刀（H1∶1）　12. 圆陶片（H1∶3）

器底　分两种。

平底　标本H1∶4，夹云母褐陶。残高5.2，底径17.8厘米（图一一，1）。标本T2③∶3，夹云母红陶。残高6.2厘米（图一一，2）。

圈足器底　标本H1∶5，夹云母红陶。残高3.8厘米，足高0.9厘米（图一一，3）。标本T2③∶2，夹云母红陶。残高3、足高0.5厘米（图一一，4）。

瓦　标本T2③∶4，夹云母灰陶。表面饰鳞纹后抹光，内面饰菱形纹。残长12.2、厚1.2～1.6厘米（图一一，5）。

甑底　标本H1∶3，夹云母红陶，斜壁平底。残高9.2厘米（图一一，6）。

器耳　标本H1∶7，夹云母红褐陶。横耳。残高7厘米（图一一，9）。

附足　标本H2∶2，夹云母红陶。残高4.7厘米（图一一，10）。标本H2∶4，夹云母红陶。足顶平，旁侧有两按窝。残高5.8厘米（图一一，8）。标本T2③∶1，夹云母红陶，部分呈黑色。残高5.8厘米（图一一，7）。

圆陶片　标本H1∶3，夹云母红陶。直径约4.8、厚约0.5厘米（图一一，12；图版三二，3）。

2. 铁器

出有残铁镰刀1把。

标本H1∶1，器体扁平，直刃、齐锋、弧背，平面近半月形。残长7.2、高3.2、厚0.3厘米（图一一，11；图版三二，4）。

三、结　　语

（1）北正遗址东南距长沟汉故城约3公里。遗址所出的典型遗物，如夹云母红陶釜、炭炉、钵等，与南尚乐镇西[①]、涿州汉代遗址[②]等地出土的同类器型一致，都体现了西汉早期的风格。因此，将北正遗址的年代归为西汉早期当大致不误。

（2）根据遗址的地层堆积情况及遗物的类型学研究，遗址的年代可分为两个阶段。第一个阶段为遗址的第③层，典型器物为AⅠ、AⅡ、AⅢ式鼓腹釜，BⅠ式斜腹釜；第二个阶段为H1、H2，典型器物为AⅣ式鼓腹釜，BⅡ、BⅢ式斜腹釜，Ⅰ、Ⅱ式钵等。两个阶段年代衔接，考古学文化一脉相承。

（3）对遗址性质的推定是基于两点考虑的。一是遗址内所出陶片的陶系、器型大都一致；

① 北京市文物研究所：《北京市拒马河流域考古调查》，《考古》1989年3期。

② 涿州市文物保管所：《涿州文物藏品精选》，北京燕山出版社，2005年。

二是遗址地层中夹云母红陶土在周围地区是没有的。或许这一地区在古代是洗陶、制陶之所在，随着遗址的逐步破坏，未留下相关的遗存。

领队：张治强
发掘：郭京宁、孙勐
执笔：郭京宁、韩鸿业、孙勐
整理：张绪武、刘云芝、刘凤英
绘图：翟建峰
器物摄影：韩宜林

六间房墓葬区发掘报告

六间房墓葬区位于北京市房山区长沟镇六间房村东，东北距区政府良乡约25公里（图一）。六间房明已成村，因原有六户守坟人家居此，故名“六甲（家）房”，清改名六间房①。

墓葬区中心区域GPS数据为东经115°51.40′，北纬39°35.15′，海拔高程61米。地势为平缓坡地状。南水北调中线工程北京段输水管线HD9+800~HD9+870自南而北穿其而过。2006年6月至7月，北京市文物研究所对该墓葬区进行了发掘，清理清代墓葬10座（图二）。

一、墓葬区概况

该墓葬区的地层堆积情况较为简单。表土层之下即为生土。墓葬皆开口于表土层之下，共清理10座，均为长方形土坑竖穴墓。方向为0°~170°。墓穴长度为2.68~3.2米，宽度为1.2~2.4米。墓口距地表为0.18~0.6米，墓穴深度为1.1~1.86米。

二、墓葬形制及随葬品

10座墓葬中，除M3因破坏较甚，棺木数目不清外，其余9座墓葬分为单棺墓、双棺墓两类。单棺墓4座（M1、M6~M8），双棺墓5座（M2、M4、M5、M9、M10）。葬式除M3葬式不清，M8为迁出葬外，其余均为仰身直肢葬。随葬品有瓷碗、瓷瓶、铜钱、铜簪、铜扣、铜钉、耳环、铜顶戴、银头饰等数种。依单棺墓、双棺墓两类分别予以详述。

1. 单棺墓

4座，有M1、M6~M8。

M1　方向0°。墓口距地表0.18米，墓穴长2.62米，宽1.2~1.3米，深1.72米。墓穴内放置单棺，棺痕长2.02米，宽0.54~0.64米，残存高度0.54米。棺内葬人骨架一具，盆骨以上被盗洞破坏，从残存骨骼观之，葬式为仰身直肢葬。男性，成年。随葬品有铜顶戴、铜钱，均放置在盆骨的左侧（图三，1）。

---

① 房山区地名志编辑委员会：《北京市房山区地名志》，北京出版社，1990年。

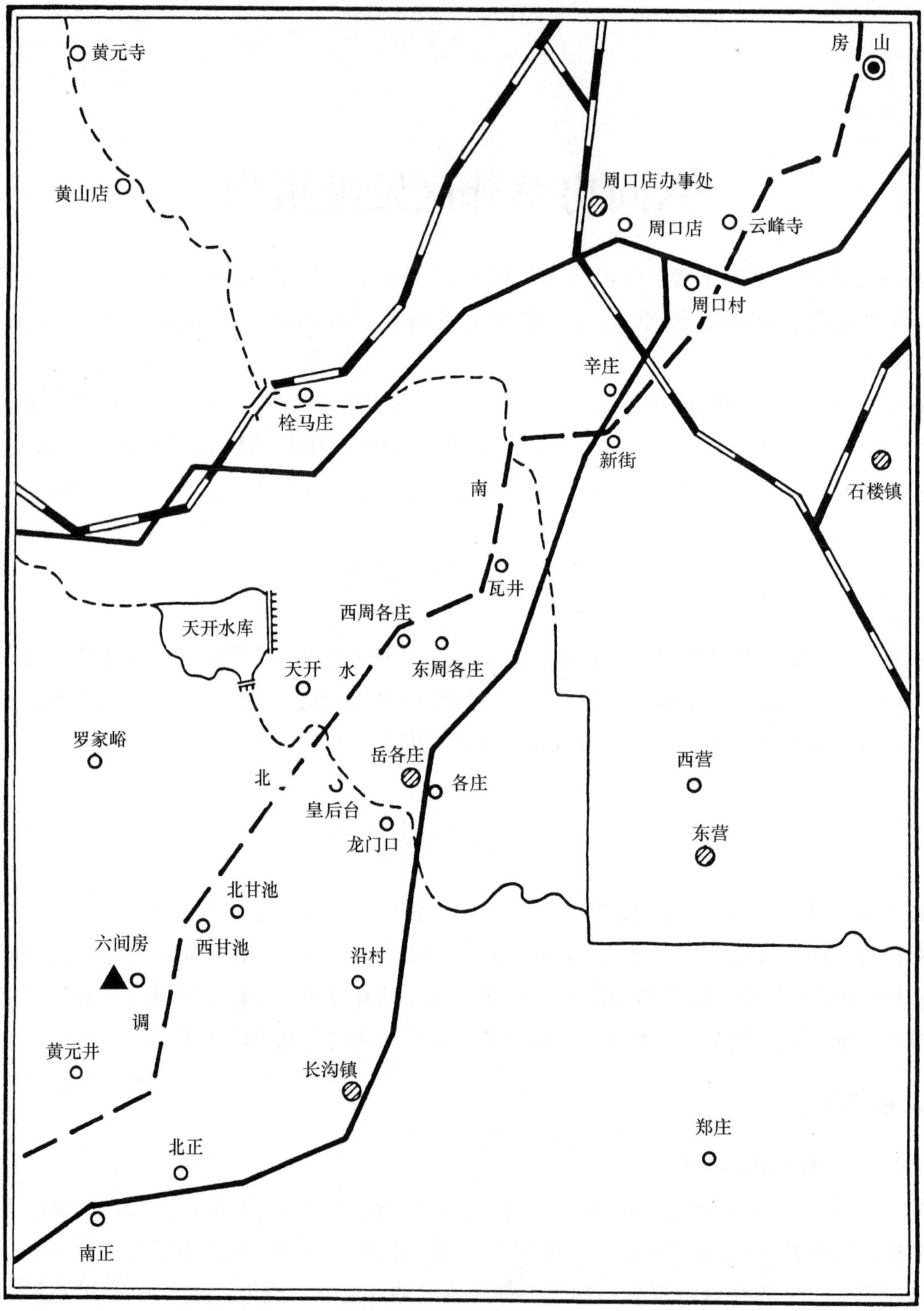

图一 房山区六间房遗址位置示意图

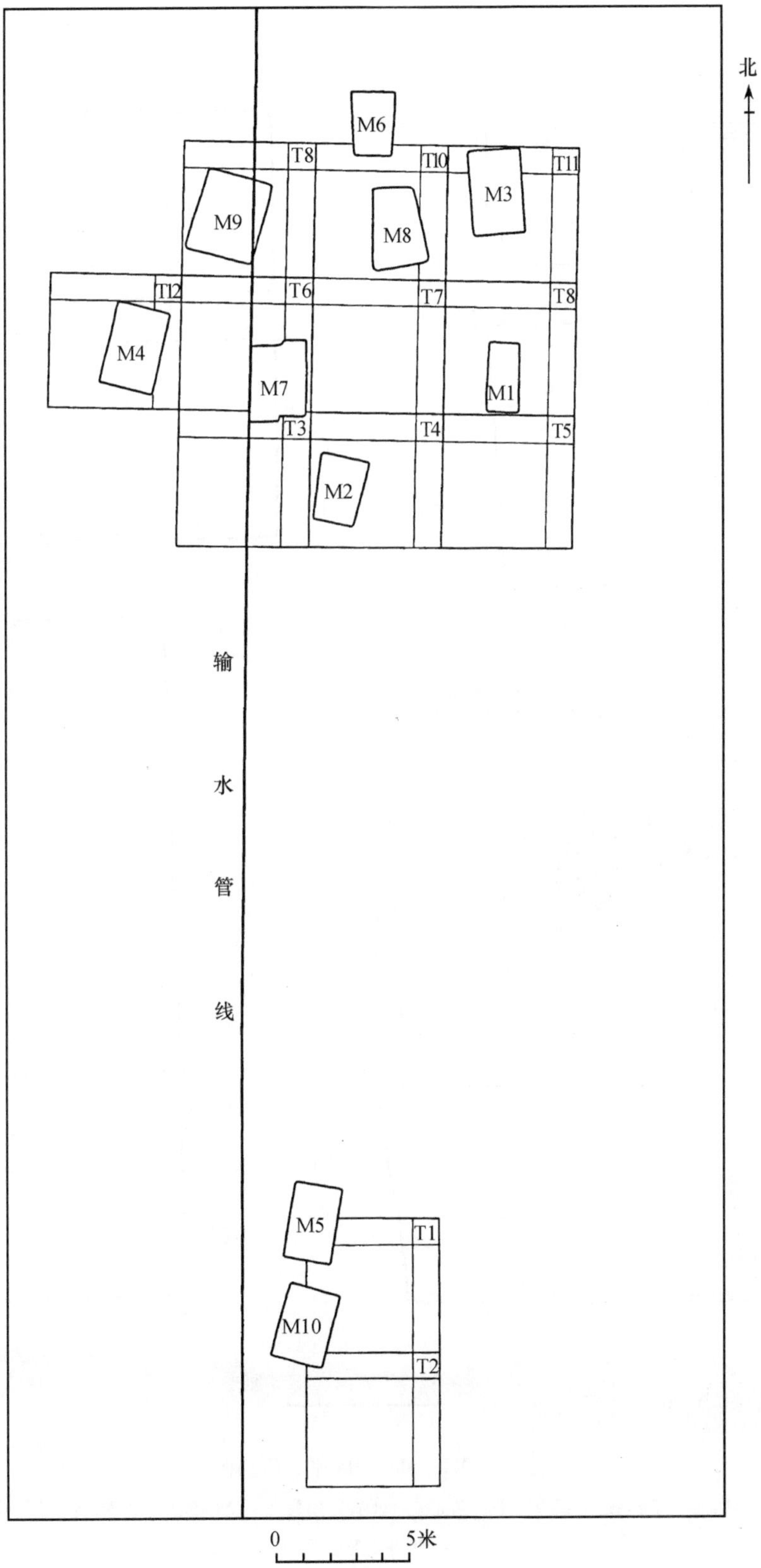
北
M6
T8
T10
T11
M3
M9
M8
T12
T6
T7
T8
M4
M7
M1
T3
T4
T5
M2
输
水
管
线
M5
T1
M10
T2
0
5米

图二　探方及墓葬分布图

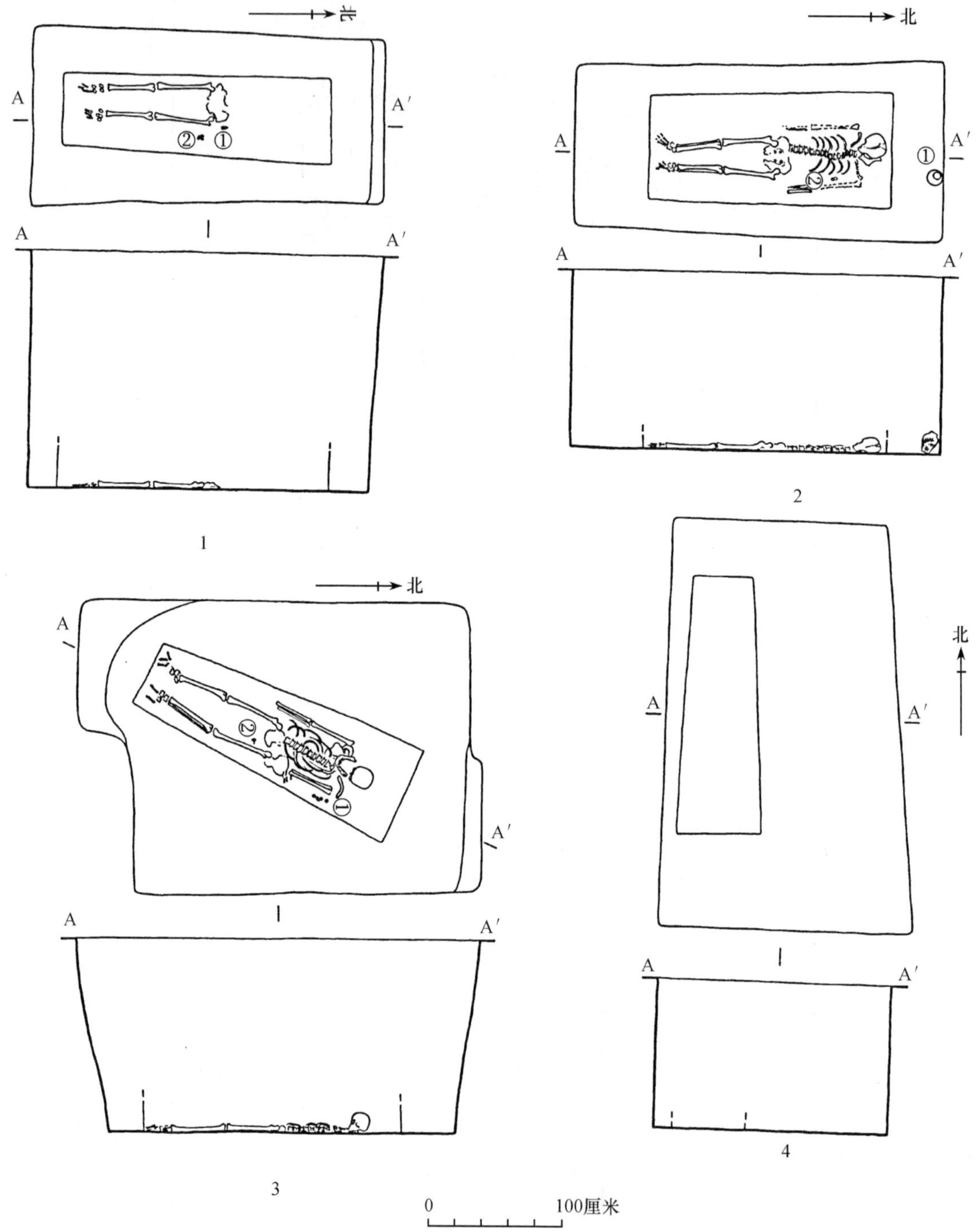

图三　M1、M6～M8 平、剖面图

1. M1 平、剖面图（①铜顶戴，②铜钱）　2. M6 平、剖面图（①青花粉彩瓶，②铜钱）　3. M7 平、剖面图（①铜钱，②铜钉）　4. M8 平、剖面图

铜顶戴 1件。标本M1:1，鎏金。上部为椭圆形球状，球体中空，底座为半圆形。球上部用梅花铆钉铆制，下部由莲花墩镶嵌，底部有孔花瓣组成，上部与座有铤连接。直径2~2.5、底径2.9、通高4.6厘米（图四，1；彩版七，4）。

铜钱 16枚。标本M1:2，小平钱，方穿，楷书，钱面文为“乾隆通寶”，上下右左对读，背穿左右为满文，郭双面磨平。直径2.4、穿径0.5、郭宽0.3厘米（图五，1）。

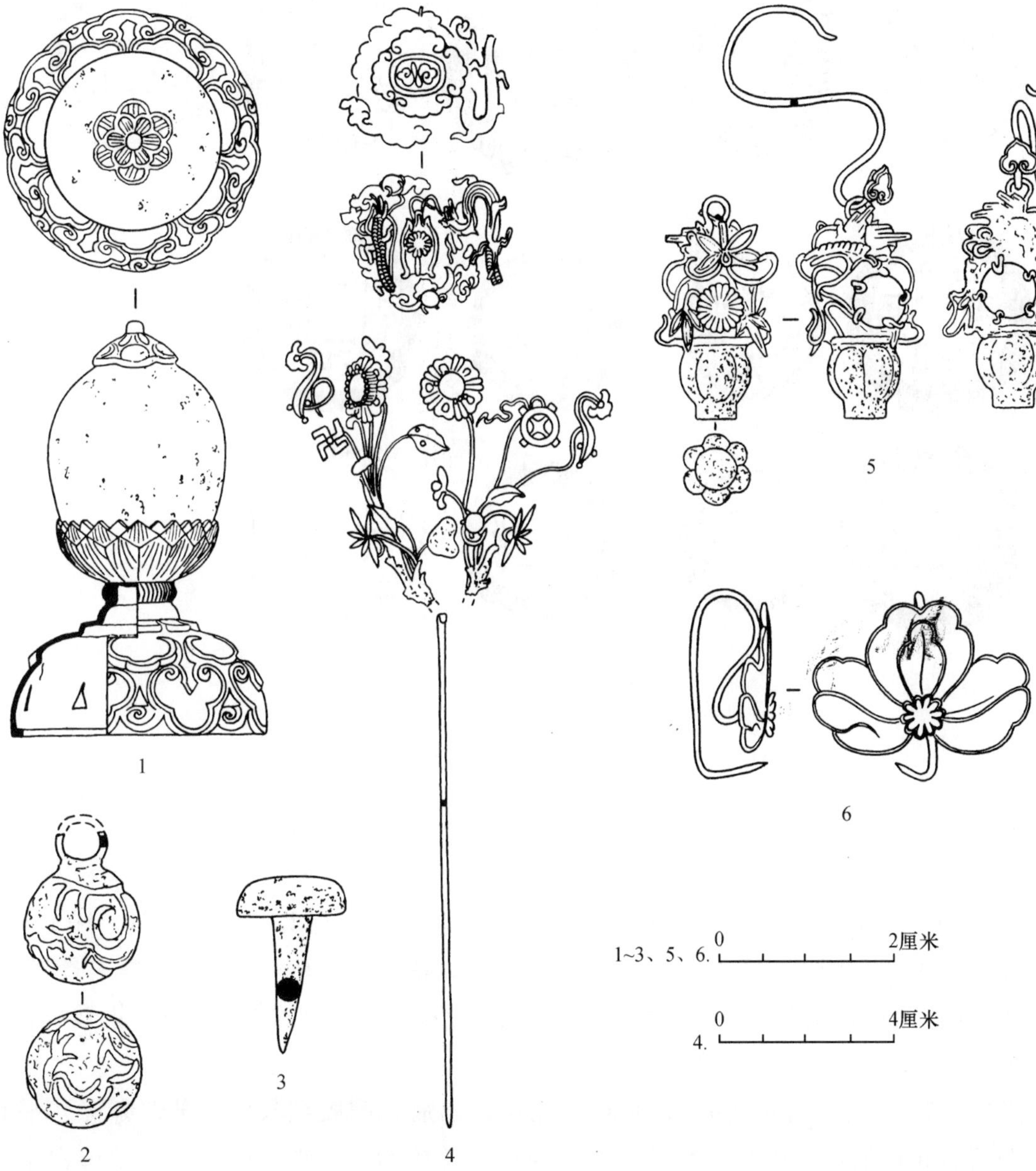

图四 铜顶戴、扣、钉、簪、耳坠

1. 铜顶戴（M1:1） 2. 铜扣（M5:1） 3. 铜钉（M7:2） 4. 铜簪（M2:4） 5、6. 铜耳坠（M2:2、M5:6）

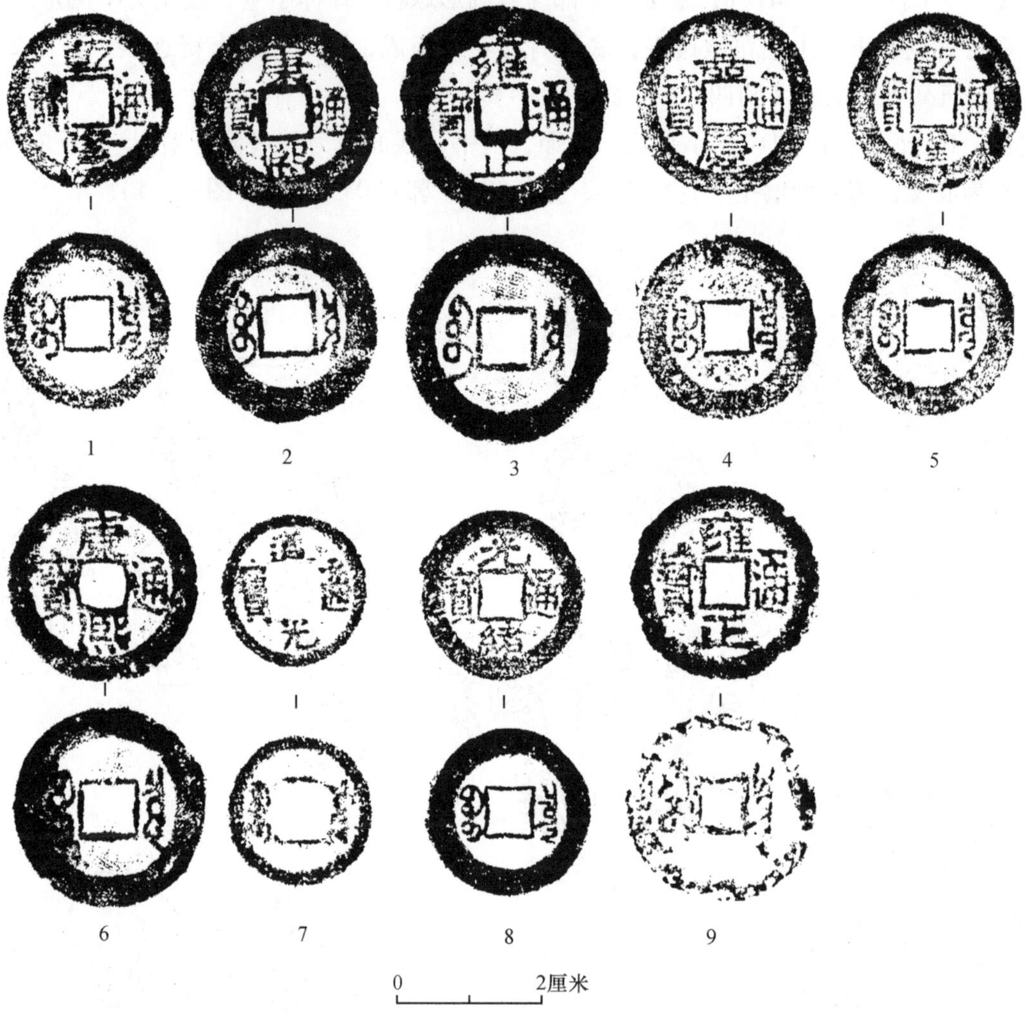

图五　铜钱

1～9. 铜钱（M1∶2、M6∶2a、M6∶2b、M2∶1、M4∶1、M4∶2、M5∶2、M10∶6、M9∶1）

M6　方向0°。墓口距地表0.2～0.9米，墓穴长2.75米，宽1.20～1.35米，深1.30米。墓穴内放置单棺，棺痕长1.82米，宽0.74～0.86米，残存高度0.1米。棺内葬人骨架一具，为仰身直肢葬。男性，成年。随葬品有瓷瓶、铜钱，瓷瓶放置在棺的外侧北端，铜钱放置在胸骨的左侧（图三，2；图版二八，3）。

青花粉彩瓶　1件。标本M6∶1，直口，短颈，丰肩，圆腹细长，胫部略外撇，平底内凹，内壁留有轮旋痕迹，中腹、颈肩交接处各有一道接胎痕。细白胎，内外壁施白釉，口沿刮釉，涩底。釉下釉上分别绘有青花、粉彩花纹。颈部饰一周荸荠形莲瓣纹，肩部绘一周草率的卷草纹，腹壁绘竹、石、花叶、蝴蝶纹。青花设色分明，浓艳明快，粉彩有红、绿二色，大部分已剥落。口径6.6、最大腹径12.5、底径7.3、通高18.7厘米（图六；彩版四，2）。

铜钱　18 枚。

康熙通宝　3 枚。标本 M6:2a，小平钱，方穿，楷书，钱面文为“康熙通寶”，上下右左对读，背穿左右有满文，郭宽单面磨平。直径 2.6、穿径 0.5、郭宽 0.45 厘米（图五，2）。

雍正通宝　15 枚。其中中形钱 12 枚，标本 M6:2b，小平钱，方穿，楷书，钱面文为“雍正通寶”，上下右左对读，背穿左右有满文，郭双面磨平。直径 2.8、穿径 0.6、郭宽 0.4 厘米（图五，3）。小钱 3 枚，小平钱，方穿，楷书，钱面文为“雍正通寶”，上下右左对读，背穿左右有满文，郭双面磨平。直径 2.6、穿径 0.5、郭宽 0.45 厘米。

M7　方向 10°。墓口距地表 0.2 米，墓穴长 3.06 米，宽 2.14 米，深 1.42 米。墓穴内放置单棺，棺痕长 2.1 米，宽 0.5～0.74 米，残存高度 0.22 米。棺内葬人骨架一具，为仰身直肢葬，方向为 35°。男性，40～45 岁。随葬品有铜钱、铜钉，放置在骨架的左侧上部（图三，3）。

铜钱　5 枚。小平钱，方穿，楷书，钱面文为“乾隆通寶”，上下右左对读，背穿左右有满文。直径 2.5、穿径 0.5、郭宽 0.35 厘米。

铜钉　1 枚。标本 M7:2，钉帽呈蘑菇状，钉身呈圆锥状。帽径 1.3、通高 1.95 厘米（图四，3；彩版七，2）。

M8　方向 170°。墓口距地表 0.3 米，墓穴长 3 米，宽 1.6～1.9 米，深 1.1 米。墓穴内放置单棺，棺痕长 1.88 米，宽 0.45～0.64 米，残存高度 0.04 米。该墓穴内未发现人骨架，由此推断，该墓为迁出墓。无随葬品（图三，4）。

2. 双棺墓

5 座，有 M2、M4、M5、M9、M10。

M2　方向 10°。墓口距地表 0.2 米，墓穴长 2.64 米，宽 1.8 米，深 1.76 米。墓穴内放置双棺，东棺长 2 米，宽 0.5～0.6 米，残存高度 0.2 米；西棺长 1.9 米，宽 0.48～0.52 米，残存高度 0.1 米。双棺内各葬人骨架一具，均为仰身直肢。东棺为男性，成年。西棺为女性，成年。随葬品有铜钱、铜簪、铜耳环；铜钱 3 枚，其中 2 枚放置在东棺人骨架左右指骨下部，1 枚放置在西棺人骨架股骨之间，耳环放置在西棺人骨架头骨两侧，铜簪放置在西棺人骨架头骨的上方（图七，1，图版二八，1）。

铜钱　3 枚。东棺出土。

乾隆通宝　2 枚。一大一小，大钱：小平钱，方穿，宽郭且双面磨平，楷书，钱面文为“乾隆通寶”，上下右左对读，背穿左右有满文。直径 2.5、穿径 0.5、郭宽 0.4 厘米。小钱：小平钱，方穿，郭略宽双面磨平，楷书，钱面文为“乾隆通寶”，上下右左对读，背穿左右有满文。直径 2.3、穿径 0.5、郭宽 0.35 厘米。

嘉庆通宝　1 枚。标本 M2:1，小平钱，方穿，楷书，钱面文为“嘉慶通寶”，上下右左对读，背穿左右有满文。直径 2.5、穿径 0.5、郭宽 0.35 厘米（图五，4）。

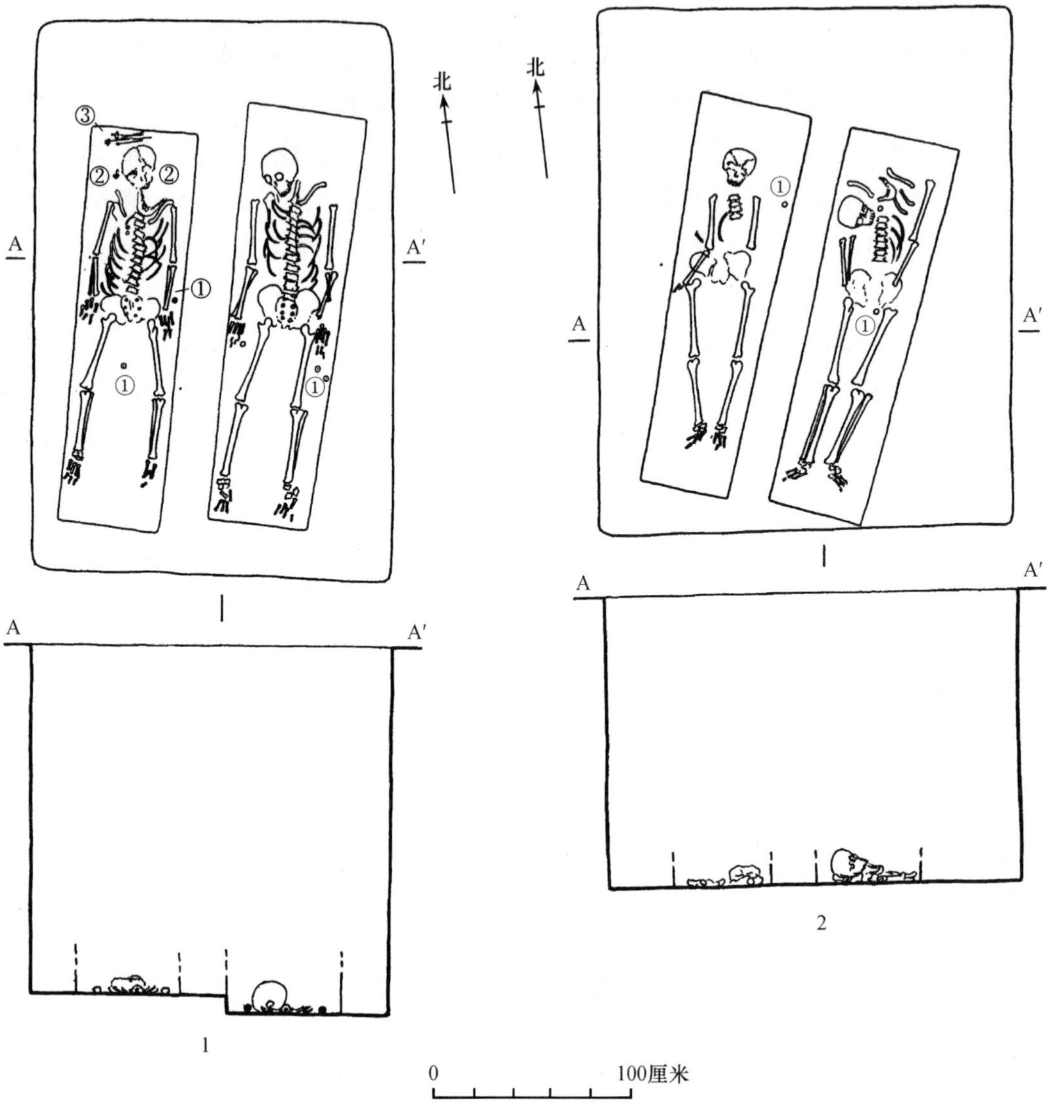

图七　M2、M4 平、剖面图

1. M2 平、剖面图（①铜钱，②铜耳坠，③铜簪）　2. M4 平、剖面图（①铜钱）

铜钱　2 枚。西棺出土。小平钱，方穿，楷书，钱面文为“乾隆通寶”，上下右左对读，背穿左右有满文。直径 2.4、穿径 0.5、郭宽 0.35 厘米。

铜耳坠　2 枚。西棺出土。标本 M2∶2，呈倒钩状，坠为铜丝编制的花篮，篮座呈倒蒜头状，花篮有铜丝编制的花枝、花瓣、仙鹤组成，中间镶嵌一颗小玉珠。通体长 4.6、宽 1.4 厘米（图四，5）。

铜簪　1 枚。西棺出土。标本 M2∶4，该器物破碎较甚，簪体呈圆锥状，簪顶有龙、凤、花草组成。残长 11.3 厘米（图四，4）。

M4　方向 20°。墓口距地表 0.35 米，墓穴长 2.48 米，宽 2.03 米，深 1.4 米。墓穴内放置双棺，东棺长 1.92 米，宽 0.5 ~ 0.58 米，残存高度 0.1 米；西棺长 1.96 米，宽 0.44 ~ 0.55 米，

残存高度0.1米。双棺内各葬人骨架一具，均为仰身直肢。东棺为男性，成年。西棺为女性，成年。随葬品铜钱11枚；其中9枚放置在东骨架盆骨下部，2枚放置在西骨架左侧上部（图七，2；图版二八，2）。

铜钱 9枚。东棺出土。标本M4∶1，小平钱，方穿，郭略宽，楷书，钱面文为“乾隆通寶”，上下右左对读，背穿左右有满文。直径2.4、穿径0.5、郭宽0.4厘米（图五，5）。

铜钱 2枚。西棺出土。标本M4∶2，小平钱，方穿，楷书，钱面文为“康熙通寶”，上下右左对读，背穿左右有满文。直径2.7、穿径0.5、郭宽0.35厘米（图五，6）。

M5 方向15°。墓口距地表0.2米，墓穴长2.8米，宽1.8米，深1.86米。墓穴内放置双棺，东棺长1.9米，宽0.46～0.56米，残存高度0.18米；西棺长1.82米，宽0.45～0.55米，残存高度0.18米。双棺内各葬人骨架一具，均为仰身直肢。东棺为男性，成年。西棺为女性，成年。随葬品有铜扣、铜耳环、铜钱、铜簪、银头饰、板瓦。铜扣放置在东棺人骨架左肋骨下部，铜耳环放置在西棺人骨架头骨右侧，铜簪放置在西棺人骨架头骨上部，铜钱放置在西棺人骨架左肋骨和左上肢之间（图八，1）。

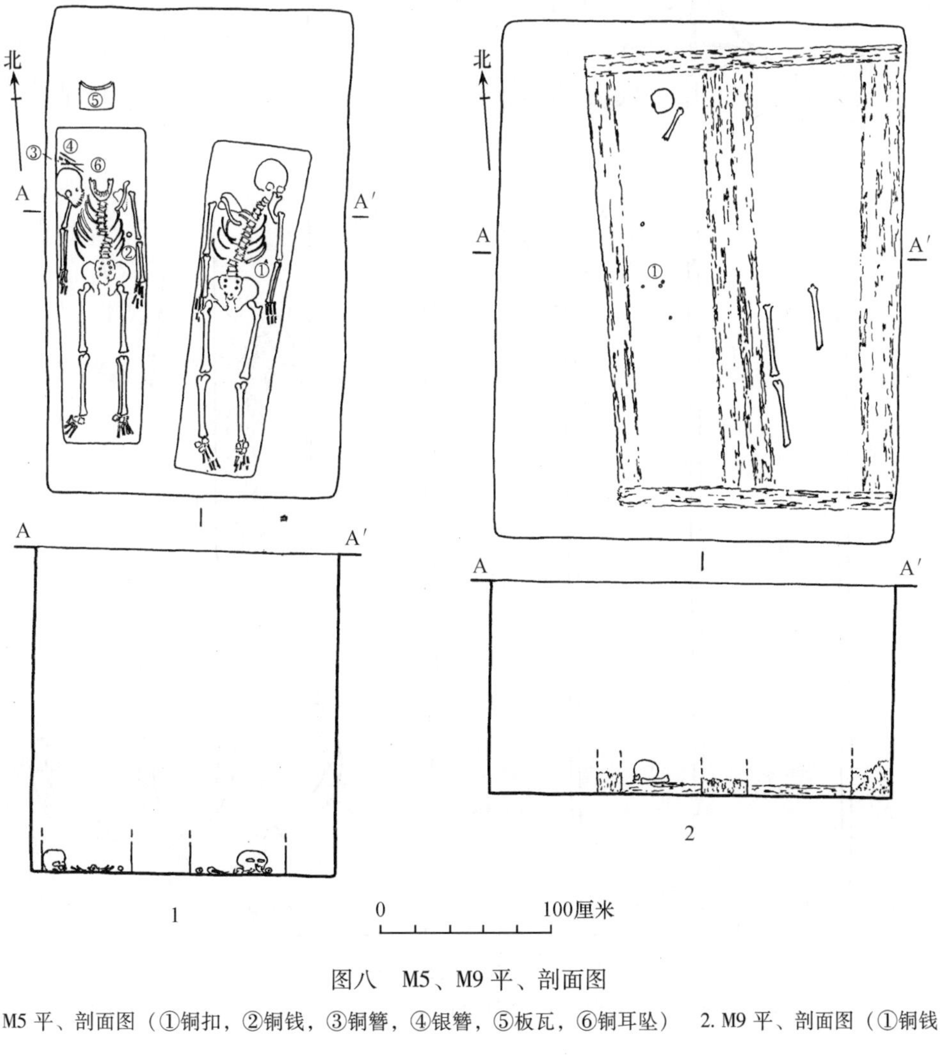

图八 M5、M9平、剖面图

1. M5平、剖面图（①铜扣，②铜钱，③铜簪，④银簪，⑤板瓦，⑥铜耳坠） 2. M9平、剖面图（①铜钱）

铜扣　1枚。东棺出土。标本M5:1，扣体呈球状，扣环和扣体铸在一起。扣体表面有划草叶纹。直径1.3、环径0.6厘米（图四，2）。

铜钱　3枚。西棺出土。其中1枚为“乾隆通宝”，小平钱，方穿，楷书，钱面文为“乾隆通寶”，上下右左对读，背穿左右为满文。直径2.2、穿径0.5、郭宽0.25厘米。“道光通寶”2枚，一大一小，均为小平钱，方穿，楷书，钱面文为“道光通寶”，上下右左对读，背穿左右为满文。大钱直径2.3、穿径0.5、郭宽0.3厘米。标本M5:2，小钱直径2.1、穿径0.7、郭宽0.2厘米（图五，7）。

铜簪　3枚。西棺出土。分别编号为3a、3b、3c。标本M5:3a，簪顶呈椭圆伞状，有重叠梅花组成，上部铸一小球，簪体呈细圆锥状。顶径2.8～3.5、通长15厘米（图九，1；彩版六，3）。标本M5:3b，该铜簪与M5:3a雷同。顶径3、通长15.1厘米（图九，2；彩版六，4）。

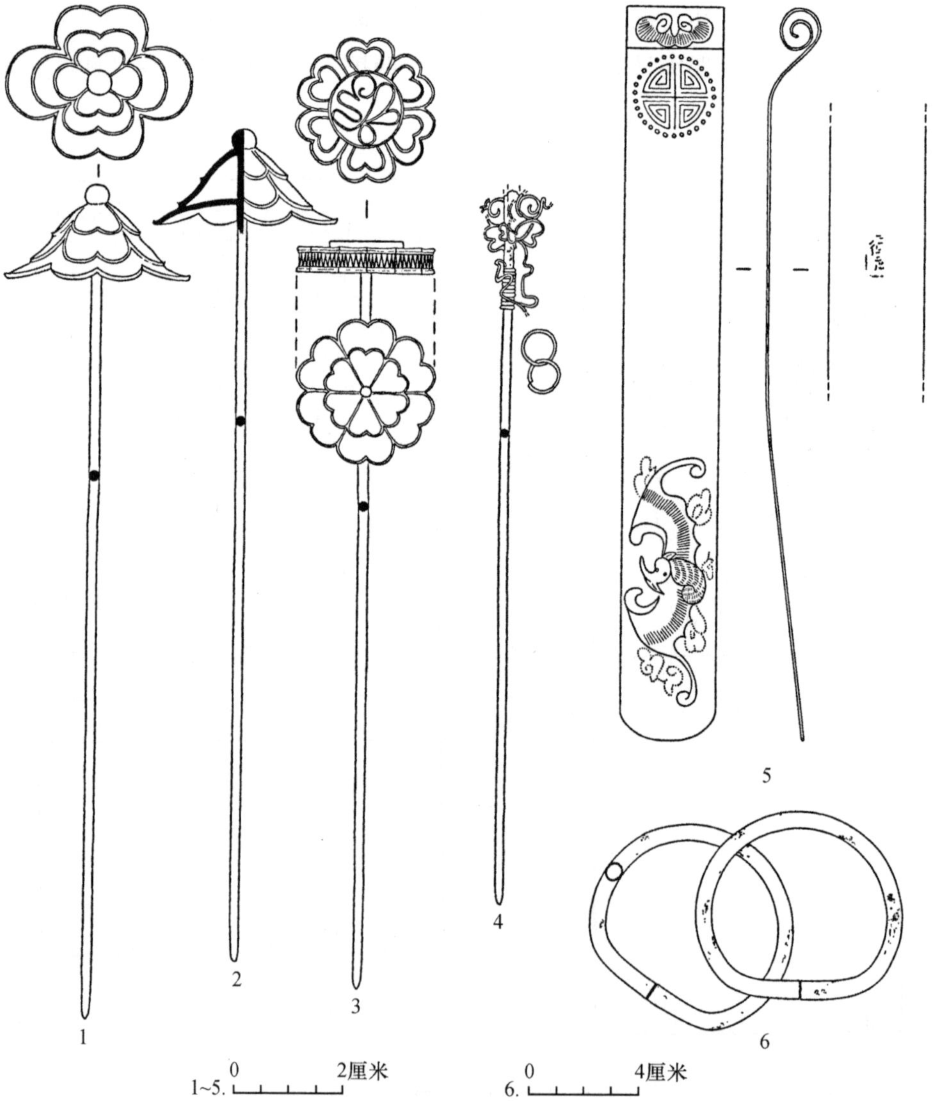

图九　铜簪、银簪、铜镯

1～4. 铜簪（M5:3a、M5:3b、M5:3c、M10:3）　5. 银簪（M5:4）　6. 铜镯（M10:4）

标本 M5: 3c，簪顶由大小两个梅花铜饼制成，簪顶双面有梅花图案，厚饼周边刻有对三角形纹带，簪体成细圆锥状。顶径 2.65、通长 13.4 厘米（图九，3；彩版六，5）。

银簪　1 枚。西棺出土。标本 M5: 4，簪体呈扁长方形，整体较薄，前端呈弧形，簪表面下部饰有一蝙蝠纹，上部饰花边圆圈，中心饰几何图案，簪首卷曲呈花状，表面饰一蝙蝠纹，簪体背面有字两个，其字迹不清，难以辨别。长 10.6、宽 17.5 厘米（图九，5；彩版六，2）。

板瓦　1 件。西棺出土。标本 M5: 5，正面有红色字迹，泥质灰陶。正上方有“廣陽”两字，右边自上而下书“负校北□头□三台”，左边自上而下书“泰山永远石□人□”，余皆漫漶不清（图一〇，3）。

铜耳坠　1 枚。西棺出土。标本 M5: 6，环形钩，三叶形耳花。高 2.2、宽 2.4 厘米（图四，6；彩版七，1）。

M9　方向 25°。墓口距地表 0.2 米，长 3 米，宽 2.4 米，深 1.23 米。墓穴内放置双棺，东棺长 2.64 米，宽 0.52 ~ 0.64 米，残存高度 0.24 米；西棺长 2.6 米，宽 0.46 ~ 0.52 米，残存高度 0.12 米。双棺内只残存几段骨骼，大部分骨骼可能已被迁出，故其葬式不清。男性，成年。随葬品有铜钱 8 枚（图八，2）。

铜钱　8 枚。西棺出土。标本 M9: 1，小平钱，方穿，楷书。钱面文为“雍正通宝”，上下右左对读，背穿左右有满文，郭双面磨平。直径 2.5、穿径 0.5、郭宽 0.4 厘米（图五，9）。

M10　方向 20°。墓口距地表 0.2 米，墓穴长 2.75 米，宽 1.98 ~ 2.2 米，深 1.6 米。墓穴内放置双棺，东棺长 1.9 米，宽 0.5 ~ 0.62 米，残存高度 0.12 米；西棺长 1.82 米，宽 0.44 ~ 0.48 米，残存高度 0.12 米。双棺内各葬人骨架一具，均为仰身直肢。东棺为男性，成年。西棺为女性，成年。随葬品有瓷碗、铜钱、铜簪、铜镯。瓷碗 2 件，其中 1 件放置在东棺人骨架头骨上部，另 1 件放置在西棺外北部。铜钱 2 枚，其中 1 枚放置在东棺人骨架右指骨下部，另 1 枚放置在西棺人骨架的右肩部外侧，铜镯套在西棺人骨架的左腕上（图一一；图版二八，4）。

瓷碗　2 件。东棺出土。标本 M10: 1，外壁浅黑色釉，圈足无釉，内壁施乳白色釉，涩内底。敞口，圆唇，斜直壁下折，矮圈足。口径 16、足径 6.4、通高 6.6 厘米（图一〇，1；彩版六，1）。标本 M10: 5，西棺出土。外壁浅黑色釉，圈足无釉，内壁乳白色釉，涩内底。敞口，圆唇，斜直腹下折，矮圈足。口径 15.3、足径 6.5、通高 5.9 厘米（图一〇，2）。

铜钱　2 枚。标本 M10: 2，东棺出土。小平钱，方穿，楷书，钱面文为“乾隆通寶”，上下右左对读，背穿左右为满文。直径 2.3、穿径 0.5、郭宽 0.3 厘米。标本 M10: 6，西棺出土。小平钱，方穿，楷书，钱面文为“光緒通寶”，上下右左对读，背穿左右为满文。直径 2.3、穿径 0.5、郭宽 0.3 厘米（图五，8）。

铜簪　1 枚。西棺出土。标本 M10: 3，簪首残，从残存部分观之，其形制应为铜丝制作的九连环，簪体呈细圆锥状。残长 12.7 厘米（图九，4；彩版六，6）。

铜镯　1 付。西棺出土。标本 M10: 4，铜管盘制而成，近椭圆形。外径 6.8 ~ 7.5、内径 5.5 ~ 6.4、截面直径 0.6 厘米（图九，6；彩版七，3）。

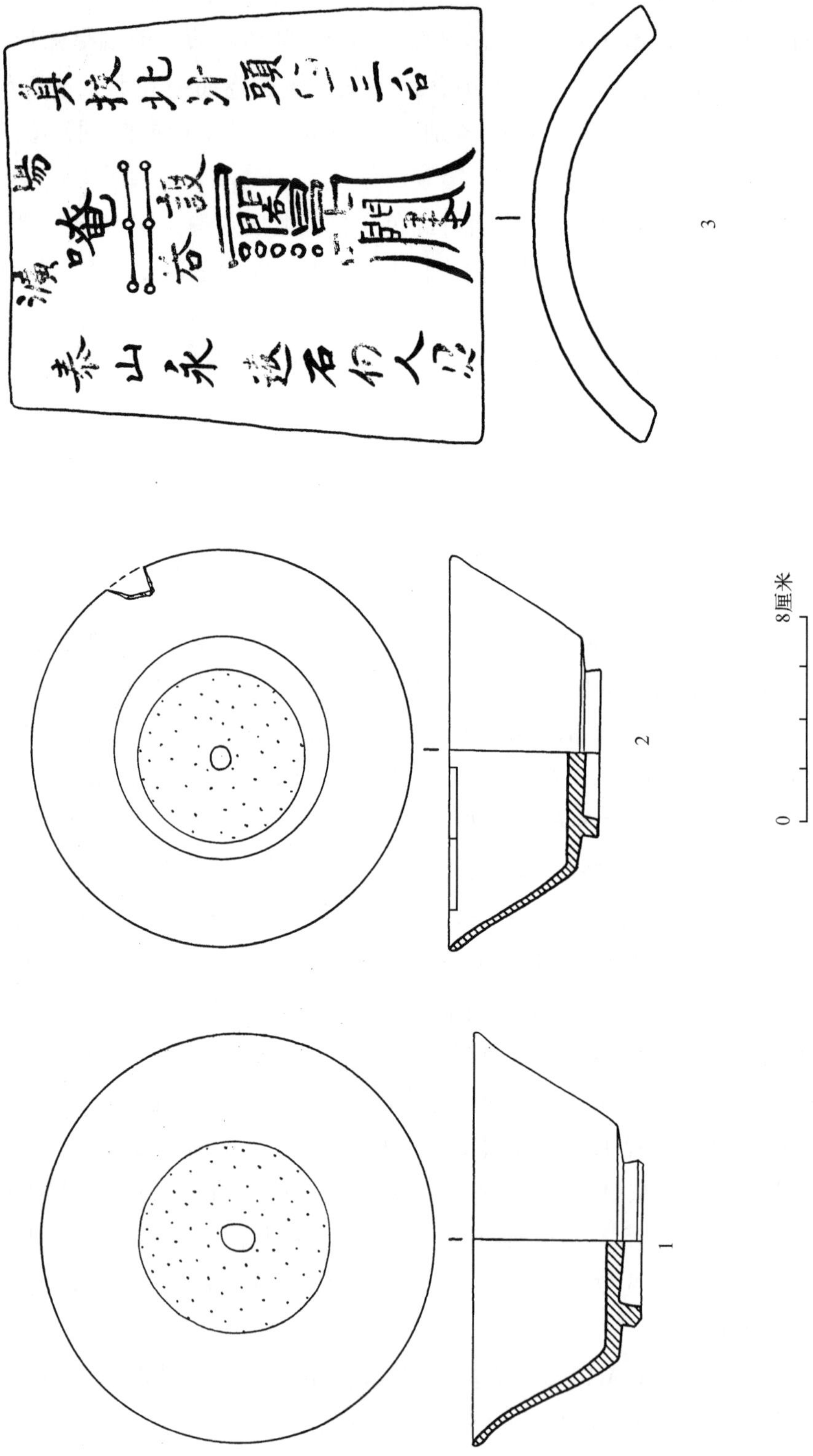

图一〇　瓷碗、板瓦

1、2. 瓷碗（M10:1、M10:5）　3. 板瓦（M5:5）

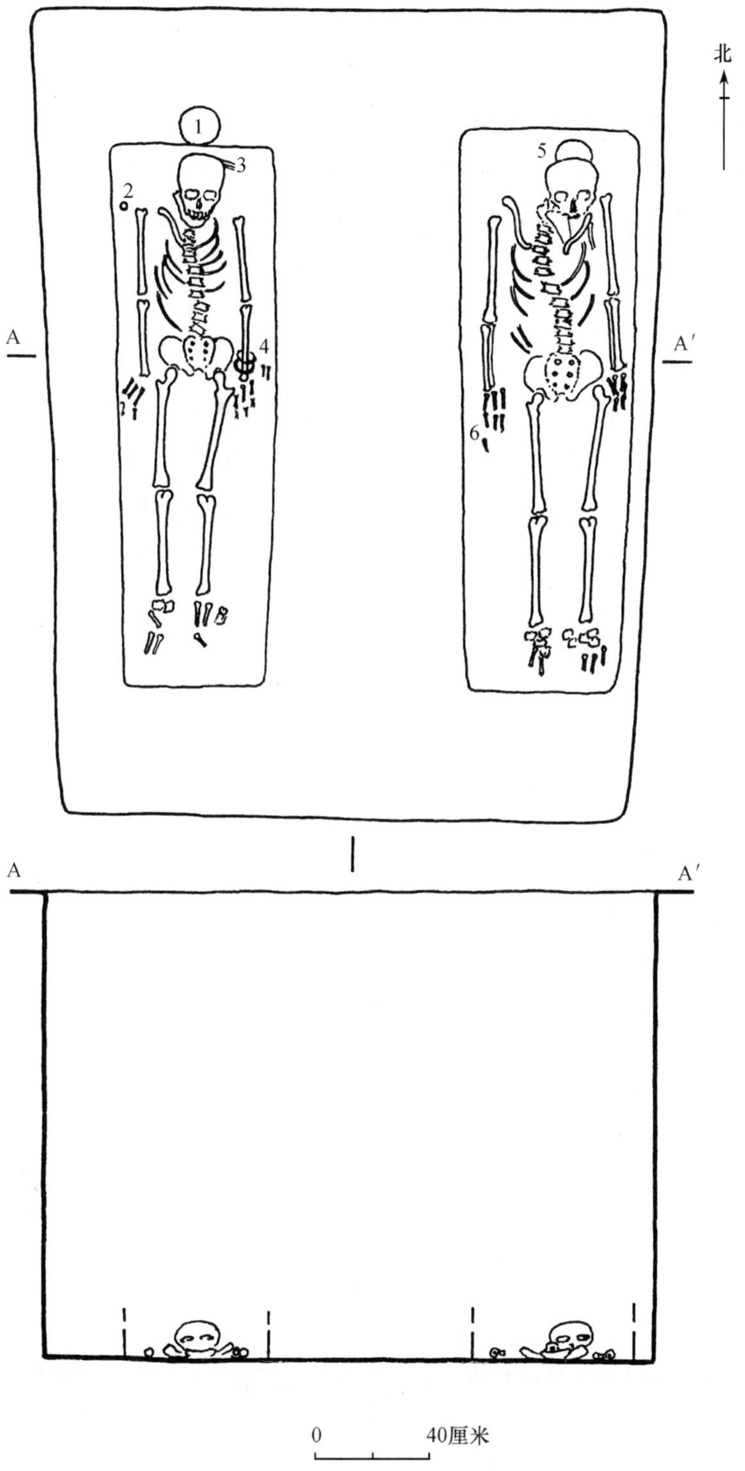

图一一 M10平、剖面图

1、5. 瓷碗 2、6. 铜钱 3. 铜簪 4. 铜镯

三、结　语

根据墓葬中出土遗物推定，除M10因出有“光绪通宝”而年代较晚外，余者墓葬的年代应不晚于清代中晚期。清代墓葬在北京地区屡有发现，因此这些遗物为研究清代早中期民俗不啻于增添了新的材料。特别是出土的铜器、瓷器在北京南部地区较少发现，对研究这一阶段的历史，具有一定的参考意义。

领队：张治强
发掘：郭京宁、于璞
执笔：郭京宁、周宇
整理绘图：张绪武、翟建峰、杨科民、程浩
摄影：郭京宁、韩宜林

天开遗址发掘报告

天开遗址位于北京市房山区岳各庄乡天开村东（图一），东北距区政府所在地良乡约 19 公里。据悉，唐代已有天开寺之名，为燕、易间巨刹，因寺前山谷豁然开朗、视野开阔，故名天开寺。后成村落，村因寺得名，历代不废①。天开塔复建于辽乾统十年（1110 年），1990 年因村民对该地宫的文物进行盗掘，北京市文物研究所曾对该地宫进行了清理②。

南水北调中线工程（北京段）输水管线 HD14 + 792 ~ HD15 + 837 自西南而东北穿遗址而过。该地点中心区域 GPS 数据为东经 115°53.515′，北纬 39°37.369′，海拔 66 米。

为配合南水北调中线工程（北京段）的施工建设，在北京市文物局及房山区文物管理所的大力支持和积极协助下，经国家文物局批准，北京市文物研究所组织人员对该遗址进行了勘探和抢救性发掘（图二；图版二七，2）。发掘工作于 2006 年 6 月 28 日至 7 月 8 日进行。清理辽金时期墓葬 2 座（M1、M2），清理陶窑 1 座（Y1）。

一、地 层 堆 积

天开遗址的地层堆积较为简单，可分为两层。以 T2 的东壁为例。

第①层：表土，呈西高东低斜向水平堆积，全方分布。厚 0.1 ~ 0.22 米。土色灰黄，土质疏松，含有草根、砖块、瓦片等。为近现代表土层。

第②层：土色红褐，土质疏松。厚 0.06 ~ 0.3 米。层状堆积。M1、M2、Y1 开口于②层下。以下为生土。

二、遗迹及遗物

1. M1 形制及随葬品

M1　位于 T1 西南，平面呈甲字形，方向为 10°。墓口距地表 0.2 米，总长 5.16 米，宽 0.84 ~ 2.42 米，深 1.2 米。该墓由墓道、墓门、墓室、棺床四部分组成（图三；图版二九，1）。

---

① 房山区地名志编辑委员会：《北京市房山区地名志》，北京出版社，1990 年。

② 王武钰：《房山区辽代天开塔地宫出土了珍贵文物》，《北京考古信息》，1991 年。

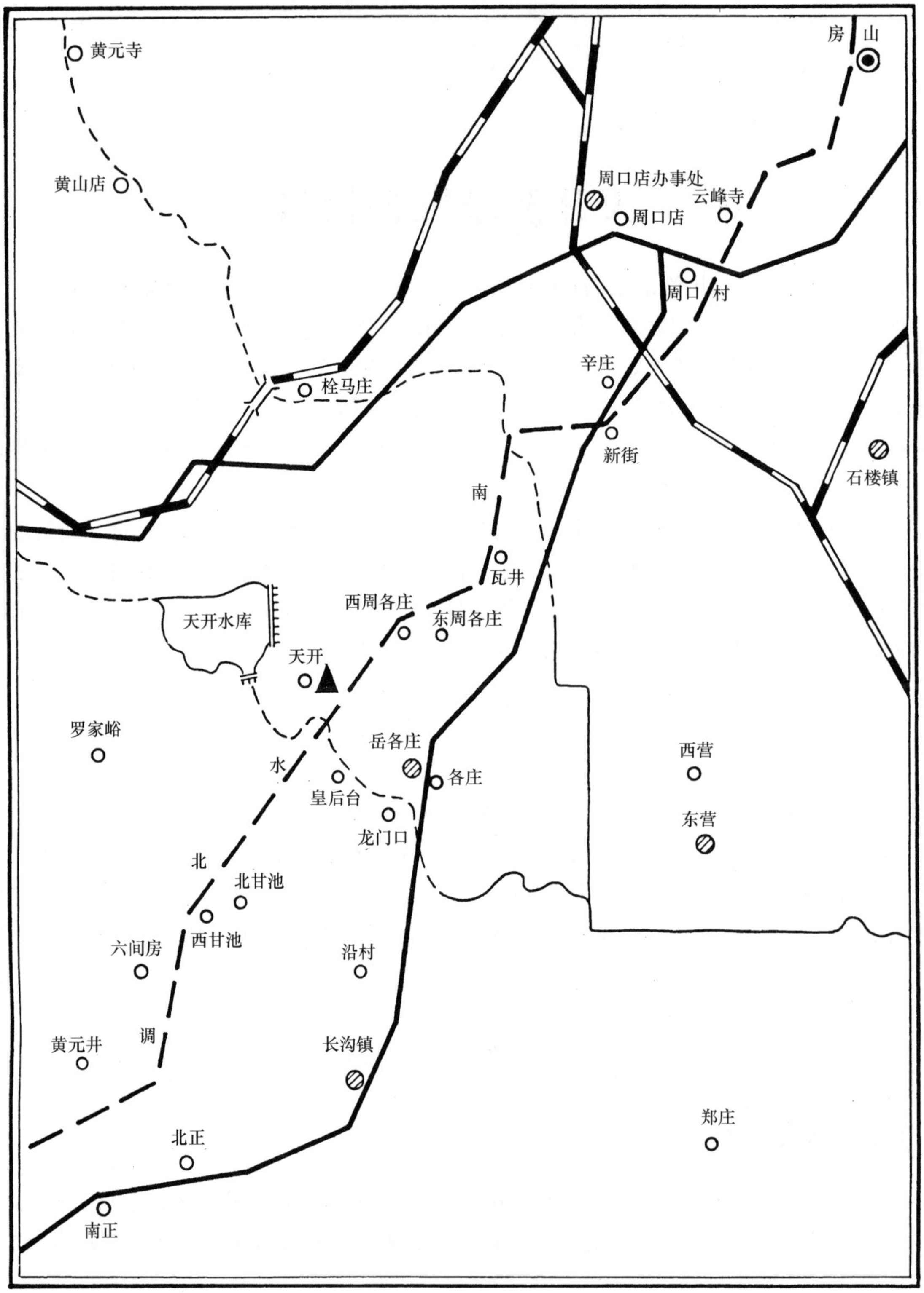

图一　房山区天开遗址位置示意图

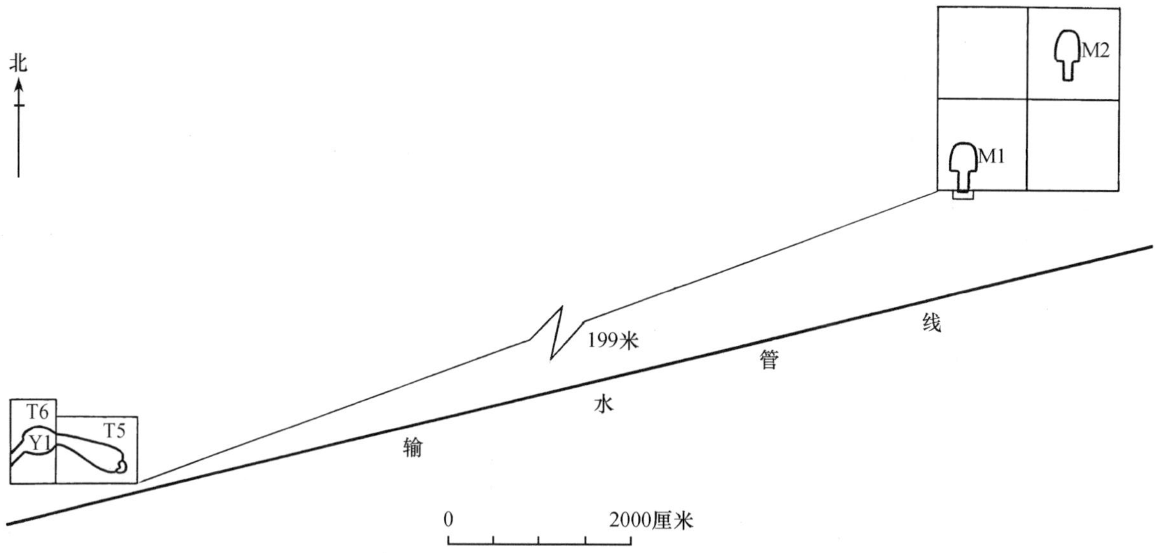

图二　天开遗址探方遗迹分布图

墓道位于墓室之南，呈长方形。墓道长2.22米，宽0.84～1.08米，深0.25～1.2米，坡长2.32米。墓门用青砖三平一竖垒砌，上部已被破坏。残高0.78米，宽0.96米，进深0.52米。墓门用3块竖石板东西向排列封堵。东边石板宽0.3米，高0.8米。中间石板宽0.68米，高0.6～0.8米。西边石板宽0.32米，高0.62米。墓室平面近椭圆形，四壁用青砖三平一竖砌成。墓室上部和顶部均已被破坏，南北长2.4米，东西宽1.34～2.42米，残高0.78米。棺床位于墓室的西半部，近长方形。棺床床边用三层青砖错缝垒砌，床面用碎砖和石块平铺，中部被破坏。南北长2.24米，东西宽1.1～1.18米，高0.2米。该墓因破坏较甚，未发现棺痕，仅残存少量骨骼和两个人头骨，故其葬式不清。随葬器物有陶罐、瓷瓶、铜钗、铜钱、铜簪。陶罐6件：3号罐放置在棺床西北角；4号罐放置在棺床的西南角；5号罐放置在棺床下，门洞里侧；7、8号罐放置在墓室左侧边缘；9号罐放置在门洞内右侧。6号瓷瓶放置在墓门洞里侧（图三）。

铜钱　2枚。标本M1∶1，小平钱，方穿，篆书，钱面文为“五铢”，左右对读。直径2.2、穿径0.8、郭宽0.2厘米。

铜钗　1枚。标本M1∶2，双股，股呈圆锥状，顶部略呈拱形，通体光滑。长9.3、钗首宽1.3、顶部宽2.1厘米（图四，1；彩版七，5）。

陶罐　6件。标本M1∶3，泥质灰陶。敞口，尖圆唇，束颈，圆肩，斜弧腹下收，小平底。口径9.5、最大腹径12.9、底径5.4、通高14厘米（图四，2；图版三二，5）。标本M1∶4，泥质灰陶。敞口，圆唇，束颈，圆肩，斜弧腹，小平底。肩部饰凹弦纹一道，腹部有刮痕、内底凸凹不平。口径9.8、最大腹径12.6、底径5.6、通高13.5厘米（图四，3；图版三二，6）。标本M1∶5，泥质灰陶。敞口，方圆唇，束颈，圆肩，斜弧腹下收，小平底。肩部饰凹弦纹二道，腹部饰凹弦纹一道。口径8.9、最大腹径12、底径5.4、通高13.2厘米（图四，4；图版三三，

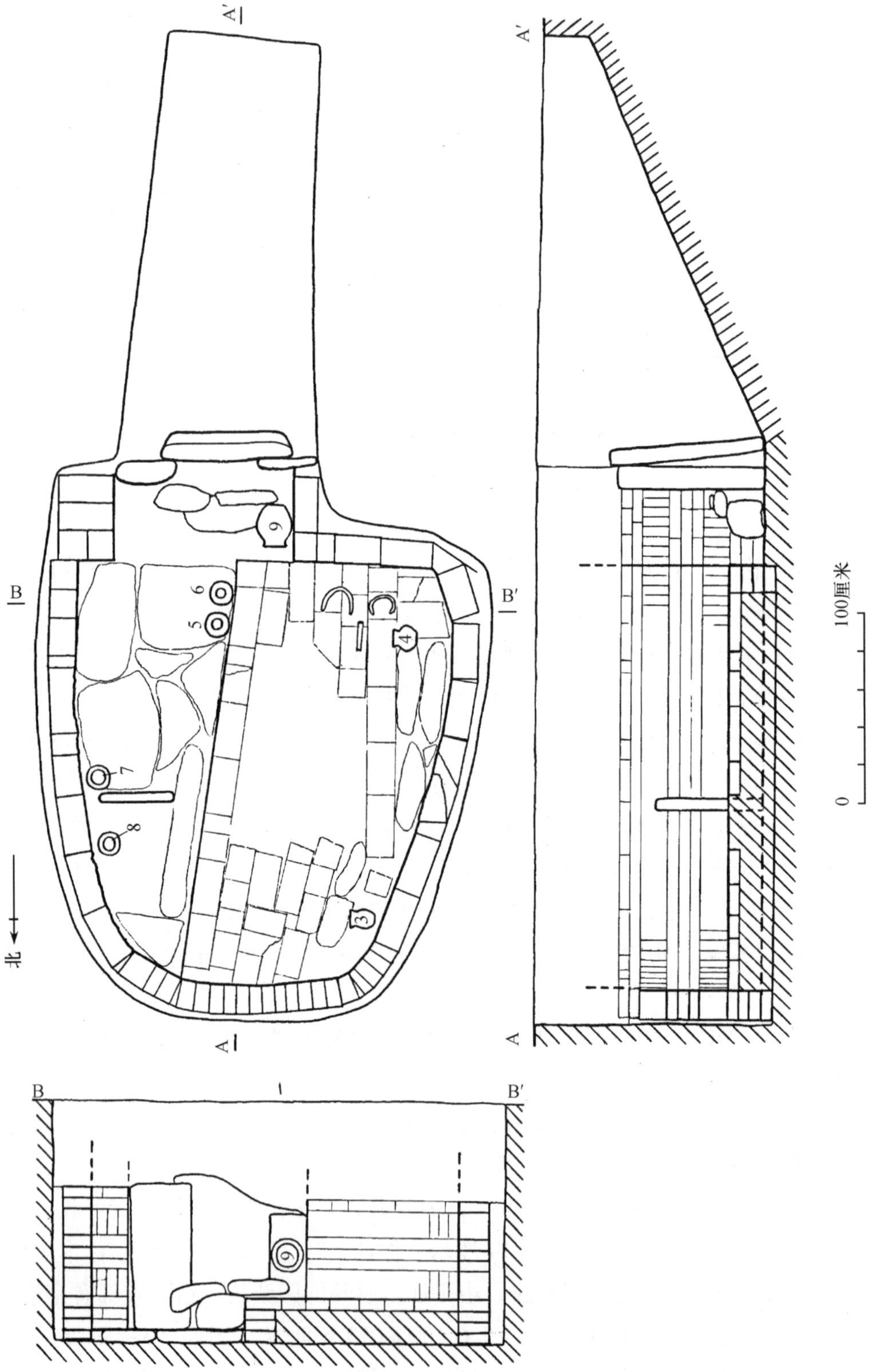

图三　M1 平、剖面图

1. 铜钱（压在其他器物下）　2. 铜钗（压在其他器物下）　3～5、7～9. 罐　6. 瓷瓶

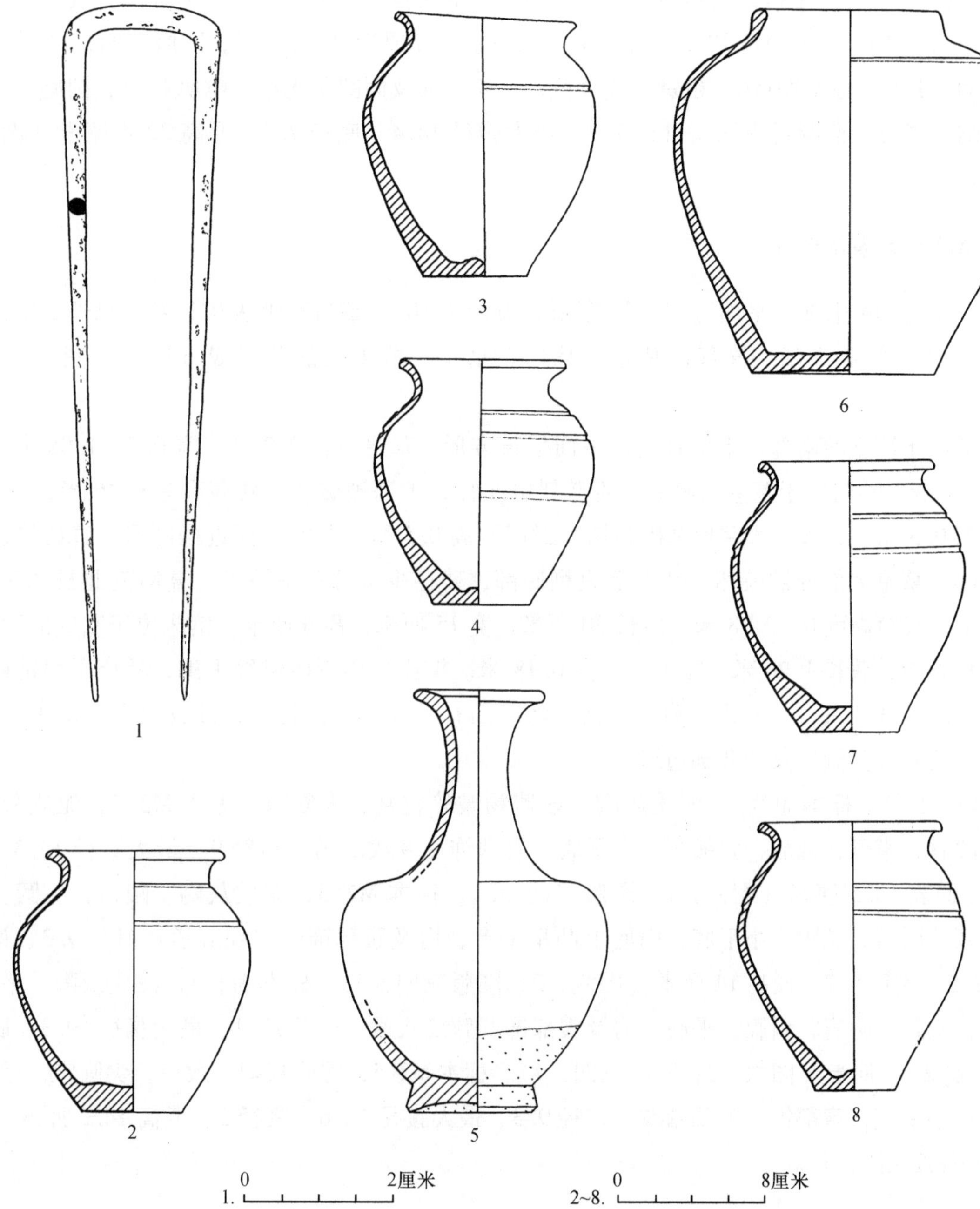

图四 铜钗、陶罐、瓷瓶

1. 铜钗（M1∶2） 2～4、6～8. 陶罐（M1∶3、M1∶4、M1∶5、M1∶7、M1∶8、M1∶9） 5. 瓷瓶（M1∶6）

1）。标本M1∶7，泥质灰陶。敛口，圆唇，矮颈，圆肩，斜弧腹，平底内凹。肩上部饰凹弦纹一道。口径10.4、最大腹径19.2、底径10.2、通高19.5厘米（图四，6；图版三三，3）。标本M1∶8，泥质灰陶。敞口，尖圆唇外翻，矮颈，圆肩，斜弧腹下收，小平底。肩部饰凹弦纹二道。口径9.6、最大腹径12.9、底径5.5、通高14.3厘米（图四，7；图版三三，4）。标本

M1∶9，泥质黑灰陶。敞口，尖圆唇，束颈，圆肩，下腹斜直，小平底。肩部饰凹弦纹二道，内底上凸。口径 10、最大腹径 12.5、底径 4.4、通高 14.4 厘米（图四，8；图版三四，1）。

瓷瓶　1 件。标本 M1∶6，粗瓷，浅黄色釉，腹下部及假圈足无釉。喇叭状口，圆唇，细高颈，圆肩，弧腹，假圈足内凹。口径 7.2、最大腹径 14.4、底径 7.2、通高 22.4 厘米（图四，5；图版三三，2）。

2. M2 形制及随葬品

M2　位于 T4 中部，平面近"甲"字形，方向为 10°。墓口距地表 0.2 米，总长 5 米，宽 0.7～2.3 米，深 1.1 米。该墓由墓道、墓门、墓室、棺床四部分组成（图五；图版二九，2）。

墓道位于墓室的南部，土圹直壁，平面呈长方形。墓道口长 2.2 米，宽 0.7～1.08 米，深 0.25～1.1 米。墓门位于墓室的南部，青砖错缝平砌，上部被破坏。残存高为 0.46 米，宽 0.9 米，进深 0.3 米，用青砖人字形垒砌封堵。封门墙高 0.5 米。墓室平面近椭圆形，青砖错缝平砌。顶部和墓室大部分被破坏，基本上只剩底部，残存少部分墓壁墙垣。墓室南北长 2.3 米，宽 1.9 米，残存高度 0～0.28 米。砖长 30 厘米，宽 15 厘米，高 6 厘米。棺床位于墓室的西部，平面近长方形，残长 1.26 米，宽 1 米，高 0.18 米。棺床边用青砖错缝平砌，棺床平面铺碎砖块。该墓因破坏严重，其葬式、葬具不清。随葬品有陶罐 5 件，其中 3 件放置在墓室中东部，另外 2 件放置在门洞和墓的北部边缘。

陶罐　5 件。标本 M2∶1，泥质灰陶。该器物破碎较甚，未复原。标本 M2∶2，泥质灰陶。敞口，圆唇，束颈，圆肩，斜弧腹，小平底，肩部饰凹弦纹二道。口径 9、最大腹径 13.3、底径 5.4、通高 14.5 厘米（图六，1；图版三四，2）。标本 M2∶3，泥质灰陶。敞口，尖圆唇外翻，矮颈，圆肩，弧腹，小平底，内底上凸呈平台，肩及腹部饰凹弦纹五道。口径 9.3、最大腹径 12.5、底径 5.7、通高 14 厘米（图六，2；图版三四，3）。标本 M2∶4，泥质灰陶。平沿，方圆唇，矮颈，圆肩，斜腹，平底，肩及腹部饰凹弦纹八道。口径 12.1、最大腹径 19.3、底径 9.1、通高 21.7 厘米（图六，3；图版三四，4）。标本 M2∶5，泥质灰陶。敞口，尖圆唇，矮颈，斜弧腹，小平底，肩部饰二道凹弦纹。口径 9.3、最大腹径 12.6、底径 5、通高 14.2 厘米（图六，4；图版三四，5）。

3. Y1 形制及出土器物

Y1　位于 T5、T6 中部，由窑室、火门、操作间三部分组成。方向 115°。窑口距地表深 0.8～0.9 米，全长 12.4 米，宽 0.74～2.4 米（图七）。

窑室　平面呈不规则圆角长条形，由火膛、窑床两部分组成，长 6.8 米，宽 0.8～2.5 米。火膛在窑床西侧和窑床联为一体，呈坡状，东高西低，长 2.9 米，宽 0.9～1.2 米。窑床东高西低，呈坡状，深 0.64～0.8 米，长 4.9 米，宽 1.2～2.5 米。窑面呈青灰色，厚 6～7 厘米，火烧所至层面坚硬。该窑室上部破坏严重，残留部分呈红褐色，厚 5～6 厘米。位于窑室的东南

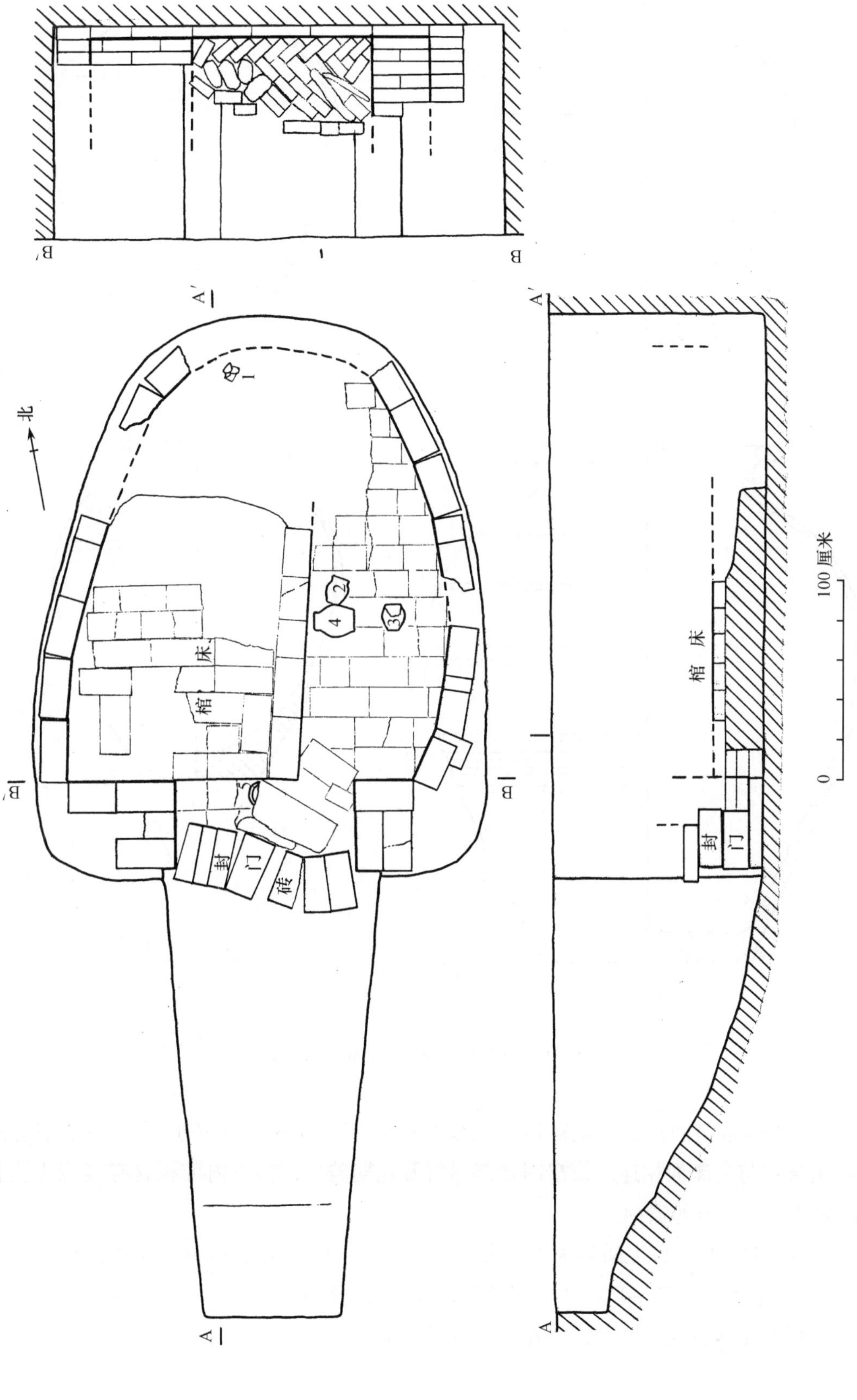

图五　M2平、剖面图
1～5. 陶罐

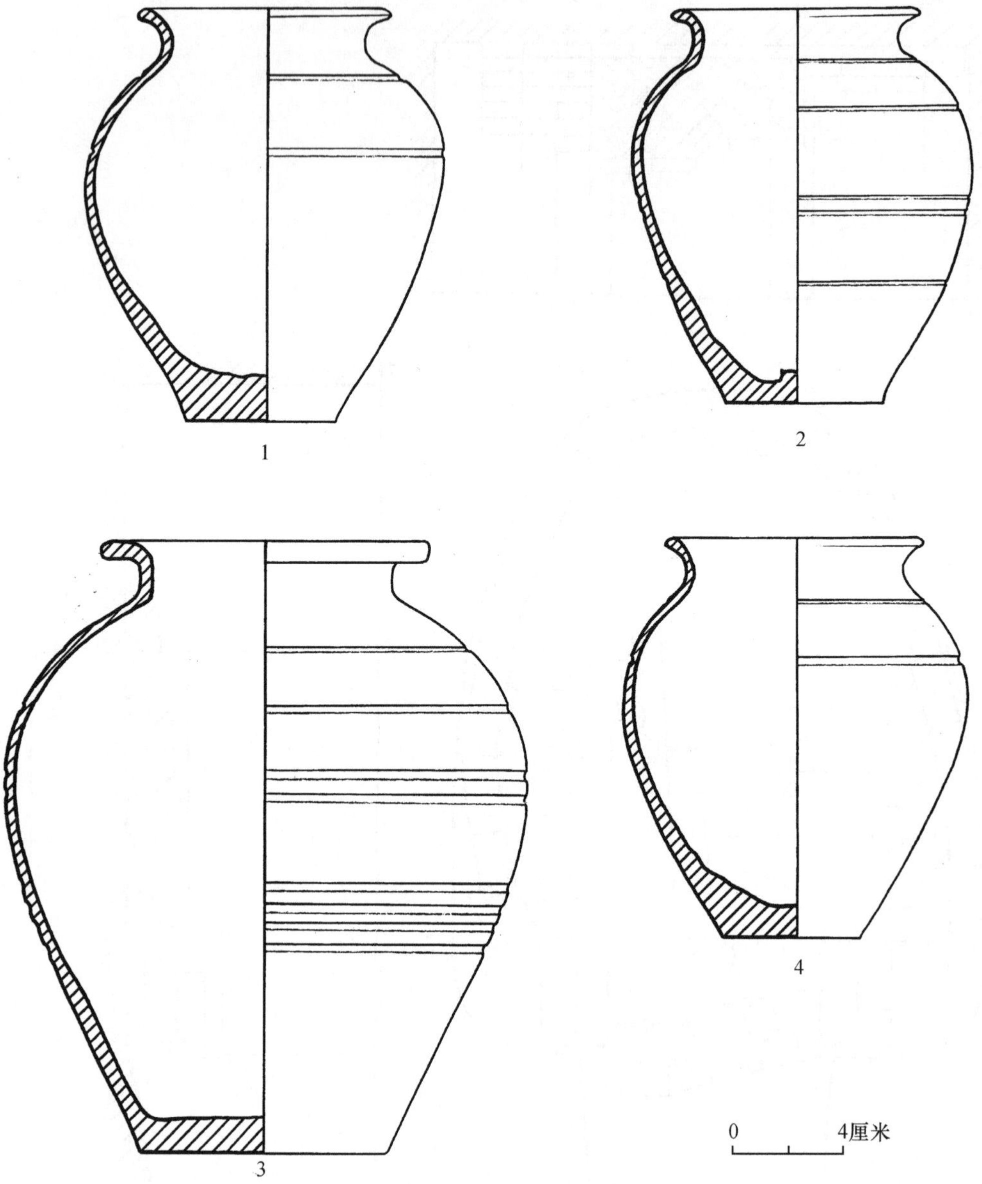

图六　陶罐

1. M2：2　2. M2：3　3. M2：4　4. M2：5

壁上有烟道 2 个，烟道呈圆形，因晚期破坏只残存西半部，直径 44 ~ 46 厘米。两个烟道间距 30 厘米，烟道烧壁与窑床面相连。该窑因顶部塌落及晚期破坏，窑室内堆积含有红烧土块和部分陶片及碎砖块、河卵石等遗物。

出土陶片共计 163 片，以泥质陶为主，夹砂陶仅 8 片。颜色有红褐色和灰色两种，其中泥质红褐陶 92 片，占总数的 56. 44% ，泥质灰陶 63 片，占总数的 38. 65% ，夹砂灰陶 8 片，占总数的 4. 91% 。可辨器形有瓮、缸等，另外出土有绳纹板瓦。

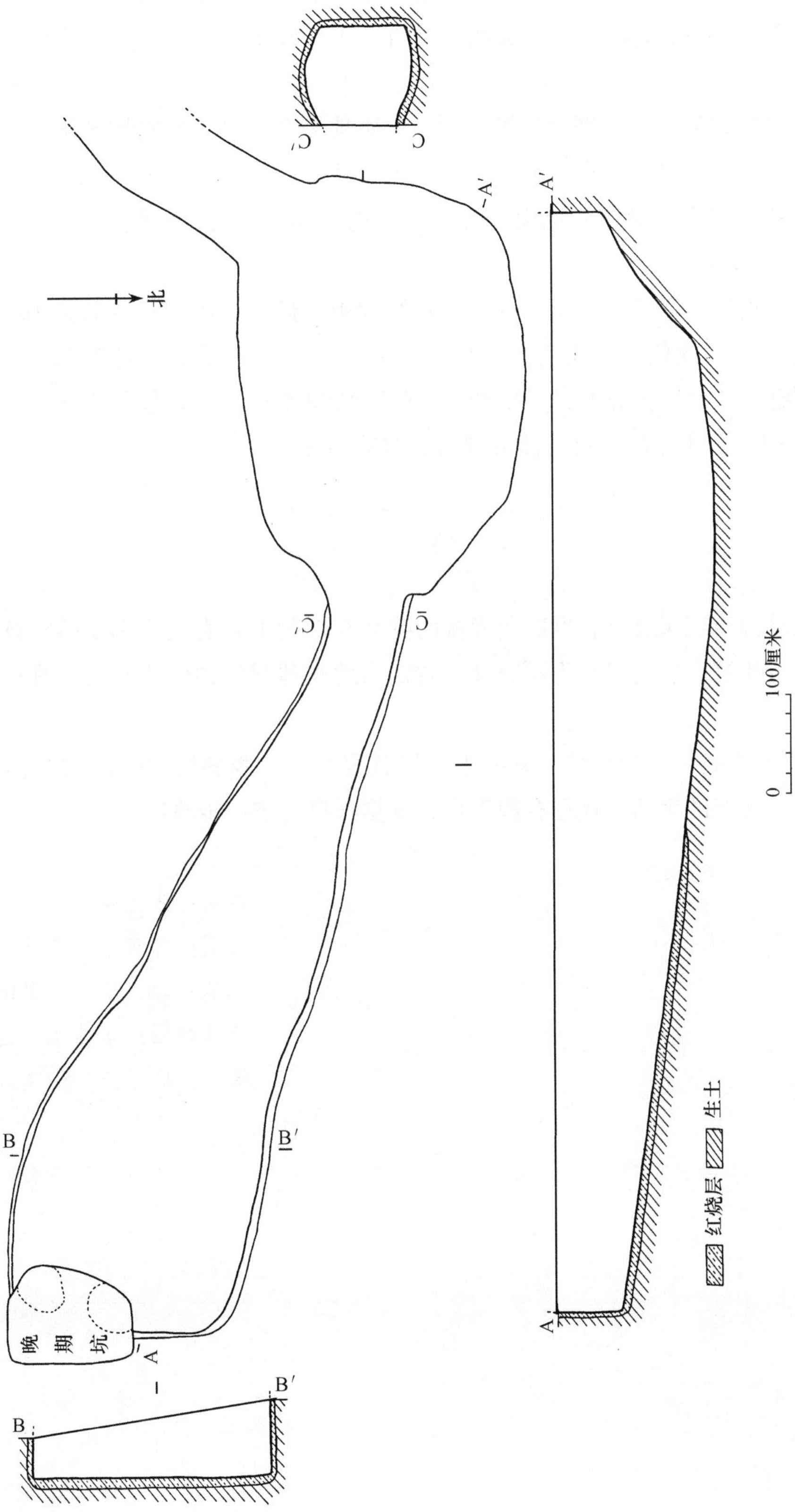

图七　Y1平、剖面图

火门　位于窑室的西部，与操作间相连。近圆形，平底，上部被破坏，残高1.02米，进深1米。火门因火烧所至门壁坚硬，呈青灰色。火门洞底部残留有草木灰和木炭碎块，因掏灰底部没有烧制硬面。

操作间　位于窑室的西侧，平面呈椭圆形。口距地表0.9米，因晚期破坏，现只残存下半部。该操作间四壁斜直，平底。东西长4.4米，南北宽2.94米。在操作间的西南角有一长方形通道，底部呈坡状，坡底与操作间地面联为一体。南端压在探方T6西隔梁下，清理长度2.2米，宽1米，深1.14米。

该操作间出土遗物有陶片、少量的红烧土碎块和板瓦碎片。出土陶片共计198片，以泥质陶为主，夹砂陶较少。颜色有红褐色、红色、灰色三种。其中泥质红褐陶126片，占总数的63.64%；泥质灰陶58片，占总数的29.29%；夹砂红陶8片，占总数的4.04%；夹砂灰陶6片，占总数的3.03%。出土陶片可辨器形有盆、器盖两种。

三、结　　语

天开遗址名称源于辽天开寺，本次所发掘的墓葬在形制上具有辽代小型砖室墓的特征，时代应与辽代天开寺相当。它的发现为研究这一时期当地丧葬习俗的传承与发展具有一定的参考价值。

Y1据其包含物推断，应为金代以降时期。但其窑室、火膛斜坡状一体的结构在北方地区出现年代均偏晚。此窑的确切年代还有赖于今后发掘材料的进一步验证。

领队：张治强
发掘：郭京宁、于璞、马绍山
执笔：郭京宁、刘保山
整理描图：张绪武、翟建峰
摄影：郭京宁、于璞、韩宜林

西周各庄窑址发掘报告

西周各庄陶窑遗址位于北京市房山区岳各庄乡西周各庄村南（图一）。北距周口店北京猿人遗址约7公里。窑址西、南两面紧邻城乡公路，东接近代人工开凿沟渠——西周各庄南沟。

西周各庄村明代成村，与东周各庄相对而称，因姓得名①。南水北调中线工程（北京段）输水管线HD15+890~HD16+230自西南而东北穿窑址而过。窑址的GPS数据为东经115°54.082′，北纬39°37.445′，海拔58米。

为配合南水北调中线工程（北京段）的施工建设，在北京市文物局及房山区文物管理所的大力支持和积极协助下，北京市文物研究所组织人员对该窑址进行了勘探和抢救性发掘。

发掘工作于2006年7月5日至7月8日进行，清理陶窑1座（Y1）（图二）。出土遗物有陶器、瓷器及少量铁器、铜钱。

一、地层堆积

根据土质土色的不同，可将该地点的文化层分为二层。以T1北壁为例说明之（图三）。

第①层：耕土层，土色灰褐，土质疏松，厚0.18~0.2米，全方分布。内含现代砖块等。

第②层：土色黄褐，土质较硬，包含物很少。厚0.2~0.32米，Y1开口于此层下。

以下为生土。

二、遗迹

Y1位于T1中部偏西，由活动坑、火门、火膛、窑室和排烟设施五部分组成。东西总长约6.6米，南北宽2.6~3.5米，火膛、窑室顶部和排烟设施上部均已无存。

窑的方向为坐西朝东，方向51°。活动坑西接火门，平面大体呈圆形，口大底小。口部直径约3.3米，深1.1~1.6米。底部自南向北有三层生土台阶分布，其长宽高依次为1.3米×0.5米×0.25米，1.4米×0.4米×0.3米，1.9米×0.39米×0.38米。活动坑填土为黄色，土质较硬，底部有青砂薄层铺地，应为陶窑使用期的活动面。

① 房山区地名志编辑委员会：《北京市房山区地名志》，北京出版社，1990年。

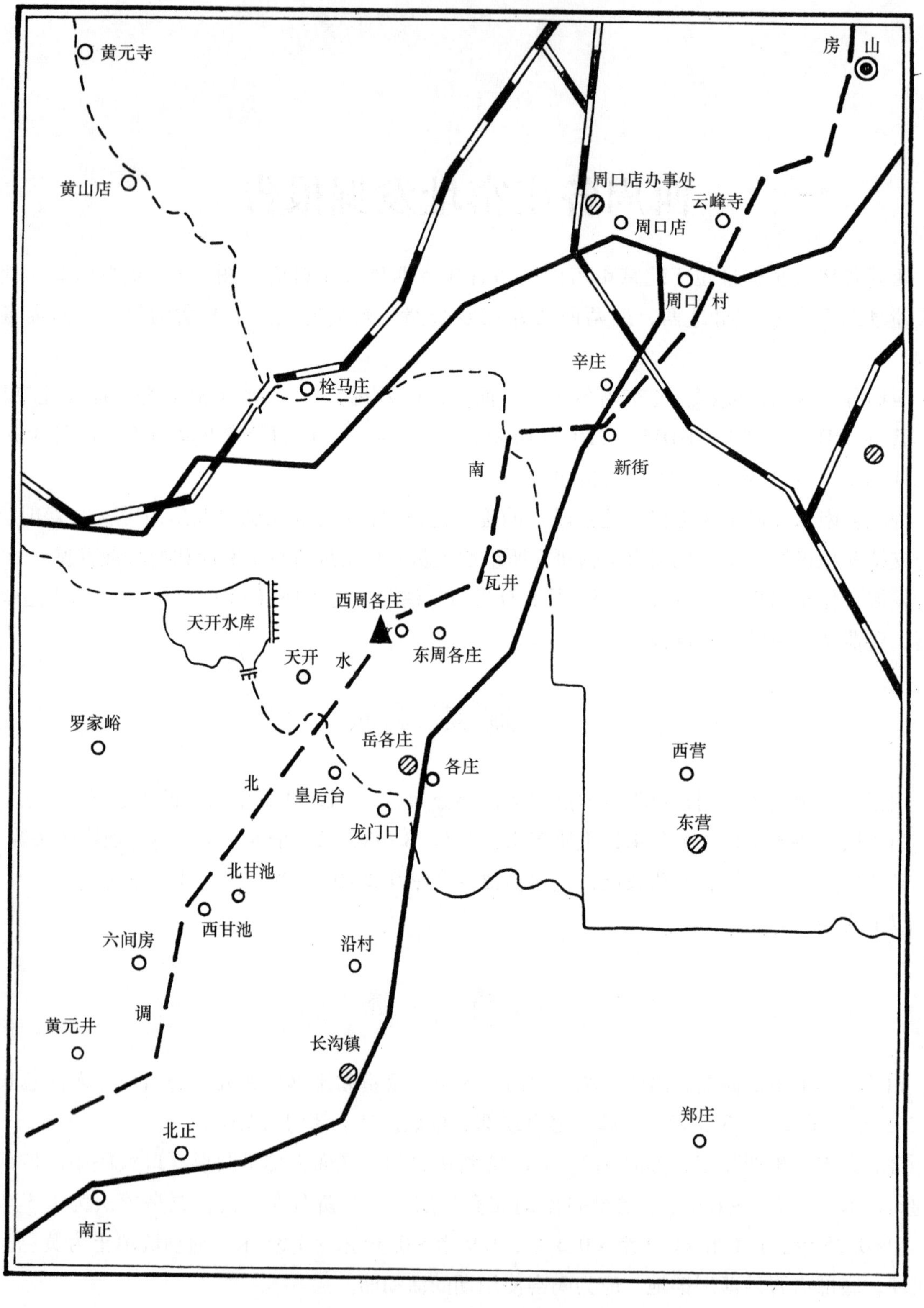

图一　房山区西周各庄遗址位置示意图

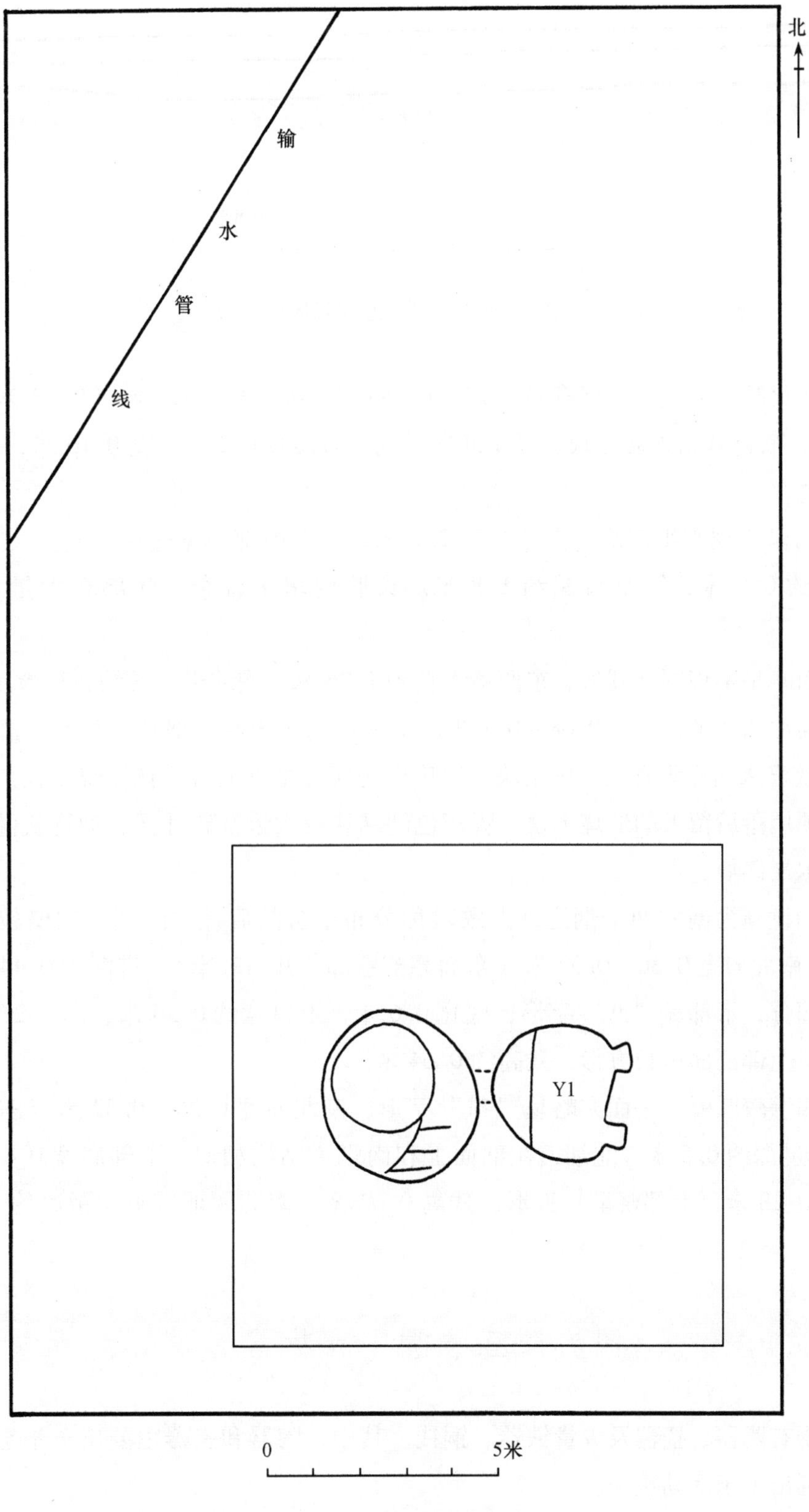

图二　陶窑位置平面图

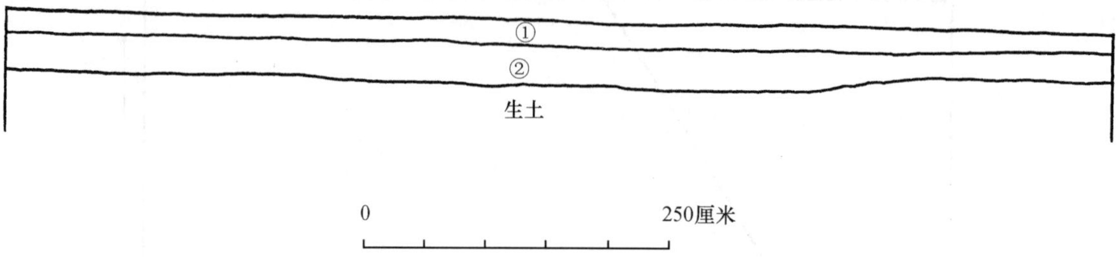

图三　T1 北壁剖面图

火门西接火膛，为拱形，保存较完好。门高 0.88 米，宽 0.74 米，厚 0.3 米。门顶部距窑口约 0.24 米，底部残留青砖三块，呈南北向排列。青砖长 0.2 米，宽 0.16 米，厚 0.06 米，应为封堵火门遗存。

火膛平面呈不规则半圆形，南北长约 2.2 米，东西中部最宽达 0.9 米。火膛底部为生土，距窑床面深约 0.9 米，距窑口深约 1.8 米。火膛内填土较杂，底部有大量草木灰和木炭碎屑。

窑室平面略呈不规则半圆形，东西最大长约 1.76 米，南北最大长约 2.6 米。窑壁为青灰色硬结块，残高约 0.9 米，厚达 0.08 ~ 0.1 米。窑床面高于火膛底部约 0.9 米。窑床东侧面（即火膛西壁）及窑床面亦为青灰色硬结块。窑床应为青砖垒砌成台后抹泥烧结而成。窑室内填土较杂，有窑顶塌落后留下的红烧土块、青灰色硬结块及大量乱砖乱瓦、动物残骸，底部还有少许草木灰和木炭碎屑。

窑的排烟设施为南北两个烟道，大致对称分布于窑的后壁。南烟道四壁较平直，平面呈“口”字形，南北向宽 0.36 ~ 0.52 米（东面靠窑室部分开口较窄），进深约 0.44 米。南烟道在剖面上分两部分，下部呈“八”字形，底宽 0.6 米，上口宽约 0.36 米，高 0.26 米，并在该处与上部衔接。上部剖面呈长方形，残高约 0.64 米。

北烟道四壁较圆弧，平面亦略呈“口”字形，南北向宽 0.26 ~ 0.52 米（东面靠窑室部分开口较窄），进深约 0.5 米。北烟道在剖面上和南烟道结构相似，下部底宽 0.4 米，上口宽约 0.24 米，高 0.28 米，上部略呈长方形，残高 0.62 米。南北两烟道平均距离约 1.2 米（图四；彩版四，1）。

三、遗　　物

出土遗物有陶器、瓷器及少量铁器、铜钱。其中，陶器和瓷器主要出土于窑室和火膛，而铜钱和铁器则出土于活动坑中。

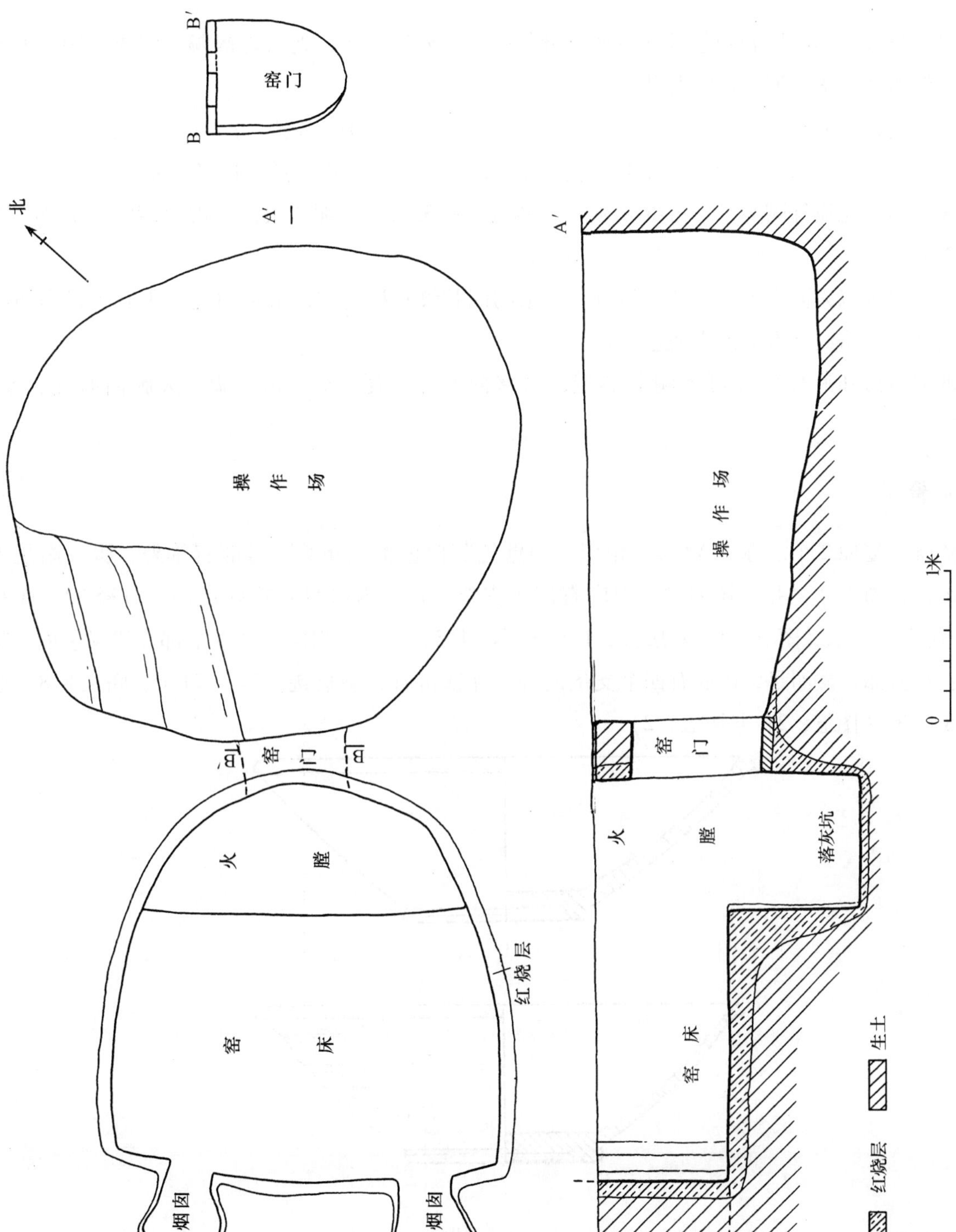

图四　Y1平、剖面图

1. 陶器

出土陶片按其陶质和陶色可分为夹云母灰陶、夹云母红陶、夹云母褐陶、泥质红陶、泥质灰陶、泥质灰褐陶、泥质褐陶七种。

窑室内以泥质灰陶为主，占35.8%，泥质红陶占27.5%，泥质褐陶占24.2%，泥质灰褐陶占5%，夹云母红陶占4.2%，夹云母灰褐陶占1.7%，夹云母褐陶和红褐陶均占0.8%。

火膛内以泥质红陶为主，占46.2%，泥质灰陶占35.2%，泥质灰褐陶占15.4%，泥质灰陶占3.2%。

陶器纹饰以素面占绝大多数，另有极少量的凹弦纹和粗绳纹，窑室内还出土有少量内布纹外素面和内方格纹外素面的青灰色瓦片。

现据口沿和底部残片可辨陶器器型，窑室内有盆、瓦、豆、钵、罐，火膛内有瓦、盆、瓮、罐等。

2. 瓷器

瓷碗　复原2个。标本Y1∶2，粗瓷。内壁施灰白色釉，外壁除唇部有釉外，腹及圈足无釉。敞口，斜直壁微弧，矮圈足，内底有四个支垫痕迹，内壁留有轮旋痕迹。口径22、底径8.4、通高7厘米（图五，1；彩版五，1）。标本Y1∶3，粗瓷，内壁及外壁上部施浅绿色釉。敞口，斜腹微弧，矮圈足，内底有四个支垫痕迹，外壁留有轮旋痕迹。口径21.6、底径8.8、通高6.8厘米（图五，2；彩版五，2）。

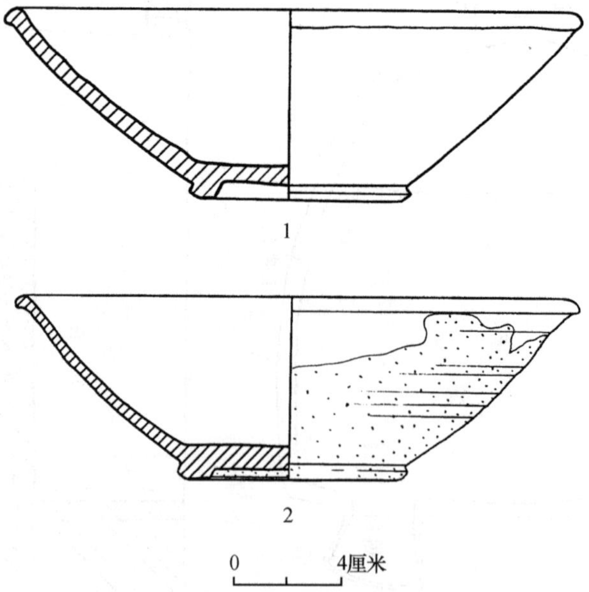

图五　瓷碗

1. Y1∶2　2. Y1∶3

3. 铜钱

1枚。标本Y1:1，圆形，径2.5厘米，方穿，边长0.7厘米，肉厚0.06～0.1厘米。正反两面皆有内外郭，其中内郭宽0.5厘米，外郭反面较宽，为0.25厘米，正面较窄，为0.15厘米，郭厚0.1厘米。正面旋铸“天圣元寶”四字，字为楷体。

4. 铁器

铁钉 1枚。

四、结　　语

“天圣元宝”为北宋中期宋仁宗的年号。据此窑的形制及出土物推断，年代应不晚于北宋中期。为串联北京地区古代窑址的演变链条，提供了新的资料。

领队：张治强
发掘：孙勐、张义中
执笔：郭京宁、李华、孙勐
整理描图：张绪武、翟建峰
摄影：韩宜林

周口窑址发掘报告

周口窑址位于北京市房山区周口店乡周口村北，东北距良乡区政府约 10 公里。周口元代以前成村，因村处“周”字形山地之山口位置，故名周口店。又有一说村处山口，因周姓得名[①]。窑址就位于周口店河的一级阶地上（图一）。

南水北调中线工程（北京段）输水管线 HD23 +510 ~ HD23 +760 自西南而东北从窑址的东部经过。窑址的 GPS 数据为东经 115°57. 148′，北纬 39°40. 293′，海拔高程 58 米。

为配合南水北调中线工程（北京段）的施工建设，在北京市文物局及房山区文物管理所的大力支持和积极协助下，北京市文物研究所组织人员对该窑址进行了勘探和抢救性发掘。

发掘工作于 2006 年 7 月 3 日至 7 月 6 日进行。发掘面积计 100 平方米，清理窑址 1 座（Y1）（图二）。

一、地 层 堆 积

遗址的地层堆积较为简单，自上而下分为两层。以 T1 为例：第①层为近现代表土层；第②层出有辽代的瓷片，Y1 开口于②层层面之下。从 Y1 的形制及②层的包含物推断②层为辽代以来文化层，Y1 的年代大体为辽前期。以下为生土。

二、遗迹及遗物

Y1　由窑室、火门、操作间三部分组成。方向 135°。窑口距地表 0. 5 米，总长 7. 28 米，宽 1. 2 ~ 3. 28 米，深 0. 28 ~ 1. 5 米（图三；图版三一，1）。

窑室　平面呈圆角长方形，长 3. 2 米，宽 1. 24 ~ 1. 64 米，深 1 ~ 1. 44 米。窑室由火膛、烟道和窑床三部分组成。

火膛位于窑床的北部，平面呈椭圆形，隆顶，大部分坍塌。长 0. 74 米，宽 1. 3 米。底微弧，残留大量的草木灰和木炭碎块。火膛底至窑床面深 0. 46 米。

窑床呈长方形，长 1. 78 米，宽 1. 5 ~ 1. 88 米，床面厚 0. 06 米，呈青灰色且坚硬。窑室西壁部分已坍塌，后壁用立砖封堵三个烟道，然后涂抹一层泥巴。部分窑壁是用青砖加固然后涂

① 房山区地名志编辑委员会：《北京市房山区地名志》，北京出版社，1990 年。

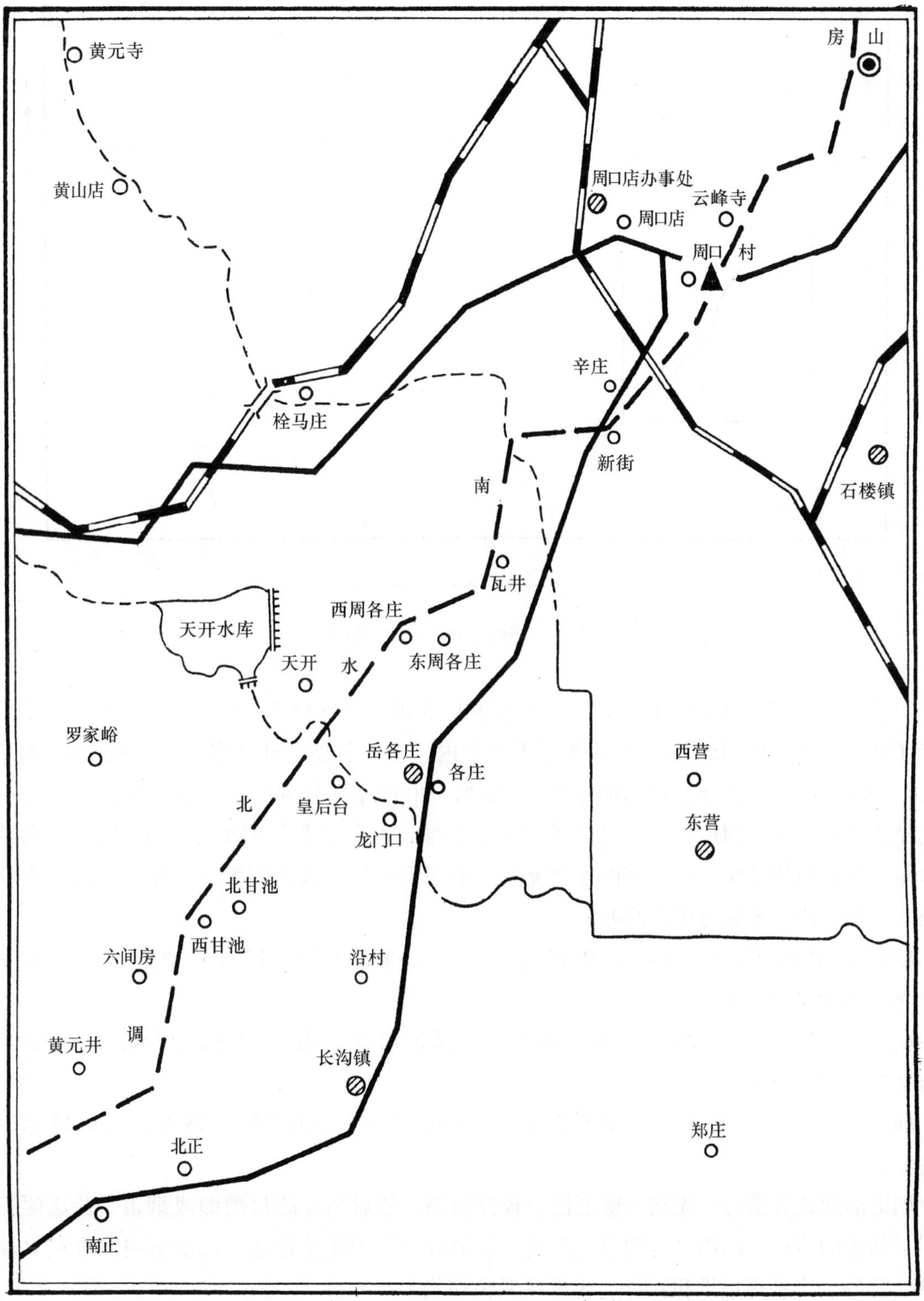

图一 房山区周口窑址位置示意图

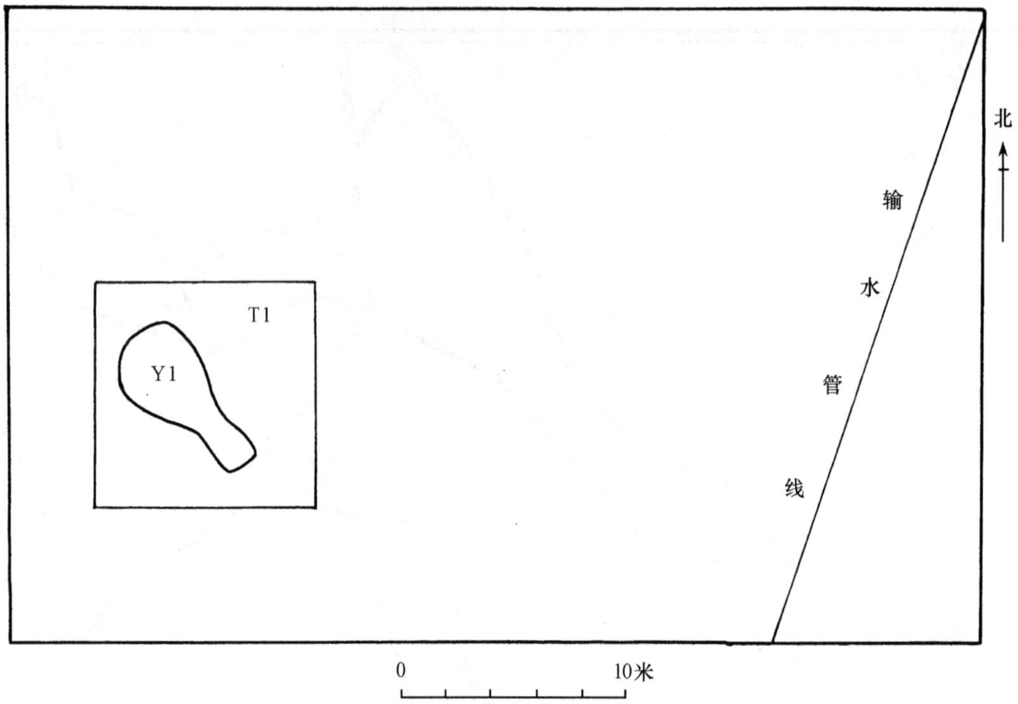

图二　房山区周口窑址分布图

抹一层草拌泥。窑箅由于破坏已无存。窑壁厚0.15米，呈红褐色，硬度一般。窑室东壁用青砖和砖坯垒砌，高1.04米。该窑顶部坍塌于窑室内，窑室前端顶部残存部分，长1.6、宽0.4～0.8米，厚0.14～0.24米，烧结面厚5～7厘米。由残存部分观之，窑顶应为隆顶。窑室后壁里侧设置对称的3个烟道，直立斜向通向后壁上部，由东至西分别编号为a、b、c。烟道的出烟口周围见红色烧结面。从烟道保存状况看，中间烟道使用最为频繁，两侧则使用较少。为便于维修，均采用封闭烟道砌砖的办法。

烟道a　进烟口呈长方形，高0.48米，宽0.12米，进深0.12米；出烟口长0.18米，宽0.13米，烟道通高1米。

烟道b　进烟口长0.26米，高0.18米，进深0.12米；出烟口长0.26米，宽0.12米，烟道通高1米。

烟道c　进烟口长0.18米，高0.2米，进深0.12米；出烟口长0.18米，宽0.13米，烟道通高1米。

烟道的建造方法为：先在土壁上挖一长方形槽，然后用立砖封槽即成烟道，此法便于建造又利于烟尘的清理，进烟口与烟道呈直角，三烟道均采用此法建造。该窑室内除堆积大量红烧土块（窑顶、窑壁垮塌堆积）外，未发现其他遗物。

火门　位于窑室火膛的北侧，形状近长方形，建于生土之中。一周有烧结层，厚0.02～0.08米。火门长0.78米，宽0.3～0.43米，进深0.3米。火门上部被破坏，高度不清，仅残存三层砖壁。门内残留有草木灰和木炭颗粒，无其他遗物。

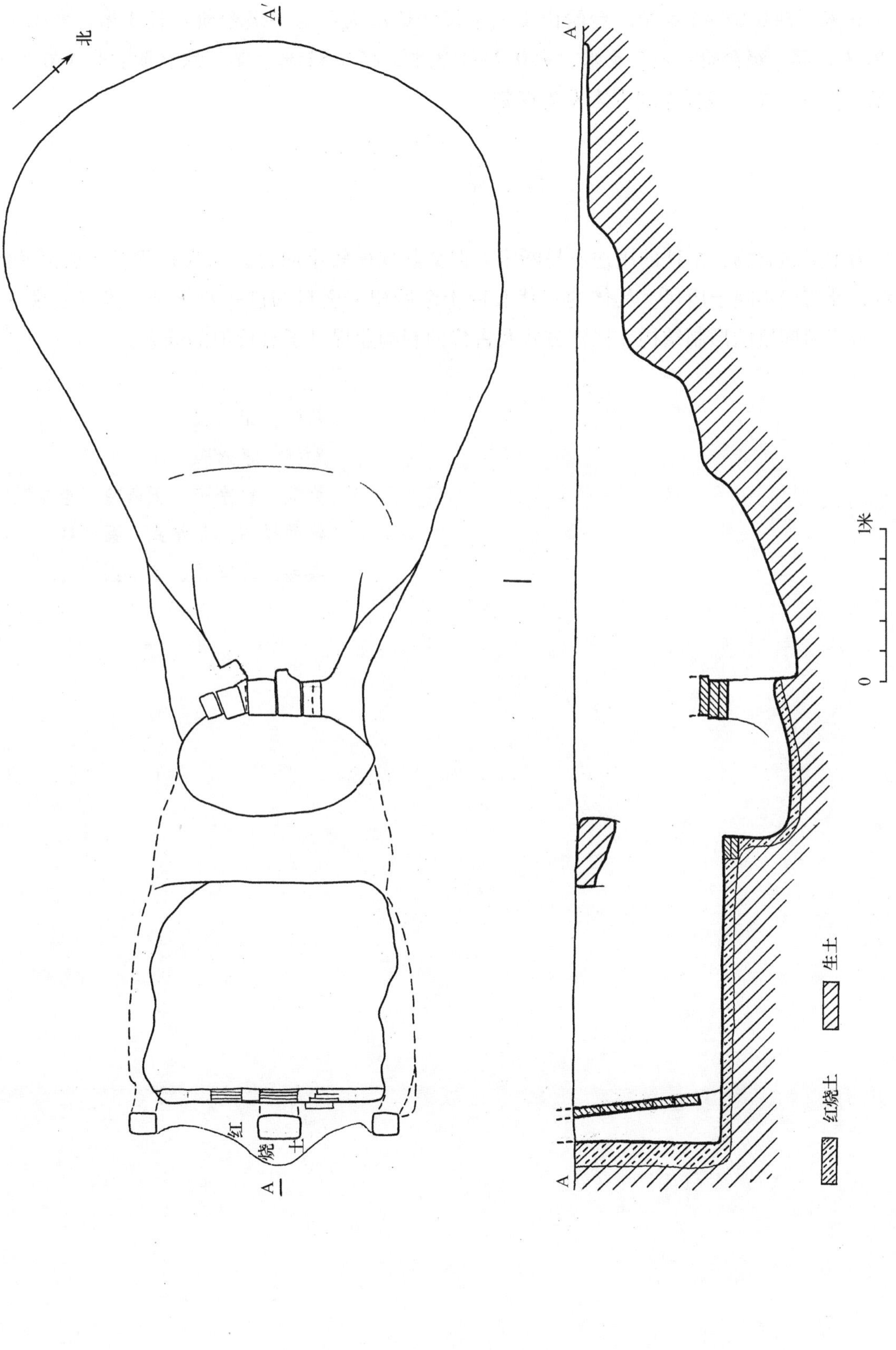

图三 Y1 平、剖面图

操作间　位于窑室的北部，平面呈葫芦状。斜壁微弧，由三级台阶步入操作间底部，即工作面，底部呈坡状微弧。操作间长 4. 06 米，宽 1. 3 ~ 3. 3 米，深 1. 5 米。操作面长 1. 4 米，宽 1. 3 ~ 1. 6 米，深 0. 85 ~ 1. 5 米。台阶由上而下尺寸依次为：第一级台阶：长 3 米，宽 1. 1 米，高 0. 26 米。第二级台阶：长 2. 4 米，宽 0. 7 ~ 1. 3 米，高 0. 52 米。第三级台阶：长 1. 6 米，宽 0. 73 米，高 0. 2 米。该操作间内未发现遗物。

三、结　　语

因为不见包含物，窑址的用途不易断定。但从其规模较小而言，当为私营者。从窑壁的青砖来看，此窑当不晚于唐代，具体的年代有待于今后相关资料的进一步验证。虽仅发现一座，也为了解当时陶窑的形制结构、操作方式及古代的制陶业提供了有价值的线索。

领队：张治强
发掘：李永强
执笔：郭京宁、王燕玲、李永强
整理描图：张绪武、翟建峰
摄影：韩宜林、李永强

辛庄墓葬区发掘报告

一、前　　言

辛庄墓葬区位于北京市房山区周口店乡辛庄村之西南，东北距区政府所在地良乡约15公里。辛庄明代成村，因系大韩继村向北发展形成的新居民点，故名韩继新庄，后简称辛庄①（图一）。

南水北调中线工程（北京段）输水管线HD20+560～HD20+640自西南而东北穿墓葬区而过。GPS中心数据为东经115°56.126′，北纬39°39.589′，海拔67米。

为配合南水北调中线工程（北京段）的施工建设，在北京市文物局及房山区文物管理所的大力支持和积极协助下，北京市文物研究所组织人员对该墓葬区进行了勘探和抢救性发掘。

发掘工作于2006年4月30日至5月6日进行，清理墓葬3座（图二）。

二、墓葬形制及随葬品

墓葬均为长方形土坑竖穴墓，开口于第①层（表土层）层面之下。以下为生土。根据墓葬形制及出土物推断其时代属清代。以下详述。

M1　方向0°。单棺墓，墓口距地表0.26米，墓穴长2.4米，宽1.04～1.1米，深0.56米。

墓穴内放置单棺，棺痕长2.08米，宽0.76～0.8米，残高0.1米，棺底铺一层白灰。棺内葬人骨架一具，葬式为仰身直肢葬。女性，20～25岁。该墓无随葬品（图三，1）。

M2　方向0°。单棺墓，墓口距地表0.16米，墓穴长3.17米，宽1.44～1.52米，深1.26米。

墓穴内放置单棺，棺痕长2.06米，宽0.63～0.72米，残高0.11米。棺内葬人骨架一具，腐朽殆尽，故葬式不清。该墓无随葬品（图三，2）。

M3　方向10°。墓口距地表0.24米，墓穴长3.5米，宽3.24米，深0.64米。该墓为双棺合葬墓。大墓穴内有东西两个小墓穴，故形成穴中穴。小墓穴均为长方形土坑竖穴，各放置一棺，棺木已朽，仅残棺灰。

---

① 房山区地名志编辑委员会：《北京市房山区地名志》，北京出版社，1990年。

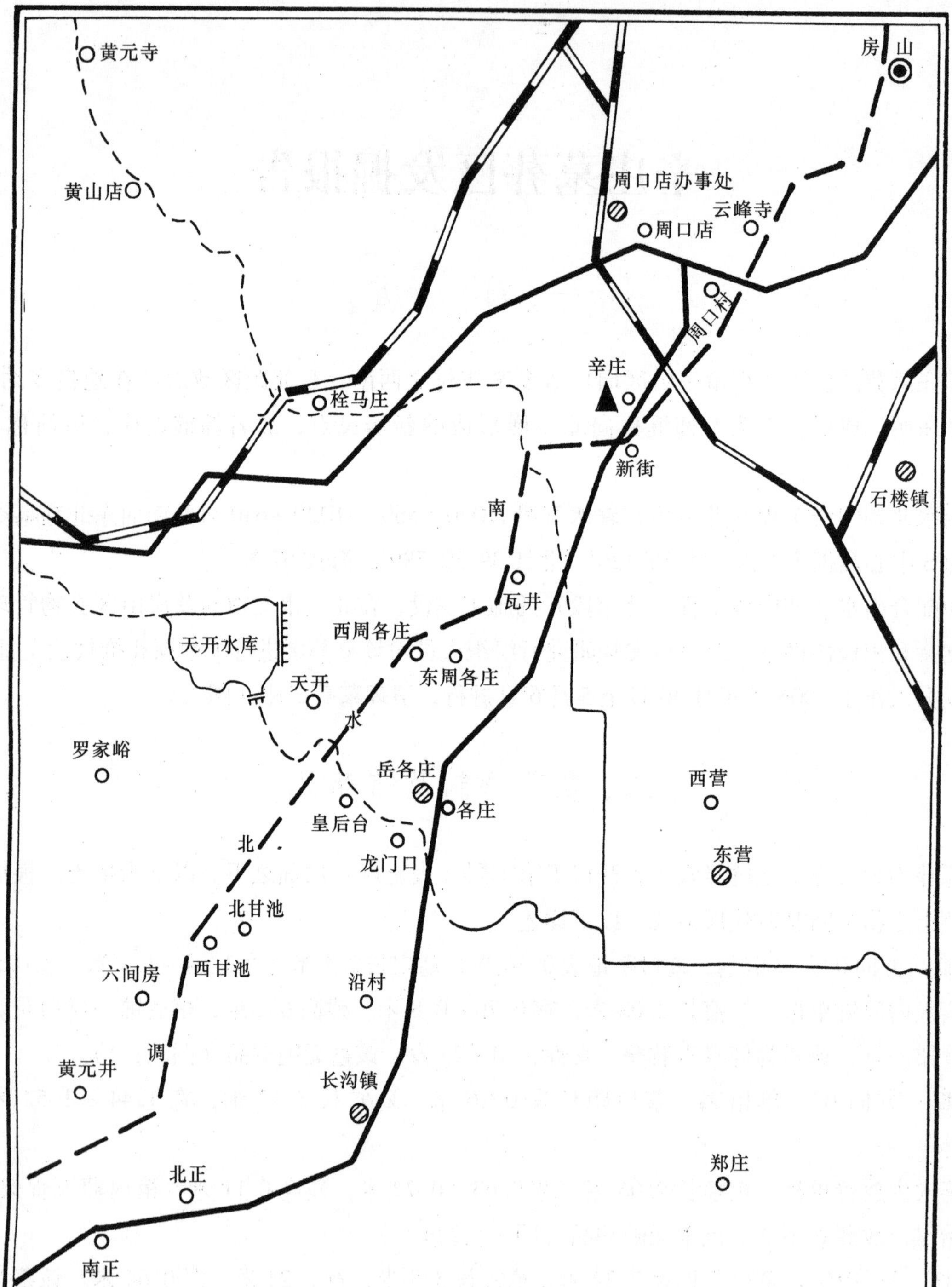

图一　房山区辛庄墓葬区位置示意图

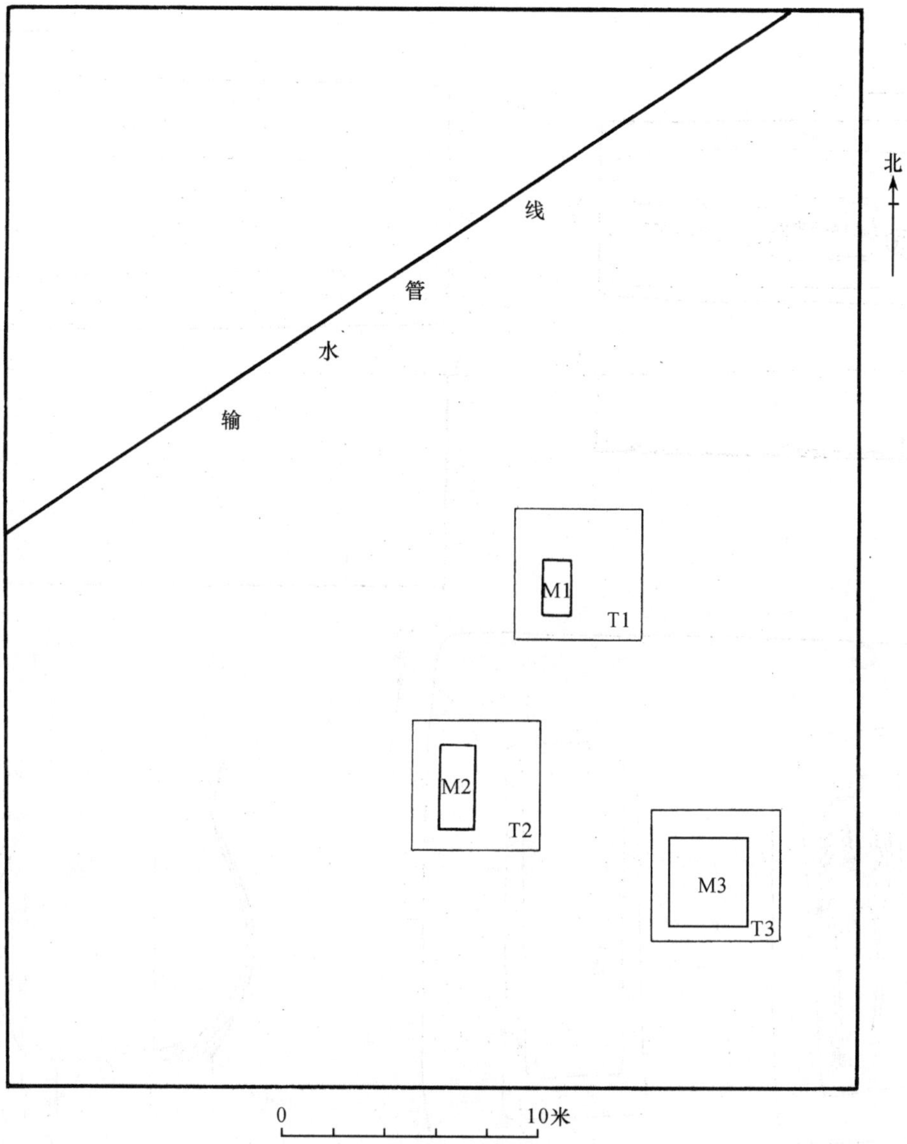

图二　辛庄墓葬区探方墓葬分布图

东墓穴长 2.2 米，宽 0.8 ~ 0.9 米，深 0.52 米。棺痕长 1.88 米，宽 0.6 ~ 0.62 米，残高 0.11 米。该棺只残存一段股骨，故其葬式不清。西墓穴长 2.4 米，宽 0.94 ~ 1.04 米，深 0.42 米。棺痕长 2.03 米，宽 0.55 ~ 0.62 米，深 0.1 米。该棺葬人骨架一具，骨骼保存较好，葬式为仰身直肢葬。男性，40 ~ 45 岁。出土随葬三足罐一件，放置在西棺北侧（图三，3；图版二九，3）。

三足罐　M3:1，泥质黄褐陶。直母口，口沿外侧有折棱，圆唇，圆弧腹，平底，圆柱状三足。口径 12.7、最大腹径 16、通高 22.3 厘米（图三，4；图版三四，6）。

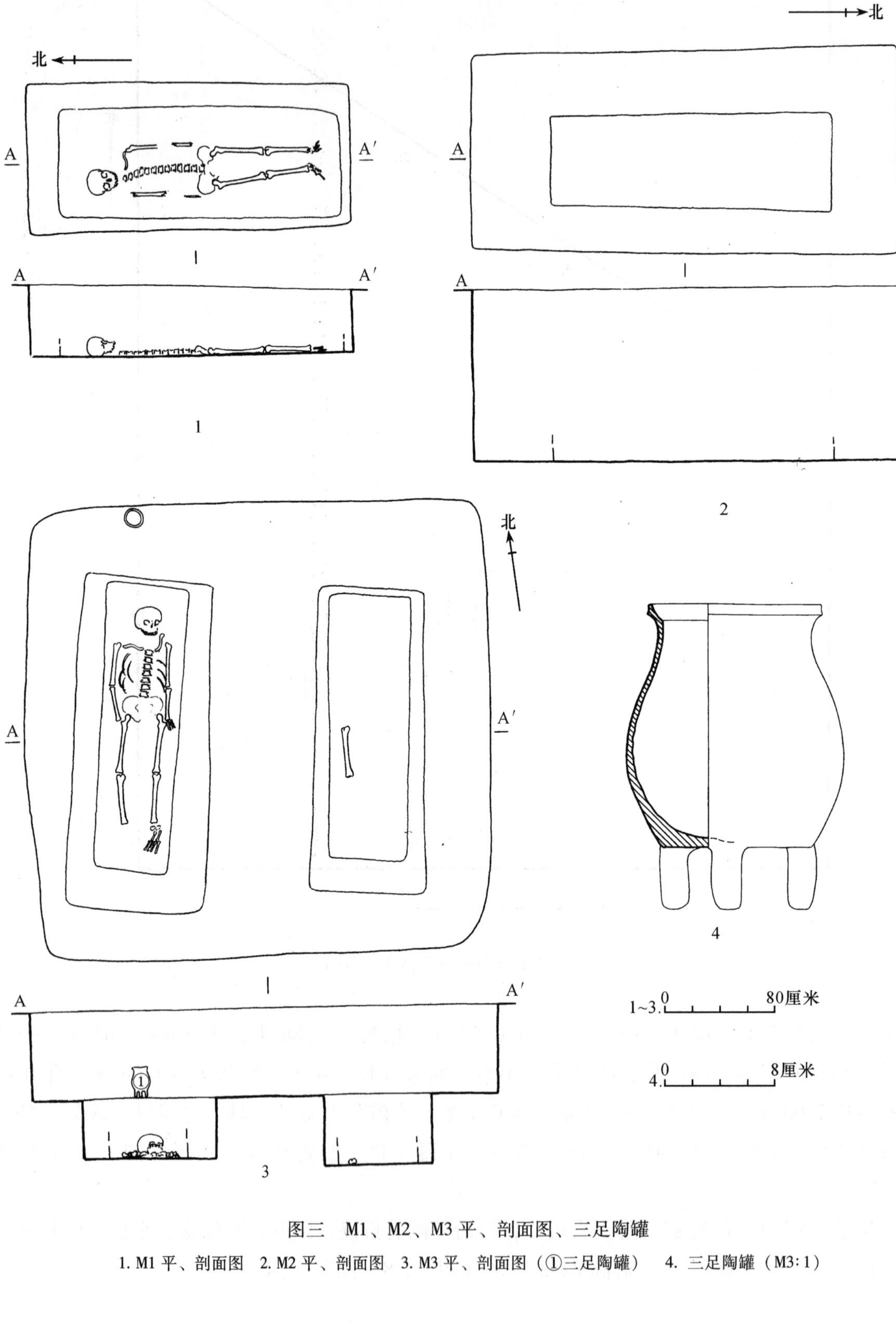

图三　M1、M2、M3 平、剖面图、三足陶罐

1. M1 平、剖面图　2. M2 平、剖面图　3. M3 平、剖面图（①三足陶罐）　4. 三足陶罐（M3:1）

三、结　　语

辛庄所清理之3座墓葬，随葬品很少，难以对墓葬所属的时代判定提供依据。从墓葬的开口层位及本身形制来看，应归为清代当大致不误。

领队：张治强
发掘：孙勐、赵金波、石磊
执笔：郭京宁、王鑫、赵金波
整理描图：张绪武、翟建峰
摄影：孙勐、韩宜林

新街墓葬区发掘报告

新街墓葬区位于北京市房山区周口店乡新街村之西南，东北距良乡约15公里。新街明代成村，是大韩继村向西发展形成的新居民点，故名新街①（图一）。

南水北调中线工程（北京段）输水管线HD21+550~HD21+680自西南而东北穿墓葬区而过。中心区域GPS数据为东经115°55.586′，北纬39°558.781′，海拔高程65米。

为配合南水北调中线工程（北京段）的施工建设，在北京市文物局及房山区文物管理所的大力支持和积极协助下，北京市文物研究所组织人员对该墓葬区进行了勘探和抢救性发掘。

发掘工作于2006年4月28日至5月8日进行。根据墓葬的分布特点分为两区，实际发掘面积约220平方米。共清理墓葬10座（图二）。

一、墓葬形制及随葬品

墓葬均开口于第①层（表土层）层面之下，可分为长方形竖穴土坑墓、长方形土圹石室墓两类。长方形竖穴土坑墓除M4因破坏较甚，棺木数目不清外，其余9座墓葬又可分为单棺墓、双棺墓两种：单棺墓3座（M1、M2、M7），双棺墓6座（M3、M5、M6、M8~M10），6座双棺墓中，M10为石室双棺墓。

墓葬方向均在0°~330°之间，以0°居多。墓穴长度为2.3~3.92米，宽度为1.3~3.6米。墓口距地表为0.45~1.06米，墓穴深度为1.12~2.01米。

10座墓葬中，除M4葬式不清外，余者均为仰身直肢葬。随葬品有瓷罐、瓷壶、砚台、陶纺轮、铜钱、铜簪、铜环、包金镯等数种。分述如下。

（一）长方形竖穴土坑墓

1. 单棺墓

3座。

M1　墓口距地表深0.9米，方向为330°。墓穴长2.52米，宽1.5~1.85米，深1.4米。该

① 房山区地名志编辑委员会：《北京市房山区地名志》，北京出版社，1990年。

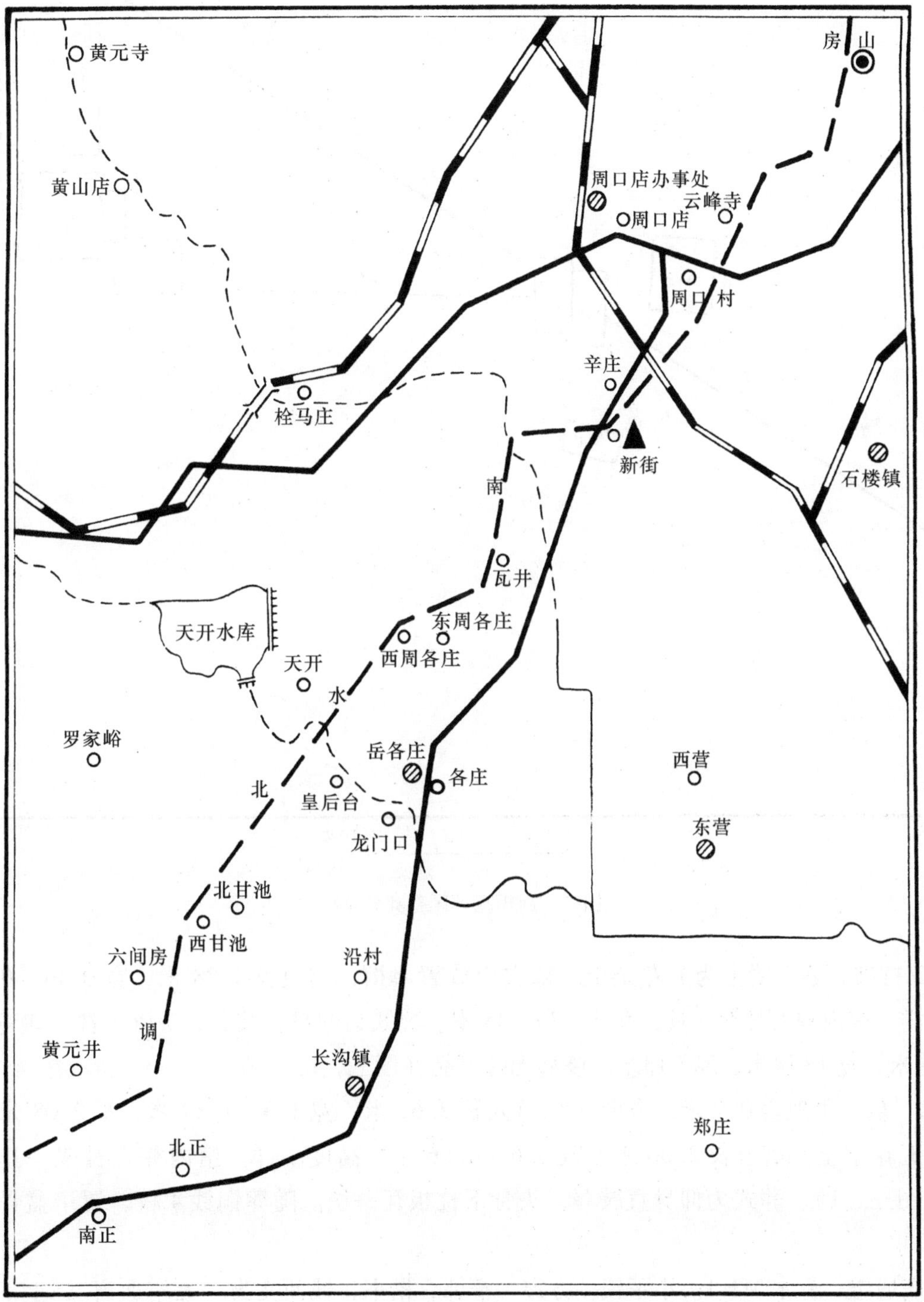

图一 房山区新街墓葬区位置示意图

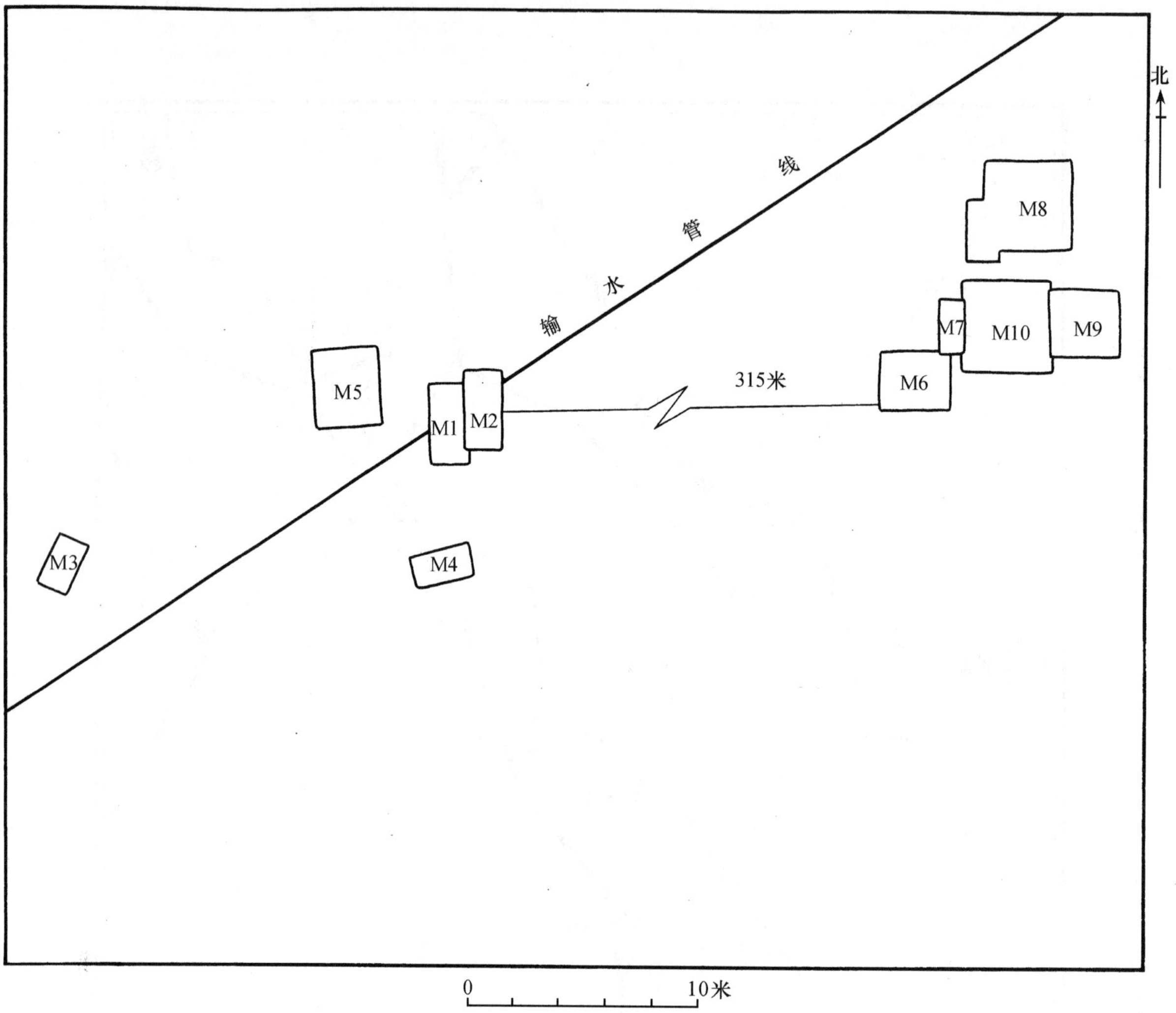

图二　新街墓葬区墓葬分布图

墓被 M2 打破，墓内填土为五花杂土。墓穴内放置单棺，棺痕长 1.88 米，宽 0.46 ~ 0.54 米，高度不详。棺内葬人骨架一具，女性，30 ~ 35 岁。葬式为仰身直肢葬，头骨下枕一块青砖，砖长 25 厘米，宽 13 厘米，厚 5 厘米。该墓无随葬品（图三，1）。

M2　墓口距地表 0.9 米，方向 0°。墓穴长 2.62 米，宽 1.3 ~ 1.37 米，深 2.08 米。墓内填土为五花杂土。棺痕长 2.06 米，宽 0.6 ~ 0.66 米，高度不详。棺内葬人骨架一具，成年男性（图三，1）。葬式为仰身直肢葬，头骨下枕板瓦一块。随葬铜钱 4 枚，置于盆骨、股骨之间。

嘉庆通宝　标本 M2:1。小平钱，方穿，窄郭，楷书，钱面文为“嘉靖通寶”，上下右左对读。直径 2.5、穿径 0.5、郭宽 0.2 厘米（图四，1）。

M7　墓口距地表 0.45 米，方向 0°。墓穴长 2.32 米，宽 0.9 米，深 1.45 米。该墓打破 M6 和 M10，墓内填土为五花杂土。棺痕长 1.7 米，宽 0.53 ~ 0.9 米，高度不详。棺底铺白灰一层，

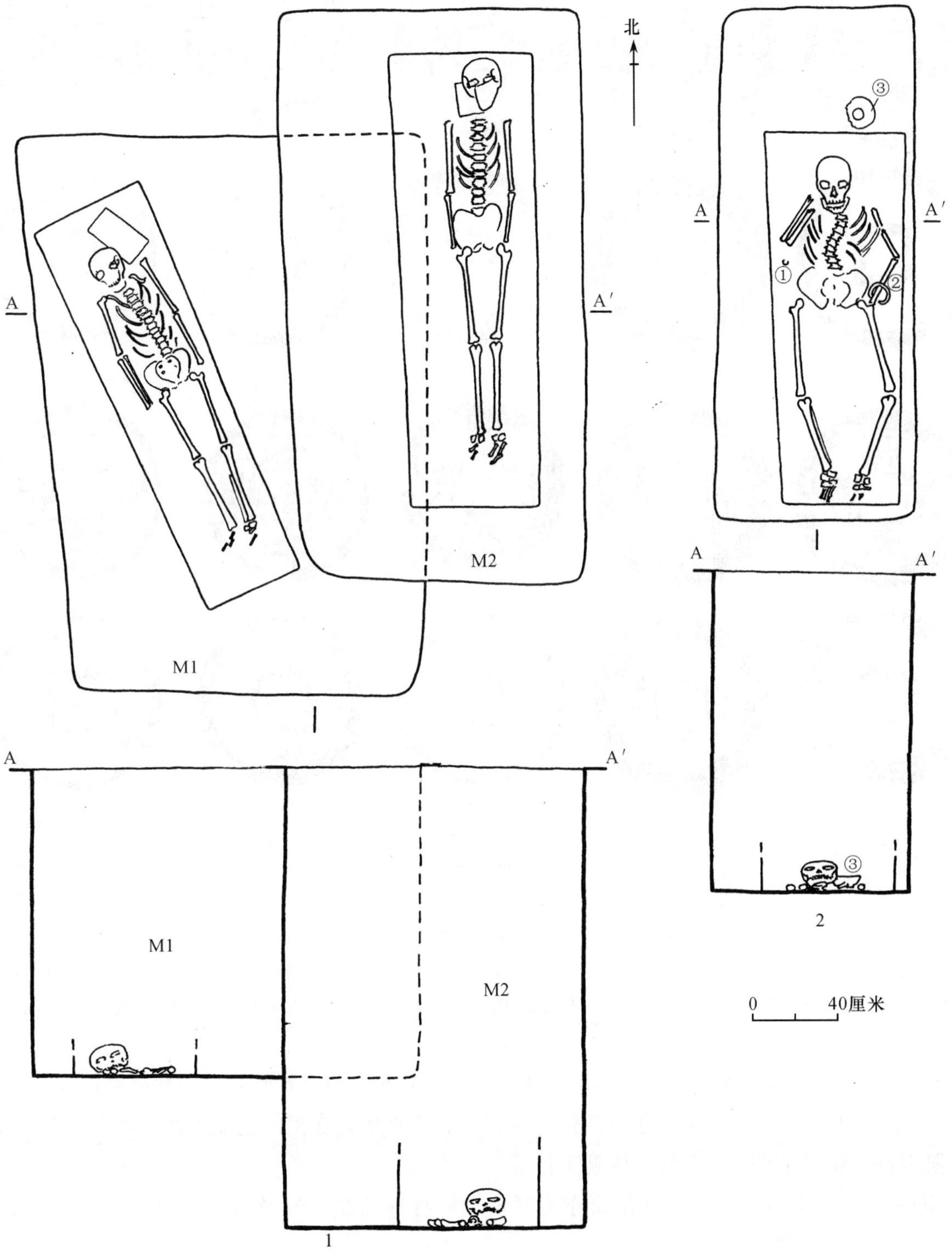

图三 M1、M2、M7平、剖面图

1. M1、M2平、剖面图 2. M7平、剖面图（①银环，②鎏金镯，③瓷碗）

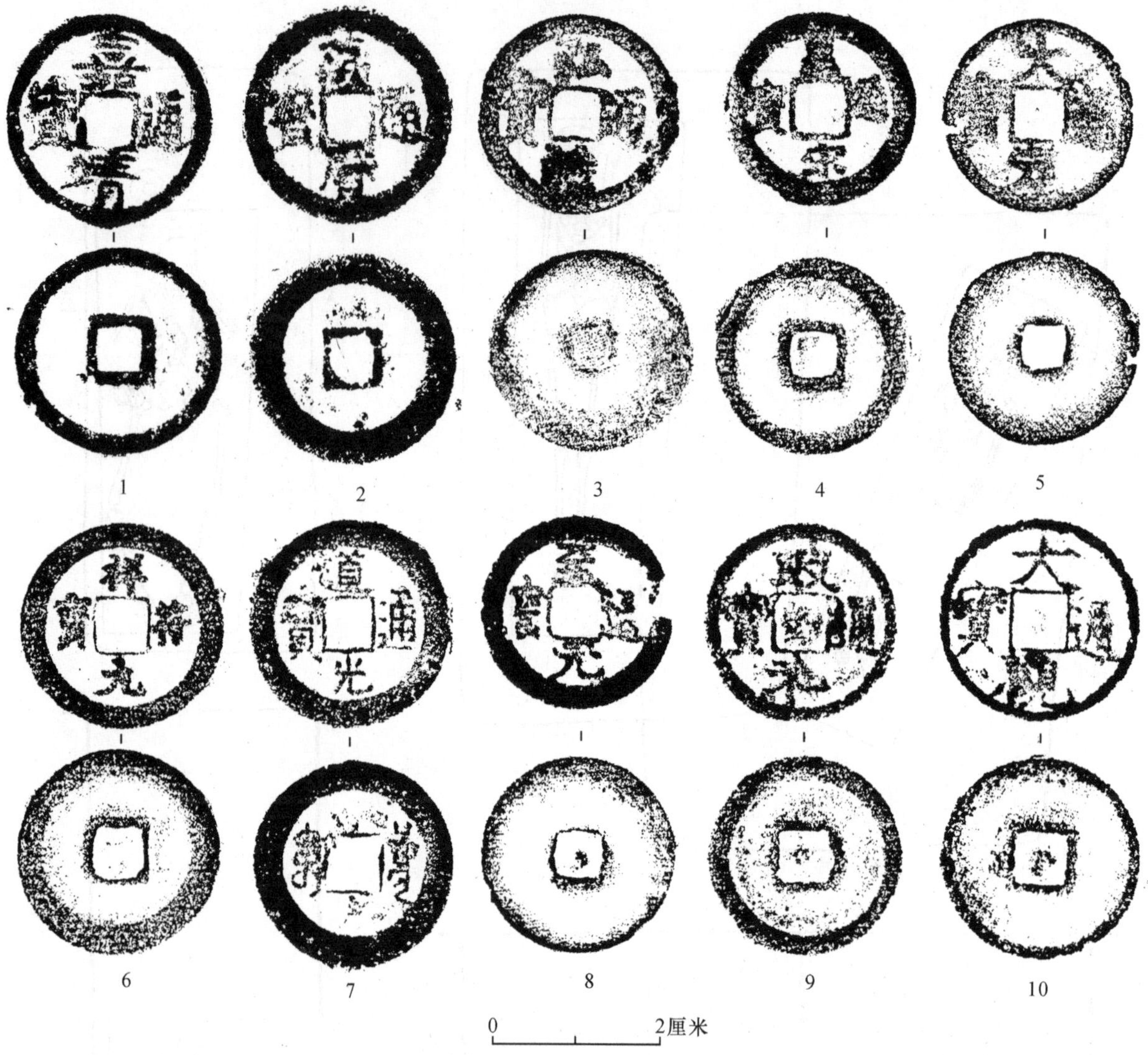

图四　铜钱

1. 嘉庆通宝（M2∶1）　2. 万历通宝（M3∶1）　3. 弘治通宝（M5∶1a）　4. 皇宋通宝（M5∶1b）　5. 大定通宝（M5∶1c）
6. 祥符元宝（M5∶1e）　7. 道光通宝（M5∶1d）　8. 至道通宝（M5∶3a）　9. 政和通宝（M5∶3b）　10. 大观通宝（M5∶3c）

厚0.03～0.05米。棺内葬人骨架一具，女性，成年。葬式为仰身直肢葬。随葬品有银环、包金镯、瓷碗。铜环置于右上肘部，包金镯戴在左腕上，瓷碗放置在棺的前端外侧（图三，2）。

随葬品：银环1件、镯1件、瓷碗1件等。

银环　标本M7∶1，圆形，其截面亦为圆形。周身饰弦纹似螺丝状。外径2.4、内径1.75厘米（图五，1；彩版八，6）。

银镯　标本M7∶2，银质包金。近椭圆形，截面呈圆形。外径7.1～8.7、内径5.3～6.9、截面直径0.9～1厘米（图五，2；彩版七，6）。

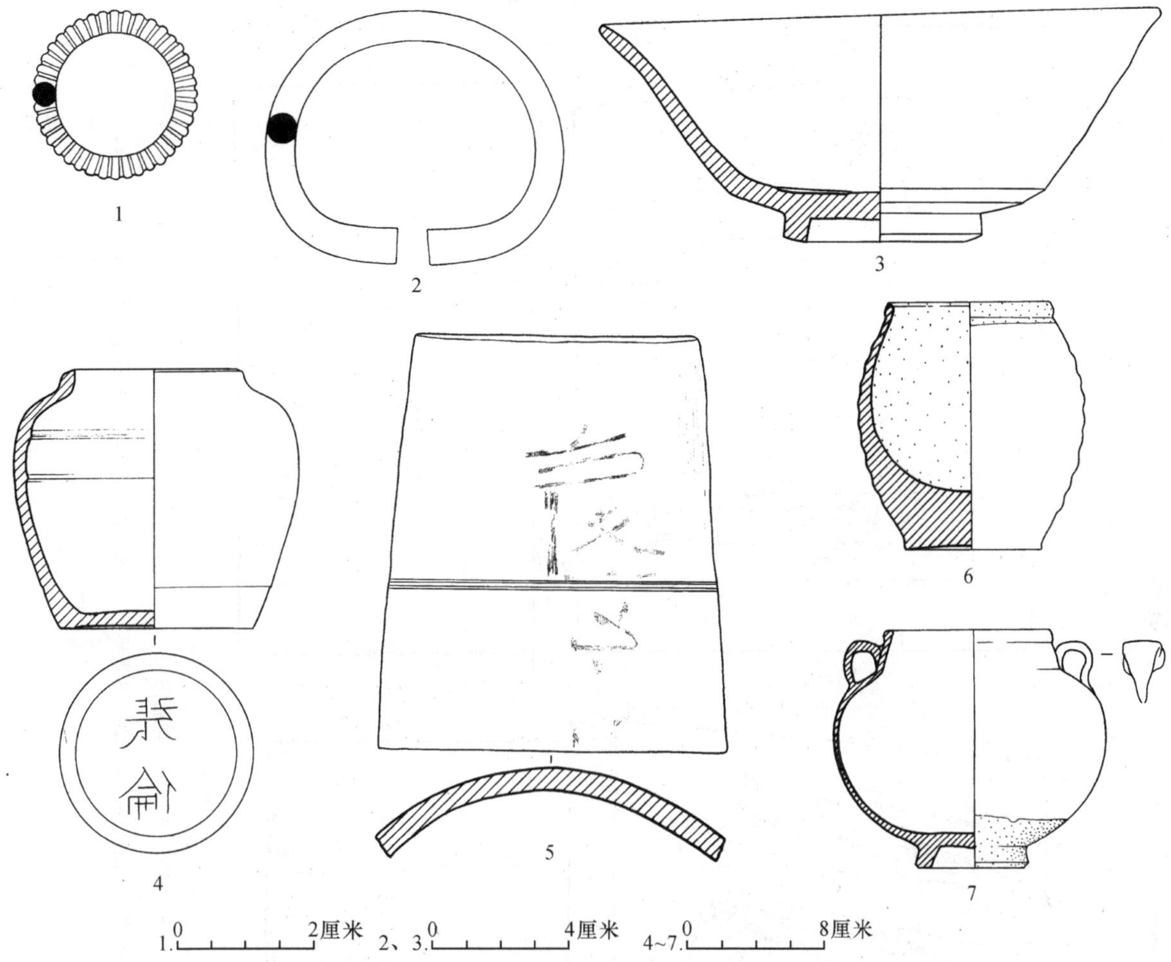

图五　银环、银镯、瓷碗、瓷罐、板瓦

1. 银环（M7:1）　2. 银镯（M7:2）　3. 瓷碗（M7:3）　4、6、7. 瓷罐（M3:2、M3:5、M5:2）　5. 板瓦（M3:3）

瓷碗　标本 M7:3，外壁浅黑色釉，圈足无釉，内壁乳白色釉，涩内底。敞口，圆唇，斜直腹下折收，矮圈足。口径 16.3、足径 5.9、通高 6.6 厘米（图五，3）。

2. 双棺墓

6 座。

M3　墓口距地表 1 米，方向为 30°。墓穴长 2.3 米，宽 1.86 米，深 1.44 米。墓内填土为五花土。墓穴内放置双棺，东棺长 1.64 米，宽 0.4 ~ 0.42 米，高度不详。西棺长 1.86 米，宽 0.38 ~ 0.48 米，高度不详。棺底铺白灰一层，厚 0.03 ~ 0.05 米。东、西两棺各葬人骨架一具，均为仰身直肢葬（图六，1）。东棺为女性，40 ~ 45 岁。西棺为男性，45 ~ 50 岁。随葬品有瓷罐 2 件、铜钱 6 枚，分别放置在双棺前端外侧。

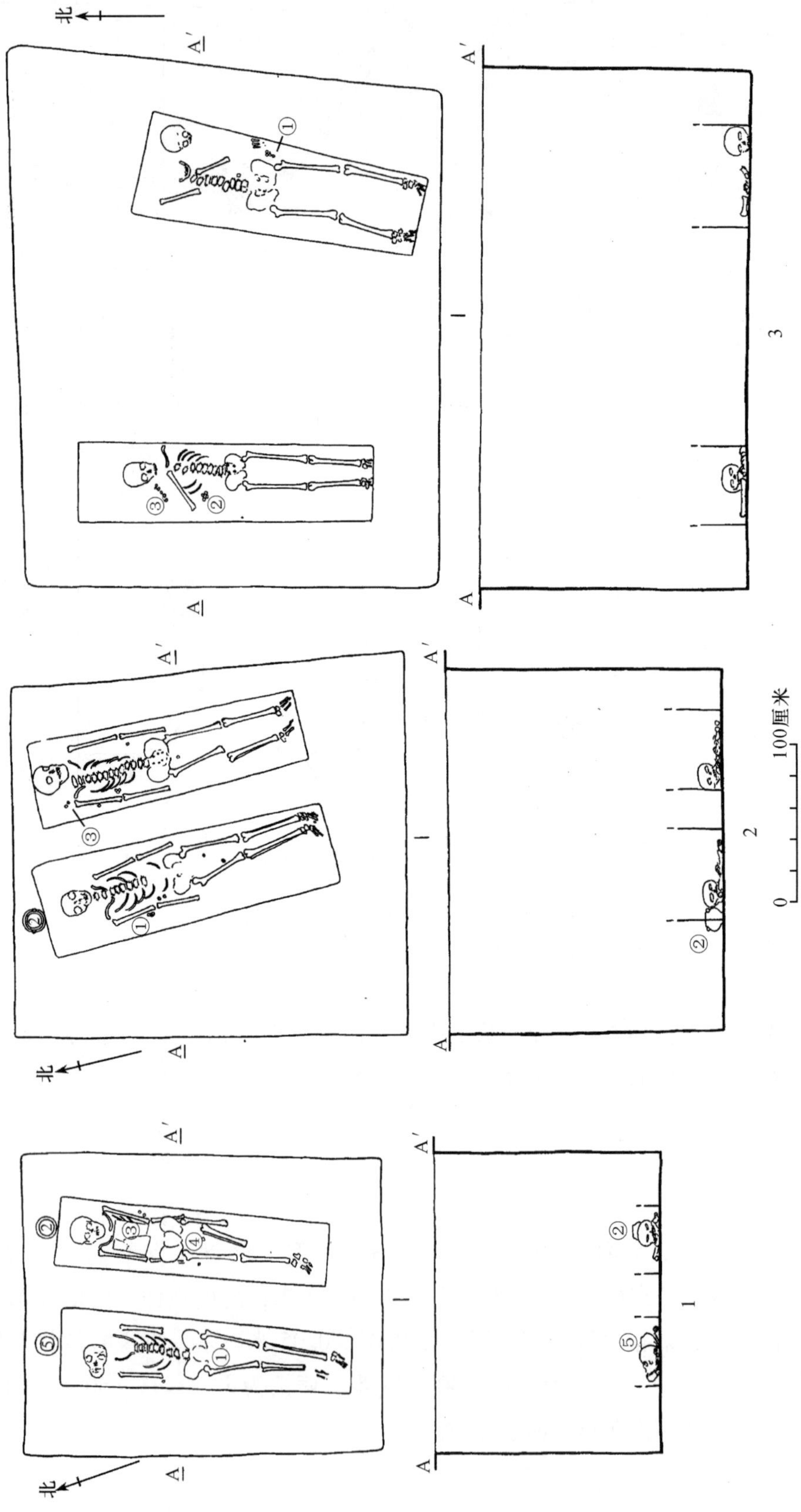

图六　M3、M5、M6平、剖面图

1. M3平、剖面图（①铜钱，②⑤瓷罐，③板瓦，④铜钱）　2. M5平、剖面图（①③铜钱，②瓷罐）　3. M6平、剖面图（①铜钱，②铜钱，③铜三事）

随葬品有瓷罐2件、铜钱6枚等。

瓷罐　标本M3∶2，东棺出土。黑色釉，近底部无釉。敛口，方唇，矮径，圆肩，斜弧腹，平底内凹。底部有反书“張倫”二字。口径10.6、最大腹径16.6、底径11.3、通高14.6厘米（图五，4；彩版五，5）。标本M3∶5，西棺出土。粗瓷，青灰色釉，唇部无釉。敛口，尖圆唇，弧腹，平底，腹部施凹弦纹8道。口径9.6、最大腹径13.4、底径7.2、通高14厘米（图五，6；彩版五，6）。

板瓦　标本M3∶3，东棺出土。泥质灰陶，正面有朱红色文字，字迹不清。长23.4、宽16.9～20.4、厚1.2～1.4厘米（图五，5）。

铜钱　2枚。东棺出土。标本M3∶1。小平钱，方穿，楷书，钱面文为“萬曆通寶”，上下右左对读。直径2.5、穿径0.5、郭宽0.3厘米（图四，2）。

铜钱　4枚。西棺出土。标本M3∶4。

熙宁元宝　1枚。小平钱，方穿，楷书，整体较薄。钱面文为“熙寧元寶”，右旋读。直径2.4、穿径0.6、郭宽0.25厘米。

万历通宝　2枚。小平钱，方穿，楷书，钱面文为“萬曆通寶”，上下右左对读。直径2.6、穿径0.5、郭宽0.3厘米。

另外1枚字迹不清。直径2.5、穿径0.6、郭宽0.3厘米。

M5　墓口距地表1.06米，方向为345°。墓穴长2.5米，宽2.2～2.4米，深1.74米。棺底铺白灰一层，厚0.03～0.05米。墓穴内放置双棺，东棺长1.66米，宽0.46～0.54米，高度不详。西棺长1.9米，宽0.52～0.6米，高度不详。东、西棺各葬人骨架一具，均为仰身直肢葬。东棺为男性，30岁左右，西棺为女性，30岁左右。随葬品有瓷罐、铜钱。瓷罐1件放置在西棺前端外侧，铜钱29枚（图六，2）。

随葬品有瓷罐1件、铜钱29枚。

瓷罐　标本M5∶2，西棺出土。粗瓷，豆绿色釉，外不及足。敛口，圆唇，斜直颈，双系，圆弧腹，矮圈足。口径9.8、最大腹径16、足径6.4、通高13.4厘米（图五，7；彩版五，3）。

铜钱　11枚。东棺出土。标本M5∶1。

弘治通宝　1枚。标本M5∶1a，小平钱，方穿，楷书，钱面文为“弘治通寶”，上下右左对读。直径2.4、穿径0.5、郭宽0.2厘米（图四，3）。

皇宋通宝　1枚。标本M5∶1b，小平钱，方穿，楷书，钱面文为“皇宋通寶”，上下右左对读。直径2.4、穿径0.5、郭宽0.3厘米（图四，4）。

大定通宝　1枚。标本M5∶1c，小平钱，方穿，整体较薄，郭窄且薄，背郭已磨平，钱面文为“大定通寶”，上穿下右左对读。直径2.3、穿径0.5、郭宽0.15厘米（图四，5）。

天圣元宝　1枚。小平钱，方穿，篆书，背郭已磨平，钱面文为“天聖元寶”，右旋读。直径2.4、穿径0.7、郭宽0.2厘米。

元丰通宝　1枚。小平钱，方穿，隶书，背郭已磨平，钱面文为“元豐通寶”，右旋读。直径2.3、穿径0.65，郭宽0.25厘米。

咸平元宝　1枚。小平钱，方穿，隶书，双面磨郭，钱面文为“咸平元寶”，右旋读。直径2.4、穿径0.5、郭宽0.25厘米。

道光通宝　1枚。标本M5:1d，小平钱，方穿，楷书，浅郭，钱面文为“道光通寶”，上下右左对读。直径2.5、穿径0.6、郭宽0.35厘米（图四，7）。

祥符元宝　1枚。标本M5:1e，小平钱，方穿，宽郭，背郭磨平，钱面文为“祥符元寶”，右旋读。直径2.5、穿径0.5、郭宽0.3厘米（图四，6）。另有3件破损较甚，不在予以叙述。

铜钱　18枚。西棺出土。标本M5:3。

咸平元宝　1枚，小平钱，方穿，楷书，背郭磨平，钱面文为“咸平元寶”，右旋读。直径2.2、穿径0.6、郭宽0.25厘米。

至道通宝　1枚。标本M5:3a，小平钱，方穿，楷书，背郭磨平，钱面文为“至道通寶”，上下右左旋读。直径2.3、穿径0.6、郭宽0.3厘米（图四，8）。

政和通宝　1枚。标本M5:3b，小平钱，方穿，楷书，背郭磨平，钱面文为“政和通寶”，上下右左对读。直径2.4、穿径0.6、郭宽0.2厘米（图四，9）。

大观通宝　1枚。标本M5:3c，小平钱，方穿，楷书，窄郭，钱面文为“大觀通寶”，上下右左对读。直径2.4、穿径0.6、郭宽0.15厘米（图四，10）。

嘉靖通宝　1枚。小平钱，方穿，楷书，钱面文为“嘉靖通寶”，上下右左对读。直径2.4、穿径0.7、郭宽0.2厘米。

另外12枚磨损较甚，字迹不清，不便予以叙述。

M6　墓口距地表0.45米，方向0°。墓穴长3.1～3.36米，宽2.66～2.76米，深1.7米。该墓被M7打破。墓内填五花杂土。土质松软。距墓口向下1米深处，墓室的北侧，两棺近中间出有青砖一块。砖长0.28米、宽0.14米、厚0.06米。砖平面写有字两行，左边是“寿山永延不朽永人”，右边是“身披北斗戴三台”，下边有“兴上同点书”字样，中间不清。墓内放置双棺，东棺长1.86米，宽0.5～0.66米，高度不详。西棺长1.9米，宽0.5米，高度不详。棺底铺白灰一层，厚0.03～0.05米。东、西棺内各葬人骨架一具，均为仰身直肢葬。东棺为男性，25～30岁。西棺为女性，25～30岁。随葬品有铜佩件、铜钱。铜佩件1件置于西棺人骨架的头骨右下侧，铜钱12枚，其中6枚置于西棺人骨架右肘部，另外6枚放置在东棺人骨架盆骨左侧（图六，3）。

随葬品有铜三事1件、铜钱12枚等。

铜三事　标本M6:3，西棺出土。上部为如意形挂钩，下用一段长12.4厘米的铜链连接一菱角形三分环，三分环各用一铜链系一事物。左为耳掏，系为死环，通长8厘米；中为镊子，系为转环，镊尖似鸟首形，通长8.1厘米；右为挑牙，系为死环，通长7.8厘米。该器物是由挑牙、耳挖、镊子组成三种随身佩戴的卫生之具，总长31.2厘米（图八，1；彩版八，5）。

铜钱　6枚。东棺出土。标本M6:1，小平钱，方穿，楷书，钱面文为“道光通寶”，上下右左对读，背穿左右为满文。直径 2.3、穿径 0.5、郭宽 0.25 厘米。

铜钱 6 枚。西棺出土。标本 M6∶2。

嘉庆通宝 2 枚。小平钱，方穿，楷书，钱面文为“嘉慶通寶”，上下右左对读，背穿左右为满文。直径 2.4、穿径 0.5、郭宽 0.35 厘米。

道光通宝 4 枚。一大三小，大钱为平钱，方穿，宽郭，楷书，钱面文为“道光通寶”，上下右左对读，背穿左右为满文。直径 2.5、穿径 0.55、郭宽 0.4 厘米。小钱为小平钱，方穿，楷书，钱面文为“道光通寶”，上下右左对读，背穿左右为满文。直径 2.3、穿径 0.6、郭宽 0.3 厘米。

M8 墓口距地表 0.46 米，方向 0°。墓穴长 3.68 米，宽 3.46 米，深 1.54 米。棺内放置双棺，东棺长 1.86 米，宽 0.54 ~ 0.72 米，高度不详。西棺长 2 米，宽 0.58 ~ 0.7 米，棺高不详。该墓双棺底部和双棺的周围垫有木炭，木炭厚度 0.1 ~ 0.2 米。双棺内铺一层 0.03 ~ 0.05 米厚的白灰。西棺未发现人骨架，东棺内葬人骨架一具，为仰身直肢葬（图七，1）。男性，45 ~ 50 岁。

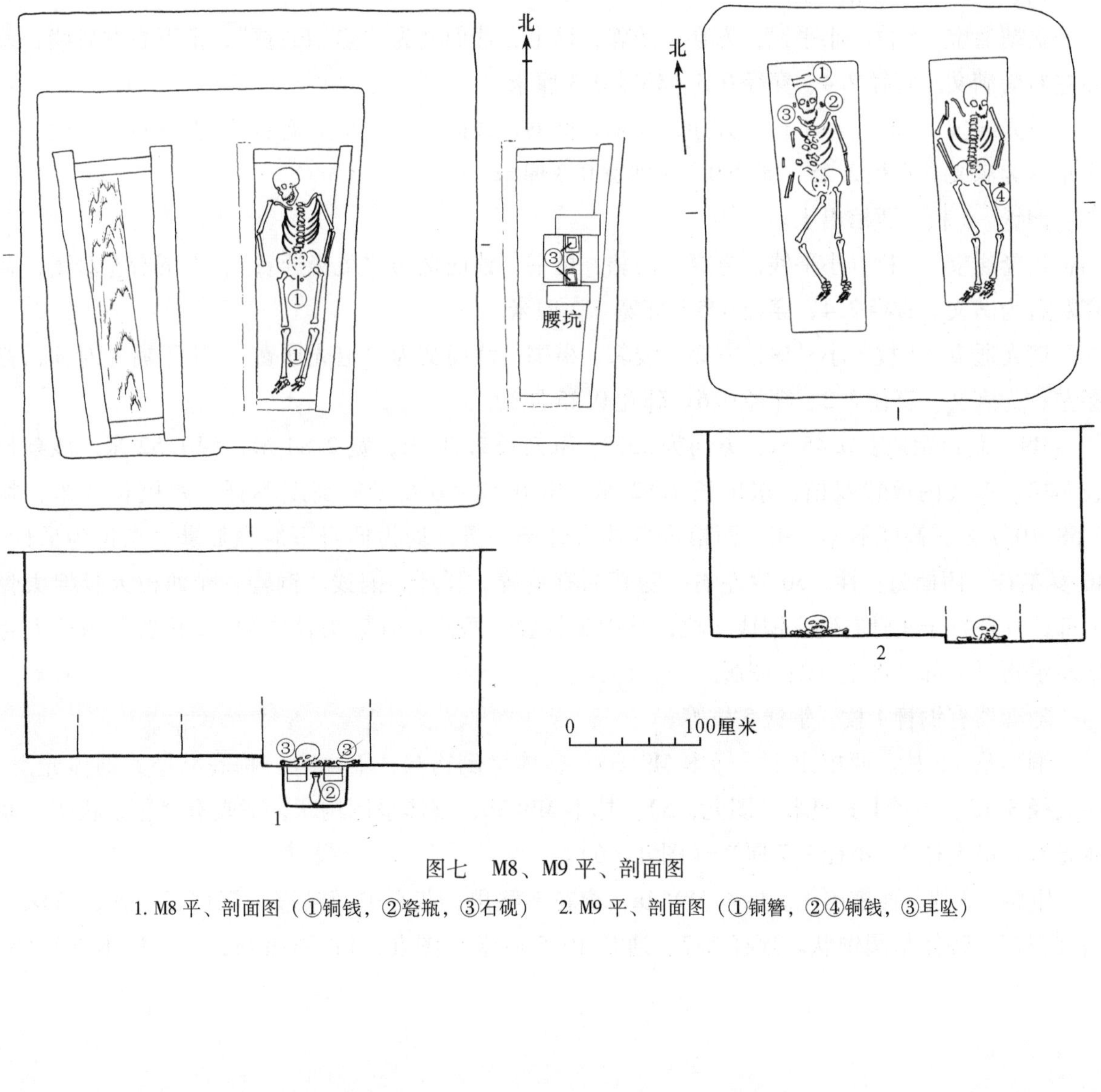

图七 M8、M9 平、剖面图

1. M8 平、剖面图（①铜钱，②瓷瓶，③石砚） 2. M9 平、剖面图（①铜簪，②④铜钱，③耳坠）

东棺下中部左侧有一用双层青砖平砌而成的长方形腰坑。坑长0.66米，0.43米，深0.35米。四周的砖长0.36米、宽0.16米、厚0.06米。中间留有长0.36米、宽0.14米，深0.35米的空间，呈南北向。坑内放置瓷瓶、砚台各1件。其他随葬品还有砚台2件、铜镜1件、铜钱10枚等。

瓷瓶　东棺出土。标本M8∶2，粗瓷，酱色半釉，平沿，方唇内弧，盘状口，束颈，体修长，平底。口径6、最大腹径9.2、底径5.4、通高22.4厘米（图八，2；彩版五，4）。

石砚　东棺出土。标本M8∶3a，近方形1件，石质细腻，呈紫褐色。台面呈长方形，一周有郭，郭较窄略浅，一端与台圹相连，另一端为内弧角，台面外围为墨池，郭较宽且深，郭上有刻线一周。长14、宽12.7、厚2.2厘米（图八，4；彩版八，1）。标本M5∶3b，圆角长方形1件，石质细腻，呈紫褐色，一端略窄，台面呈坡状，墨池在低端，周边有郭，该石砚有明显的使用痕迹。长15、宽9.9、厚1.6厘米（图八，5）。

铜镜　西棺出土。标本M8∶4，圆纽，无座，双郭，内郭内有小乳钉组成一圆圈，内有楷书"長命百歲"四字，上下右左对读。直径6.4厘米（图八，3；彩版八，2）。

铜钱　6枚。东棺出土。

嘉靖通宝　5枚。小平钱，方穿，浅郭，楷书，钱面文为"嘉靖通寶"，上下右左对读，背穿左右为满文。直径2.4、穿径0.5、郭宽0.3厘米。

道光通宝　1枚。小平钱，方穿，浅郭，楷书，钱面文为"道光通寶"，上下右左对读，背穿左右为满文。直径2.25、穿径0.7、郭宽0.3厘米。

铜钱　4枚。西棺出土。

乾隆通宝　3枚。小平钱，方穿，浅郭，楷书，钱面文为"乾隆通寶"，上下右左对读，背穿左右为满文。直径2.4、穿径0.5、郭宽0.3厘米。

道光通宝　1枚。小平钱，方穿，浅郭，楷书，浅面文为"道光通寶"，上下右左对读，背穿左右为满文。直径2.2、穿径0.6、郭宽0.25厘米。

M9　墓口距地表0.45米，方向为335°。墓穴长2.88米，宽2.84米，深1.52米。该墓打破M10。墓穴内放置双棺，东棺长1.82米，宽0.52～0.6米，高度不详。西棺长2米，宽0.58～0.7米，高度不详。东、西棺内各葬人骨架一具，均为仰身下肢微屈葬。东棺为男性，40岁左右。西棺为女性，30岁左右。随葬品有铜簪、耳环、铜钱。铜簪置于西棺人骨架头骨上部，耳环置于头骨右侧。铜钱5枚，其中3枚置于西棺人骨架头骨左侧，2枚置于东棺人骨架左手指骨下部（图七，2；图版三〇，1）。

随葬器有铜簪4枚、铜钱5枚等。

铜耳坠　2枚。西棺出土。标本M9∶3a，整体呈倒钩状，下端有一梅花状坠，通体光滑。最大径3.15、小径1.8厘米（图九，5）。标本M9∶3b，整体呈倒钩状，下端有一花朵状坠，通体光滑。最大径3、小径1.7厘米（图九，6）。

铜簪　3枚，西棺出土。标本M9∶4a，梅花形簪顶，花心中间镶嵌一汉白玉石珠，石珠一周有花蕊，簪体呈圆锥状。顶径2.7、通长10.5厘米（图九，1；彩版八，3）。标本M9∶4b，

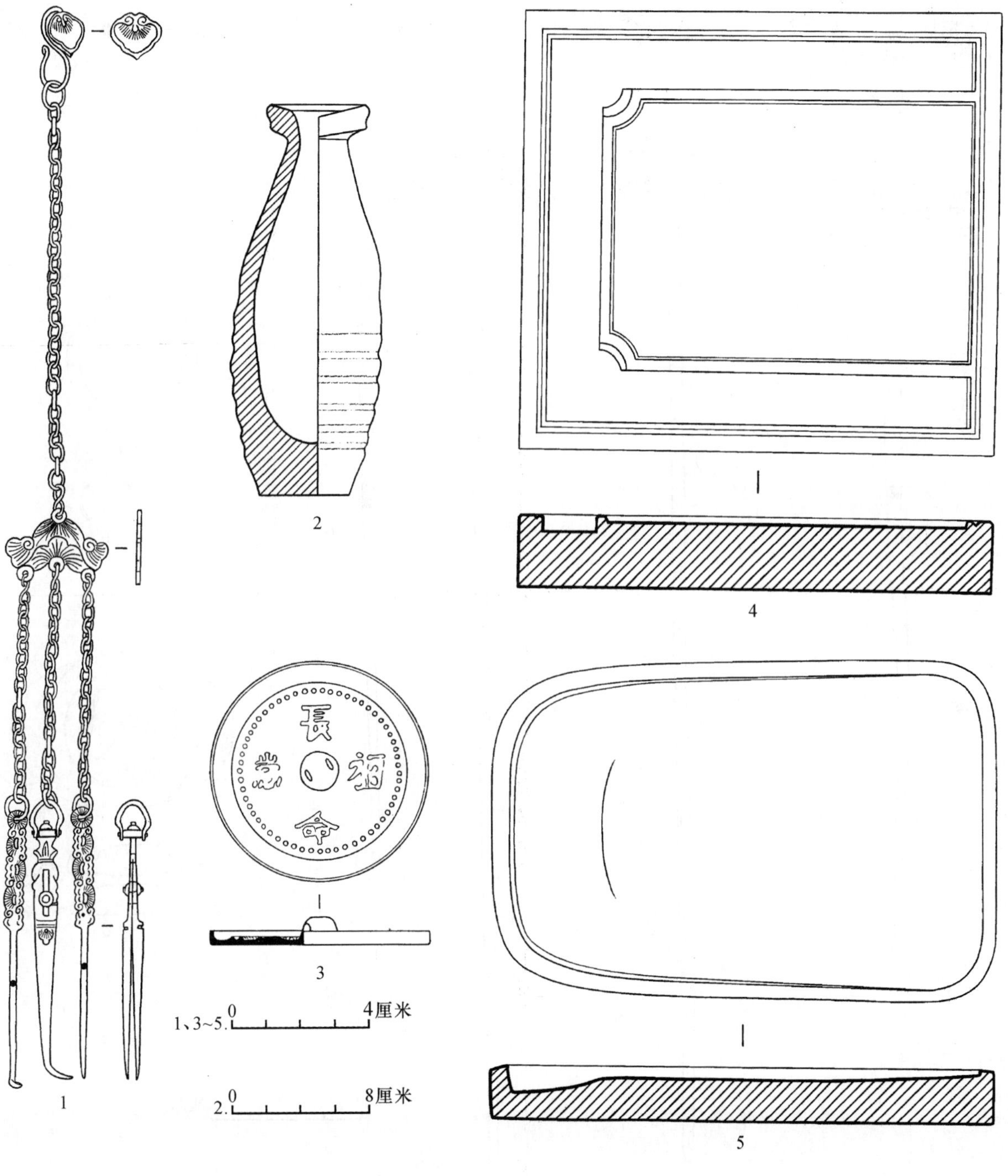

图八 铜三事、瓷瓶、铜镜、石砚

1. 铜三事（M6∶3） 2. 瓷瓶（M8∶2） 3. 铜镜（M8∶4） 4、5. 石砚（M8∶3a、M8∶3b）

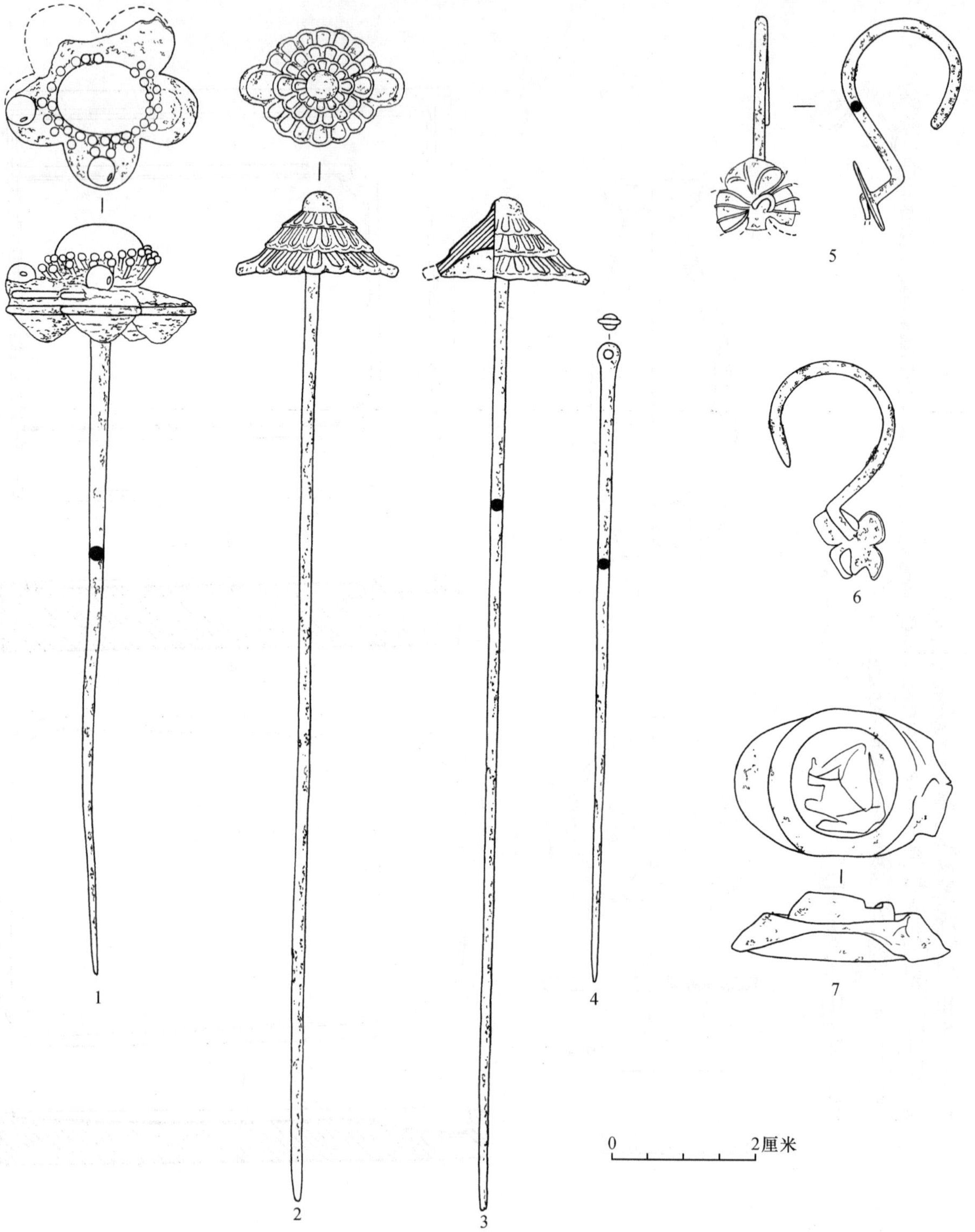

图九　铜簪、铜针、铜耳坠、铜佩件

1~3. 铜簪（M9:4a、M9:4b、M9:4c）　4. 铜针（M9:4d）　5、6. 铜耳坠（M9:3a、M9:3b）　7. 铜佩件（M10:2）

莲花形簪顶，簪体呈圆锥状。顶径1.7～2.3、通长14.2厘米（图九，2；彩版八，4）。标本M9:4c，莲花形簪顶，簪体呈圆锥状。顶径2.4、通长14.3厘米（图九，3）。

铜针 标本M9:4d，呈圆锥状。孔径0.1、通长9厘米（图九，4）。

铜钱 2枚。东棺出土。标本M9:1，小平钱，方穿，楷书，钱面文为"道光通寶"，上下右左对读，背穿左右为满文。直径2.6、穿径0.6、郭宽0.35厘米。

铜钱 3枚。西棺出土。标本M9:2，小平钱，方穿，楷书，钱面文为"道光通寶"，上下右左对读，背床左右为满文。直径2.3、穿径0.6、郭宽0.25厘米。

（二）长方形土圹石室墓

M10 墓口距地表0.45米，方向0°。墓室东西长3.92米，南北宽3.6米，深1.8米。室内填土为淤土，土质松软，含有少量残瓷片，棺材残碎块。

两个墓室墙体均用青砖一平一丁错缝垒砌，每层砖之间用白灰铺砌。砖长0.28米，宽0.14米，厚0.06米。墓壁墙顶均用长石条压砌，石条下铺垫白灰。东壁石条长3.6米，宽0.48米，厚0.1米。墓室中间隔墙石条长3.6米，宽0.44米，厚0.1米。西壁石条长3.6米，宽0.4米，厚0.1米。两端封堵石条共4块，石条大小尺寸相同，长1.3米，宽0.34米，厚0.1米。墓室东西并列，东墓室长2.88米，宽1.2米，高1.62米，墓墙厚0.28米。西墓室长2.9米，宽1.22米，高1.62米，墓墙厚0.28米。两个墓室隔墙中部有一拱形墓门贯通双室，墓门宽0.52米，高0.82米。墓门为单砖拱券，在墓壁三层砖上开始垒砌墓门，上砌高至0.52米处开始起券，拱券高0.3米。另外在西墓室的西壁中部设有一假墓门，其建造方法和隔墙墓门雷同。墓门通高0.84米，宽0.44米。由三层砖上开始砌墓门至高0.44米处开始起券，拱券高0.4米。

两个墓室内各放置一棺，棺内各葬人骨架一具。该墓因晚期被盗，骨骼所剩无几且凌乱不堪，故葬式不明。东棺长2米，宽0.56～0.64米。西棺长1.94米，宽0.5～0.7米。东棺为男性，成年。西棺为女性，成年。两室墓底均用0.37米×0.37米的方砖错缝平铺。各墓室地面中部均有一块带4个镂孔的方砖，铺底砖下部铺有一层河卵石和沙子。墓口有10块子母口石板铺盖，每个墓室5块，东西向南北排列。石板之间的缝隙用白灰灌注，石板长1.94米，宽为0.64～0.78米，厚0.2米。随葬品有铜钱、铜佩件。铜钱4枚放置在东棺，铜佩件放置在西棺（图一〇；图版三〇，2）。

铜佩件 1件。西棺出土。标本M10:2，椭圆形铜泡，其用途不详。直径2～3.1厘米（图九，7）。

铜钱 4枚。东棺出土。小平钱，方穿，楷书，钱面文为"道光通寶"，上下右左对读，背穿左右为满文。直径2.3、穿径0.6、郭宽0.25厘米。

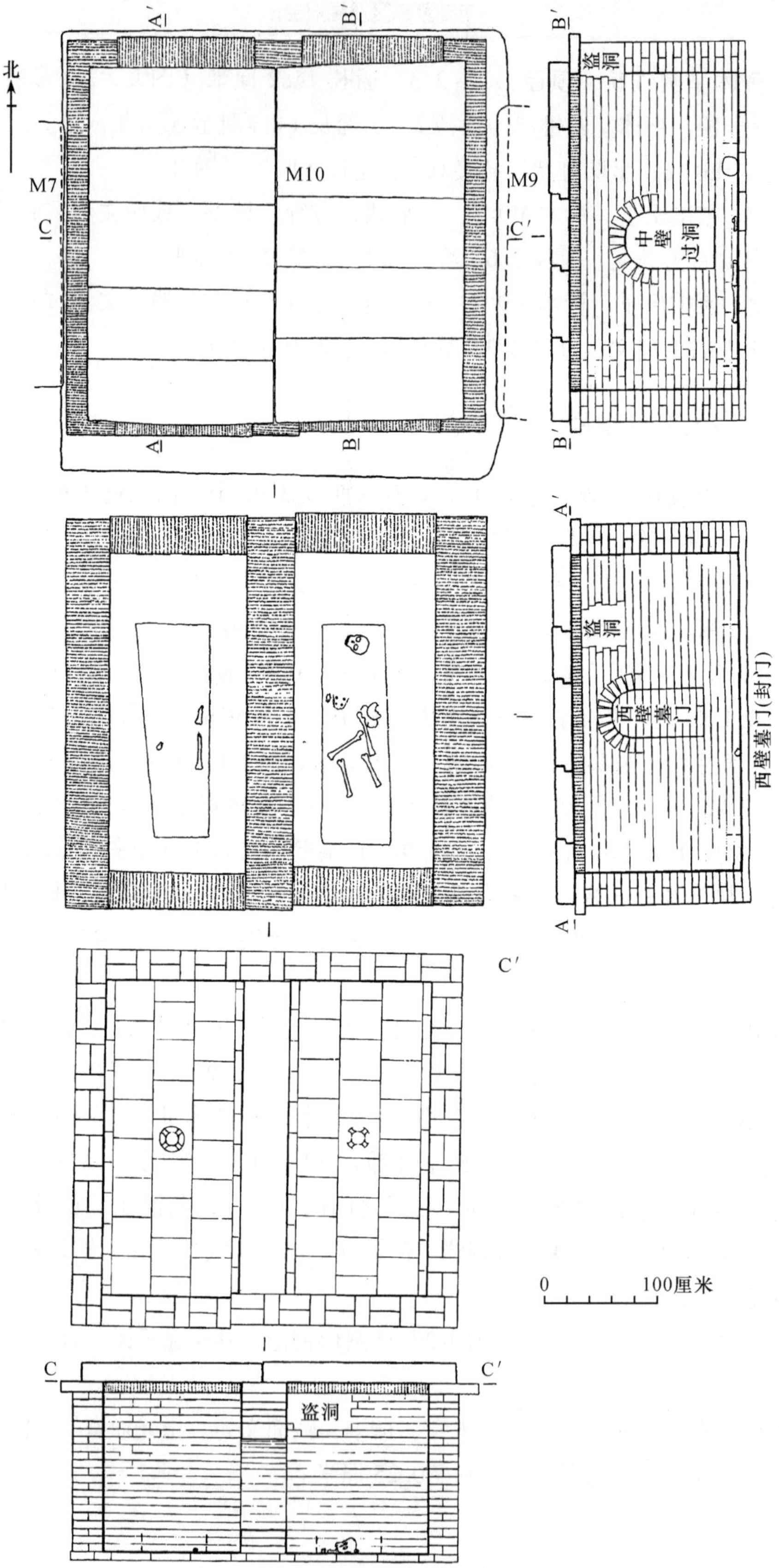

图一〇 M10平、剖面图

二、结　语

新街所清理的墓葬，由墓葬形制及随葬器物推断大致为明清之际，不晚于清代中期。墓中随葬前期的铜钱，是明墓的重要葬俗①。这反映出明代本朝制钱贵于旧钱的特点。新街墓葬如M3、M5的情形证实了这一观点。该墓葬的清理为研究明清两代北京地区的墓俗提供了新的资料。

领队：张治强
发掘：孙勐、陈亚洲
执笔：郭京宁、刘风亮、陈亚洲
整理绘图：张绪武、翟建峰
摄影：韩宜林、孙勐

① 夏寒：《浅议明墓中的古钱》，《四川文物》2006年2期。

丁家洼遗址发掘报告

丁家洼遗址位于北京市房山区城关镇丁家洼村西南，南水北调中线一期工程管线穿过遗址中心地带，遗址位于南水北调管线桩 HD30 + 190 ~ HD30 + 345 之间。遗址中心位置地理坐标：北纬 39°42. 564′，东经 116°02. 038′，高程 59 米（图一）。为做好南水北调中线一期工程文物保护工作，北京市文物研究所组织成立了南水北调考古工作队，于 2005 年 7 ~ 11 月对遗址进行了勘探，勘探结果表明，遗址总埋藏面积约 60000 平方米，其中南水北调管线占压面积 5000 平方米，平均堆积厚度约 1. 8 米；2006 年 3 ~ 5 月，北京市文物研究所南水北调考古工作队对管线范围内的遗址中心部分进行了发掘，发掘总面积 2850 平方米，共发掘东周时期灰坑 127 个、灰沟 4 条（图二、图三；彩版九；图版三五，1），现将发掘主要收获简介如下。

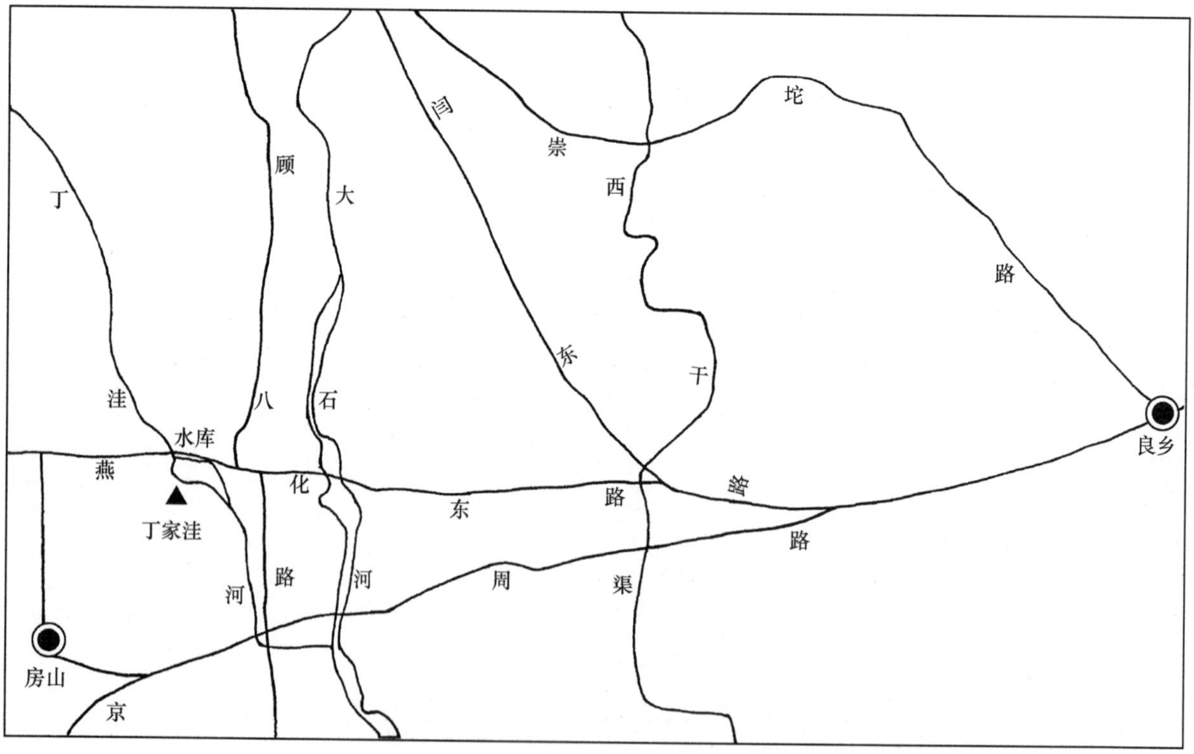

图一　丁家洼遗址位置示意图

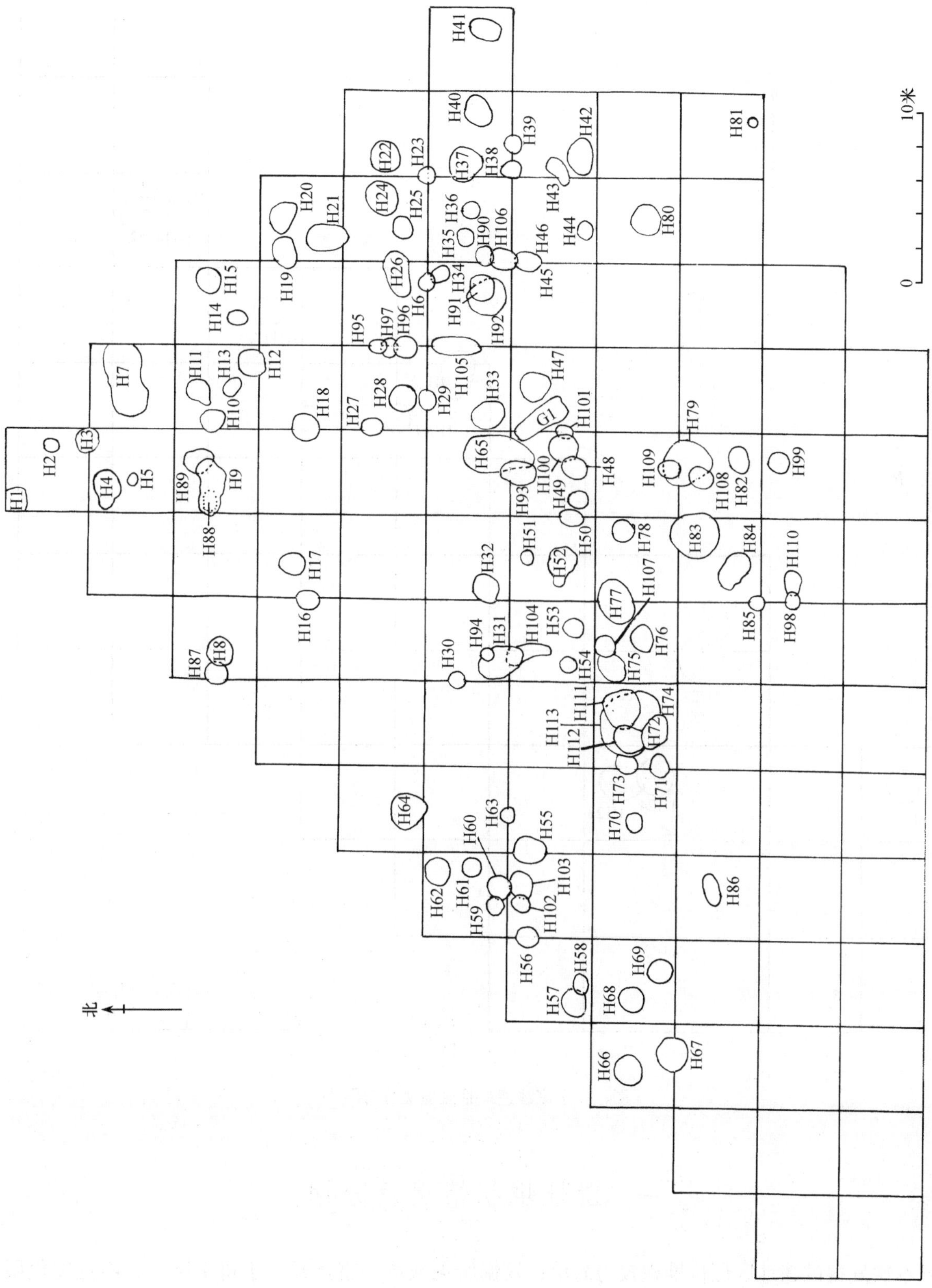

图二 丁家洼遗址I区遗迹分布图

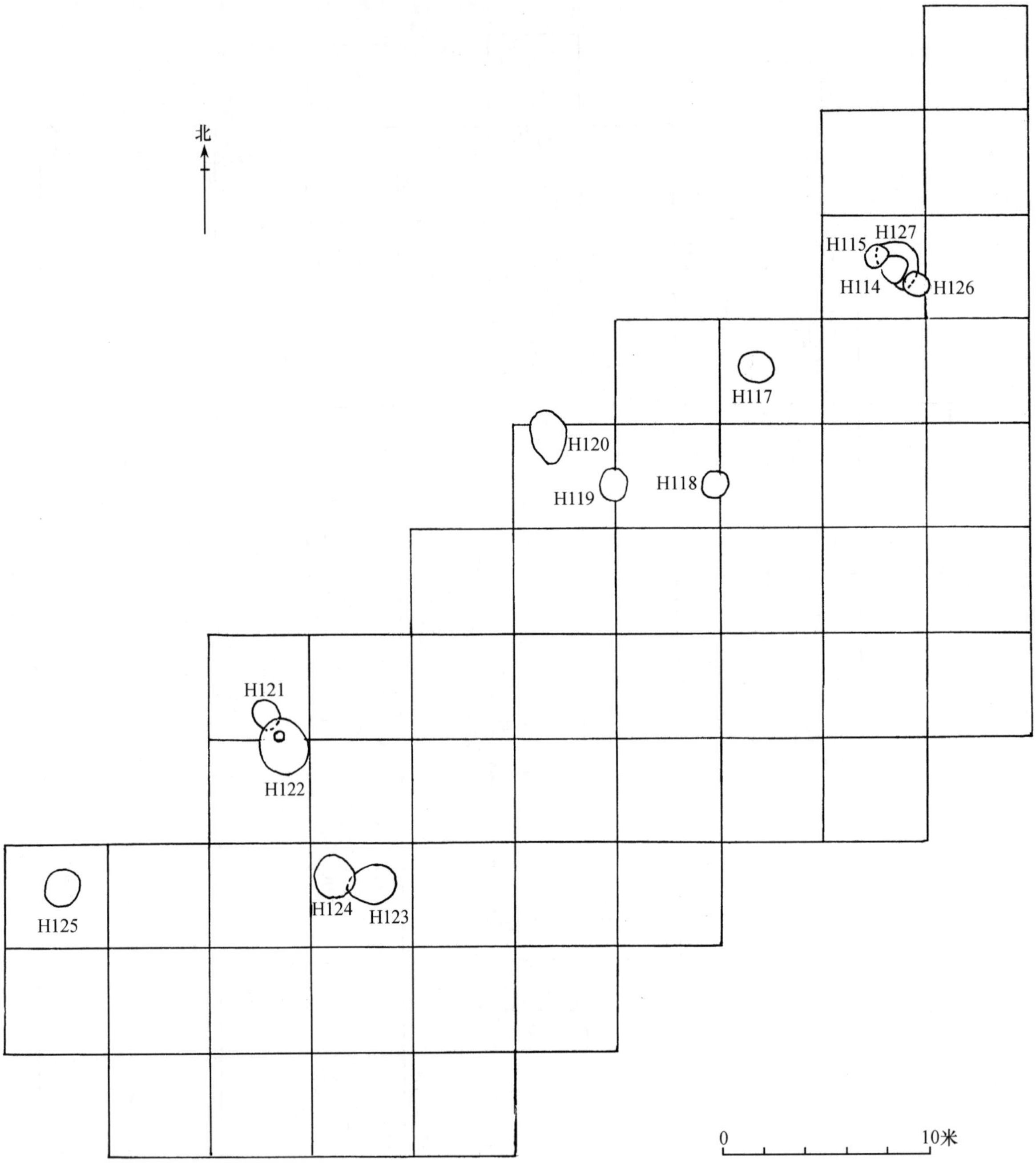

图三　丁家洼遗址Ⅲ区遗迹分布图

一、遗址堆积情况及分期

本次发掘的遗址区层位堆积较为简单，发掘所见灰坑多直接开口于耕土层下，不见文化层分布，部分灰坑之间有较为复杂的叠压或打破关系（图版三五，2～5）。兹以IT0704北壁剖面图（图四）为例介绍遗址堆积情况。

第①层：为现代耕土层，厚0.15～0.2米，呈灰褐色，土质松散。包含有植物根茎、炭灰以及少量陶片。

第②层：为生土层，呈黄褐色，土质较硬，包含有大量的沙粒。

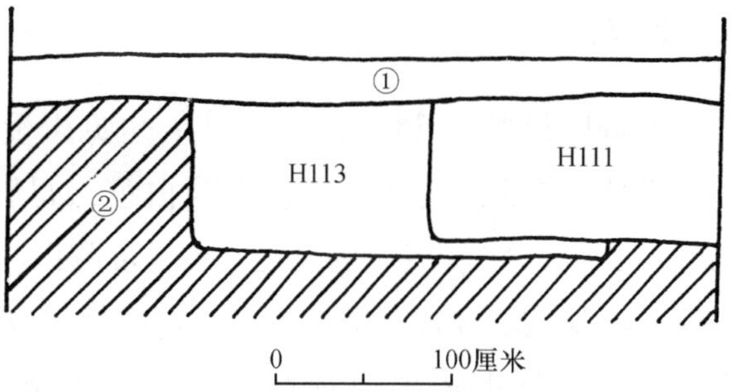

图四 IT0704探方北壁剖面图

根据各遗迹单位之间的叠压、打破关系，并结合典型器物特征，可将本次发掘的遗存分为二期，其中一期分Ⅰ、Ⅱ两段。一期Ⅰ段遗存以H30、H73、H76、H88、H113、H121、H124、H125等灰坑为代表；一期Ⅱ段遗存以H6、H7、H11、H22、H42、H65、H79、H89、H100、H103、H104、H123等灰坑为代表；二期遗存以H4、H9、H19、H26、H27、H37、H57、H60、H68、H72、H74、H91、H92、H108、H111、H112、H122等为代表。以下将各期文化遗存及其特征分别加以叙述。

（一）一期Ⅰ段文化遗存

1. 遗迹

可以确认为一期Ⅰ段的灰坑7个，坑口形状有圆形、椭圆形，坑壁多规整直壁，坑底多平底。兹对H73、H113简介如下。

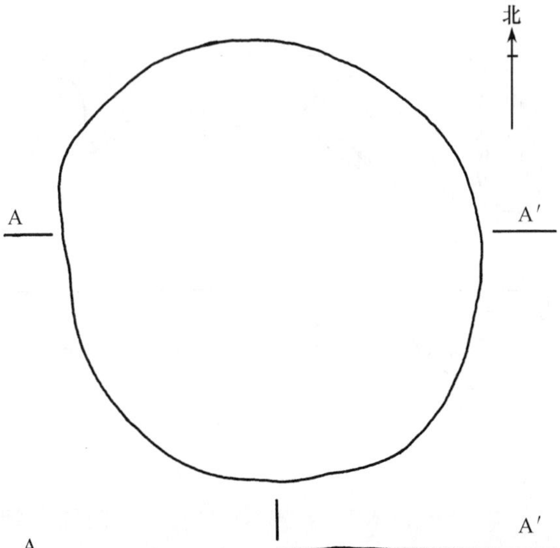

图五 H73平、剖面图

H73 位于T0704内西部偏北，开口于耕土层下，距地表深0.25米，被H113打破。该坑平面呈圆形，剖面呈直筒状，直径1.6米，深0.36米。坑壁规整，平底（图五）。坑内堆积为一次形成，呈灰褐色，土质略硬。坑内包含物有木炭灰、红烧土块以及陶器残片，陶器可辨器类包括鬲、豆、罐等。

H113 位于T0704内北部中间，开口于耕土层下，距地表深0.25米。其西部打破H73，东部和南部分别被H111、H112、H74打破，残存坑底高0.3～0.4米。该坑平面呈圆形，剖面呈直筒状，直径2.4米，深0.9米。坑壁规整，平底。坑内堆积为一次形成，呈灰褐色，土质略硬，坑内包含物有炭灰颗粒、陶器残片及小件玉器，陶器可辨器类包括鬲、豆、罐、折沿盆等。

2. 遗物

发掘所得遗存以陶器残片为主，也见少量小件玉器。

陶器以夹砂陶为主，所含多为白色云母颗粒（此类陶片在以往的发掘报告中常被称之为“鱼骨盆”残片），泥质陶次之；夹云母陶以红褐色为主，灰色次之；泥质陶以灰色为主，见少量泥质红褐陶。纹饰以绳纹为主，包括粗绳纹和细绳纹，两者比例近似；素面陶片较绳纹陶片少，另出土少量陶片饰以附加堆纹。所获陶片残损较大，未见可复原者，可辨器形包括鬲、豆、盆、罐等，分述于下。

鬲　均为夹砂陶，器表多饰绳纹。据所见口沿和足部残片，可以判断至少包括两种类型的鬲。

燕式鬲　可据鬲足辨识出来。所见燕式鬲足形制近似，为上粗下细的圆柱形，一般较高。H113∶1，鬲足。夹云母红褐陶，横截面近椭圆形，腹足相接处足端略内凹，形成空足，足中、下部素面无纹饰，足底素面（图六，1；图版三六，1）。H73∶1，鬲足夹云母红褐陶，横截面近圆形，足上部残断处隐约有绳纹痕迹，足中、下部素面无纹饰，足下端形似蹄形，足底素面（图六，2）。

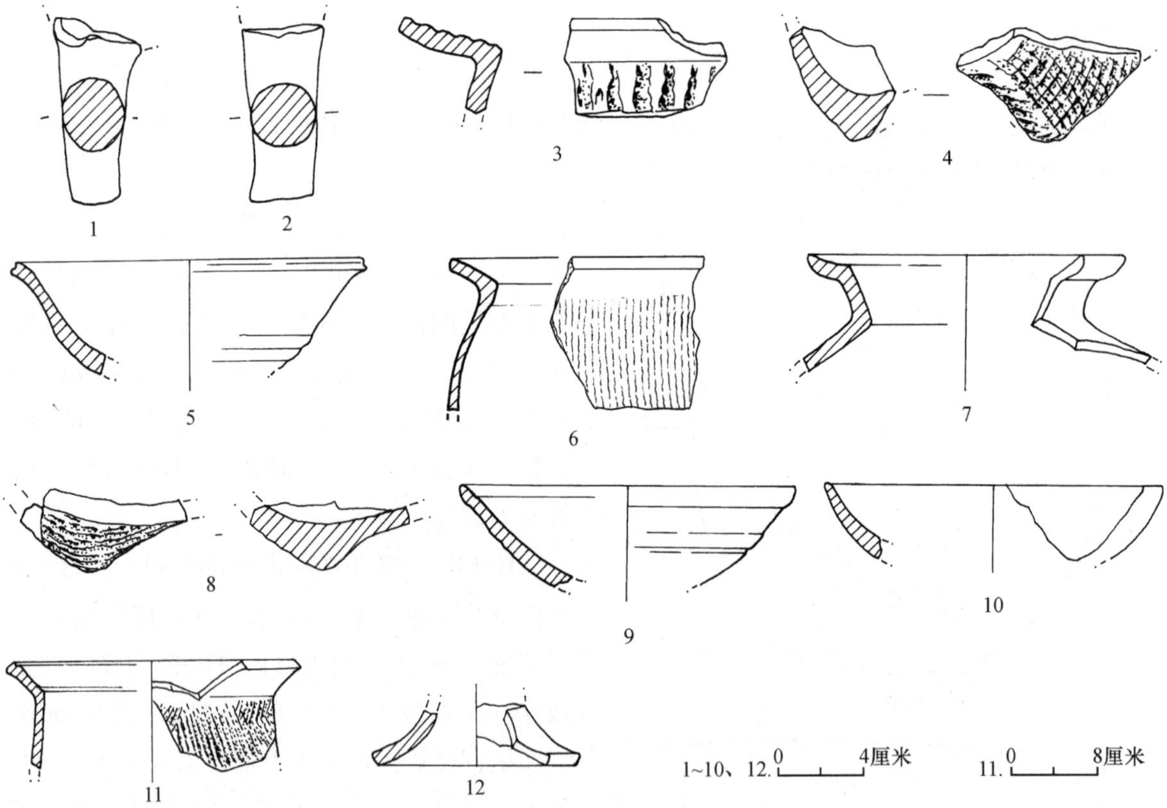

图六　丁家洼遗址一期Ⅰ段陶器

1、2. 燕式鬲（H113∶1、H73∶1）　3. 袋足鬲（H73∶2）　4、8. 鬲足（H73∶3、H88∶3）　5. 曲腹豆（H73∶4）　6. 罐（H73∶5）　7. 折沿直领罐（H121∶2）　9、10. 斜腹豆（H88∶1、H88∶2）　11. 折沿盆（H113∶2）　12. 豆圈足（H121∶1）

袋足鬲　所见包括口沿和袋足残片。H73∶2，鬲口沿。夹云母红褐陶，方唇，折沿，沿面微弧上卷，饰多道弦纹；沿下角小于90°，微束颈，颈及腹部饰粗绳纹，颈部绳纹有抹痕，但并未抹光（图六，3；图版三六，2）。H73∶3，袋足。夹云母褐陶，矮锥状足根较小，饰交错细绳纹（图六，4），H88∶3残鬲足与之形近（图六，8）。

豆　多为泥质灰陶，少量为夹细砂灰陶，器表素面少见纹饰。所见包括口沿腹片、柄和圈足部位。据所见口沿腹片可以判断至少包括两种类型的豆。

斜腹豆　H88∶1，泥质灰陶，尖圆唇，腹壁微弧，近斜直，腹壁有断续轮制痕迹（图六，9）。H88∶2，泥质灰陶，尖圆唇，腹壁微弧（图六，10）。

曲腹豆　H73∶4，泥质灰陶，器表隐约可见轮制痕迹。斜方唇，唇面饰一道浅凹弦纹；腹部较深，沿下上腹部微内曲，腹下部微外弧（图六，5；图版三六，3）。曲腹豆亦有腹部略浅者，腹曲程度不如深腹者明显。圈足如H121∶1，喇叭形，圈足边沿为方唇。

盆　仅见折沿盆。H113∶2，夹细砂灰陶，方唇，斜宽折沿，沿面近外缘和近内缘各饰一条凹弦纹，沿下角大于90°，残存腹壁较直，腹壁外表饰交错细绳纹，近折沿处有抹痕（图六，11；图版三六，6）。

罐　发掘所得包括罐口沿、腹片和底片。根据所见口沿形态，可以区分出两种类型的陶罐。

折沿束颈罐　H73∶5，夹云母褐陶，尖圆唇，折沿较宽，微束颈，鼓腹，器壁较薄；颈下腹部饰细绳纹，沿下有隐约绳纹，有抹痕（图六，6；图版三六，4）。

折沿直领罐　H121∶2，夹细云母颗粒褐陶，尖圆唇，折沿，沿面微弧，内侧折处微微起棱，矮领斜直，肩部以下残，素面无纹饰（图六，7；图版三六，5）。

玉器　H113∶3，玉管，长2.15、直径1.3、管径约0.5厘米，玉色透青，玉质略粗糙（彩版一〇，1）。

（二）一期Ⅱ段文化遗存

1. 遗迹

可以确认为一期Ⅱ段的灰坑共29个，坑口形状有圆形、椭圆形、“凸”字形、不规则形等，坑壁包括直壁、斜壁，坑底多为平底，少量近圜底。兹对H79、H89简介如下。

H79　位于T1003内东南部，开口于耕土层下，距地表深0.25米，被H108号灰坑打破。平面呈椭圆形，剖面呈直筒状，东西长2.4米，南北宽2.75米，深0.46米。坑壁规整，平底。坑内堆积为一次形成，呈灰褐色，土质较硬。坑内包含物有草木灰、红烧土块以及陶器残片及铜器残片。陶器可辨器类包括鬲、罐、豆等。

H89　位于T1009内中部偏北，开口于耕土层下，距地表0.2米，被H9打破。平面呈圆形，剖面呈直筒形。直径1.58米，深0.48米。坑壁规整，坑底平整（图七）。坑内堆积为一次形成，呈浅灰色，土质较硬。坑内包含物有草木灰、红烧土颗粒、陶器残片以及青铜饰件残

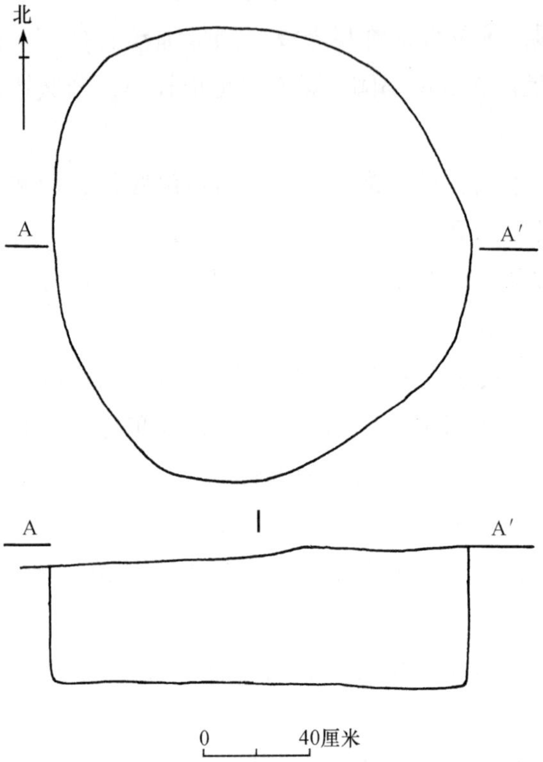

图七　M89 平、剖面图

片，陶器可辨器类包括鬲、豆、罐等。

2. 遗物

出土遗物主要为陶器，还包括少量的青铜器残片。

陶器　以夹砂陶为主，所含多为白色云母颗粒，泥质陶次之；夹云母陶以红褐色为主，灰色次之；泥质陶以灰色为主，见少量泥质红褐陶。纹饰以绳纹为主，包括粗绳纹和细绳纹，两者比例近似；素面陶片较绳纹陶片少，另出土少量陶片饰以附加堆纹。无可复原器，可辨器形包括鬲、豆、盆、罐、圆陶片等，分述于下。

鬲　均为夹砂陶，器表饰绳纹。发掘所获包括鬲口沿、腹片和足等，可以辨识出两种类型的鬲。

燕式鬲　仅可辨识出燕式鬲足。H89∶1（图八，13；图版三七，1），夹云母灰陶，足上部饰以绳纹，腹足相接处足端内凹，形成空足，从残损处可以看到腹、足连接的方式，即首先分别做好腹足，二者相接处，腹壁向外凸出，足顶部中心内凹，恰好可以将腹凸处塞入，腹足相接处压印较深的绳纹。

袋足鬲　H89∶2，夹云母褐陶，方唇，折沿，沿面斜直，颈下饰粗绳纹，颈部有抹痕（图八，14）。H79∶1，夹云母褐陶，圆唇，折沿，沿面向上略弧卷，沿面饰多道弦纹，颈下饰粗绳纹，颈部有抹痕（图八，16）。H103∶1，夹云母褐陶，方唇，折沿，沿面近外缘饰一条凹弦纹，束颈，颈部抹光，残存腹壁表面饰细绳纹（图八，12；图版三七，2）。H103∶2，夹云母红褐陶，圆唇，折沿，沿面向上略弧卷，饰多道弦纹，颈下饰粗绳纹（图版三七，3）。H103∶3，夹云母红褐陶，足根矮小扁尖，饰交错粗绳纹（图版三七，4）。H6∶1，夹云母褐陶，足根矮小圆尖，饰交错细绳纹（图八，1；图版三七，5）。

豆　所见皆残，包括口沿、圈足残片。H22∶1，泥质灰陶，斜方唇，腹壁斜收（图八，7）。H22∶2，泥质灰陶，方唇，腹壁斜收，下腹弧折（图八，8）。H7∶1，泥质灰陶，圆唇，腹壁上部近口沿处微弧折，下腹壁斜收（图八，4；图版三七，6）。H42∶1，泥质灰陶，方唇，腹壁中、上部微起二道凸弦纹（图八，10）。H22∶3，泥质灰陶，矮柄，喇叭形圈足，圈足边缘为斜方唇（图八，9；图版三八，2）。H79∶2，泥质灰陶，喇叭形圈足，圈足边缘磨成圆唇（图八，18；图版三八，1）。

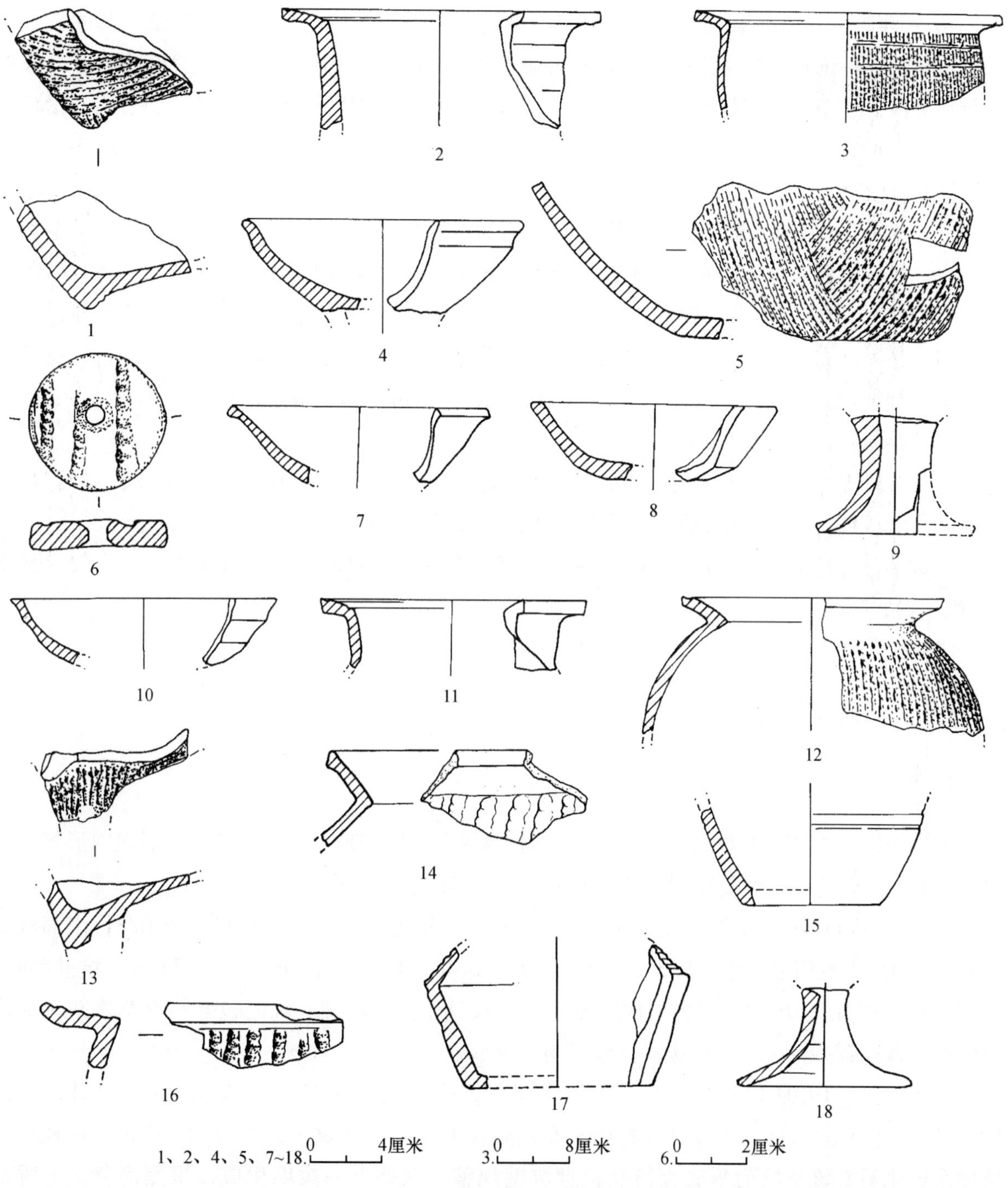

图八 丁家洼遗址一期Ⅱ段陶器

1、12、14、16. 袋足鬲（H6:1、H103:1、H89:2、H79:1） 2、3. 折沿盆（H6:2、H6:3） 4、7～10、18. 豆（H7:1、H22:1、H22:2、H22:3、H42:1、H79:2） 5、15、17. 罐（H7:2、H89:3、H79:3） 6. 纺轮（H11:1） 11. 折沿直领罐（H42:2） 13. 燕式鬲（H89:1）

盆　H6:2，泥质灰陶，方唇，斜折沿，沿面近外缘和近内缘皆饰一条凹弦纹，沿下角大于90°，从残存腹片看，腹壁上部近直，素面不见纹饰（图八，2）。H103:4，夹细云母褐陶，方唇，斜折沿，沿面近外缘和近内缘皆饰一条凹弦纹，沿下角大于90°，残存腹壁略直，外表饰弦断细绳纹，颈下绳纹有抹痕（图版三八，3）。H6:3，夹细云母红陶，方唇，斜折沿，沿面近外缘和近内缘皆饰一条凹弦纹，沿下角大于90°，残存腹壁上部微鼓，外表饰弦断细绳纹，颈下绳纹有抹痕（图八，3；图版三八，4）。

罐　H79:3，泥质褐陶，仅存腹底残片，折肩，腹部斜收，平底，肩部近折处饰多道凹弦纹，腹、底皆素面无纹饰（图八，17）。H89:3罐残片与H79:3形制近似（图八，15）。H42:2，泥质灰陶，方唇，折沿，直领，沿面近外缘和近内缘皆饰凹弦纹一道，残片其余部位素面无纹饰（图八，11）。H7:2，夹云母褐陶，残存腹壁微鼓，平底，腹底转折处为弧折，腹壁外表饰交错细绳纹，延及底部（图八，5）。H103:5，夹云母褐陶，折沿，直领，残存口沿、颈部素面，残存腹片饰细绳纹（图版三八，5）。

纺轮　H11:1，夹云母褐陶，直径3.9厘米，厚0.8厘米，近中心处有圆孔，双面对钻，一面素面无纹饰，另一面饰粗绳纹（图八，6；图版三八，6）。

青铜饰件　1件。H89:4，长1.9、残宽1.5、厚约0.3厘米，原应为兽面形，今仅存其半（彩版一〇，2）。

H79出土青铜残片一片，素面无纹饰，器类不明。

（三）二期文化遗存

1. 遗迹

可以确认为二期的灰坑共30个，坑口形状有圆形、椭圆形、“凸”字形、不规则形等，坑壁包括直壁、斜壁等，坑底多为平底。兹对H9、H74简介如下。

H9　位于T1009内中部偏北，开口于耕土层下，距地表0.2米。西部打破H88，南部打破H89。平面呈不规则形，东西长3.28米，南北宽0.48～1.18米，深0.2～0.25米。坑壁斜收，坑底平整（图九）。坑内堆积为一次形成，呈浅灰色，土质较硬。坑内包含物有草木灰、红烧土颗粒以及陶器残片，陶器可辨器类包括鬲、豆、盆等。

H74　位于T0704内东部，开口于耕土层下，距地表深0.25米，北被H111打破，西被H112打破并打破H113，南被H72打破。东西残长1.72、宽0.86～2.2、深0.57米。据现存的坑体东壁来看，该灰坑为平底直筒状，且坑壁规整。该坑为一次堆积成，呈黑褐色，土质较硬，坑内包含物有木炭灰、红烧土块以及陶器残片，陶器可辨器类包括鬲、豆、罐、纺轮等。

2. 遗物

出土遗物主要为陶器，还包括少量石器。

陶器较一期无大变化，仍以夹云母陶为主，泥质陶次之；纹饰以绳纹为主，另有部分陶片

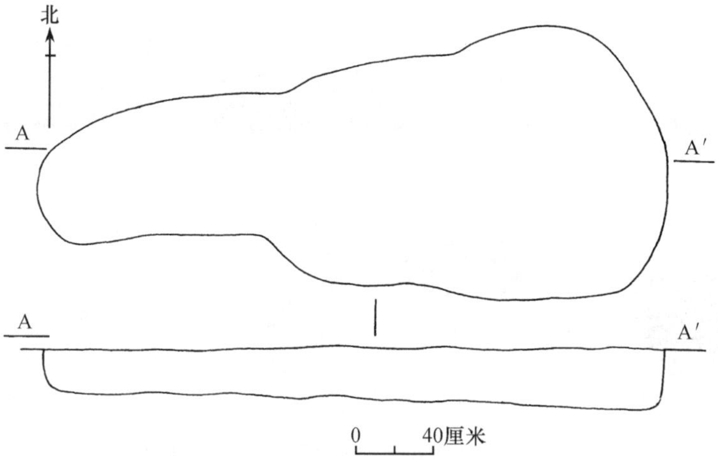

图九 H9平、剖面图

素面以及少量附加堆纹。可辨器形包括鬲、豆、盆、罐、甑、瓮、纺轮、圆陶片等，分述于下。

鬲 均为夹砂陶，器壁多饰绳纹，包括口沿、腹片和鬲足等，可以辨识出两种类型的鬲。

燕式鬲 H9:1，夹云母褐陶，腹足相接处内部空足现象消失，外部有一个扁尖的凸起，足上部压印较深的绳纹，下部素面无纹饰（图一○，5；图版三九，1）。H19:1，夹云母灰陶，上粗下细柱状足，腹足相接处内部有极浅的空足现象，外部有尖圆状小凸起，足上部饰交错细绳纹，足下端仿兽蹄形（图一○，8；图版三九，2）。H92:2，夹云母灰陶，内侧一道凹槽，较深，通至足底，足底斜平，饰平行细绳纹，足下端仿兽蹄形（图版三九，3）。

袋足鬲 H9:2，夹云母灰陶，方唇，折沿斜直，沿面近外缘和近内缘处皆饰一道凹弦纹，颈部绳纹有抹痕，残存腹片外表饰交错绳纹（图一○，4；图版三九，4）。H9:3，夹云母褐陶，圆唇，折沿向上微卷，沿面饰多道弦纹，沿外及颈部绳纹有抹痕，残存腹片饰粗绳纹（图一○，6；图版三九，5）。H92:1，夹云母灰陶，方唇，折沿斜直，沿面近外缘饰一道凹弦纹，残存腹壁外表饰斜向粗绳纹（图一一，1；图版三九，6）。H122:1，夹云母灰陶，方唇，折沿斜直，沿面近外缘处饰一道凹弦纹，近内缘处隐约有一周凹迹，颈部绳纹抹光，残存腹壁外表饰细绳纹，局部有交错绳纹（图一一，2；图版四○，1）。H122:6，夹云母红褐陶，方唇，折沿斜直，沿面近外缘处饰一道凹弦纹，近内缘处隐约有一周凹迹，残存腹壁外表饰交错粗绳纹（图版四○，2）。H122:7，夹云母红陶，圆唇，折沿，沿面略向上弧卷，饰多道弦纹，残存腹片饰粗绳纹（图版四○，3）。H122:2，夹云母灰陶，足根矮小扁尖，饰交错粗绳纹（图一一，4；图版四○，4）。H68:1，夹云母红陶，足根矮小扁尖，靠内侧有压痕，饰较深的细绳纹（图一○，13；图版四○，5）。

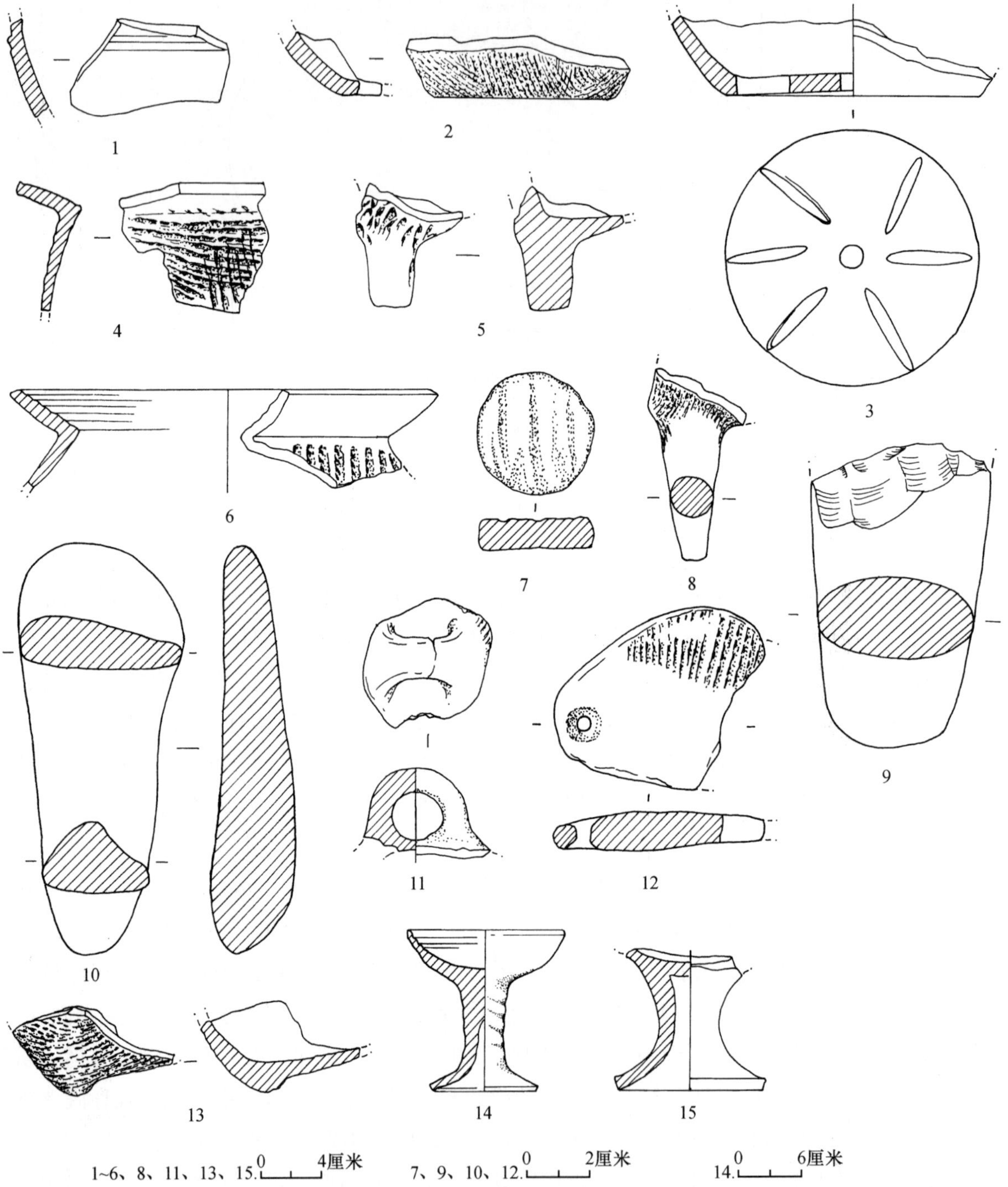

图一〇　丁家洼遗址二期器物

1、2. 罐（H4:1、H4:2）　3. 甑（H4:3）　4、6、13. 袋足鬲（H9:2、H9:3、H68:1）　5、8. 燕式鬲（H9:1、H19:1）　7. 圆陶片（H9:4）　9、10. 石斧（H19:2、H19:3）　11. 器耳（H26:1）　12. 陶片（H56:1）　14、15. 陶豆（H68:2、H68:3）

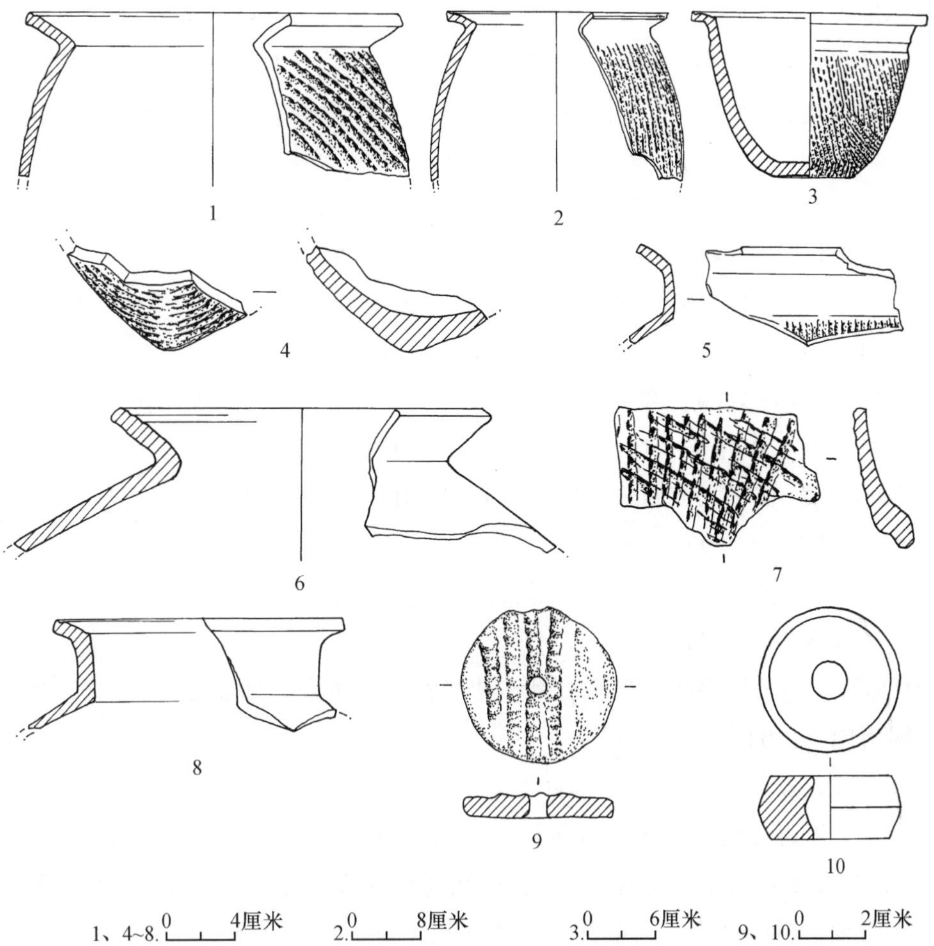

图一一　丁家洼遗址二期陶器

1、2、4. 袋足鬲（H92:1、H122:1、H122:2）　3. 折沿盆（H122:3）　5、8. 折沿直领罐（H122:4、H74:1）　6. 瓮（H122:5）　7. 陶片（H122:6）　9、10. 纺轮（H91:1、H74:2）

豆　H68:2，泥质灰陶，通高15.3厘米，豆盘直径15厘米，圈足直径10.1厘米，尖圆唇，浅腹，腹壁斜收，细高柄，喇叭形圈足，圈足边缘为方唇，豆盘内壁口下饰三道凹弦纹，外表通体素面无纹饰（图一〇，14；彩版一〇，3）。H68:3，泥质灰陶，豆盘无存，矮柄，喇叭形圈足，圈足边缘为方唇（图一〇，15；图版四〇，6）。

盆　H122:3，泥质灰陶，通高14.1厘米，口径21厘米，底径7.9厘米，方唇，平折沿，沿下角近90°，沿面近外缘和近内缘皆饰一道凹弦纹，颈部一周抹光带，腹壁斜直，腹底转折沿处微弧折，底略内凹，腹壁饰交错细绳纹，延及腹底转折处，底部亦饰交错绳纹。此类平折沿盆亦见于H4、H74等（图一一，3；彩版一〇，4），另外，H9出土夹云母红陶折沿盆，口沿部位残损较多，仅据残痕可以看出其沿下角亦近90°。

罐　H4:1，泥质褐陶，仅存肩部残片，折肩，肩上饰一道凹弦纹（图一〇，1）。H4:2，夹云母褐陶，残存腹壁斜收，腹底转折处微弧折，底略内凹，腹壁饰交错细绳纹，延及腹底转折处，底部亦饰绳纹（图一〇，2）。H122∶4，夹云母灰陶，方唇，折沿，直领，口沿、领部素面无纹饰，残存腹片饰细绳纹（图一一，5；图版四一，1）。H74∶1，泥质灰陶，方唇，折沿，沿面靠近外缘和靠近内缘皆饰一道凹弦纹，直领较高，领部有抹痕，素面无纹饰，腹片残损（图一一，8；图版四一，2）。

甑　H4∶3，夹云母褐陶，残存部分腹片和甑箅，甑箅中央有一圆形箅孔，圆箅孔周围近等距分布6个长条形箅孔，箅孔皆直壁（图一〇，3；图版四一，3）。

瓮　H122∶5，夹云母褐陶，圆唇，宽折沿，束颈，残存腹壁微鼓，素面无纹饰（图一一，6；图版四一，4）。

纺轮　H74∶2，泥质灰陶，两面边缘较中央窄，纵剖面为六边形，中央直径4.3厘米，边缘直径3.6厘米，厚1.9厘米，中央一圆孔，孔径1.1厘米（图一一，10；图版四一，5）。H91∶1，夹云母灰陶，直径4.5厘米，厚0.6厘米，中心有一圆孔，双面对钻，一面饰粗绳纹，一面素面无纹饰（图一一，9）。

圆陶片　H9∶4，夹云母褐陶，近圆形，最大直径3.8厘米，厚0.8厘米，一面素面无纹饰，一面饰绳纹（图一〇，7）。

器耳　H26∶1，夹云母褐陶，环形，耳孔孔径约3.1厘米，耳宽2～3厘米，饰细绳纹（图一〇，11；图版四一，6）。

其他还有少量石器，如H19出土两件石斧，H19∶2，长9.5、刃端宽5.7、后端宽4.1、厚约2.5厘米，泥质板岩，板状结构，青灰色，致密坚硬，断口呈贝壳状，通体磨光，刃缘保留打制痕迹（图一〇，9）。H19∶3，长12.9、刃端宽约5.2厘米，沉积岩，淡黄绿色，弱固结，具细小的片状层理，通体磨光，刃端圆钝，后端截面为三角形（图一〇，10）。

二、结　　语

1. 文化遗存的年代

各遗迹单位所见器类组合基本为鬲、盆、豆、罐等，相差不大，各类器物形态方面没有太大的差别，据此可以判断本次发掘所见遗存年代跨度不大；然而各类器物形态亦可以看出细微的差别，故结合遗址所见层位关系，将本次发掘所得遗存暂分为如上文所述的两期，各期年代如下。

一期：一期遗存中所见袋足鬲方唇、宽折沿的形制风格，与北京房山琉璃河遗址①、房山镇江营遗址②以及河北易县燕下都遗址③西周晚期到春秋早期出土袋足鬲近似，而上述诸遗址西

① 北京市文物研究所：《琉璃河西周燕国墓地1973—1977》，文物出版社，1995年。
② 北京市文物研究所：《镇江营与塔照——拒马河流域与先秦考古文化的类型与谱系》，中国大百科全书出版社，1999年。
③ 河北省文物研究所：《燕下都》，文物出版社，1996年。

周晚期至春秋早期遗存中，并不见有燕式鬲与此类袋足鬲共出①。一期所见燕式鬲，其高柱足、腹足相接处内部空足的风格，与徐水大马各庄春秋中期M13所出燕式鬲近似②，H73出土折沿圆唇罐与徐水大马各庄春秋中期M22出土罐形口、颈形制以及肩部饰弦断绳纹的风格近似，曲腹豆见于易县燕下都春秋早、中、晚期遗存，综合以上情况，本文将丁家洼遗址一期文化遗存的年代定在春秋中期，上限或可进入春秋早期，鉴于折沿盆、豆、罐等器类的形制变化，又将一期遗存划分为早、晚两段，分别对应春秋中期早段、春秋中期晚段，如前文所述。

二期：燕式鬲腹足相接处内部空足变浅或消失，介于一期燕式鬲形态与战国早期燕式鬲形态之间，折沿直领罐见于河北徐水大马各庄、唐山贾各庄等地春秋晚期至战国早期墓葬③，折沿盆沿下角角度较一期变小，细高柄浅盘豆出土数量不多，是本期新出的器型，在东周燕文化的发展过程中，此类豆至战国时期发展为极为流行的器型，与本期细高柄浅盘豆形制近似的豆发现于北京延庆军都山玉皇庙春秋晚期的M61中④，二期遗存中不见战国早期常见的竹节弦纹细高柄豆、折沿直壁釜等战国早期典型器型，故据以上分析，本文将丁家洼遗址二期文化遗存的年代定在春秋晚期至春秋战国之际。

2. 若干问题

残损陶器的再利用现象：袋足鬲足根部位的再利用，H122:6，陶片平面近长方形，其中三

---

① 河北省易县燕下都朗井村13号遗址F1出土燕式鬲，《燕下都》报告定其年代为春秋早期，不确，由其共存的深腹圜底釜、深腹圜底盆等器物以及参考其他地区燕文化遗存的分期，笔者定其年代于春秋晚期。关于燕式鬲的发展演变及其年代，笔者认为其演变规律为：鬲腹由扁体到近方体到瘦长方体，鬲底部由略分裆到圜底再到略圜底或近平底，腹部相接处内部由空足到空足消失，三足由略内敛或近直立到外撇。目前所见燕式鬲最早的形制为徐水大马各庄M13所出燕式鬲，年代当春秋中期（关于大马各庄M13的年代参见本页注②），春秋晚期燕式鬲如前述河北易县燕下都朗井村13号遗址F1所出燕式鬲，战国时期发现较多，如燕下都朗井村10号遗址T11H138燕式豆、北京怀柔城北墓地燕式鬲以及燕下都北董村22号遗址3层燕式鬲等。关于笔者的观点，详参见胡传耸：《东周燕文化初步研究》，北京大学考古文博学院硕士研究生学位论文，2006年。

② 河北省文物研究所、保定地区文物管理所、徐水县文物管理所：《河北徐水大马各庄春秋墓》，《文物》1990年3期。徐水大马各庄墓地发现墓葬37座，其中15座墓葬出土鬲、罐或鬲罐组合，墓葬发掘简报根据出土器物形态，把这批墓葬的年代定在春秋中期到春秋晚期，现在看来，对于墓地总体年代的把握是正确的。下面对大马各庄墓葬的分期问题再略作讨论：①该墓地所见陶鬲大致可以分为两类：A扁方体或方体近平裆鬲，出土此类鬲的墓葬包括：M3、M26、M28，M13出土燕式鬲，略分裆近平，可归入此类；B方体凸裆鬲，出土此类鬲的墓葬包括：M1、M6、M7、M24、M27、M36。②该墓地所见陶罐可以分为四类：C折沿束颈罐，出土此类陶罐的墓葬包括：M13、M28、M32；D折沿直领罐，出土此类陶罐的墓葬包括：M18、M21、M36；E卷沿平底罐，仅1件，出于M22；F卷沿圜底罐，仅1件，出于M26。综上，A、C组合见于M13、M28两组；B、D组合见于M36一组；而A类鬲不与D类罐共出，B类鬲也不与C类罐共出，那么两种组合当反映一定的时代差别。北京房山镇江营遗址所见春秋早期袋足鬲，裆部皆略低而近平，下凸者存在但少见，而且，镇江营所见袋足鬲口径皆接近或大于腹径，与大马各庄墓地所见A类鬲不同，后者不会早到春秋早期。与B类鬲共出的D类罐，见于燕下都郎井村M31（该墓发掘简报称之为尊，为行文方便，此处仍大马各庄原称），该墓出土成组铜礼器，原简报定其年代于春秋晚期，笔者赞同其说，据此B类鬲、D类罐的组合年代可以定在春秋晚期到春秋战国之际，而A类鬲、C类罐的组合可以定在春秋中期。E类罐，卷沿，束颈，圆肩，肩上饰弦断绳纹，平底，其卷沿风格近镇江营春秋早期罐，唯其体瘦长、弦断绳纹不施及下腹部的风格与前者不同，可暂将其年代定为春秋中期。此一分期结果与大马各庄墓地原发掘简报的不同之处在于，将原定为春秋中期的M21下拉到春秋晚期，而将原定为春秋晚期的M13上提到春秋中期。其余未发表器物图片的墓葬年代暂不论及。那么，可以将大马各庄墓地分为两组：春秋中期组，包括M3、M13、M22、M26、M28、M32等6座墓；春秋晚期组，包括M1、M6、M7、M18、M21、M24、M27、M36等8座墓。

③ 河北省文物研究所、保定地区文物管理所、徐水县文物管理所：《河北徐水大马各庄春秋墓》，《文物》1990年3期；安志敏：《河北省唐山市贾各庄发掘报告》，《考古学报》第六册，1953年。

④ 北京市文物研究所山戎文化考古队：《北京延庆军都山东周山戎部落墓地发掘纪略》，《文物》1989年8期。

条边近直边，一条边中部凸出呈鸟喙状，边缘皆有明显的人工修治痕迹，唯器表绳纹保留原貌（图一一，7）。类似的陶片在H56等中也有出土，原本皆系袋足鬲的足部，推测原袋足鬲废弃后，将足根两侧磨掉，凸出足根（或半个足根）呈鸟喙形，其余各边亦加以修治，当作另外一种器物加以利用，不过用途不明。陶片再利用作装饰品，如H56∶1，残损，形似鱼头，边缘经磨治，“鱼吻”部位钻孔，为两面对钻；“鱼背”部尚有残留的细绳纹（图一〇，12）。

3. 本次考古发掘的意义

丁家洼遗址是北京地区首次系统发掘的春秋时期燕文化居住生活遗址，填补了北京地区东周燕文化既往考古发现所遗留下来的空白。遗址内涵较为丰富，为东周燕文化的研究提供了详实具体的资料，也必然使学界对于东周燕文化面貌的认识更加深入。

发掘：张治强、石磊、胡传耸、马绍山
执笔：胡传耸、朱志刚、张治强
整理绘图：张绪武、夏书苗
摄影：韩宜林、王殿平

附录　丁家洼遗址浮选结果分析报告

赵志军（中国社会科学考古研究所）

1. 采样与浮选

丁家洼遗址位于北京市房山区城关镇丁家洼村西南，是一处东周时期的古代居住址。2006年，北京市文物研究所南水北调考古工作队对遗址进行了首次发掘，清理出了灰坑、灰沟和窑址等许多重要遗迹，出土了陶器、铜器和玉器等大量珍贵文物。根据对层位关系及出土遗物的分析，丁家洼遗址文化堆积的主体属于春秋中晚期。

为了能够科学系统地获取遗址文化堆积中所埋藏的古代植物遗存，进而探讨丁家洼古代先民的生活和生产方式，伴随着发掘我们开展了浮选工作。鉴于丁家洼遗址各种遗迹现象比较丰富，我们采用了针对性采样方法，以性质比较明确的遗迹为采样单位，在发掘过程中每发现一处遗迹随即采取一份浮选土样，至发掘结束时共采集到浮选土样105份，浮选土量总计683.5升，平均每份浮选样品的土量约为6.5升。

浮选样品以采自丁家洼遗址灰坑的土样为主，计102份，占到了所有浮选土样的97%，其他一份采自丁家洼遗址灰沟的土样和两份采自前后朱各庄遗址陶窑的土样（附表）。

采集到的浮选土样在当地进行了浮选，所使用的浮选设备是水波浮选仪，收取浮出炭化植物遗存的分样筛规格是80目（筛网孔径0.2毫米）。

浮选结果在当地阴干后被送交中国社会科学院考古研究所植物考古实验室进行分类、植物种属鉴定和分析。

2. 分类与鉴定

丁家洼遗址浮选出土的植物遗存可分为炭化木屑和炭化植物种子两大类。

炭化木屑是指经过燃烧的木头的残存，其主要来源应该是未燃尽的燃料或遭到焚烧的建筑木材和其他用途的木料等。丁家洼遗址出土的炭化木屑大多比较细碎，但通过显微镜观察，木屑的细胞结构如导管、筛管和纤维等清晰可见。依据这些细胞结构的特点可以进一步对出土木屑进行树种鉴定，但这需要比较专业的植物解剖学知识和技术，所以留给专业人员在今后再研究。我们所做的是将出土炭化木屑作为统一的类别进行量化分析，具体做法是，利用标准分样筛将各样品中大于1毫米的炭化木屑筛选出来，称重计量，然后以样品为单位进行等量换算。结果显示，如果每份浮选土样按10升的土量计算，丁家洼遗址浮选样品平均所含炭化木屑的重量约是0.108克。

在丁家洼遗址105份浮选土样中总共发现了487粒炭化植物种子，平均每份浮选样品出土炭化植物种子约5粒。经鉴定，这些出土的炭化植物种子包括有粟（*Setaria italica*）、黍（*Panicum miliaceum*）、大豆（*Glycine max*）、荞麦（*Fagopyrum sagittatum*）和大麻（*Cannabis sativa*）等五种农作物的籽粒，合计410粒，占所有出土炭化植物种子总数的84%。其他可鉴定的有禾本科（Poaceae）和豆科（Leguminosae）等常见的植物种子，以及可能是锦葵属（*Malva* sp）的植物种子。另外还有一些特征不明显的或者由于炭化过甚而失去了特征部位的未知种属的植物种子（表一）。

表一　浮选出土植物种子统计表

植物种属	绝对数量（个）	数量百分比（%）
粟（*Setaria italica*）	352	72.3
黍（*Panicum miliaceum*）	38	7.8
大豆（*Glycine max*）	13	2.7
荞麦（*Fagopyrum sagittatum*）	1	0.2
大麻（*Cannabis sativa*）	6	1.2
禾本科（Poaceae）	39	8.0
豆科（Leguminosae）	19	3.9
锦葵属（*Malva* sp）	12	2.5
未知植物种子	7	1.4

在丁家洼遗址浮选出土的农作物籽粒中，炭化粟粒的数量具绝对优势，共计352粒，约占出土农作物籽粒总数的86%，占所有出土植物种子的72%。这些炭化粟粒均呈近圆球状，直径多在1.2毫米以上，表面较光滑，胚部较长，因烧烤而爆裂呈沟状（彩版一一，1）。

丁家洼出土的炭化黍粒的数量较少，仅发现了38粒，约占出土农作物籽粒总数的9%，占所有出土植物种子的8%。这些炭化黍粒的形状也是近圆球状，但个体较大，直径多在1.6毫米以上，表面较粗糙，胚部较短，爆裂后呈V状（彩版一一，2）。

浮选出土的炭化大豆共有13粒，大多在出土时已经残破，完整的仅有一粒，呈椭圆形，背部圆鼓，腹部微凹，豆脐呈窄长条形，位于腹部偏上部（彩版一一，3）。经测量，这粒完整大豆的粒长是6.24毫米，粒宽为5.08毫米，粒厚为4.24毫米。需要指出的是，豆类作物的种子在被炭化后形态上会发生一定的缩变，所以丁家洼出土炭化大豆的原本尺寸应该大于我们的测量数据。通过对现代对比样品测量数据的统计，现生野大豆的长度的平均值一般在4毫米以下，而现生栽培大豆的尺寸一般在7毫米以上。据此可以确定，丁家洼遗址出土的大豆遗存属于栽培大豆。

荞麦是一种十分特殊的谷物品种，与其他大多数谷物属于禾本科不同，荞麦属于蓼科（Polygonaceae）的荞麦属（*Fagopyrum*），因此荞麦籽粒的形态特征十分特殊。在丁家洼遗址浮选结果中发现有一粒炭化荞麦籽粒，略有残破，但基本形状仍然保留，呈金字塔形，棱脊较钝（彩版一一，3）。经测量，这粒残破的炭化荞麦粒的粒高是2.21毫米，粒底宽为2.67毫米。

大麻属于桑科（Moraceae）大麻属（*Cannabis*），籽粒呈扁卵状，具有油性。丁家洼遗址浮选出土了6粒炭化大麻籽，其中5粒较完整（彩版一一，5）。经测量，这些大麻籽的粒长的平均值是3.26毫米，粒宽的为2.32毫米（表二）。

表二　大麻种子测量数据　　（单位：毫米）

	长	宽
1	3.53	2.22
2	3.15	2.17
3	3.09	1.96
4	3.26	2.32
5	3.26	2.92

丁家洼遗址浮选结果中的非农作物植物遗存以禾本科植物种子数量较多，计39粒，占所有出土植物种子总数的8%。通过对形态细部特征观察，这些禾本科植物种子似乎都应该属于黍亚科（Panicoideae）。

浮选出土的豆科种子有19粒，约占所有出土植物种子总数的4%。这些豆科植物种子的个体都很细小，尺寸仅在1毫米左右，尚未鉴定到种属。

锦葵属的12粒种子呈圆扇状，背侧较厚，有明显隆脊，腹侧扁平，中部有一凹陷口，直径约2毫米（彩版一一，6）。

3. 分析与讨论

与其他考古遗址的浮选结果相比较，丁家洼遗址浮选样品中炭化木屑的平均含量明显偏低，仅有0.108克/10升。但这一数据仅是平均值，事实上，不同样品所含炭化木屑的重量存在着明显的差异。例如，在105份浮选样品中有42份样品未浮选出任何炭化植物遗存，所以炭化木屑含量为零（见附表）；然而两份从陶窑窑址采集到的浮选土样其炭化木屑的含量却异常丰富，分别是1.929克/10升（Y1）和1.235克/10升（Y2），显著地高于平均值。

一般而言，在古代被用作燃料的植物是最有可能成为炭化的植物遗存保存在遗址堆积中，陶窑作为一处燃烧环境，从中采取到的浮选样品含有较丰富的炭化木屑，这似乎应该是一个很正常的现象。但问题并没有这样简单，因为很多因素都有可能会影响到窑址浮选结果的内涵，例如燃料的取向。古人如果是利用木柴作为主要燃料烧制陶器，陶窑浮选样品中的炭化木屑含量自然偏高，而古人如果是利用干草或谷物秸秆作为主要燃料，浮选样品中炭化木屑的含量反而会偏低。丁家洼遗址两份采自陶窑的浮选样品的结果所表现是前一种情况，据此分析，丁家洼遗址的这两座春秋时期陶窑在当时所使用的燃料很可能是以木柴为主。

丁家洼遗址浮选出土的炭化植物种子以农作物为大宗（84%），其中包括了三种谷类作物（粟、黍和荞麦），一种豆类作物（大豆），以及一种经济类作物（大麻）。这说明，农耕生产应该是丁家洼先民物质生活资料的主要来源，当时的农业已经开始实施多品种农作物种植制度，这应该是比较符合春秋时期农业经济发展状况的。

在丁家洼遗址出土的农作物中，炭化粟粒的绝对数量远远高于其他谷物品种。但需要指出的是，运用浮选法所获得的植物遗存在绝对数量上是有误差的，这些误差是炭化植物遗存在堆积过程中、埋藏过程中以及被提取过程中存在的各种自然或人为因素造成的，因此，在对考古遗址出土植物遗存进行量化分析时，除了考虑到绝对数量这一因素之外，还应该采用其他计量方法如植物遗存的出土概率做进一步的统计分析。

植物遗存的出土概率是指在遗址中发现某种植物种类的可能性，是根据出土有该植物种类的样品在采集到的样品总数中所占的比例计算得出的，这种统计方法的特点是不考虑每份浮选样品中所出土的各种植物遗存的绝对数量，仅以“有”和“无”二分法作为计量标准，其结果反映的是植物遗存在遗址内的分布范围。考古遗址中所埋藏的植物遗存绝大多数应该属于文化堆积，即人类通过劳动主动地（如谷物）或被动地（如杂草）所获得的，而后又被人类有意识地遗弃或无意识地遗漏在遗址中的植物的遗存。从理论上讲，与人类生活关系越为密切的植物种类被带回居住地的可能性越大、频率越高，因而被遗弃或遗漏在遗址中的几率就越高，散布在遗址中的范围就越广，反映在样品中的出土概率也就越突出，据此，我们就可以根据不同植物遗存的出土概率即其在遗址内的分布范围推断出它们在当时人类生活和生产中的地位。

图一显示的是丁家洼遗址浮选结果中各种农作物的出土概率。不难看出，炭化粟粒的出土概率明显的高于其他农作物品种，再考虑到粟粒在出土数量上所表现出的绝对优势，作为农产品，粟与丁家洼人的日常生活关系应该是最为密切的，换句话说，在当时人们的粮食消费中，粟是占第一位的。由此推断，丁家洼的农业生产虽然实施了多品种农作物种植制度，但却是以种植粟这种小米为主的。

相对粟粒而言，丁家洼遗址出土黍粒的绝对数量要少的多，但出土概率并不低。这说明，黍在当时人们的生活乃至农业生产中还是比较重要的，很可能是被作为当时的主体农作物粟的主要辅助作物种植。大量的考古发现证实，粟和黍的农作物组合是典型的古代中国北方旱作农业的特点，据此，丁家洼遗址的农业生产的特点在整体上应该属于中国北方旱作农业传统。

大豆是当今世界上最为重要的一种豆类作物，国内外学术界普遍认为大豆应该是起源于中国，但以往有关大豆的研究却十分薄弱，其中一个重要原因就是缺乏考古出土的实物证据。此次在丁家洼遗址浮选出土的炭化大豆数量虽少，但却十分重要，因为根据测量结果，丁家洼出土的大豆毫无疑问是属于栽培品种，这就为探讨大豆的起源和发展补充了新的实物资料。

荞麦属于小杂粮，产量低，但生长期非常短，抗逆性很强，因此现今常被作为抗灾补种的农作物品种。国内外学术界一般都认为，荞麦最早是在中国被栽培的，但缺乏系统的研究和令人信服的证据，丁家洼遗址的年代虽然相对较晚，但此次浮选出土的荞麦遗存却是目前所知的较早的考古实物资料之一，这对今后探索荞麦的栽培和发展过程具有重要的学术价值。另外，历史学家曾考证，在我国的先秦文献中见有荞麦的记载，但也有不同意见。丁家洼遗址浮选出土的荞麦遗存证实最迟在春秋时期荞麦已经成为中国古代农业生产中的一个农作物品种。

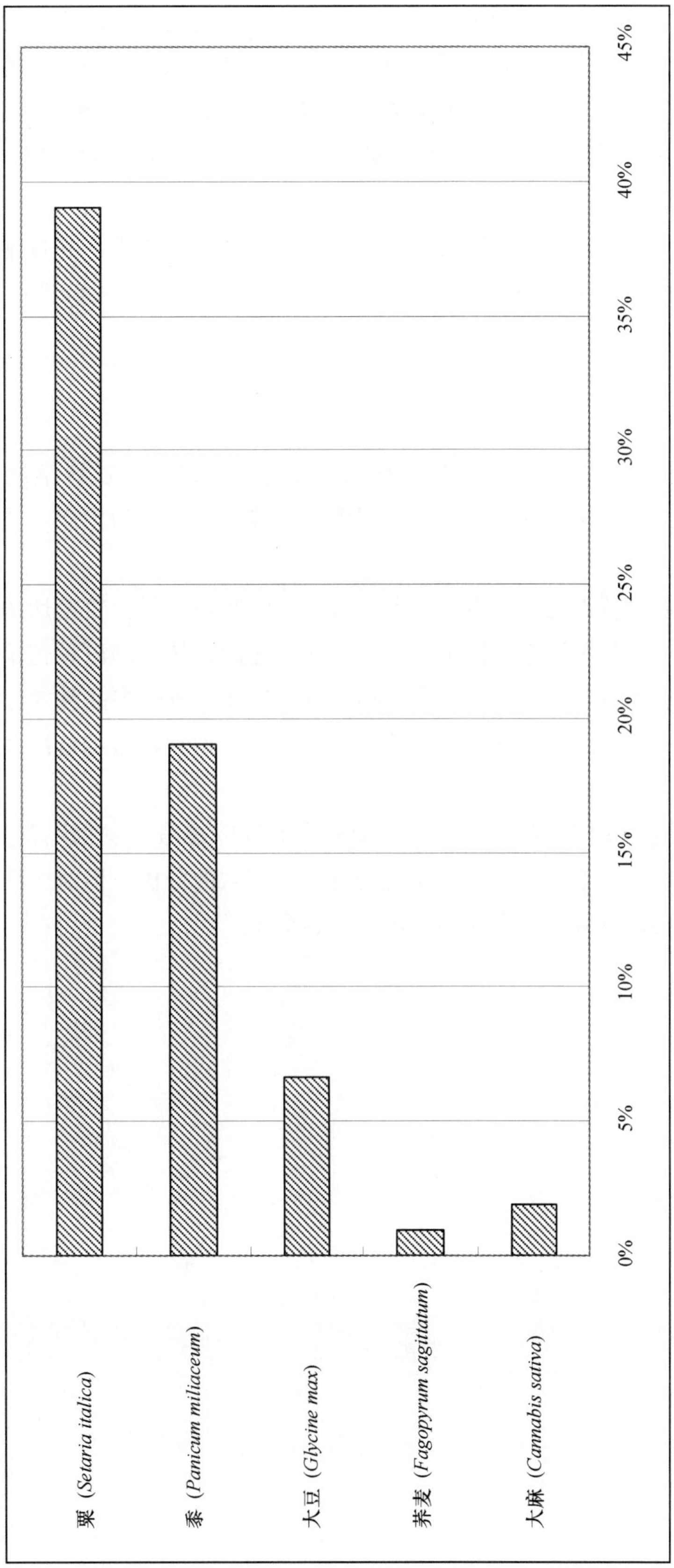

图一　丁家洼遗址农作物的出土概率

大麻的纤维可以纺织制麻布，种子可榨油或供药用，是我国古代极为重要的一种经济类作物。大麻与蚕丝同为我国古代先民衣着服装材料的主要来源，与当时的民生关系十分密切，因此在古代文献中有大量的关于大麻的记载和描述。例如，中国古代文献中常见的所谓“五谷”就有两种解释，一是黍、稷（粟）、稻、麦、菽（豆），二是黍、稷、麦、菽、麻，二者的区别就是稻与麻的替换。而在《吕氏春秋·审时》中则干脆将这六种农作物并列叙述，这六种农作物中只有大麻不是粮食作物。由此可见大麻在中国古代先民的农业生产和日常生活中的地位和价值，丁家洼遗址浮选出土的大麻籽粒从考古学的角度再次证实了大麻在中国古代社会的重要性。

4. 结语

丁家洼遗址是北京地区最早开展浮选工作的一处考古遗址。通过科学地采样和系统地浮选，获取到了比较丰富的炭化植物遗存，为我们探讨古代人类生活和生产方式提供了重要的资料和信息。

根据浮选结果，我们认识到，在春秋时期北京地区已经处在了比较发达的古代农业经济阶段，当时的农业生产特点是承续着古代中国北方旱作农业的传统，即以种植粟和黍这两种小米为主，但同时也种植有大豆、荞麦等其他农作物品种。这种先进的多品种农作物种植制度其意义不仅在于可以提高农业的总体产量，而且还在于能够减少粮食种植的危险系数，是农业发展水平的一个重要标志。

在丁家洼遗址浮选结果中发现了大豆、荞麦和大麻等以往考古发掘不常见的农作物遗存，虽然出土的数量非常有限，不足以据此对相关问题展开深入的分析，但对今后的系统研究提供和积累了考古实物资料，具有十分重要的学术价值和意义。

附表　丁家洼遗址浮选结果一览表

探方	遗迹/层位	土样量L	木炭g	粟	黍	大豆	荞麦	大麻	禾本科	豆科	锦葵属	未知
T1407	H23	3										
T0203	H115	5										
T0203	H119	4	0.002	1								
T0203	H126	5										
T0203	H127	3										
T0204	H116	5	0.001	2								
T0304	H117	4										
T0304	H66	7	0.098									
T0304	H67	9										
T0305	H118	4	0.022	4								
T0404	H68	12	0.403									
T0404	H69	8	0.11	11								
T0405	H57	4	0.011									
T0405	H58	15										
T0503	H86	6										
T0505	H103	18	0.179	12					2			
T0505	H120	5	0.062		1						1	
T0505	H56	6	0.062	2						2	1	
T0505	H90	9	0.028	2								
T0506	H59	3										
T0506	H61	3	0.018	5								2
T0506	H62	6	0.019									
T0604	H70	4	0.081	5		4		5			5	2
T0605	H55	5										
T0607	H64	1.5										
T0704	H111	8	0.233	17	1					6	2	
T0704	H112	9	0.013		1							
T0704	H113	5										
T0704	H71	9										
T0704	H72	8	0.072									
T0704	H73	5										
T0704	H74	4	0.134	4								2
T0709	H123	6	0.493									
T0709	H124	5	0.073	1								
T0802	H108	12	0.019	14	1							
T0804	H107	9	0.003	1								
T0804	H75	5	0.033									

续表

探方	遗迹/层位	土样量 L	木炭 g	粟	黍	大豆	荞麦	大麻	禾本科	豆科	锦葵属	未知
T0804	H76	5	0.005	2	1							
T0806	H104	9	0.397	4	6						1	
T0806	H30	16	1.083	42								
T0807	H121	3										
T0807	H122	7	0.092	1								
T0807	H6	4	0.4									
T0808	H17	3	0.068	50	2							
T0809	H8	4	0.007						36			
T0902	H98	11	0.002	1								
T0903	H83	9	0.009	6								
T0903	H85	9										
T0904	H77	16	0.078	7	2	1		1		2	1	
T0905	H51	12										
T0906	H32	5	0.002	1								
T0908	H16	3										
T1003	H108	11	0.027	10								
T1004	H79	9	0.03	20		1					1	
T1005	H100	10	0.104	2								
T1005	H48	8	0.025	10								
T1005	H50	4	0.011	2	1							
T1006	H65	10										
T1006	H93	8	0.059	10	5	1						
T1007	H29	2										
T1009	H88	4										
T1009	H89	3	0.001	1								
T1010	H4	3										
T1011	H1	6										
T1011	H3	6										
T103	H82	10	0.053	11	1							
T1105	H101	9										
T1105	H47	7	0.137	52	3	3			1	1		
T1107	H27	3										
T1107	H28	2	0.009	6								
T1107	H95	7	0.012	1	3							
T1107	H96	9	0.127									
T1108	H18	2.5										
T1108	H19	2.5										

续表

探方	遗迹/层位	土样量 L	木炭 g	粟	黍	大豆	荞麦	大麻	禾本科	豆科	锦葵属	未知
T1109	H10	2	0.001	1								
T1109	H11	9	0.089	2	3							1
T1109	H12	2										
T1109	H13	5										
T1109	H9	2										
T1110	H7	4	0.055							1		
T1206	H105	8	0.092		1							
T1206	H34	3	0.006		1							
T1206	H91	9	0.016	2	1							
T1206	H92	9	0.006	1	1							
T1209	H15	7	0.062									
T1304	H80	7										
T1305	H44	6										
T1306	H106	8	0.017									
T1306	H35	5										
T1306	H36	3										
T1307	H24	4	0.225									
T1307	H25	4	0.135	1		2						
T1307	H26	8	0.036	21	2							
T1308	H21	0.5										
T1405	H42	4										
T1405	H43	3										
T1406	H37	3	0.045									
T1406	H38	3	0.023									
T1406	H39	7										
T1406	H40	3										
T1407	H22	0.5										
T1506	H41	6										
T1206	G2	15	0.006									
T1	Y1	7	1.35							7		
T2	Y2	35	4.323	4	1	1	1					

前后朱各庄遗址区考古发掘报告

前后朱各庄遗址区位于北京市房山区城关镇丁家洼村东南和羊头岗村（图一）。该遗址区是在进行南水北调工程文物调查时发现的，此次共发掘窑址3座、墓葬4座，除Y3、M3分别位于羊头岗村的村南和村北外，其余遗迹均位于丁家洼村东南（图二）。

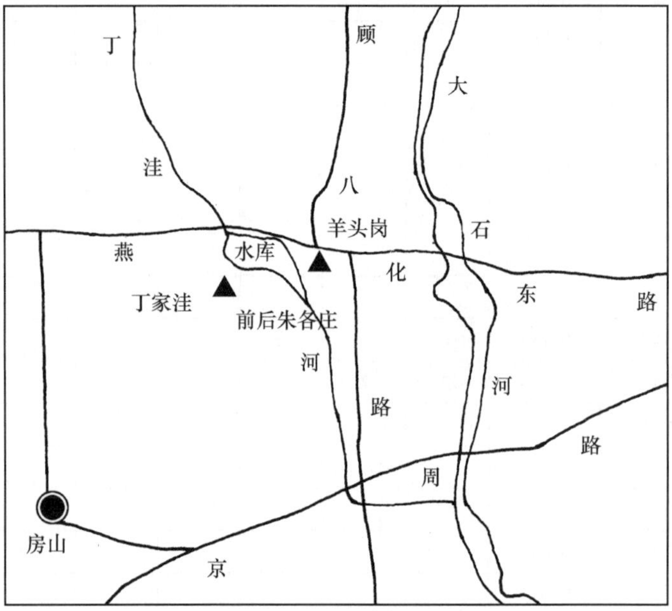

图一 前后朱各庄位置示意图

一、窑 址

窑址3座，时代不同，分布亦较为分散，下面按时代先后顺序分别予以介绍。

1. Y1

位于丁家洼村东南，开口于现代扰土层下，距地表0.85米，方向26°。竖穴升焰式窑，由操作间、火膛、窑室组成（图三；图版四二，1）。

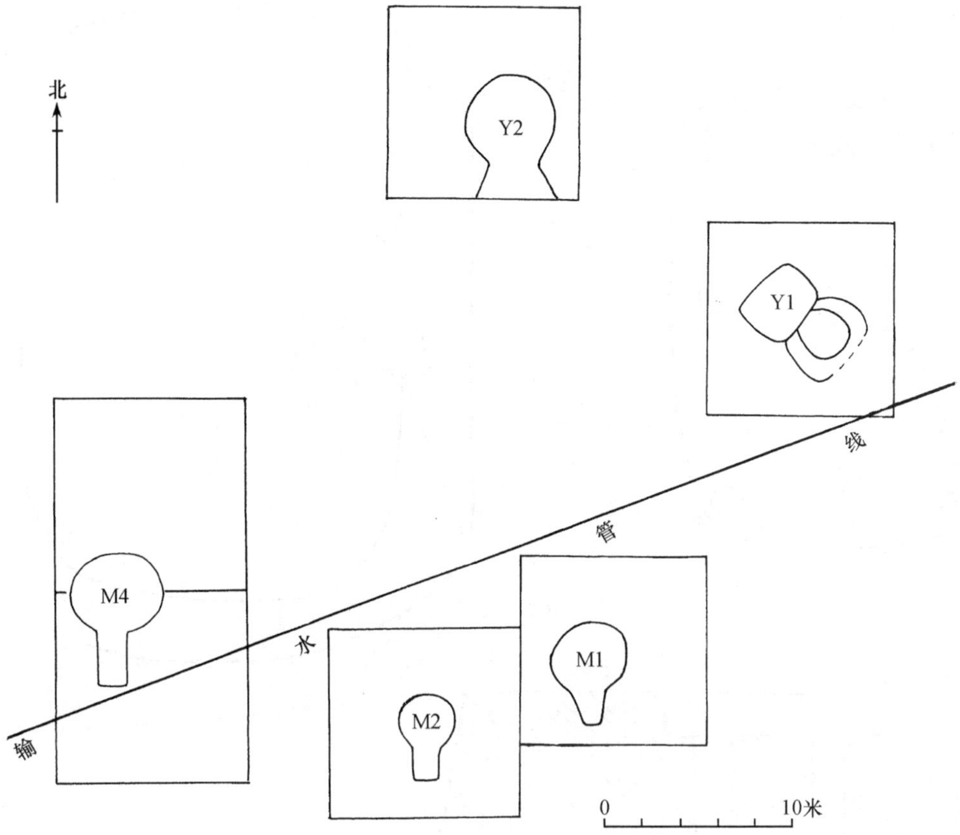

图二　丁家洼村东遗迹分布图

操作间在窑室西北，平面近似方形，平底，口大底小，口部长1.45米，宽1.95米，底部长1.63米，宽1.45米，深1.33米，操作间底部近窑门处清理出两块木炭，大者长0.75、宽0.22米，小者长0.4、宽0.18米，据观察为两根较粗的圆木被烧成炭状。

操作间通过窑门与火膛相连，窑门为弧顶长方形门洞，里侧呈喇叭口状，高0.6米，宽0.57米，进深0.87～1.1米，近火膛处壁面被火烧成红色或青灰色硬面。窑门内即为火膛，火膛平面呈圆角方形，长1.65米，宽1.2米，深0.6米，火膛四壁与火膛顶部窑篦交接处皆为圆弧形，四壁均被火烧成青灰色硬面，火膛内残存有大量的木炭。

火膛的正上方为窑室，二者间由窑篦隔开，窑篦以上的窑室四壁及窑顶等部分已被完全破坏，窑篦表面为青灰色烧结硬面，较平整，厚度为0.68米，窑篦上掏有9个通火孔，连通火膛和窑室，通火孔孔径不尽相同，为0.01～0.14米。从残存的窑篦推测，窑室原状应近似长方形，南北长度约为1.26米，东西宽度约为1.74米，高度不明。

在操作间和窑室内的填土中，发现少量陶片，有夹砂红陶和泥质灰陶，可辨器形有鬲、罐、豆、盆等器类。

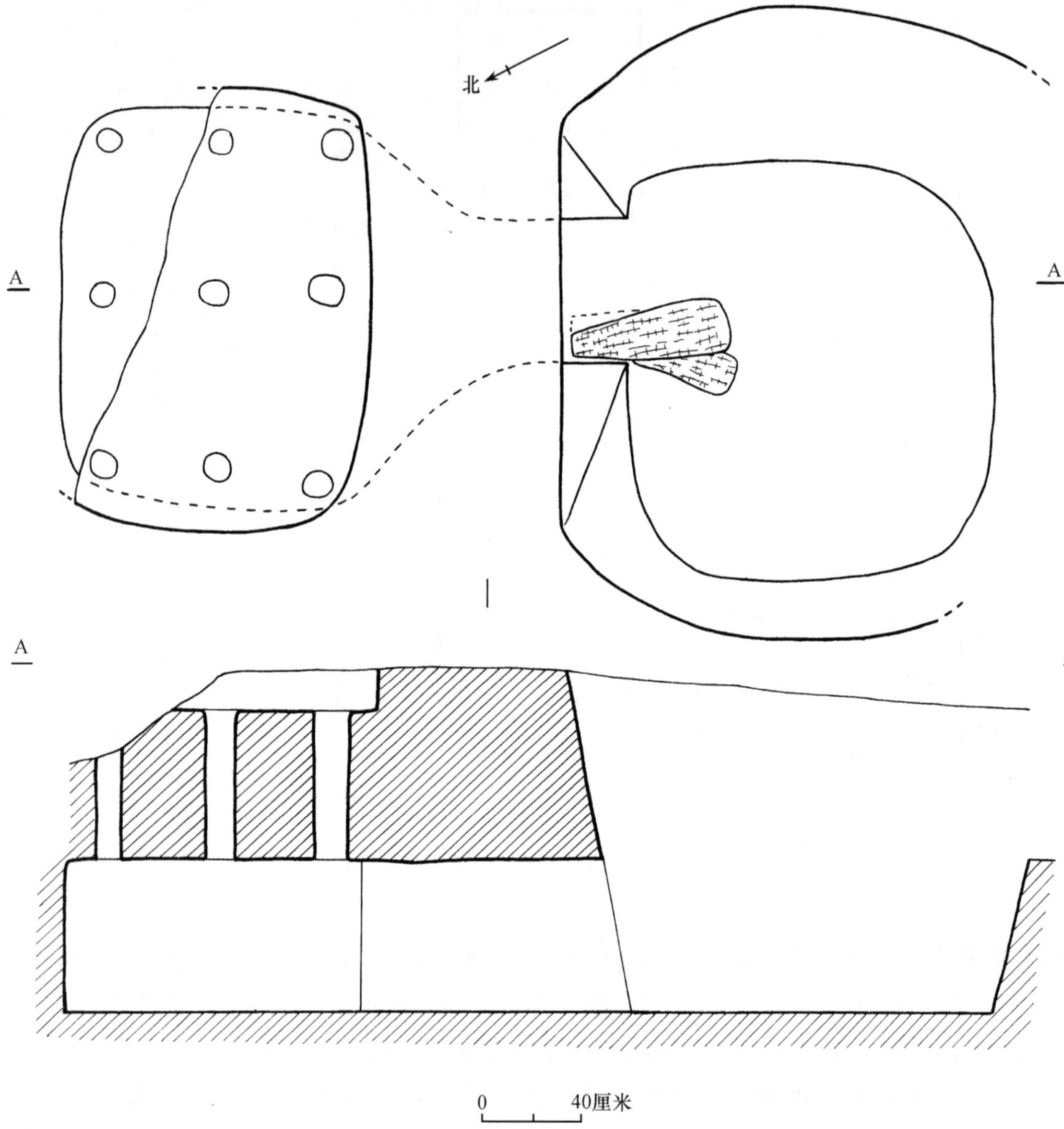

图三　前后朱各庄 Y1 平、剖面图

鬲　Y1∶1，鬲口沿，夹云母红褐陶，方唇，折沿，残存腹片饰细绳纹（图四，1；图版四六，1）。Y1∶2，燕式鬲足，夹云母红褐陶，腹、足相接处略内凹形成空足，外部有一浅突，饰交错绳纹（图四，2；图版四六，2）。

豆　Y1∶3，残豆盘，泥质灰陶，方唇，弧腹略深，素面无纹饰（图四，3；图版四六，3）。Y1∶4，残豆柄，泥质褐陶，残存部分细直，素面无纹饰（图四，4；图版四六，4）。Y1∶5，残豆圈足，泥质灰陶，喇叭形圈足，中部略偏下部有二道凸弦纹（图四，5；图版四六，5）。

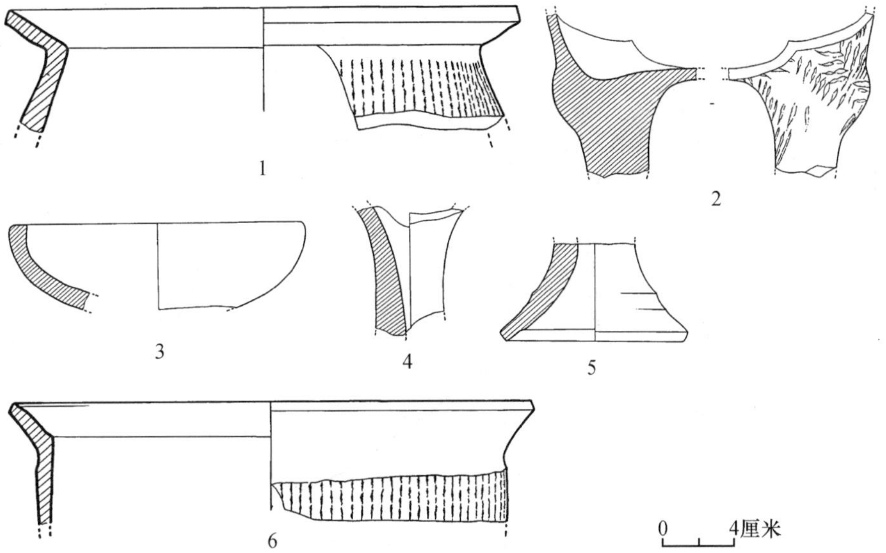

图四 前后朱各庄Y1出土陶器

1. 鬲（Y1:1） 2. 燕式鬲足（Y1:2） 3～5. 豆（Y1:3、Y1:4、Y1:5） 6. 折沿盆（Y1:6）

盆 Y1:6，残折沿盆，夹细砂褐陶，方唇，折沿，沿面近外缘处饰一道凹弦纹，残存腹片近直，外壁饰细绳纹（图四，6；图版四六，6）。

2. Y2

北距Y1约9米，半倒焰马蹄窑形，开口于现代扰土层下，距地表1米，方向165°。由操作间、火膛、窑室、烟室等四部分组成（图五；图版四三，1、2）。

操作间位于窑室南端，平面呈南宽北窄的梯形，口大底小，口部南北长2.25米，东西宽2.5～5米，深1.65米。

窑门近似圆形，高1.15米，宽1.1米，进深0.5米。窑门上部为弧顶，下部残存烧制火候较低的封门砖坯，单行砖坯错缝铺砌，残高0.15米。

窑室位于操作间北端，经窑门与操作间相通，顶部坍塌，结构不详。窑室平面呈半圆形，前部（即南部）近半圆形，后壁为直壁，东西宽3.8、南北长3、残高1.2米。窑室壁面均被火烧呈青灰色硬面，厚4～7厘米。窑壁外有一周红烧土，厚10～25厘米。窑壁上发现有二次加工的痕迹，事先是在原生土壁面上抹一层厚1～2厘米的细泥，且抹制较光，现窑壁上有的部位二次涂抹的泥层已经剥落。窑室后壁两侧为生土墙，中间用砖垒砌而成，砖壁已倒塌，后壁长3.2米，残高1米，底部有一排9个排烟孔，通烟室。火膛处于窑室前部窑门北侧，前部呈半圆形，后壁为窑床前壁。火膛东西长3.2米，南北最大宽度1米，底部低于窑床1.5米，低于窑门底部0.95米，四壁均被烧成青灰色硬面，底部残存大量草木灰、炭等堆积物，厚约0.55米。窑床平面略呈长方形，东西长3.8米，南北宽2米，表面较为平整，皆已烧成青灰色

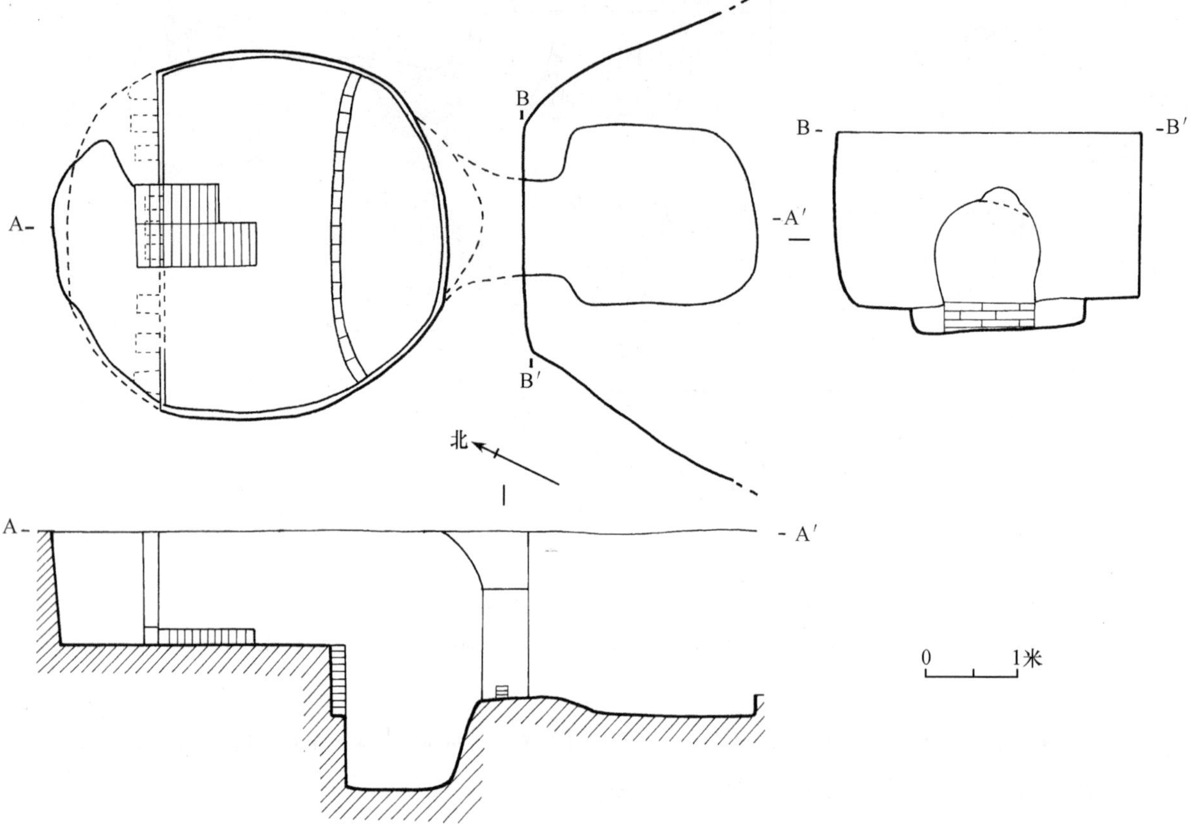

图五　前后朱各庄 Y2 平、剖面图

硬面，窑床前壁上部用长方形砖单行错缝砌筑，下半部未用砖砌，为青灰色烧结硬面，砖壁共为 12 层，每层 9 块砖，高 0. 8 米。

烟室紧挨窑室后壁，顶部已残，仅残存东侧少半部分。平面呈半圆形，从底部向上逐渐收缩，推测其上方还有筒形烟囱。烟室东西长 3. 2、南北宽 0. 75、中间高 1 米，东西两端高 0. 35 米。烟室壁面皆已烧成青灰色硬面，烧结面厚度约 1 厘米。烟道与窑室中间隔一道生土墙，墙宽 0. 3、高 0. 8 ~1. 25 米。为掏挖烟道在生土墙中间开有一门，门宽 0. 8 米。待烟道掏挖成后，在用长方形砖封堵，并且，底部留有 3 个出烟口。窑室北壁即烟道与窑室中间的隔墙底部，现残存 8 个出烟口（原为 9 个，其中 1 个残缺），中间砖墙底部分布 3 个，砖墙东侧的生土墙下分布 3 个，砖墙西侧分布 2 个，而 9 个出烟口分布均匀，主要调剂窑室内的温度及火焰的均衡。出烟口大小不同，高 0. 2 ~0. 35、宽 0. 15 ~0. 25、进深 0. 2 ~0. 3 米。窑室内的烟火通过 9 个出烟口汇聚到后边的烟道内，在由烟道上的烟囱排出（因烟道坍塌，烟囱结构不明）。

在窑室和火膛的填土内发现 2 枚陶质钱模，钱文为“咸平元宝”。另有素胎瓷碗残片、瓷片、石臼等遗物。在火膛内侧上方的壁龛内，出土 1 件完整白瓷碗。据出土的“咸平元宝”陶质钱模，可以确认该窑的年代为辽金时期。

白瓷碗　Y2∶1，白瓷碗，通高6.3、口径19.4、底径6.8厘米。侈口，圆唇，斜腹，矮圈足，腹部见多道轮制拉坯痕迹。胎灰色较粗糙，胎上施白色化妆土，外壁下腹部及圈足露胎，釉色白而略显黄色，釉面较粗糙，内壁满釉，外壁施釉至口沿下，下腹部及圈足不施釉，腹部有流釉现象（图六，1；图版四七，1）。Y2∶3，残，可复原，通高5.4、口径16.6、底径7厘米，圆唇，斜腹略浅，矮圈足，胎色略黄，胎质较粗，釉层较薄，釉色白而略显黄色，釉面略粗糙，内外壁满釉（图六，2；图版四七，2）。Y2∶4，残碗圈足，不可复原，胎质粗糙，釉色白里透青，釉面较粗糙，碗内底残存2个支钉痕迹，较大（图版四七，3）。

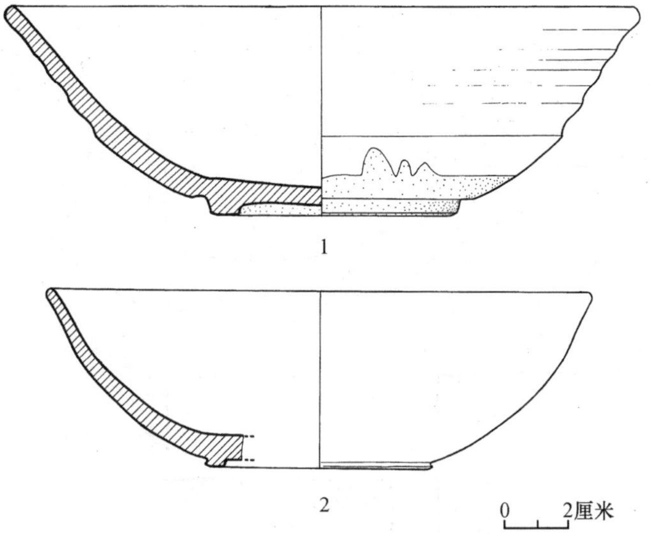

图六　前后朱各庄Y2出土白瓷碗

1. 白瓷碗（Y2∶1）　2. 白瓷碗（Y2∶3）

钱模　Y2∶2，“咸平元宝”钱模，非正圆，略变形，直径2.2～2.4、厚0.5～0.6厘米，两面均刻“咸平元宝”，均反刻于模面，阴文，环读，两面文字中的“平”、“宝”两字位置是相同的，而背面与正面“咸”字相对应的位置是“平”，背面与正面“平”字相对应的位置则是“咸”字，钱模中心部位有一圆穿，穿径0.5厘米，穿外有方郭，郭边长0.75厘米，钱模边缘减地做出外郭，宽约0.3厘米，正反两面做法相同（图版四七，4）。Y2∶5，直径约2.2，厚0.2～0.3厘米，一面隐约可见文字痕迹，已模糊不可辨识，另一面素面，中心部位有一圆穿，穿径约0.6厘米，无内、外郭（图版四七，5）。

3. Y3

位于羊头岗村南，开口于现代扰土层下，距地表0.5米，方向95°。由操作间、火膛、窑室等部分组成。该窑结构为横穴式，操作间在火膛的南端，平面略呈长方形，剖面为斜坡状，南北长3.1米，东西宽1.4～1.7米。操作间底部与火膛之间，有一个长方形斜坡状进风口，南北长1.2米，东西宽0.34米，深0.1～0.2米。进风口上方即是窑门，中间隔以平铺的青砖两层。窑门在窑室的南端，顶部已残。残高 0.83 米，宽 0.36～0.6 米，进深 0.32 米。窑室南连窑门，北接烟室，顶部已残。平面为半圆形，南北长 3 米，东西宽 1.6～1.85 米，残高 0.84 米。前端为火膛，后端为台式窑床。火膛为半圆形凹坑，东西最大长度 3.2 米，南北最大宽度 1 米，低于窑床 1 米。窑床建于生土面上，平面为长方形，南北长 2.5 米，东西宽 1.6～1.85 米。窑室后壁用砖垒砌而成，砌法为单行平铺错缝，共 13 层。火膛及窑室的四壁均被烧成青灰色硬面。因窑室顶部坍塌，烟囱的位置和结构不明。根据窑室后壁的勾纹砖，可将该窑的年代定为辽金时期（图七；图版四二，2）。

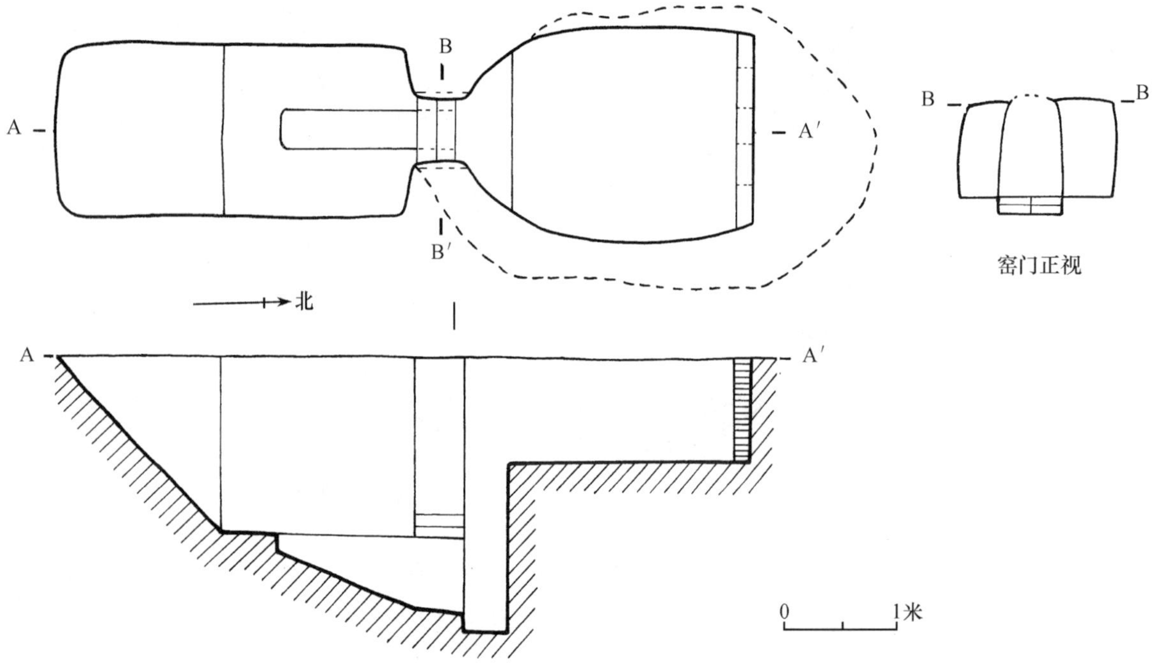

图七　前后朱各庄 Y3 平、剖面图

二、墓　葬

在丁家洼村东南经钻探发现墓葬 3 座，编号为 M1、M2、M4，本次工作仅发掘了 M1、M2，M4 因征地问题未进行发掘；羊头岗村北发现墓葬 1 座，编号为 M3。经发掘的 M1～M3 均为带一条墓道的单室砖室墓，墓室均遭到较为严重的破坏。

M1、M2、M4 均开口于现代扰土层下，分布在东西长约 32 米、南北宽约 12 米的范围内，3 座墓均南向，由东向西依次排列，其中 M2 位于靠中间的位置，M1 位于 M2 东北方向约 5 米处（以两墓室相邻墓壁间垂直距离计，下同），M4 位于 M2 西北方向 12.6 米处，M1、M4 间的距离约为 20.6 米；以墓室的后壁计，3 座墓由南向北依次为 M2、M1、M4。据本次钻探结果，在 3 座墓附近范围内未发现其他唐代墓葬。对 3 座墓的情况分别介绍如下。

1. M1

该墓为单室圆形砖室墓，开口于现代扰土层下，墓口距地表0.8米，墓向175°。由墓道、甬道、砖室三部分组成，砖室顶部已坍塌。墓道在墓室南侧，呈梯形竖井式。长1.65米，南端宽0.9米，北端宽1.5米，深0.85米。甬道东西宽1.5、残高1.2米，进深0.5米。券形顶，中部坍塌，两侧用单行砖错逢平铺垒砌而成。墓室在甬道北面，平面呈圆形，墓室顶部已完全坍塌。墓室东西长2.5米，南北宽2.3米，高0.85~1.25米。东西两壁中部，各有一个用砖砌成的仿木结构的窗棂。棺床平面呈“凹”字形，骨架及随葬器物均在棺床上。该墓为夫妻合葬墓，男性年龄35~40岁，女性30岁左右。骨架凌乱且腐朽严重（图八；图版四四）。

该墓出土随葬品12件，包括白瓷碗、酱釉碗、陶碗、红陶小罐、红陶双系罐、陶盘各1件，灰陶罐3件，铜带扣1件，铜钱2枚。兹详述于下。

白瓷碗　M1∶2，侈口，圆唇，斜腹，平底实圈足。内壁满施白釉，釉色略显黄，釉面较粗糙；外壁满施酱色釉，底不施釉，显露褐色胎，胎质较粗糙。通高8.2、口径22、底径9.2厘米（图九，1；彩版一二，1；图版四八，1）。

酱釉碗　M1∶9，敛口，斜腹，底、内壁施酱釉，外壁不施釉，通高3.7、口径10、底径3.5厘米（图九，2；彩版一二，2；图版四八，3）。

陶碗　M1∶3，泥质黑皮陶，侈口，圆唇，斜弧腹，矮圈足，圈足外墙竖直，内墙略外撇。通高7.1、口径20、圈足直径9.4厘米（图九，3；图版四八，2）。

陶罐　M1∶4，红陶，夹砂红陶，叠唇，斜直领，束颈，腹部瘦长微鼓，平底。通高20、口径12.3、最大腹径15.9、底径8厘米（图九，4；图版四八，5）。M1∶5，灰陶罐，夹砂灰陶，侈口，圆唇，束颈，鼓腹，平底，腹部多见到轮制痕迹。通高18.6、口径12.2、最大腹径18、底径9.2厘米（图九，5；图版四九，1）。M1∶7，灰陶罐，夹砂灰陶，侈口，叠唇，微束颈，腹瘦长，微鼓，平底，腹部见多道轮制痕迹。通高18.8、口径15~16.1、最大腹径16.75、底径9.4~9.9厘米（图九，6；图版四九，2）。M1∶11，灰陶罐，夹砂灰陶，侈口，圆唇，微束颈，圆肩，鼓腹，平底。通高22.3、口径14.4、最大腹径24、底径12.2厘米（图九，7；图版四九，3）。

双系罐　M1∶8，夹砂红陶，侈口，圆唇，束颈，圆肩，肩部有左右对称双系，鼓腹，平底。通高18.3~18.8、口径11、最大腹径20.8、底径10.6厘米（图九，8；图版四九，4）。

陶盘　M1∶6，泥质黑皮陶，从残损处看，胎褐色，平沿，弧腹，平底。通高3.2、口径22.9、底径12.6厘米（图九，9；彩版四九，3；图版四八，4）。

铜带扣　M1∶10，近长方形，一边直，余三边弧边。长2.7、宽1.8厘米（图九，10）。

铜钱　M1∶1，“开元通宝”，直径2.5、穿径0.7厘米，钱文深峻，铸工较精，背内郭上有月纹（图九，11）。M1∶12，“乾元通宝”，直径2.3、穿径0.7厘米，背内郭下有月纹（图九，12）。

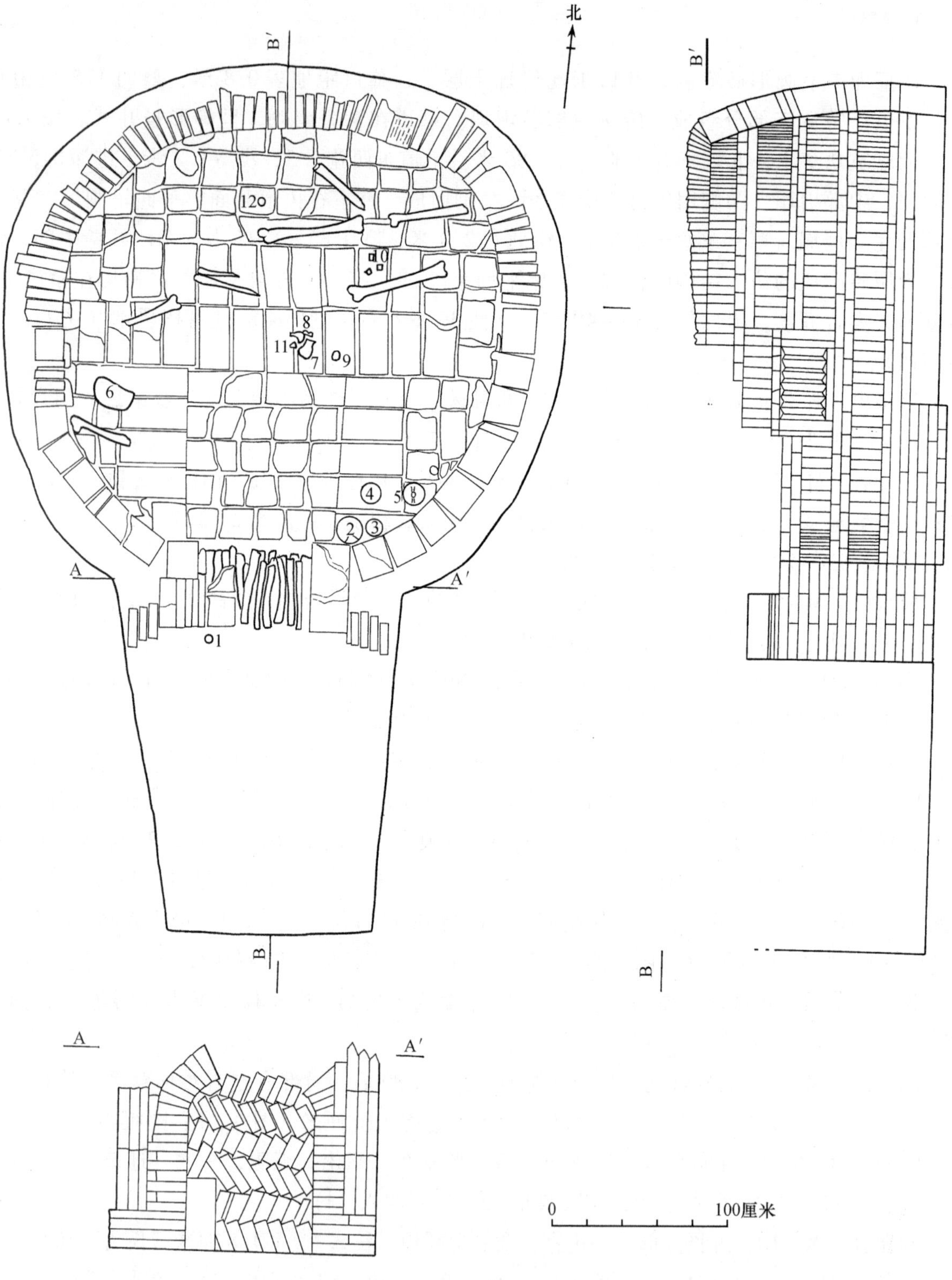

图八　前后朱各庄 M1 平、剖面图

1、12. 铜钱　2. 白瓷碗　3. 陶碗　4. 小陶罐　5、7、8、11. 陶罐　6. 陶盘　9. 釉陶碗　10. 铜带扣

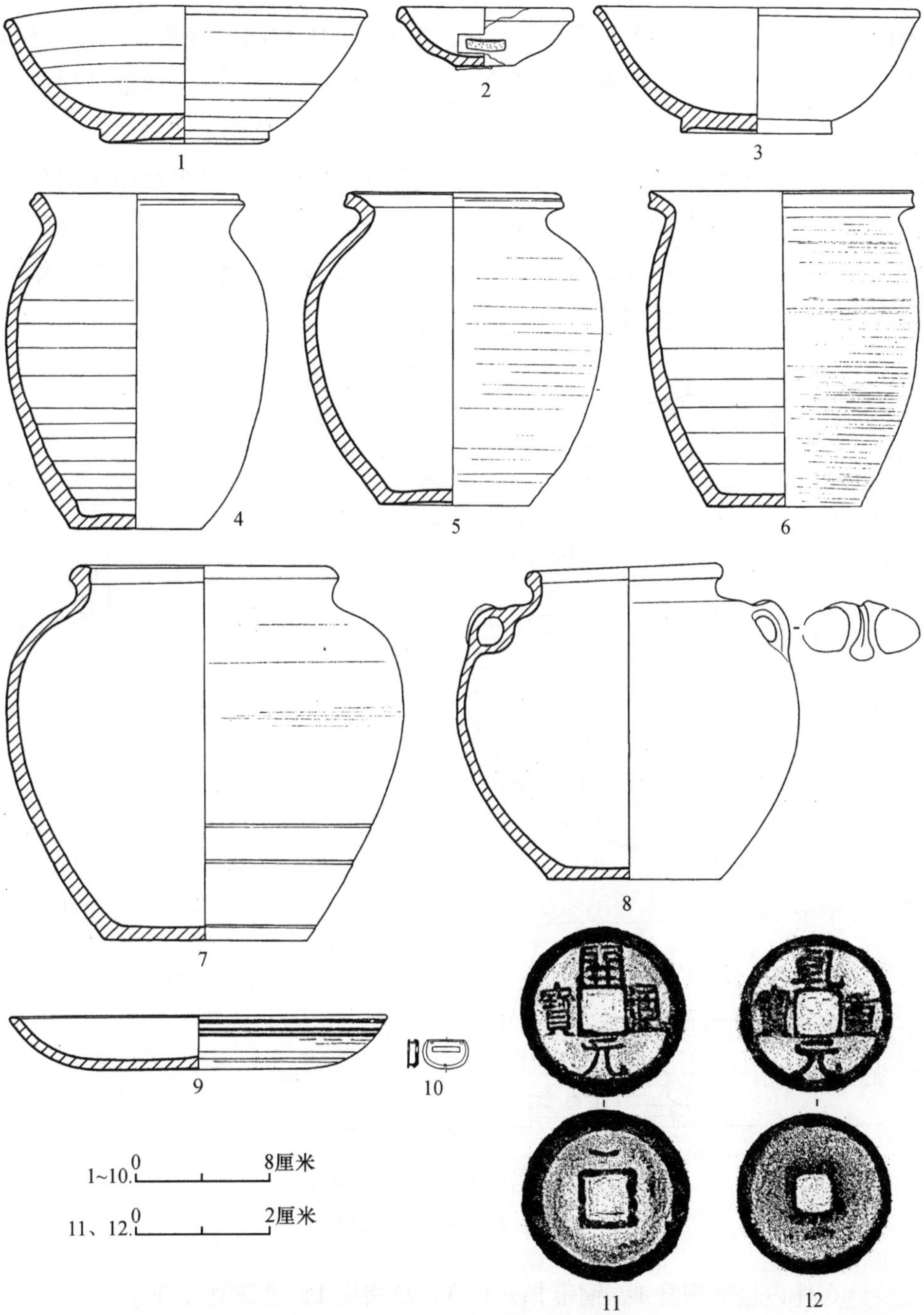

图九　前后朱各庄 M1 出土器物

1. 白瓷碗（M1:2）　2. 酱釉碗（M1:9）　3. 陶碗（M1:3）　4～7. 陶罐（M1:4、M1:5、M1:7、M1:11）　8. 双系罐（M1:8）　9. 陶盘（M1:6）　10. 铜带扣（M1:10）　11、12. 铜钱（M1:1、M1:12）

2. M2

位于M1西侧约5米处，为单室圆形砖室墓，形制和M1相同。该墓开口于现代扰土层下，墓口距地表0.7米，墓向175°。由墓道、甬道、砖室三部分组成，砖室顶部已坍塌，墓室上部残损严重。梯形竖井墓道，东西宽0.98米，南北长1.2米，深0.4米。甬道在墓室南端，顶部已残，东西宽0.7～1.05米，进深0.6米，残高0.57～0.98米。砖室平面略呈圆角方形，顶部坍塌，仅残存墓壁。东西长2.45米，南北宽2.2～2.3米，高0.6米。棺床呈“L”形，其东南角与甬道底部齐平。该墓为夫妻合葬墓，女性年龄40～50岁，男性50岁左右。葬式均为仰身直肢，头西脚东（图一〇；图版四五，1）。

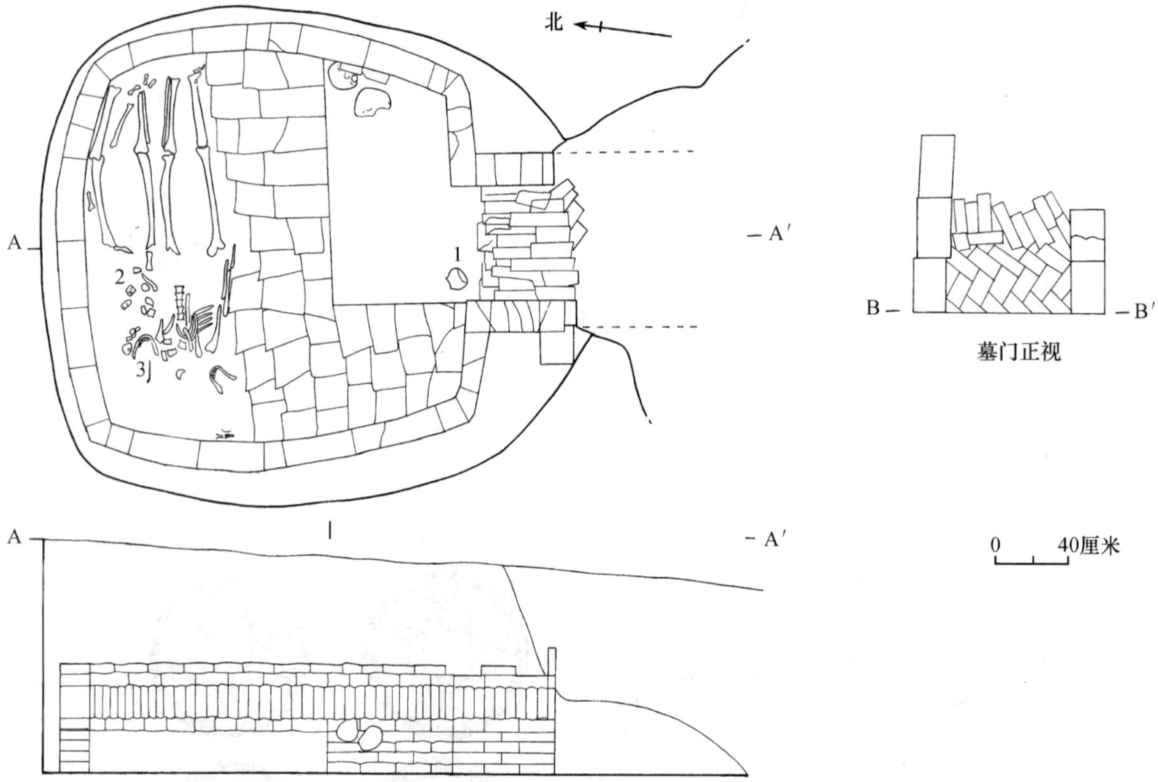

图一〇　前后朱各庄M2平、剖面图

1. 陶罐　2. 铜带扣　3. 铜簪

随葬品共计5件，包括铜簪1、铜带扣残件3、灰陶罐1，兹详述于下。

灰陶罐　M2∶1，泥质灰陶，束颈，圆肩，鼓腹，平底，腹部见多道轮制痕迹。通高11.3～11.9、口径10.3、最大腹径15.5、底径8.5厘米（图一一，1；图版四九，5）。

铜带扣　M2∶2，一组，残存三段，一为圆角方形，长2.9、宽2.6、厚0.1厘米；一为梯形，长1.9、一端宽1.2、另一端宽2.6、厚0.3厘米；一为方形，长2.7、宽2.8、厚0.3厘米（图一一，2～4）。

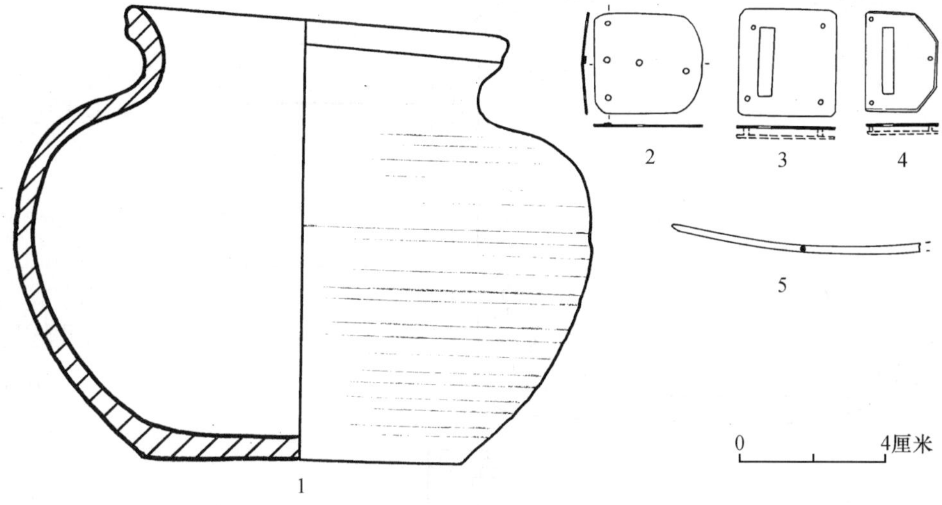

图一一　前后朱各庄 M2 出土器物

1. 陶罐（M2∶1）　2～4. 铜带扣（M2∶2）　5. 铜簪（M2∶3）

铜簪　M2∶3，残长 6.8、直径 0.15 厘米（图一一，5）。

3. M3

位于羊头岗村北，墓为单室圆形砖室墓，开口于现代扰土层下，墓口距地表 2.35 米，墓向 185°。由墓道、甬道、砖室组成，其规模稍大。墓道在墓室南端，长 2 米，宽 2.15 米，呈南高北低的斜坡状。墓室略呈圆角方形，顶部坍塌。东西宽 3.8 米，南北长 5 米，残高 2.3～2.54 米。墓室内无铺地砖和棺床，墓壁用砖垒砌而成，砌法为平砖错缝。该墓为夫妻合葬墓，骨架凌乱且腐朽严重，其葬式不明。男性年龄 40～50 岁，女性年龄不详（图一二；图版四五，2、3）。

出土随葬品 13 件，包括铜镜 1 面，铜簪 1 件，酱釉瓷器 2 件，灰陶罐 6 件、灰陶瓶 1 件，铁炉 1 件、铜带扣 1 件，兹详述于下。

酱釉细颈瓶　M3∶10，口形如钵，细颈，腹瘦长微鼓，圆饼状实足。胎质较粗，色黄白，外壁施半釉至下腹处不及底，内壁施釉。通高 16.7、口径 3.35、最大腹径 9.9、底径 5.6 厘米（图一三，1）。

酱釉双系罐　M3∶3，通高 22、口径 7.7、最大腹径 20.5、底径 10 厘米。侈口，圆唇，束颈，圆肩，鼓腹，假圈足，平底，肩部原有左右对称双系，现已残（图一三，2；彩版四九，4；图版四九，6）。

灰陶瓶　M3∶2，夹砂灰陶，侈口，长颈，圆鼓腹，平底，腹壁见多道轮制痕迹。通高 24.7、口径 7、最大腹径 16.8、底径 9.1 厘米（图一三，3；彩版一二，5；图版五〇，1）。

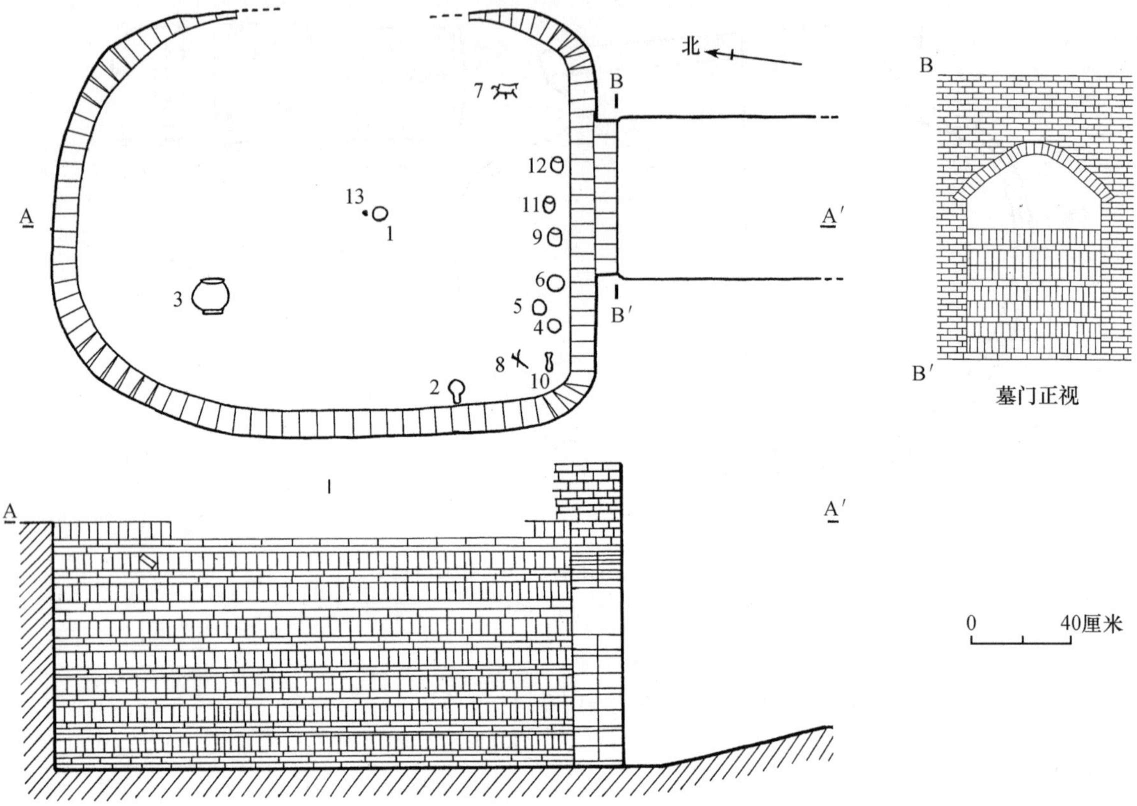

图一二　前后朱各庄 M3 平、剖面图

1. 铜镜　2. 灰陶瓶　3. 酱釉双系罐　4～6、9、11、12. 陶罐　7. 铁炉　8. 铜簪　10. 酱釉细颈瓶　13. 铜带扣

陶罐　M3∶4，灰陶罐，夹砂灰陶，侈口，圆唇，束颈，圆肩，鼓腹，平底。腹壁见轮制痕迹。通高 13.4、口径 8、最大腹径 14.4、底径 6.65～6.9 厘米（图一三，4；图版五〇，2）。M3∶5，灰陶罐，夹砂灰陶，近直口，微束颈，圆肩，斜腹，平底。通高 14.9、口径 8.5、最大腹径 16.5、底径 8.9 厘米（图一三，5；图版五〇，3）。M3∶6，灰陶罐，夹砂灰陶，近直口，微束颈，圆肩，鼓腹，下腹斜收，平底。通高 14.5、口径 7.6、最大腹径 15.7、底径 8.8 厘米（图一三，6；图版五〇，4）。M3∶9，灰陶罐，近直口，微束颈，鼓腹，平底，腹壁见多道轮制痕迹。通高 12.6、口径 7.2、最大腹径 13.6、底径 6.6 厘米（图一三，7）。M3∶11，灰陶罐，夹砂灰陶，近直口，圆唇，微束颈，圆肩，鼓腹，平底。腹部见多道轮制痕迹。通高 13.8～14.1，口径 8.3、最大腹径 14.6、底径 7.1 厘米（图一三，8；彩版一二，6；图版五〇，5）。M3∶12，灰陶罐，夹砂灰陶，微束颈，肩圆折，上腹壁近直，下腹壁斜收，平底，腹壁见轮制痕迹。通高 14.1、口径 7.1、最大腹径 15.3、底径 8.2～8.4 厘米（图一三，9；图版五〇，6）。

铜带扣　M3∶13，近长方形，一端弧边，长 3.5、宽 2.8、厚 0.5、中空 0.3 厘米（图一三，10）。

铜簪　M3∶8，残长 10.8 厘米，尾端尖锐，直径均约为 0.3 厘米（图一三，11）

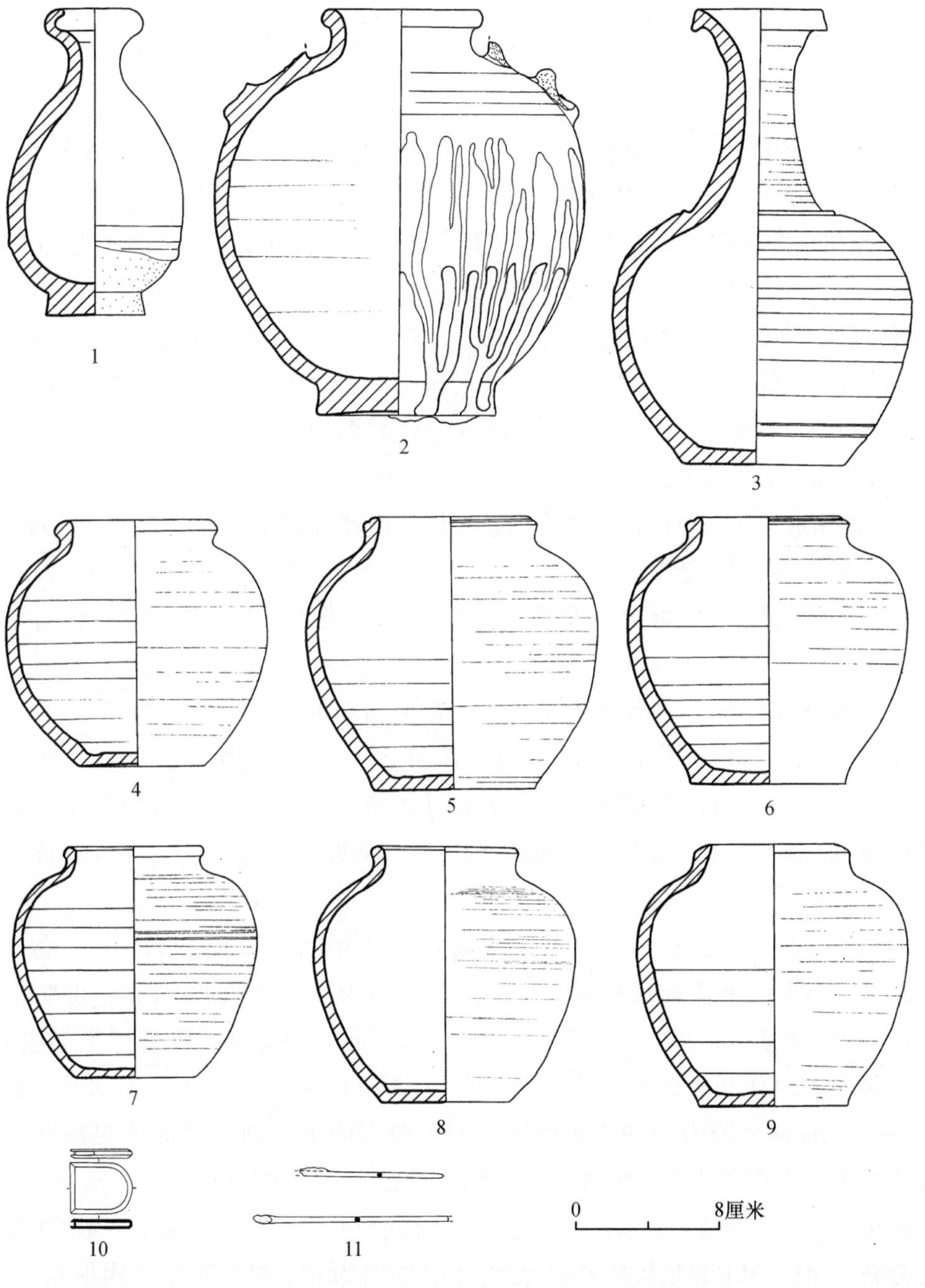

图一三　前后朱各庄 M3 出土器物

1. 酱釉细颈瓶（M3:10）　2. 酱釉双系罐（M3:3）　3. 灰陶瓶（M3:2）　4～9. 陶罐（M3:4、M3:5、M3:6、M3:9、M3:11、M3:12）　10. 铜带扣（M3:13）　11. 铜簪（M3:8）

铜镜　M3∶1，直径10、厚约1.3厘米，锈蚀严重，纹饰不清。

铁炉　M3∶7，锈蚀严重，依稀可辨器形。

三、结　　语

（1）丁家洼村东南Y1中出土鬲、盆、豆、罐等器物形制与丁家洼遗址区所出同类器物形制近似，年代约当春秋中晚期。1960年7～8月，北京市文物工作队曾在丁家洼村东南清理了6座陶窑址[①]，据房山区文管所的工作人员介绍其位置就在此次发掘区的东部不足百米处，其中5座仅存底部，1座保存较完整，据发掘简报的叙述以及提供的照片看，后者的结构与本次发掘的Y1的结构几近相同。原简报定其年代“或至殷周”，今从丁家洼西南遗址的发掘收获看，此处窑址的年代可以大致定在春秋时期。在不大的范围内清理出7座时代近似的窑，足见当时丁家洼村东南是一处具有相当规模的窑址，联系丁家洼村西南遗址区的发现，可以判断春秋时期丁家洼遗址及其周围必然存在一个较大的聚落，Y1填土内出土陶器残片皆系鬲、豆、盆、罐等，与丁家洼西南遗址区灰坑内出土器类大致相同，由此推测丁家洼村东南的窑址即为烧制当时聚落内人群生活用陶器所造。

（2）丁家洼村东南Y2，填土内发现“咸平元宝”钱模，“咸平元宝”铸行于北宋真宗咸平年间（998～1003年），Y2的年代可大致定于这一时期。在Y2火膛内侧发现的小龛和白瓷碗，应和祭窑有关。这类遗迹和遗物，在燕山南麓地区尚属首次发现。“咸平元宝”铭陶质钱模的发现，为研究辽国货币提供了新资料。通常认为，辽国使用自己的年号制钱，同时也大量使用前朝货币和宋币。对于在辽国流通的宋币，多认为是从宋输入的。而在辽国境内新发现的“咸平元宝”铭陶质钱模，则表明这些宋币，其中有一部分可能是辽国盗铸的。

（3）M1出土的“乾元重宝”，铸行于唐肃宗乾元年间（758～759年），故M1年代不早于此时；M1、M3出土酱釉双系罐、红陶双系罐以及灰陶罐等与河北省邯郸市鸡泽县武周如意元年（692年）郭行墓、万岁登封元年（696年）郭进墓[②]所见同类器物形制近似，墓葬结构与该墓地时代相近的6座砖室墓近似；M3所出酱釉细颈瓶与河北沧县前营村M2、M3[③]所出白釉、黄绿釉蒜头细颈瓷瓶形制近似，根据同出的圆饼形底实足深腹碗、瑞禽葡萄镜等器物判断，前营村M2、M3的年代不晚于唐中期；M1所出“开元通宝”，轮廓深峻，面文精美，“元”字第二笔左挑，亦符合唐代早中期“开元通宝”钱的形制特征[④]。根据以上分析，M1、M3的年代定在公元8世纪中期为宜，M2墓葬结构形制与M1近似，

① 北京市文物工作队：《北京房山县考古调查简报》，《考古》1963年3期。

② 邯郸市文物保护研究所：《河北鸡泽县唐代墓葬发掘简报》，《文物春秋》2004年6期。

③ 沧州市文物保护管理所、沧县文化馆：《河北沧县前营村唐墓》，《考古》1991年5期。

④ 朱活：《古钱小辞典》，文物出版社，1995年。

年代亦当与此相差不远。本次发现的3座唐墓，为研究唐代燕山南麓地区的葬制葬俗提供了新资料。

领队：张治强
参加发掘人员：张治强、李永强、胡传耸、马绍山
执笔：张治强、朱志刚、胡传耸、李永强
人骨鉴定：张全超
整理绘图：赵博安、程浩、杨科明
摄影：韩宜林

附表　前后朱各庄遗址区墓葬出土人骨鉴定

墓葬编号	年龄	性别	位置	备　注
M1	35～40岁	男		
M1	30岁左右	女		
M2	50岁左右	男	墓室中部	颌骨右侧磨损，曾有病变
M2	40～50岁	女	墓室西部	
M3	40～45岁	男	墓室西南部	
M3	成年，年龄不详	女	墓室南部	

1. 岩上墓葬区全景

2. M28

3. M33

岩上墓葬区全景、M28、M33

1. 铜印章（M14：1）

2. 铜戒指（M28：3）

3. 铜带钩（M19：1）

4. 铁削刀（M40：14）

5. 琉璃耳珰(M48：15)

6. 铁铺首（M1：2-1）

7. 铁铺首（M2：3）

岩上墓葬区出土器物

1. 铜戒指（M3：1）

2. 铜戒指（M3：2）

3. 银戒指（M5：3）

4. 铜簪（左：M8：5，右：M8：6）

5. 铜簪（M5：10）

6. 铜簪（M5：5）

7. 铜烟袋（M8：9）

8. 银手镯（M9：1）

岩上墓葬区出土器物

1. 西周各庄 Y1

2. 六间房墓葬区出土青花粉彩瓶（M6：1）

西周各庄Y1和六间房墓葬区出土器物

1. 西周各庄窑址出土瓷碗（Y1：2）

2. 西周各庄窑址出土瓷碗（Y1：3）

3. 新街墓葬区出土瓷罐（M5：2）

4. 新街墓葬区出土瓷瓶（M8：2）

5. 新街墓葬区出土瓷罐（M3：2）

6. 新街墓葬区出土瓷罐（M3：5）

西周各庄窑址、新街墓葬区出土器物

1. 瓷碗（M10：1）

2. 银簪（M5：4）

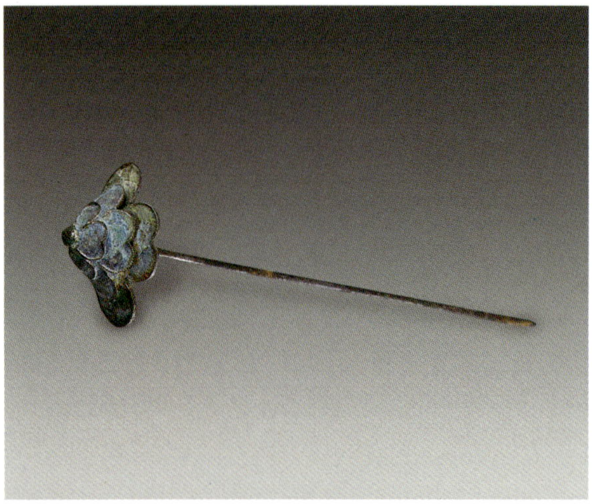

3. 铜簪（M5：3a）

4. 铜簪（M5：3b）

5. 铜簪（M5：3c）

6. 铜簪（M10：3）

六间房遗址出土器物

1. 六间房墓葬区出土铜耳坠（M5：6）

2. 六间房墓葬区出土铜钉（M7：2）

3. 六间房墓葬区出土铜镯（M10：4）

4. 六间房墓葬区出土铜顶戴（M1：1）

5. 天开遗址出土铜钗（M1：2）

6. 新街墓葬区出土银镯（M7：2）

六间房墓葬区、天开遗址、新街墓葬区出土器物

1. 石砚（M8：3）

2. 铜镜（M8：4）

3. 铜簪（M9：4a）

4. 铜簪（M9：4b）

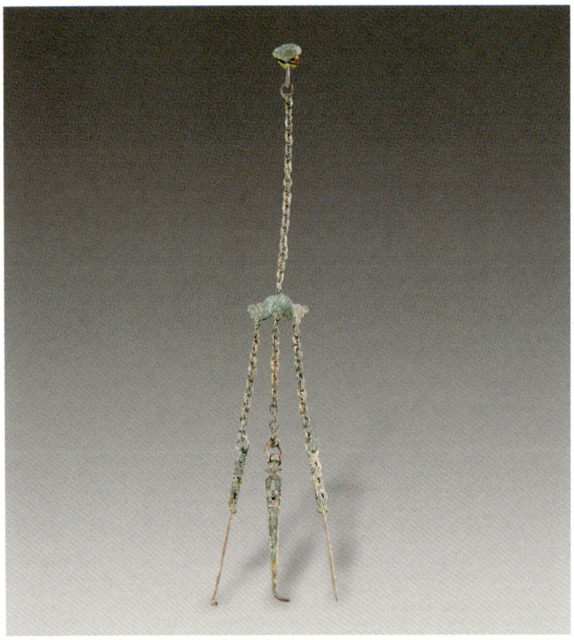

5. 铜三事（M6：3）

6. 银环（M7：1）

新街墓葬区出土器物

丁家洼遗址航拍全景

1. 玉管（H113：3）

2. 青铜饰件（H89：4）

3. 陶豆（H68：2）

4. 折沿直腹盆（H122：3）

丁家洼遗址出土器物

1. 粟

2. 黍

3. 大豆

4. 荞麦

5. 大麻

6. 锦葵属

丁家洼遗址出土炭化植物种子

1. 白瓷碗（M1：2）

2. 酱釉碗（M1：9）

3. 陶罐（M1：8）

4. 酱釉双系罐（M3：3）

5. 灰陶瓶（M3：2）

6. 陶罐（M3：11）

前后朱各庄遗址区出土器物

图 版

图版一

1. M41和M42

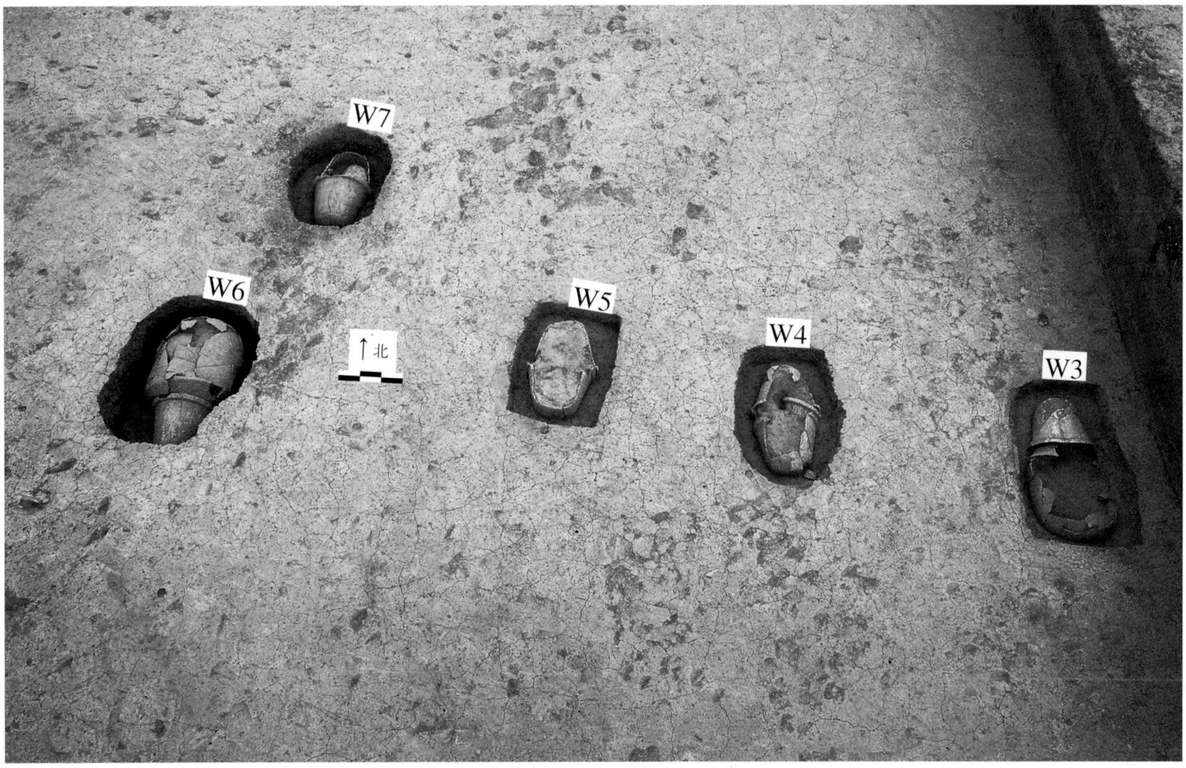

2. W3～W7

岩上墓葬区M41、M42、W3～W7

图版二

1. W5

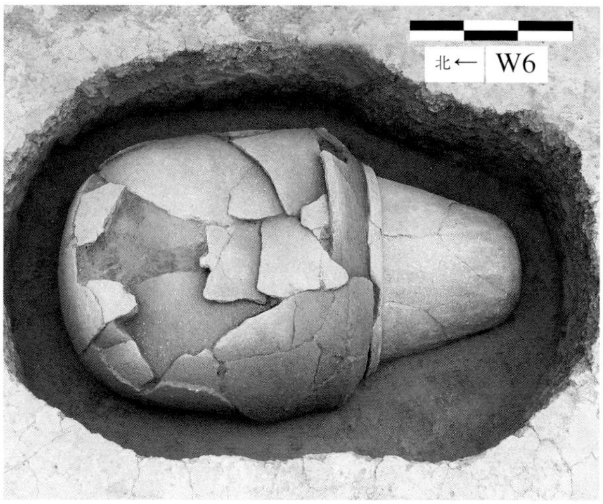

2. W6

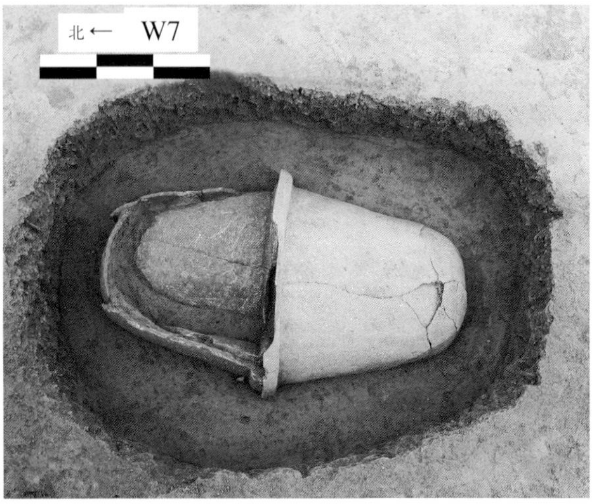

3. W7

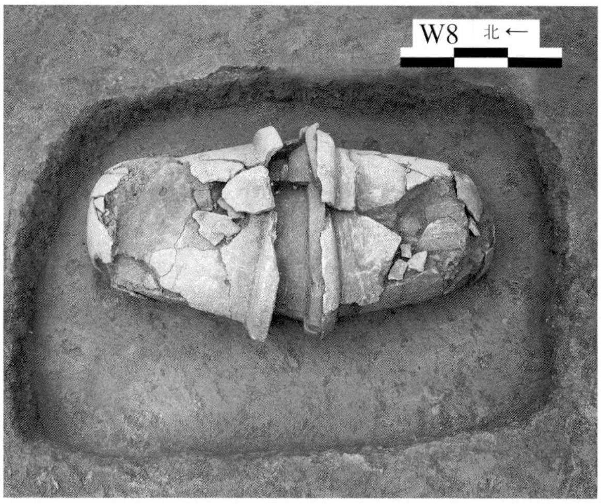

4. W8

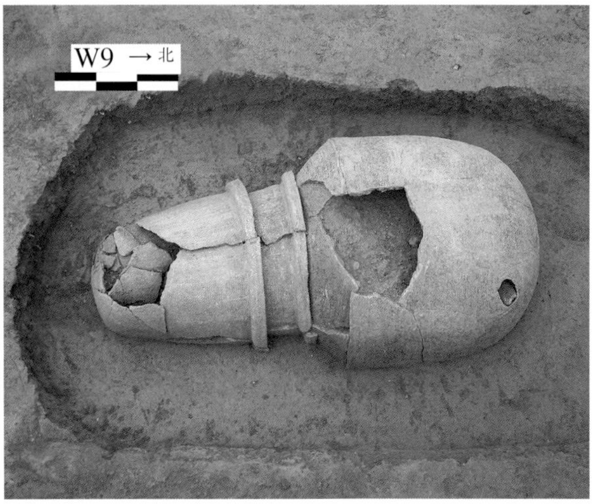

5. W9

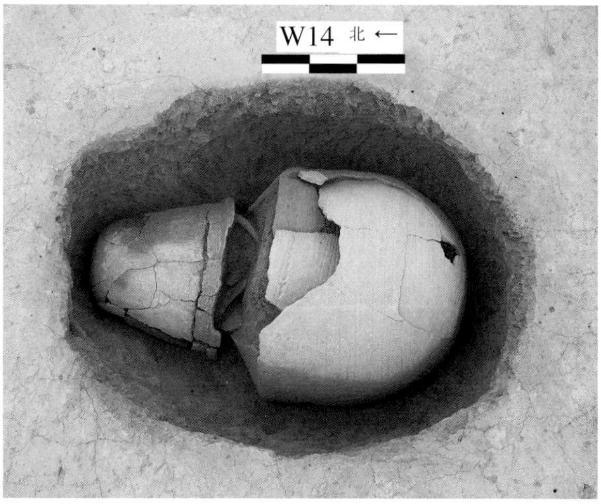

6. W14

岩上墓葬区 W5~W9、W14

1. M34

2. M38

3. M39

4. M40

岩上墓葬区 M34、M38～M40

图版四

1. M39东北角出土器物

2. M40西北角出土器物

3. M46

4. M48

岩上墓葬区M39、M40出土器物和M46、M48

1. M1

2. M2

岩上墓葬区M1、M2

1. M5

2. M8

3. M9

岩上墓葬区 M5、M8、M9

1. 陶鬲（M12：1）

2. 陶鬲（M12：2）

3. 陶豆（M41：1）

4. 陶瓮（W1：2）

岩上墓葬区M12、M41、W1出土器物

图版八

1. 陶釜（W1：1）

2. 陶釜（W2：2）

3. 陶釜（W3：1）

4. 陶釜（W13：1）

岩上墓葬区 W1～W3、W13 出土器物

1. 陶仓（M28：2）

2. 陶仓（M28：8）

3. 陶仓（M28：11）

4. 陶壶（M28：7）

岩上墓葬区M28出土器物

图版一〇

1. 陶罐（M28：5）

2. 陶罐（M28：6）

3. 陶灶（M28：1）

4. 陶井（M28：9）

5. 陶钵（M33：1）

6. 陶钵（M33：2）

岩上墓葬区M28、M33出土器物

1. 陶盆（M33：3）

2. 陶盆（M34：1）

3. 陶盆（M34：3）

4. 陶钵（M34：4）

5. 陶罐（M34：5）

6. 陶灶（M34：7）

岩上墓葬区M33、M34出土器物

图版一二

1. 陶罐（M38：1）

2. 陶罐（M38：4）

3. 陶罐（M38：10）

4. 陶罐（M38：12）

5. 陶罐（M38：14）

6. 陶罐（M38：15）

岩上墓葬区M38出土器物

1. 陶钵（M38：3）

2. 陶井（M38：5）

3. 陶灶（M38：6）

4. 小陶盆（M38：7）

5. 小陶盆（M38：9）

6. 小陶甑（M38：8）

岩上墓葬区M38出土器物

1. 陶罐（M39：1）

2. 陶罐（M39：2）

3. 陶罐（M39：6）

4. 陶罐（M39：8）

5. 陶罐（M39：9）

6. 陶罐（M39：10）

岩上墓葬区M39出土器物

1. 陶罐（M39：12）

2. 陶罐（M39：13）

3. 陶灶（M39：3）

4. 陶盆（M39：5）

5. 小陶釜（M39：7）

6. 小陶甑（M40：3）

岩上墓葬区M39、M40出土器物

图版一六

1. 陶罐（M40：1）

2. 陶罐（M40：7）

3. 陶罐（M40：10）

4. 陶罐（M40：11）

5. 陶罐（M40：20）

6. 陶井（M40：13）

岩上墓葬区M40出土器物

1. 陶灶（M40：19）

2. 小陶盆（M40：5）

3. 陶釜（M40：16）

4. 陶罐（M45：2）

岩上墓葬区 M40、M45 出土器物

1. 陶狗（M46：1）

2. 陶猪（M46：2）

3. 陶人物俑（M46：6）

4. 陶人物俑（M46：8）

岩上墓葬区M46出土器物

1. 陶鸡（M46：4）

2. 陶仓（M46：9）

3. 陶仓（M46：12）

4. 陶仓（M46：21）

岩上墓葬区M46出土器物

图版二〇

1. 陶井（M46：7）

2. 陶罐（M46：10）

3. 陶罐（M46：15）

4. 陶罐（M46：17）

5. 陶盆（M46：19）

6. 陶盆（M46：18）

岩上墓葬区 M46 出土器物

1. 陶耳杯（M46：20）

2. 小陶甑（M46：22）

3. 陶猪圈（M48：1）

4. 陶罐（M48：2）

5. 陶罐（M48：4）

6. 陶罐（M48：6）

岩上墓葬区 M46、M48 出土器物

图版二二

1. 陶罐（M48：7）

2. 陶罐（M48：8）

3. 陶灶（M48：3）

4. 陶井（M48：5）

岩上墓葬区 M48 出土器物

图版二三

1. 小陶甑（M48：9）

2. 小陶鸟（M48：12）

3. 带字墓砖（M48：14）

4. 陶井（M57：1）

岩上墓葬区M48、M57出土器物

图版二四

1. 陶仓（M57：2）

2. 陶灯（M57：4）

3. 陶仓（M57：12）

岩上墓葬区 M57 出土器物

1. 陶厕（M57：3）

2. 陶磨（M57：5）

3. 陶狗（M57：8）

4. 陶盘（M57：11）

5. 陶鸡（M57：6）

6. 陶人物俑（M57：10）

岩上墓葬区 M57 出土器物

图版二六

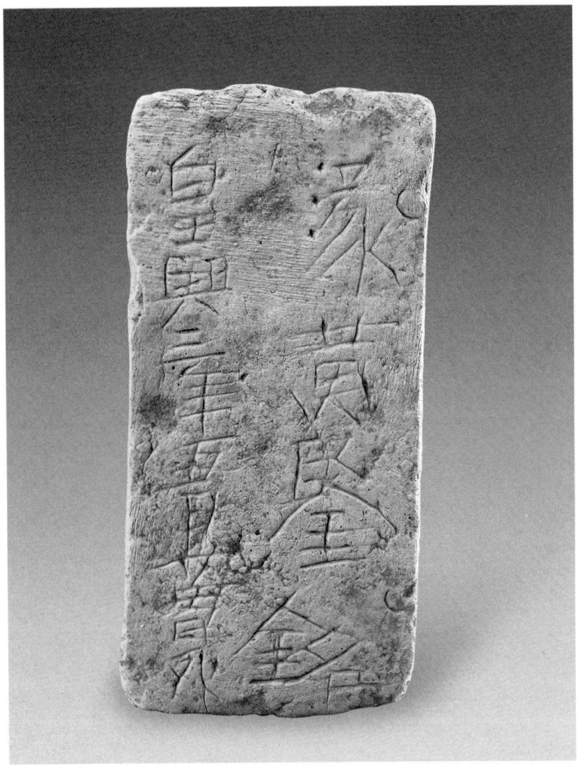

1. 墓志砖（M1：1）

2. 墓志砖（M2：2）

3. 陶罐（M2：1）

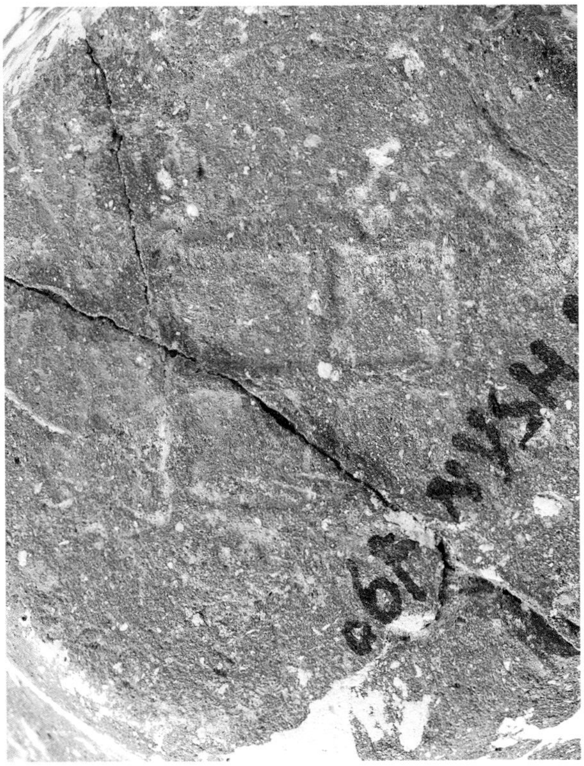

4. 陶罐底部的“田”字（M2：1）

岩上墓葬区M1、M2出土器物

1. 北正遗址发掘现场

2. 天开遗址发掘现场

北正遗址、天开遗址发掘现场

图版二八

1. M2

2. M4

3. M6

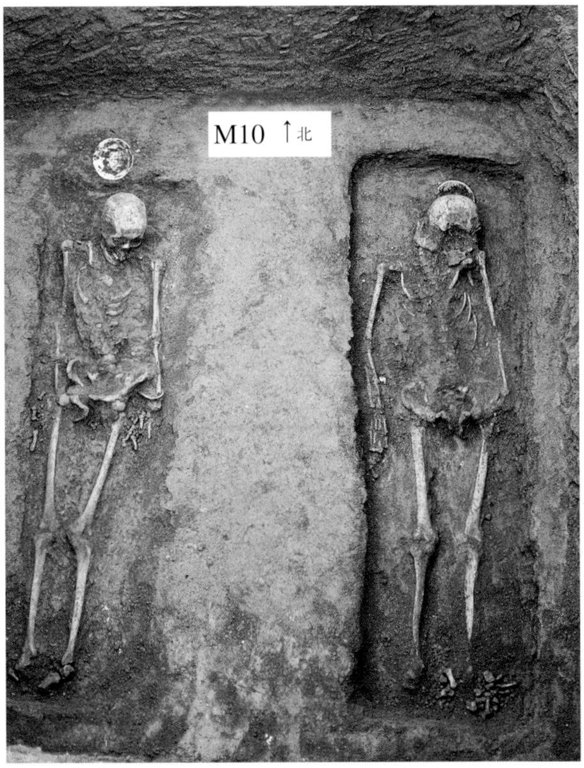

4. M10

六间房遗址M2、M4、M6、M10

1. 天开遗址 M1

2. 天开遗址 M2

3. 辛庄墓葬区 M3

天开遗址 M1、天开遗址 M2、辛庄墓葬区 M3

1. 新街墓葬区 M9

2. 新街墓葬区 M10

新街墓葬区 M9、M10

1. 周口 Y1

2. 北正遗址 H1

周口遗址 Y1、北正遗址 H1

图版三二

1. Ⅰ式陶钵（H2：1）

2. Ⅱ式陶钵（H1：2）

3. 圆陶片（H1：3）

4. 铁镰刀（H1：1）

5. 陶罐（M1：3）

6. 陶罐（M1：4）

北正遗址与天开遗址出土器物

1. 陶罐（M1：5）

2. 瓷瓶（M1：6）

3. 陶罐（M1：7）

4. 陶罐（M1：8）

天开遗址出土器物

图版三四

1. 陶罐（M1：9）

2. 陶罐（M2：2）

3. 陶罐（M2：3）

4. 陶罐（M2：4）

5. 陶罐（M2：5）

6. 三足罐（M3：1）

天开遗址与辛庄墓葬区出土陶器

1. 发掘区及周围情况

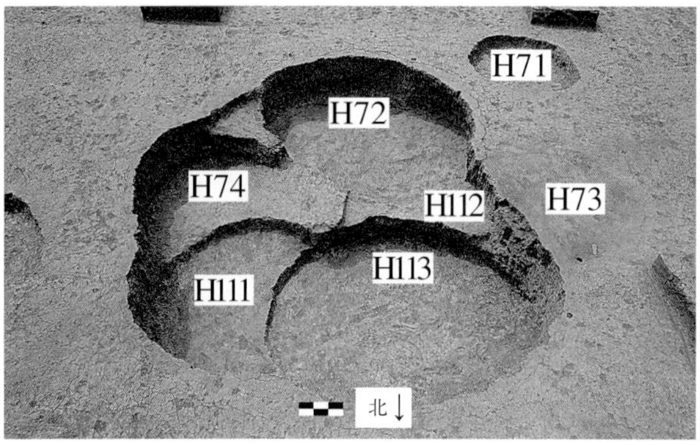

2. H72、H73、H74、H111、H112、H113

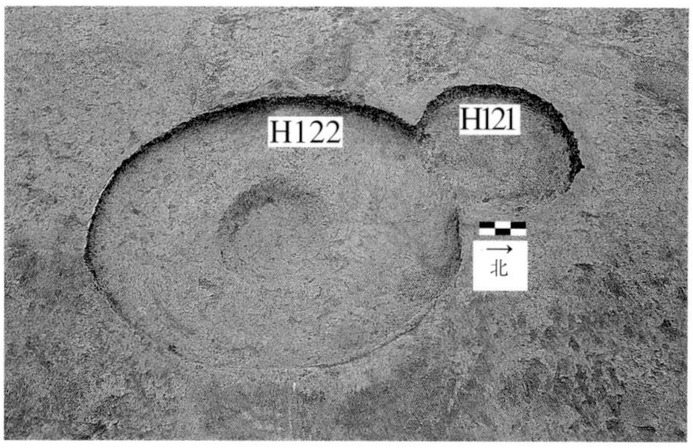

3. H121、H122

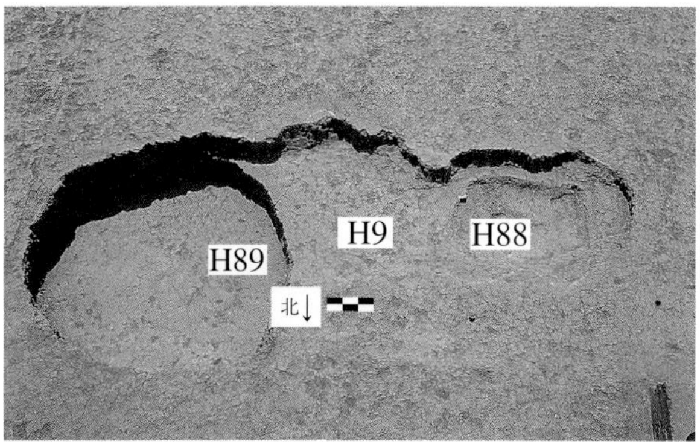

4. H9、H88、H89

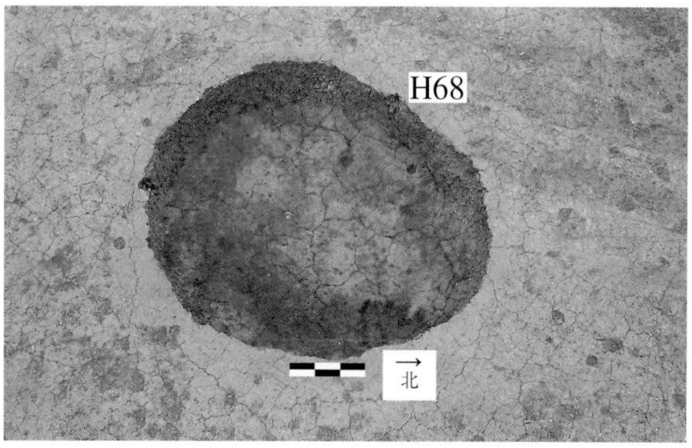

5. H68

丁家洼遗址灰坑

图版三六

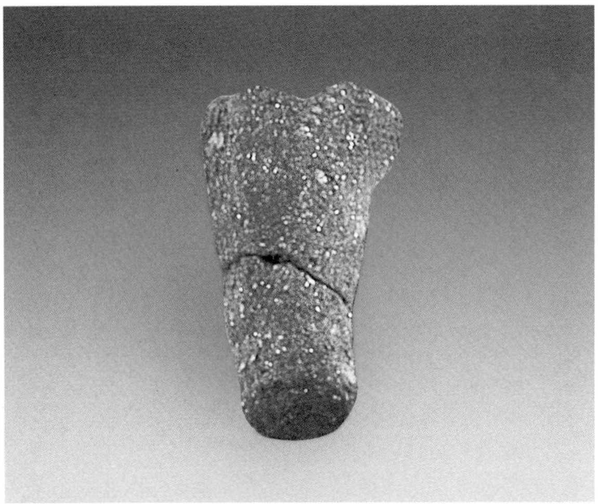

1. 燕式鬲（H113：1）

2. 袋足鬲（H73：2）

3. 曲腹豆（H73：4）

4. 折沿束颈罐（H73：5）

5. 折沿直领罐（H121：2）

6. 折沿盆（H113：2）

丁家洼遗址一期Ⅰ段陶器

1. 燕式鬲（H89：1）

2. 袋足鬲（H103：1）

3. 袋足鬲（H103：2）

4. 袋足鬲（H103：3）

5. 袋足鬲（H6：1）

6. 豆（H7：1）

丁家洼遗址一期Ⅱ段陶器

图版三八

1. 豆（H79：2）

2. 豆（H22：3）

3. 折沿盆（H103：4）

4 . 折沿盆（H 6：3）

5. 折沿直领罐（H103：5）

6. 纺轮（H11： 1 ）

丁家洼遗址一期Ⅱ段陶器

1. 燕式鬲（H9：1）

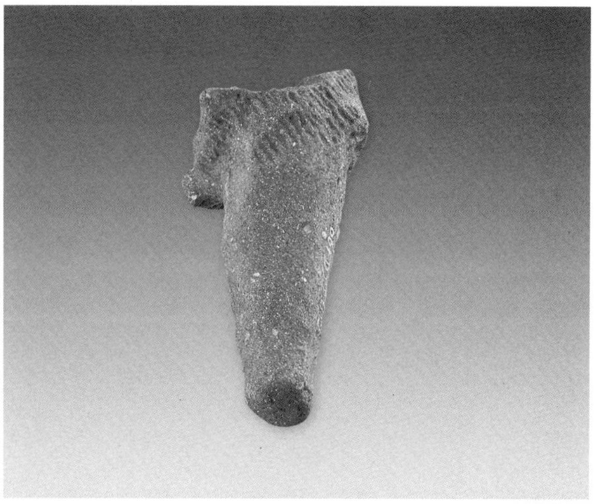

2. 燕式鬲（H19：1）

3. 燕式鬲（H92：2）

4. 袋足鬲（H9：2）

5. 袋足鬲（H9：3）

6. 袋足鬲（H92：1）

丁家洼遗址二期陶器

图版四〇

1. 袋足鬲（H122：1）

2. 袋足鬲（H122：6）

3. 袋足鬲（H122：7）

4. 袋足鬲（H122：2）

5. 袋足鬲（H68：1）

6. 豆（H68：3）

丁家洼遗址二期陶器

1. 折沿直领罐（H122：4）

2. 折沿直领罐（H74：1）

3. 甑（H4：3）

4. 瓮（H122：5）

5. 纺轮（H74：2）

6. 器耳（H26：1）

丁家洼遗址二期陶器

图版四二

1. Y1 全景

2. Y3 全景

前后朱各庄遗址区 Y1、Y3

1. Y2 全景（西→东）

2. Y2 窑室前视（南→北）

前后朱各庄遗址区 Y2

图版四四

1. M1全景（北→南）

2. 直棂窗

3. 灯檠

4. M1墓室内棺床及骨架、器物分布情况

前后朱各庄遗址区M1

1. M2 全景

2 . M3 全景

3. M3 墓门前视

前后朱各庄遗址区 M2、M3

图版四六

1. 鬲（Y1：1）

2. 燕式鬲足（Y1：2）

3. 豆（Y1：3）

4. 豆（Y1：4）

5. 豆（Y1：5）

6. 盆（Y1：6）

前后朱各庄遗址区 Y1 出土陶器

1. 白瓷碗（Y2：1）

2. 白瓷碗（Y2：3）

3. 白瓷碗（Y2：4）

4. “咸平元宝”钱模（Y2：2）

5. 钱模（Y2：5）

前后朱各庄遗址区Y2出土瓷碗、钱模

1. 白瓷碗（M1：2）

2. 陶碗（M1：3）

3. 酱釉碗（M1：9）

4. 陶盘（M1：6）

5. 陶罐（M1：4）

前后朱各庄遗址区M1出土陶、瓷器

1. 陶罐（M1：5）

2. 陶罐（M1：7）

3. 陶罐（M1：11）

4. 双系罐（M1：8）

5. 陶罐（M2：1）

6. 酱釉双系罐（M3：3）

前后朱各庄遗址区出土器物

图版五〇

1. 灰陶瓶（M3：2）

2. 陶罐（M3：4）

3. 陶罐（M3：5）

4. 陶罐（M3：6）

5. 陶罐（M3：11）

6. 陶罐（M3：12）

前后朱各庄遗址区M3出土器物